멀티패러다임
프로그래밍

멀티패러다임 프로그래밍

객체지향, 함수형, 명령형의 통합적 사고로 구현하는 소프트웨어 설계와 구현

초판 1쇄 발행 2025년 4월 21일

지은이 유인동 / **펴낸이** 전태호

펴낸곳 한빛미디어(주) / **주소** 서울시 서대문구 연희로2길 62 한빛미디어(주) IT출판2부

전화 02-325-5544 / **팩스** 02-336-7124

등록 1999년 6월 24일 제25100-2017-000058호 / **ISBN** 979-11-6921-373-8 93000

책임편집 홍성신 / **기획 · 편집** 이윤지 / **교정** 강신원

디자인 표지 김재석 내지 최연희 / **전산편집** 다인

영업마케팅 송경석, 김형진, 장경환, 조유미, 한종진, 이행은, 김선아, 고광일, 성화정, 김한솔 / **제작** 박성우, 김정우

이 책에 대한 의견이나 오탈자 및 잘못된 내용은 출판사 홈페이지나 아래 이메일로 알려주십시오.

파본은 구매처에서 교환하실 수 있습니다. 책값은 뒤표지에 표시되어 있습니다.

홈페이지 www.hanbit.co.kr / **이메일** ask@hanbit.co.kr

Published by HANBIT Media, Inc. Printed in Korea

객체지향, 함수형,
명령형의
통합적 사고로
구현하는
소프트웨어
설계와 구현

멀티패러다임 프로그래밍

유인동 지음

한빛미디어
Hanbit Media, Inc.

추천의 말

무림 정파는 전통과 원칙, 규율을 중시합니다. 함수형 프로그래밍은 정파 무공처럼 수학적 원리에 기반해 순수성purity과 불변성immutability 같은 원칙을 철저히 지키며 깨끗한 코드를 지향합니다. 정파 무공이 초식을 하나하나 쌓아 올리는 것처럼 함수형 프로그래밍도 순수 함수와 함수 합성을 통해 효율적이고 견고한 코드를 만들어 냅니다. 다만 초식만으로 실전에 이길 수 없는 것처럼 부작용side effect 없는 순수 함수만으로 복잡한 현실 세계에 긴밀하게 대응하기는 쉽지 않습니다.

무림 사파는 실용성과 현실성을 중시하며 목표를 달성하기 위해 유연한 접근법을 택합니다. 객체지향 프로그래밍은 현실 세계를 모델링하고 상태state와 행위behavior를 객체로 캡슐화하여 문제를 해결합니다. 사파 무공이 때로는 규칙을 어기거나 외형적으로 화려한 기술을 선보이지만 효율적인 문제 해결을 지향하는 것처럼 객체지향 프로그래밍은 유연성과 확장성을 강조합니다. 특히 객체 간의 관계와 상호작용을 통해 현실 세계의 복잡한 문제를 다룹니다. 하지만 과도하게 상태를 추가하여 내상을 입고 불필요한 의존성을 만들어 주화입마에 빠지면 코드의 유지보수가 어려워질 수 있습니다.

정파와 사파의 무공을 모두 익힌 고수는 상황에 맞는 무공을 유연하게 사용합니다. 순수 함수를 이용해 예측 가능하고 부작용 없는 방식으로 데이터를 처리하면서도, 동시에 객체지향으로 유연한 구조와 확장성을 확보합니다. 멀티패러다임 개발자는 문제의 본질에 따라 가장 적합한 무공을 선택해 활용하는 무림의 절대고수와 같습니다.

이 책을 읽는 내내 정파와 사파의 무공에 통달한 절대고수가 남긴 무림비급을 발견한 듯한 설렘과 기쁨을 느꼈습니다. 객체지향에 익숙한 개발자라면 함수형 언어 특유의 간결한 코드와 예측 가능성, 병렬 처리의 효율성에 매료될 것이고, 함수형 프로그래밍에 익숙한 개발자라면 현실 세계를 쉽게 모델링할 수 있는 객체지향 특유의 유연성과 확장성에 놀랄 것입니다. 저는 이 책이 여러분의 개발 실력을 한 단계 향상시켜줄 기연이 될 것이라 확신합니다.

_서광열(코드박스 CEO, 전 Ecma TC39 커미티 멤버, 하스켈 학교 운영자)

이 책은 단순한 기술서가 아닙니다. 유인동 님은 현업에서 오랫동안 경험을 쌓아온 전문가로서 멀티패러다임 프로그래밍의 복잡한 개념을 실전에서 적용할 수 있는 방식으로 풀어냅니다.

리스트 프로세싱을 중심으로 함수형 프로그래밍의 본질과 실용성을 타입스크립트로 설명합니다. 데이터를 필터링하고 변환하며 이를 바탕으로 명확하고 간결하게 문제를 해결하는 과정을 통해 함수형 프로그래밍이 단순한 이론을 넘어 현실적인 도구임을 입증합니다. 특히 백엔드 프로그래밍에서 리스트 프로세싱을 활용해 비동기 작업, 병렬 처리, 데이터 처리와 같은 현실적인 문제를 해결하며 신뢰성과 확장성을 동시에 확보하는 방법을 탐구합니다.

또한 프로그래밍에서 '기본'이 중요함을 다시금 일깨워줍니다. 복잡한 기능과 기술도 결국 탄탄한 기초 위에서 빛을 발한다는 사실을 명확히 보여주며 이를 기반으로 점진적이고 체계적으로 실력을 쌓아가는 과정을 제시합니다. 단순히 동작하는 코드를 넘어 기본적인 원리와 구조에 충실한 '좋은 코드'를 작성할 수 있는 힘을 기르게 해줍니다.

멀티패러다임 개념 외에도 이터러블 프로토콜과 데코레이터 문법을 활용해 프로그래밍 언어의 기능을 확장하는 방법도 구체적으로 안내합니다. 이러한 기법들은 문제 해결을 위해 효율적으로 환경을 구축하는 방법에 관한 통찰을 제공하며 실전에서 바로 활용할 수 있는 도구들을 만드는 능력을 길러 줄 것입니다.

이 책은 저자가 현업에서 오랜 시간 고민하며 다양한 문제를 풀기 위해 마련한 해법을 바탕으로 구성되어 있습니다. 저자의 실제 경험을 통해 그가 복잡한 문제를 어떻게 해결했는지, 그런 경험이 프로그래밍에 얼마나 깊이를 더하는지 엿볼 수 있습니다. 이 책을 통해 이론을 넘어 실제로 멀티패러다임 프로그래밍을 적용하는 방법에 대한 깨달음을 얻으리라 예상합니다.

프로그래밍에 깊이를 더하고자 하는 개발자에게 이 책은 선물 같은 존재가 될 것입니다. 여러분께 이 책을 추천할 수 있어 매우 기쁩니다.

_조현우(FxTS 메인테이너, 마플코퍼레이션 테크리드, 전 네이버 개발자)

소프트웨어 개발에 관한 새로운 도구와 방법론이 하루가 멀다하고 쏟아져 나오고 있습니다. 그러나 우리는 종종 새로운 것을 추구하느라 이미 가진 것의 가치를 간과하곤 합니다. 이 책은 현대 프로그래밍 언어들이 이미 갖추고 있는 강력한 기능들을 재조명하며 그 잠재력을 최대한으로 끌어내는 방법을 보여줍니다. 자바, C#, 타입스크립트, 코틀린과 같은 주요 언어들이 모두 멀티패러다임을 지원하게 되면서 우리는 이제 하나의 언어로 다양한 프로그래밍 패러다임을 자유롭게 활용할 수 있게 되었습니다. 이 책은 이러한 변화의 흐름을 정확히 짚어내고 실무에서 이를 어떻게 활용할 수 있는지 자세히 다룹니다.

책을 읽으며 가장 인상 깊었던 점은 '코드의 본질'을 꿰뚫어 보는 저자의 통찰력입니다. 복잡한 비즈니스 로직도 이터러블 프로토콜과 리스트 프로세싱으로 우아하게 해결하고 까다로운 비동기 처리도 지연 평가와 제너레이터로 명쾌하게 다루는 모습에 역시 '유인동 님이다'라는 생각이 듭니다. 마치 숙련된 장인이 도구를 자유자재로 다루는 것을 보는 듯합니다. 함께 일하면서 늘 코드의 우아함과 코드를 적게 쓰는 간결함을 강조해왔는데 그 정수가 책에 고스란히 담겨 있습니다.

특히 주목할 만한 점은 이 책이 이론과 실무 사이에서 절묘한 균형을 잡고 있다는 것입니다. LISP의 메타프로그래밍 개념이나 하스켈의 타입 시스템 같은 함수형의 정통성 있는 고급 이론을 설명하면서도 이를 실제 타입스크립트 코드로 예시를 들어 현업에서 즉시 활용할 수 있게 만든 점이 탁월합니다. 책에 수록된 예제는 단순한 데모가 아닌 실제 서비스에서 마주치는 복잡한 문제를 해결하는 실전적인 코드들입니다.

멀티패러다임 프로그래밍은 선택이 아닌 필수라고 생각합니다. 그러나 모든 패러다임을 무분별하게 섞어 쓰라는 뜻이 아닙니다. 이 책은 각 패러다임의 강점을 정확히 이해하고 상황에 따라 최적의 도구를 선택하는 판단력을 길러줍니다. '구조의 문제는 객체지향으로, 로직의 문제는 함수형으로'라는 유인동 님의 통찰은 오랜 시행착오 끝에 얻은 혜안임이 분명합니다.

저는 이 책이 단순한 기술 서적을 넘어 개발자에게 하나의 길잡이가 될 것이라 확신합니다. 코드를 작성하는 것은 누구나 할 수 있지만 좋은 코드를 작성하는 일은 예술에 가깝습니다. 이 책은 그 예술의 경지에 한 걸음 더 다가갈 수 있도록 안내하는 나침반이 되어줄 것입니다.

_김재민(마플코퍼레이션 테크리드, 전 OCI 차석 연구원)

수년 전 유인동 님을 사내 개발자 대상 강사로 모시며 처음 만났습니다. 그동안 수많은 강사를 모셨지만 유인동 님의 흥미진진한 강의는 단연 최고였습니다. 특히 라이브 코딩이라는 독특한 방식이 인상 깊었습니다. 어떤 변수가 튀어나올지 모를 상황 속에서 개념을 차근차근 빌드업하며 핵심에 도달하는 순간 환호와 공감으로 가득했던 청중의 반응이 지금도 생생합니다. 당시 개발자들의 반응이 너무 좋아서 앵콜 강의를 진행한 유일한 강의였고 그만큼 특별했습니다.

이 책은 당시 강의의 모든 내용을 담고 있으며 객체지향과 함수형 프로그래밍의 강점을 실무에 적용하는 구체적인 방법을 폭넓게 다룹니다. 타입스크립트를 중심으로 현대 언어에서 활용 가능한 다양한 기술과 아이디어를 풍부한 사례와 함께 제시하여 프로그래밍 패러다임을 이해하고 활용하는 데 필요한 통찰을 제공합니다. 초보 개발자부터 숙련된 전문가까지 프로그래밍 패러다임의 경계를 허물고 더 나은 코드를 작성하려는 모든 이들에게 큰 가치를 선사할 것입니다.

_이재승(리액트 컨트리뷰터, 『실전 리액트 프로그래밍』 저자)

일부 책에서는 객체지향 프로그래밍(OOP)과 함수형 프로그래밍(FP)을 종종 서로 대치되는 개념으로 소개하곤 했습니다. 그래서 OOP의 문제를 해결하기 위한 FP를 소개하기도 하면서 둘 중 무엇이 더 나은지와 같은 문제로 개발자들의 생각을 제한시키기도 합니다.

하지만 과거와 달리 현대의 프로그래밍 언어는 객체지향 프로그래밍과 함수형 프로그래밍 모두를 수행할 수 있습니다. 객체지향 기반으로 문제를 푼다고 해서 함수형 기법을 배제할 이유가 없고 함수형을 우선하는 문제에서 클래스를 사용하지 않을 이유도 없습니다.

객체지향 프로그래밍과 함수형 프로그래밍은 서로 대치되는 개념처럼 보이지만 실제로는 함께 사용할 때 장점을 극대화할 수 있습니다. 객체지향은 '무엇'을 캡슐화하고 '어떻게' 책임을 나눌지에 강점이 있고 함수형은 '어떤 로직'을 '어떻게' 조합하고 테스트할지에 강점이 있습니다.

그간 이 둘을 어떻게 함께 잘 사용할 수 있을지 혹은 FP를 선호하는 프런트엔드 개발자에게 OOP를, OOP를 선호하는 백엔드 개발자에게 FP를 비교하면서 서로의 장단점을 실전 사례로 소개하는 책이 없었습니다. 이제 국내에도 OOP와 FP를 조화롭게 사용할 수 있음을 이야기하는 책이 나왔습니다.

이 책은 객체로 복잡한 도메인을 효율적으로 모델링하면서 내부 로직은 부수 효과side effect를 최소화하고 불변성을 지키는 함수형 스타일로 작성하는 멀티패러다임 프로그래밍에 대해 소개합니다. 한 가지 패러다임에만 깊게 집중했던 분이라면 이 책을 통해 시야를 확장해볼 수 있는 기회를 가졌으면 합니다.

_이동욱(인프랩 CTO, 전 우아한형제들 백엔드 리드)

유인동 님의 새 도서가 출간된다는 소식을 듣고 기뻤습니다. 이미 국내 프런트엔드 개발 생태계에서 함수형이라는 패러다임을 정착시키고 리딩하는 분이 이번엔 어떤 내용을 소개할까 궁금했습니다. 현업에서 동료들과 좋은 코드, 좋은 소프트웨어를 매일같이 고민하는 입장에서 그리고 주니어부터 시니어 레벨까지 FE 강의를 오랫동안 진행하고 있는 입장에서 이렇게 수준 높은 FE 개발 실용서를 접하게 되어 매우 반갑습니다. 이 책은 커리어를 시작한 주니어부터 숙련된 시니어까지 모든 실무자들이 프로그래밍 언어와 FE 개발에 대한 통찰력을 키울 수 있게 도와줍니다. 그중에서도 제가 느낀 몇 가지 특징을 소개합니다.

먼저 이 책의 핵심 메시지는 '문제 해결에는 다양한 방식이 있다'입니다. 이 메시지가 많은 개발자에게 울림이 되었으면 합니다. 실제로 서비스를 개발할 때 많은 문제를 하나의 일관된 패턴으로 해결하기보다는 상황과 문맥에 맞게 적절한 패러다임을 선택해야 한다고 생각합니다. 이러한 관점에서 저자는 객체지향 프로그래밍과 함수형 프로그래밍을 조화롭게 사용하는 방식을 제시하며 이를 통해 많은 개발자가 깨달음을 얻게 될 것입니다.

다음으로 타입스크립트(자바스크립트)라는 하나의 언어를 다양한 관점에서 깊이 이해할 수 있습니다. 자바스크립트 표준 API, 타입 시스템 등 입문자 관점의 문법뿐만 아니라 실제 사례에 기반한 비동기 프로그래밍과 고수준의 에러 핸들링 등을 소개합니다. 책 곳곳에 프런트엔드와 백엔드를 아우르는 실무 경험과 철학이 녹아 있습니다. 좋은 코드와 프로그래밍 패턴에 대한 오랜 고민을 엿볼 수 있을 것입니다.

마지막으로 다양한 프로그래밍 언어의 사상과 기본 문법을 살펴보고 타입스크립트 코드에 응용해보는 경험을 할 수 있습니다. LISP, 하스켈 등 여러 프로그래밍 언어의 지향점과 문법을 알아보고 타입스크립트 코드로 똑같이 작성해봅니다. 이 과정에서 현대 프로그래밍 언어의 추세를 이해할 수 있고 새로운 언어를 배우며 프로그래밍 능력을 한층 더 끌어올릴 수 있을 것입니다. 오랜 시간 다양한 언어를 사용하며 얻은 저자의 노하우와 통찰을 느낄 수 있습니다.

이외에도 실무 사례에 가까운 실습 코드나 최종 프로젝트 등 언급할 내용이 많지만 독자 여러분이 직접 발견해보길 바라겠습니다.

_장기효(캡틴판교, 네이버 프런트엔드 개발자)

이 책은 단순히 프로그래밍 기술을 배우는 책이 아닙니다. 이 책에서 저자 유인동 님은 객체지향과 함수형 프로그래밍을 멀티패러다임적으로 조화롭게 사용하는 방법을 실용적이고 깊이 있게 풀어냅니다. 책의 내용은 실전에서 바로 적용 가능한 예제들로 구성되어 있어 이론과 실무를 동시에 배울 수 있습니다. 특히 타입스크립트를 중심으로 다루는 함수형 프로그래밍은 매우 흥미로우며 복잡한 비즈니스 로직을 어떻게하면 안전하고 우아하게 해결할 수 있는지 그 통찰을 엿볼 수 있습니다.

또한 이 책에서 가장 눈여겨볼 만한 특징은 과거부터 현재까지 마치 역사의 흐름처럼 쌓아 올려진 기술들을 엮어내는 관점입니다. 단순히 기술의 발전이 아닌 패러다임이 어떻게 활용되고 진화해왔는지 예제와 함께 알기 쉽게 독자에게 전달합니다. 저자의 발자취를 따라가다 보면 객체지향과 함수형의 강점을 모두 활용하는 능력을 키워 더 나은 코드 설계와 유지보수성을 실현할 수 있을 것입니다.

프로그래밍의 패러다임을 더 깊이 이해하고 실제 업무에 바로 적용할 수 있는 유용한 도구를 얻고 싶은 개발자라면 반드시 읽어볼 것을 추천합니다. 저자의 풍부한 경험과 노하우가 녹아 있는 이 책은 개발자들이 좋은 코드를 작성하는 데 한 걸음 더 나아가도록 도와줄 것입니다.

_편해걸(플렉스 프런트 프로덕트 엔지니어, 전 라인플러스 개발자)

이 책의 추천사를 쓰게 되어 정말 기쁩니다. 과거 네이버 사내에서 진행되었던 함수형 프로그래밍 오프라인 강의를 들으며 다양한 고민을 먼저 경험한 유인동 님에게 이것저것 묻고 깊이 있는 답변을 들으며 많은 배움을 얻었던 기억이 납니다. 강의도 훌륭했지만 이번 책은 오프라인 강의에서 다뤘던 내용이 함축되어 있을 뿐만 아니라 그 이상의 깊은 통찰과 생각할 거리를 제공합니다.

단순히 이론을 설명하거나 기법을 소개하는 데 그치지 않고 멀티패러다임적인 사고를 통해 문제를 어떻게 이해하고 데이터를 다뤄 해결할 수 있을지 고민하게 만듭니다. 문제를 해결하는 과정에서 자연스럽게 코드의 유지보수성까지 고려하게 하여 더 나은 설계와 구현을 실현할 수 있도록 돕는 점도 인상적입니다.

읽는 내내 고민과 생각이 문제 해결 과정과 자연스럽게 이어지며 저자와 이야기를 나누는 듯한 느낌을 받았습니다. 1장부터 4장을 읽으면서 멀티패러다임적 사고로 문제를 푸는 방법에 대해 고민하며 생각하는 즐거움을 느꼈습니다. 이어지는 5장부터 7장은 이를 실제로 어떻게 적용할지 구체적인 아이디어를 떠올리게 했고 실제 업무에 적용해보고 싶다는 생각에 들썩이게 만들었습니다.

다시 한번 이 책을 추천할 수 있어 영광이며 독자 여러분도 저와 같은 배움과 즐거움을 경험하길 진심으로 바랍니다.

_김영준(플렉스 백엔드 프로덕트 엔지니어, 전 네이버페이 개발자)

지난 겨울의 함수형 프로그래밍에 대한 세미나부터 시작해 유인동이라는 사람을 줄곧 지켜봤던 개발자입니다. 개발자에게 필요한 실력은 어떤 것들이 있을까요? 알고리즘, 라이브러리나 프레임워크 등 본인이 쓰는 기술에 대한 숙련도, 아키텍처 구현 능력 그리고 마지막으로는 아름다운 코드를 구축하는 능력이 필요하다고 생각합니다. 이 책은 그 마지막인 아름다운 코드를 구축할 수 있게 돕습니다. 함수형 프로그래밍과 같은 코드 이론을 탄탄하게 설명하는 것부터 시작해서 비동기 프로세스를 병렬로 실행할 때 더 우아하게 작성하는 등 아름다운 코드의 정석을 보여줍니다.

또한 이 책에는 국가권력급 개발자가 알려주는 노하우가 담겨 있습니다. 제가 생각할 때 국가권력급 개발자란 많은 사람이 쓰거나 훌륭한 기술력을 가진 오픈소스의 메인테이너입니다. 이 책의 저자인 유인동 님은 로대시Lodash, 람다 등 기존에 있던 함수형 라이브러리보다 더 뛰어난 fx.js를 만든 장본인입니다. 그러한 사람이 쓴 책이다? 그리고 이렇게까지 공을 들였다? 이 책, 두 번 이상 읽어볼 만한 명저라고 단언합니다.

_주홍철(Mocha.js 컨트리뷰터, 『면접을 위한 CS 전공지식 노트』 저자)

자바스크립트와 타입스크립트 언어는 처음 다루기는 쉽지만 언어 대부분의 요소를 자유자재로 다루기는 어렵습니다. 언어를 능숙하게 다루는 개발자로 성장하고 싶다면 이 책을 펼쳐보세요. 언어를 단순히 활용하는 것을 넘어 밑바닥에 어떤 세심한 구조가 있는지 이해할 수 있습니다. for ... of 문법이나 Promise 객체부터 map, flatMap과 같은 Array 내장 메서드에 이르기까지 매일매일 사용하는 자바스크립트 요소들이 어떤 뿌리에서 나왔는지 알 수 있습니다. 자바나 C#과 같은 다른 언어와 비교해보는 재미도 있습니다.

또한 이론적인 내용을 넘어 프런트엔드 개발에서 복잡한 데이터나 비동기 상황을 처리하는 실전 전략을 제시합니다. 책에서 다루는 내용을 연습한다면 아무리 복잡한 배열을 처리하는 연산이더라도 작은 연산으로 쪼개어 연결하고 완성하는 함수형 프로그래밍의 재미와 아름다움을 체험할 수 있을 것입니다. 동시성 처리나 오류 처리와 같이 다루기 까다로운 비동기 처리도 안전하게 모듈화하여 처리하는 방법도 배울 수 있습니다.

쉽게 다루기 어려운 까다로운 내용을 한 권의 책으로 엮어낸 저자의 노력에 박수를 보냅니다.

_박서진(토스 프런트엔드 엔지니어링 헤드)

유인동 님의 이전 책 『함수형 자바스크립트 프로그래밍』을 리뷰한 적이 있습니다. 그때 처음 함수형 프로그래밍이 무엇인지 알게 되었습니다. 8년이 지난 지금, 새 책을 리뷰할 수 있는 기회를 다시 얻어 너무나도 기쁘게 리뷰하였습니다. 유인동 님의 책은 읽을 때마다 항상 많은 것을 배웁니다.

이 책은 이터레이터와 제너레이터를 활용해서 직접 함수형 프로그래밍을 구현해보는 것부터 시작합니다. 자바스크립트 문법이 많이 발전해서 예전보다 쉽게 구현할 수 있다는 점에 놀랐습니다. 항상

RxJS나 로대시 같은 라이브러리를 가져다 쓰면서 내부 구현이 복잡하고 지저분할 것이라는 선입견이 있었는데, 그 선입견을 박살내버린 책입니다. 이제는 직접 구현해볼 수도 있겠다는 자신감이 생겼습니다.

처음에는 저도 함수형 프로그래밍을 어디에 활용해야 할지 잘 몰랐습니다. 하지만 복잡한 로직에 조금씩 함수형 메서드를 활용해 코드의 가독성과 안정성을 높이면서 함수형 프로그래밍의 매력을 느끼고 있었습니다. 그러나 항상 객체지향 기반의 코드 안에 함수형 코드가 같이 공존하는 것이 묘하게 불편했습니다. 객체지향이면 객체지향만, 함수형이면 함수형만 써야 하는 것 아닌가라는 의구심을 갖고 있던 차에, 이 책을 읽고 하나만 선택할 필요가 없다는 것을 깨달았습니다. 각 패러다임의 장점을 취하면 되는 것이었는데 말이죠. 이 책은 불안해하던 저에게 멀티패러다임의 장점을 논리적으로 설명해줬습니다. 덕분에 앞으로 프로그래밍을 어떻게 해야 할지 길이 보입니다. 여러분도 이 책을 읽은 뒤 저와 비슷한 깨달음을 얻었으면 좋겠습니다.

_조현영(제로초, 스모어톡 CTO)

당근알바 서버 개발을 진행하며 저희 팀은 객체지향 프로그래밍(OOP)을 넘어 함수형 프로그래밍(FP)의 사고방식을 프로젝트에 적극 도입했습니다. 이터레이터, 제너레이터, 고차 함수, 커링 등 FP의 다양한 개념을 비즈니스 로직에 접목하면서 얻은 이점은 무척 많았습니다. 특히 FP는 부작용을 최소화하기 때문에 코드를 보는 것만으로도 동작 방식을 쉽게 파악하고 결과를 예측할 수 있었고, 빠른 의사결정과 실행이 필요한 신사업 환경에서 큰 강점이 되었습니다.

현대 프로그래밍 언어들이 멀티패러다임을 지원하기 시작하면서 점점 더 많은 코드 속에서 어떤 문제는 OOP, 어떤 문제는 FP 패러다임을 통해 해결하는 사례들이 생기고, 심지어 여러 패러다임을 혼합하여 해결하는 경우도 자연스럽게 나타났습니다. 패러다임의 선택 문제가 아닌, 여러 패러다임을 조화롭게 활용하는 방안을 고민하던 차에 유인동 님의 신간 소식을 접하고 무척 반가웠습니다.

이 책 특유의 풀이 방식을 따라가다 보면 OOP와 FP에 대한 개념이나 문법적 이해를 넘어 실제 업무에서 생기는 고민을 해결할 방법을 배울 수 있습니다. 복잡한 문제를 우리가 알고 있는 다채로운 패러다임 속성에 녹여내어, 더 간결하고 조화롭게 풀어낼 수 있는 힌트를 많이 얻게 될 것입니다. 실제 현장에서 마주하는 문제를 오랫동안 고민한 사례를 기반으로 했기에, 다 읽고 난 뒤에는 현업에서 곧바로 활용할 수 있는 팁과 노하우가 넘쳐날 것이라 기대합니다.

이 책의 리스트 프로세싱 소개처럼 우리가 해결해야 하는 문제를 더 단순하게 패턴화하고 재조합하며, 코드의 예측 가능성과 테스트 용이성을 높이고 재사용성을 강화해 궁극적으로 생산성을 극대화하고 싶은 분들에게 이 책을 추천합니다.

_백병한(현 당근 기술위원회, 전 신사업 엔지니어 리드)

프로그래밍 언어는 오랜 기간 꾸준히 발전해왔습니다. 그리고 오늘날 개발자는 소프트웨어의 모든 문제를 해결해주는 단 하나의 진리는 없다는 것을 알고 있습니다. 그럼에도 불구하고 진리를 향해 꾸준히 나아가는 사람이 개발자입니다. 그 과정에서 다양한 신념이 탄생했다고 생각합니다. 추상화와 캡슐화, 메시지를 통한 유기적인 협업을 지향하는 객체지향, 불변성과 순수성을 통해 안전하고 예측 가능함을 지향하는 함수형, 그리고 단순성을 지향하며 데이터 그 자체와 변환만을 추구하는 데이터 지향 등 다양한 패러다임이 등장했습니다.

이러한 패러다임은 각자의 길을 갈고 닦으며 발전하기도 하지만 서로 영향을 주기도 합니다. 상태를 이용하던 객체지향에 안정성을 위해 불변 객체를 이용하기 시작했고 함수형에서도 역할과 책임 분리를 위한 객체의 필요성을 느끼기 시작했습니다. 그 결과 타입스크립트, 코틀린, 스위프트, 스칼라 등 멀티패러다임을 지원하는 언어가 탄생하기 시작했습니다.

개발자는 프로그래밍 언어라는 도구를 통해 소프트웨어를 만듭니다. 망치만으로 집을 잘 지을 수 없는 것처럼 소프트웨어 또한 잘 만들려면 다양한 도구를 사용할 수 있어야 합니다. 따라서 멀티패러다임은 현실적인 대안입니다. 이 책은 그 사실을 다시 일깨워주며 저 또한 책을 읽으면서 많은 것을 배웠습니다. 이론뿐만 아니라 실무에서 사용할 수 있는 예제 코드와 철학이 담겨 있습니다. 더 나은 소프트웨어를 만들고 싶은 개발자에게 강력하게 추천합니다.

_이선협(코발트 CTO, 『코딩 테스트 합격자 되기: 자바스크립트 편』 저자)

생성형 AI가 코드 작성에 도움을 줄 순 있지만, 일주일 또는 한 달 뒤에 다시 볼 때도 쉽게 이해할 수 있는 직관적인 코드를 작성하는 것은 여전히 개발자의 몫입니다. 이 책은 멀티패러다임 접근을 통해 문제 해결에 적합한 방식을 스스로 선택할 수 있는 힘을 길러줍니다.

책의 전반부에서는 객체지향의 반복자 패턴, 명령형의 제너레이터, 함수형의 고차 함수 그리고 타입 시스템이 어우러진 이터러블 헬퍼iterable helper 함수를 구현합니다. 이를 바탕으로 후반부에서는 백엔드와 프런트의 실제 사례에 적용하며 패러다임의 경계를 넘나드는 유연한 문제 해결 능력을 기를 수 있습니다.

이러한 멀티패러다임 접근은 자칫 라이브러리에 의존하기 쉬운 주니어 개발자에게 실무에 적용 가능한 탄탄한 기본기를 길러줍니다. 또한 시니어 개발자에게는 기존 지식을 새롭게 재정립하여 성장할 기회를 제공합니다.

끝으로 이렇게 멋진 책을 먼저 접할 기회를 주신 유인동 님에게 깊은 감사를 전합니다.

_마플개발대학 구독자 리뷰어 일동

베타리더의 말

이 책을 읽고 나서 그동안 무심코 사용한 문법이나 코드들 사이에 이미 멀티패러다임이 자리 잡고 있었다는 사실에 놀랐습니다. 지금까지는 새로운 문법이나 기술을 익히고 활용하는 법만 고민했습니다. 이 책을 통해 내가 사용하는 기술이 왜 탄생했고, 그것이 개발 생태계의 어떤 흐름 속에서 나왔는지를 되짚어볼 필요가 있다는 것을 깨달았습니다. 멀티패러다임을 이해한 시점에서 드러나는 저자의 생각과 방향성에 감탄했고 새로운 개념을 배울 수 있어 감사한 마음도 들었습니다. 앞으로 코드를 어떤 관점에서 봐야 할지 방향을 설정할 수 있는 계기도 되었습니다.

이 책은 멀티패러다임을 이해하는 데 도움을 줄 뿐만 아니라 자바스크립트의 기초를 더욱 탄탄히 다질 수 있게 해줍니다. 멀티패러다임적 관점을 통해 문제를 더 넓은 시야로 바라보게 되면서, 기술적인 성장뿐 아니라 개발자로서 철학적으로 성장하는 데도 큰 도움이 될 것이라 생각합니다.

_김나영(뱅크샐러드 건강팀 프런트엔드 개발자)

이 책은 타입스크립트에서 함수형 프로그래밍을 포함한 다양한 프로그래밍 패러다임 활용법을 소개합니다. 함수형 프로그래밍이 익숙하지 않아도 괜찮습니다. 책의 앞부분에서 하스켈과 LISP 등 다른 함수형 언어를 예시로 들며 함수형 언어에 친해질 수 있도록 도와주고 타입스크립트에서 이를 어떻게 적용할 수 있는지 A부터 Z까지 친절하게 설명하고 있습니다. 특히 제공하는 예제 코드는 따라 하면서 익히기에 매우 유용했습니다. 함수형 프로그래밍에 어느 정도 익숙해졌을 무렵 다른 패러다임과 어떻게 접목할 수 있는지 설명해주는데, 저는 이 부분에서 멀티패러다임을 제 코드에 적용해보고 싶다는 설렘을 느꼈습니다.

어떻게 하면 코드를 깔끔하게 작성하고 실수를 줄여 생산성을 높일 수 있을지 코드 유지보수를 위해 많은 고민을 해왔습니다. 이러한 고민을 해결하기 위해 프로그래밍 패러다임은 꼭 거쳐야 하는 관문이었고 이 책 덕분에 시야가 한층 넓어졌습니다. 저처럼 비슷한 고민을 하는 분들 그리고 앞으로 그런 고민을 하게 될 분들께 이 책을 진심으로 추천합니다.

_김만경(나인아크 게임 서버 개발자)

개발 언어들이 점점 더 멀티패러다임을 지원하는 방향으로 발전하면서 개발자에게 요구되는 역량도 변화하고 있습니다. 이제는 단순히 하나의 패러다임에 익숙해지는 것을 넘어 각 패러다임의 강점을 이해하고 적절히 조합해 최적의 코드를 작성하는 능력이 필요한 때입니다. 이 책은 객체지향, 함수형, 명령형 등 다양한 프로그래밍 패러다임을 단순히 설명하는 것을 넘어, 멀티패러다임을 자유롭게 조합하여 활용할 수 있도록 돕는 실용적인 개발서입니다. 더 좋은 코드 구조를 고민하고 언어의 기능을 효과적으로 활용해보고 싶은 개발자라면 꼭 읽어보기를 추천합니다.

_김영은(백엔드 개발자)

『멀티패러다임 프로그래밍』은 저연차 프런트엔드 개발자인 저의 시야를 넓혀준 책입니다. 객체지향과 함수형 패러다임이 서로 조화롭게 공존할 수 있음을 알게 되었고 예제 코드를 통해 빠르게 이해할 수 있었습니다. 특히 다양한 함수형 언어의 기법을 자바스크립트로 구현해 비교하는 부분은 함수형 패러다임에 대한 이해도를 한층 더 끌어올려 주었습니다. 제너레이터, 이터레이터의 개념을 자세히 설명하고 이를 통해 지연 평가를 직접 구현해보는 과정은 개발에 바로 적용할 수 있을 만큼 실용적이었습니다. 이 책은 쉽지 않지만 충분히 도전할 가치가 있습니다. 단순한 코드 작성을 넘어 더 넓은 프로그래밍의 세계로 이끌어주는 훌륭한 안내서입니다.

_박소예(프런트엔드 개발자)

『멀티패러다임 프로그래밍』은 단순히 다양한 프로그래밍 패러다임을 소개하는 데 그치지 않고 이를 실무에 어떻게 녹여낼 수 있을지를 명확하게 안내해주는 책입니다. 실무에서 자주 간과하기 쉬운 함수형 개념들을 탄탄하게 설명하고 실제 코드와 프로젝트에 어떻게 적용할 수 있는지를 구체적으로 보여줍니다. 단순한 개념 나열이 아니라 객체지향과의 결합, 타입 시스템의 응용, 비동기 처리까지 아우르며 다양한 패러다임을 통합하는 실전 기술을 배울 수 있다는 점이 특히 인상 깊었습니다. 프로그래밍 언어의 깊이를 제대로 이해하고자 하는 분께 꼭 추천하고 싶은 책입니다.

_서재완(프런트엔드 개발자)

『멀티패러다임 프로그래밍』은 구조적 객체지향과 함수형 패러다임을 조화롭게 활용해, 견고한 코드를 만드는 방법을 풍부한 예제와 함께 설명합니다. 자바스크립트의 고급 비동기 처리, 지연 평가 등 성능을 향상시키는 다양한 기법도 함께 다루며 고급 개발자로 성장하는 데 꼭 필요한 개념을 담고 있습니다. 리액트 같은 프레임워크에 익숙해지면서 자칫 놓치기 쉬운 자바스크립트의 기본기를 탄탄히 다지는 데도 큰 도움이 되는 책입니다. 남들이 만든 라이브러리를 사용하는 데서 한발 더 나아가 실무에서 직접 라이브러리를 구현할 수 있는 실력까지 키우고 싶으신 분께 강력히 추천합니다.

_성현제(프런트엔드 개발자)

『멀티패러다임 프로그래밍』은 백엔드 개발자라면 한 번쯤 꼭 읽어보기를 권하고 싶은 책입니다. 처리해야 할 데이터의 양이 많아질수록 데이터를 청크chunk 단위로 나누어 처리할 필요성이 커지며 이는 자연스럽게 스트림stream과 리액티브 프로그래밍reactive programming으로 이어지게 됩니다. 이 책은 이러한 두 개념을 이해하는 데 훌륭한 발판이 되어줍니다. 읽다 보면 왜 해당 기술들이 지금의 형태로 발전하게 되었는지를 자연스럽게 깨달을 수 있고 단순히 기술을 겉핥기식으로 익히는 것이 아니라 그 본질을 꿰뚫고 깊이 있게 이해하는 데 큰 도움이 되는 책입니다.

_신윤수(Node.js 백엔드 개발자)

이 책을 통해 특정 언어에 국한되지 않고 프로그래밍 패러다임의 쓰임새를 확실히 구분하여 설계하는 방법을 배울 수 있었습니다. 다양한 패러다임을 비교하며 기존의 관점을 다시 정리해볼 수 있었고, 단순한 이론 소개를 넘어 To Do List 앱 만들기 예제를 통해 다중 패러다임 설계 방식도 익힐 수 있어 실전 감각을 키우는 데 큰 도움이 되었습니다. 프로그래밍의 구조적 사고를 정립하고 싶은 분께 추천합니다.

_윤수혁(웹 개발자)

'FP와 OOP가 서로 대체재인가'에 대한 논의는 꾸준히 있었습니다. 이 책은 두 프로그래밍 패러다임을 서로 대체하는 것이 아니라 융합하여 함께 사용할 수 있는 방향을 제시합니다. 제너레이터, 이터레이터, Promise 등 자바스크립트의 기능을 최대한 활용하고 여기에 타입을 더한 타입스크립트로 예제를 구현하여 안정성과 가시성을 높였습니다.

또한 지연 평가 기법을 통해 자원을 효율적으로 사용하면서도 사용자에게 더욱 유연한 UX를 제공하고 서버 측에서는 데이터를 효과적으로 처리할 수 있도록 도와줍니다. 이 책은 자바스크립트라는 언어의 깊이와 함수형, 객체지향이라는 두 패러다임을 함께 이해하고 적용할 수 있게 안내하는 말 그대로 두 마리 토끼를 잡을 수 있는 책이라 생각합니다.

_윤영선(백엔드 개발자)

자바스크립트 생태계에 다양한 프레임워크와 그에 따른 구조가 자리 잡았지만 여전히 개발자가 직접 처리해야 할 일은 많습니다. 그중에서도 큰 비중을 차지하는 것이 바로 '데이터 가공 및 제어'입니다. 이 책은 여러분이 어떤 패러다임에 익숙하고 적용 중이더라도 '함수형 프로그래밍 패러다임'을 접목시켜 더욱 가독성 높고 효율적인 데이터 처리를 가능하게 도와줍니다.

자바스크립트의 제너레이터, 이터러블과 같은 개념에서 시작해 지연 평가, 비동기 처리 등 효과적인 데이터 처리 기법을 소개합니다. 거기에 실무 데이터를 활용한 예제와 함수 조합 패턴까지 제공함으로써 이론 학습에 그치지 않고 실무에도 바로 활용할 수 있는 방법을 제시합니다. 이 책을 통해 더 많은 분이 함수형 프로그래밍의 매력을 이해하고 나아가 자신의 프로젝트에 자연스럽게 적용할 수 있기를 바랍니다.

_이기웅(프런트엔드 개발자)

챗GPT를 이용해 전형적인 코드 패턴을 얻은 다음 멀티패러다임을 적용해 문제를 해결하고 더 가독성 높고 간결한 코드로 발전시키는 설명 방식이 특히 인상 깊었습니다. 그뿐만 아니라 기존의 개발 관행을 서로 다른 패러다임으로 결합해 새로운 해법을 제시하는 접근은 무척 신선하게 다가왔습니다. 멀티패러다임적 사고가 어디까지 확장될 수 있을지 상상하게 만드는, 꼭 추천하고 싶은 책입니다.

_임혁(백엔드 개발자)

프로그래밍 세계의 다양한 패러다임을 한 권에 담아낸 이 책을 처음 펼쳤을 때 솔직히 또 하나의 이론서일 거라 생각했습니다. 그러나 페이지를 넘길수록 그 예상은 완전히 빗나갔습니다. 『멀티패러다임 프로그래밍』은 이론과 실무 사이의 간극을 훌륭하게 메워주는 책입니다. 명령형, 함수형, 객체지향 프로그래밍이라는 세 가지 패러다임을 다루며 이해하기 어려운 개념도 생생한 예제를 통해 쉽게 풀어냅니다. 마치 옆에서 누군가가 라이브 코딩을 하며 설명해주는 듯한 느낌이 들었습니다. 또한 평소 명령형 프로그래밍의 단점만 생각했던 저에게, 제너레이터와 같은 특정 상황에서 명령형이 가진 강점을 보여준 부분은 새로운 시각을 열어주었습니다.

실무에서 자주 마주치는 데이터 처리, 비동기 작업, 상태 관리 같은 문제들을 여러 패러다임으로 해결하는 과정을 따라가다 보면 다양한 문제 해결 방식을 자연스럽게 익힐 수 있습니다. 프로그래밍 패러다임에 대한 이해를 넓히고 더 효과적인 코드 작성 능력을 키우고자 하는 분들께 이 책을 추천합니다.

_정동환(프런트엔드 개발자)

감사의 말

이 책의 검수와 테스트에 기여해주신 마플개발대학 구독자 리뷰어 박재영(GitHub ID: SaeWooKKang), 류한경(ryuhangyeong), 김상민(Sang-minKIM), 김모건(redcontroller), 나호준(Rojojun), 이성필(goohooh) 님과 마플개발대학 교직원 정재훈(Jeong-Jae-Hun), 박병훈(parkbyeonghoon222), 신성우(sungwoo-shin), 정경진(okyungjin), 최연정(padosum), 최승준(seungjune-choi), 남보람(Boramnam), 최준만(JunmanChoi), 지영준(jiyeongjun), 박필정(piljung89) 님에게 깊은 감사의 인사를 드립니다.

지은이 소개

지은이 **유인동** indong.yoo@gmail.com

마플코퍼레이션의 CTO이자 22년 차 소프트웨어 엔지니어. 카카오와 엔씨소프트 오픈마루팀에서 개발자로 근무했으며 넥슨, 네이버, 카카오 등 국내 주요 IT 기업의 개발자를 대상으로 기술 교육을 진행한 경험이 있다.

타입스크립트, 오브젝티브-C, 자바, Node.js, PostgreSQL, 클로저, 루비 온 레일즈 등 다양한 언어와 기술을 다루며 폭넓은 소프트웨어 개발 노하우를 쌓고 있다. 또한 객체지향 프런트엔드 개발 라이브러리인 rune-ts와 데이터베이스 쿼리 빌더 FxSQL을 직접 개발하고 함수형 라이브러리 FxTS 설계에도 참여하는 등 다양한 오픈소스 프로젝트에 기여했다. 최근에는 소프트웨어 공학을 사랑하는 온라인 커뮤니티 마플개발대학의 교수로 활동하며 지식을 공유하고 있다.

지은이의 말

과거에는 프로그래밍 언어를 주로 함수형, 객체지향, 절차적 언어로 나눴습니다. 그러나 오늘날에는 이러한 경향이 바뀌고 있습니다. 함수형과 객체지향 기능을 모두 갖춘 하이브리드 프로그래밍 언어가 등장하기 시작하면서 이제는 자바, C#, 스칼라, 타입스크립트, 자바스크립트, 코틀린, 스위프트 등 대부분의 주요 프로그래밍 언어가 멀티패러다임 언어로 자리 잡게 되었습니다. 이러한 변화는 현업에서 널리 사용되는 언어들의 공통적인 특징이 되었습니다.

멀티패러다임 언어는 클래스, 상속, 인터페이스 같은 객체지향 기능뿐 아니라 일급 함수, 리스트 프로세싱, 지연 평가, 비동기/동시성 처리 등 함수형 프로그래밍 기능도 폭넓게 지원합니다. 또한 유연한 타입 시스템, 타입 추론, 제네릭, 유틸리티 타입 등을 제공하며 심지어 정적 타입과 동적 타입을 혼합하는 것도 가능합니다. 그렇다면 왜 언어들이 이렇게 여러 프로그래밍 패러다임을 지원하는 멀티패러다임 언어가 되었을까요? 이러한 변화가 일어난 데는 분명한 이점이 존재하기 때문 아닐까요?

오라일리 미디어의 부사장이자 여러 기술 서적의 저자인 마이크 루키데스는 '우리는 함수형, 객체지향, 명령형 패러다임을 제공하는 멀티패러다임 언어를 효율적으로 활용하는 법을 배워야 한다'면서 '많은 툴이 개선되었고 이제는 어떻게 잘 사용할지를 배울 차례다. 그리고 이제는 오랫동안 각기 고유했고 심지어 갈등 속에 있던 패러다임들을 섞어야 할 때다'라고 했습니다.[1]

이러한 환경이 갖춰진 지금, 어느 한쪽 패러다임만 사용하는 것은 어쩌면 큰 기회를 놓치는 것일 수 있습니다. 우리가 해결해야 하는 문제 중에는 함수형으로 해결하는 것이 우세한 경우가 있고 객체지향 프로그래밍으로 해결하는 것이 더 우세한 경우도 있습니다. 프로그래머들은 더 이상 함수형이 좋은지, 객체지향이 좋은지, 정적 타입이 좋은지, 동적 타입이 좋은지 논쟁할 필요가 없습니다. 언어를 만들고 표준을 정의하는 단체와 기업들이 이미 하나의 언어와 플랫폼에서 여러 패러다임을 지원하도록 만들었고, 우리는 하나의 프로젝트 심지어는 하나의 함수 안에서도 여러 패러다임을 조합하여 프로그래밍할 수 있게 되었습니다.

---

1 출처: https://www.oreilly.com/radar/multi-paradigm-languages/ (원문)
https://www.hanbit.co.kr/channel/category/category_view.html?cms_code=CMS6330645435 (번역)

현재 우리는 어쩌면 특정 라이브러리나 프레임워크에 의존하며 그에 맞는 한정적인 패러다임을 따르다가 언어 레벨의 다양한 기능과 패러다임을 충분히 활용하지 못하고 있을지도 모릅니다. 사실 함수형 프로그래밍 언어나 객체지향 프로그래밍 언어에 적용된 많은 기술은 오랜 역사와 정통성을 지니고 있으며 이미 다양한 문제를 해결하며 검증을 거쳐왔습니다. 언어 레벨의 다양한 스킬을 가진 프로그래머는 더 많은 문제를 빠르고 안전하게 그리고 유연하게 해결할 수 있습니다. 또한 특정 라이브러리에 얽매이지 않고 보다 근본적인 방식으로 코드를 작성할 수 있습니다.

이 책은 타입스크립트를 주요 언어로 사용하며 자바, C#, 스칼라, 코틀린, 스위프트 등 다른 언어에서도 적용할 수 있는 기술과 개념을 다룹니다. 기존 환경과 언어를 유지하면서도 함수형 프로그래밍을 실무에 적용할 수 있도록 돕습니다. 또한 객체지향 프로그래밍과 함수형 프로그래밍을 혼합해 문제를 해결하는 코드를 제시함으로써 멀티패러다임 언어를 효과적으로 다루는 기술력과 응용력을 높여 문제 해결 능력을 확장할 수 있도록 돕습니다.

프런트엔드 개발자에게는 언어와 최신 Web API를 중심으로 성능 좋고 매끄러운 UI를 구현하는 사례를 제시합니다. 백엔드 개발자에게는 비동기 프로그래밍을 잘 다루는 법과 효율적이고 안전하게 데이터를 합성하는 방법을 소개합니다. 또한 팀원과 함께 쉽게 이해하고 읽기 좋은 코드를 작성하는 법을 비롯해 생산성을 높이고 에러를 줄이는 여러 코딩 패턴과 아이디어도 다룹니다. 이 책이 멀티패러다임 언어의 다양한 가능성을 실감하고 프로그래밍의 즐거움을 한층 깊이 누릴 수 있는 계기가 되었으면 좋겠습니다.

유인동

이 책의 특징

이 책은 프로그래밍 언어에 관한 이론적 배경을 제공함과 동시에 실무에서 바로 적용할 수 있는 실용적인 가이드를 제공합니다. 다양한 프로그래밍 패러다임을 통합하여 현대 프로그래밍 언어의 한계를 넘어서고자 하는 이들에게 큰 도움이 될 것입니다. 이 책으로 얻을 수 있는 것은 다음과 같습니다.

다양한 패러다임을 조화롭게 활용하는 방법

객체지향, 함수형, 명령형 프로그래밍 패러다임을 실제 프로젝트와 코드 예제에서 어떻게 통합하고 적용할 수 있는지 구체적으로 제시합니다. 다양한 패러다임을 조화롭게 결합하여 실제 문제를 해결하는 방법을 설명함으로써 실무에서 바로 활용할 수 있도록 돕습니다.

타입 시스템 심층 탐구와 활용

타입 추론, 함수 타입, 제네릭 등 현대 프로그래밍 언어에서 중요한 타입 시스템 개념을 심도 있게 탐구하고 이를 다양한 언어에서 어떻게 효과적으로 활용할 수 있는지 설명합니다. 타입 시스템을 통해 코드의 안전성과 유연성을 동시에 확보하는 방법을 제시합니다.

고급 비동기 프로그래밍 기법

비동기 프로그래밍에 관해 단순히 사용법이나 튜토리얼을 제공하는 데 그치지 않습니다. 비동기 작업의 결과를 값으로 처리하고 지연 평가lazy evaluation와 같은 고급 기법으로 성능을 최적화하는 방법을 상세히 설명합니다. 이를 통해 비동기 프로그래밍의 복잡한 문제를 효율적으로 해결할 수 있는 구체적인 방법을 제공합니다.

현대적으로 재해석하는 메타프로그래밍과 LISP

메타프로그래밍의 개념을 LISP 언어의 역사적 배경과 함께 설명하며 이를 현대 프로그래밍 언어에서 어떻게 활용할 수 있는지 구체적인 예제와 함께 제시합니다. LISP의 강력한 메타프로그래밍 기능을 현대적 문맥에서 재해석하고 이를 다른 언어에서도 유사한 접근법으로 구현하는 방법을 탐구합니다.

객체지향과 함수형 프로그래밍의 결합

객체지향 디자인 패턴과 함수형 프로그래밍의 개념을 결합하여 더 강력하고 유연하게 코드를 작성하는 방법을 제시합니다. 반복자 패턴, 일급 함수, 제너레이터 함수 등의 구체적인 사례를 다룹니다.

실용적 예제와 사례

각 장에서 설명하는 개념들을 구체적인 예제, 사례 연구와 함께하며 이해를 돕습니다. 특히 타입스크립트, 하스켈, LISP 등 다양한 언어를 활용한 예제로 개념의 실용성을 강조합니다. 여러분이 실제로 적용할 수 있는 구체적인 가이드를 제공합니다.

프로젝트 중심의 학습 접근법

개념을 배우는 것에 그치지 않고 실제 프로젝트를 통해 학습할 수 있도록 유도합니다. 직접 코드를 작성하고 프로젝트를 완성해보며 배운 개념을 실질적으로 적용할 수 있도록 구성했습니다.

대상 독자

이 책은 타입스크립트와 자바스크립트를 사용하는 프런트엔드 개발자에게 유용하며 Node.js, Express.js, NestJS 등을 다루는 백엔드 개발자에게도 도움이 됩니다. 또한 멀티패러다임 프로그래밍은 특정 언어에 국한되지 않으므로 자바, C#, 코틀린, 스위프트 등 다른 언어를 사용해도 이 책을 통해 언어 활용 능력과 문제 해결 능력을 한층 희강할 수 있습니다.

특히 중급 이상 개발자로 성장하고자 하는 분에게 적합합니다. 기본기를 다시 다지면서 각 언어의 고급 기능을 깊이 이해하고 실무에 적용하도록 돕기 때문입니다. 최신 언어 기능과 폭넓은 패러다임을 활용하고 더 효율적이고 견고하게 코드를 작성할 수 있습니다.

이 책을 읽기 전에 알아야 할 지식

타입스크립트나 다른 현대 프로그래밍 언어의 기본 문법만 알고 있다면 이 책을 어렵지 않게 읽을 수 있습니다. 별도의 라이브러리나 프레임워크에 관한 사전 지식은 필요하지 않습니다.

이 책의 구성

각 장에서 다루는 내용은 다음과 같습니다.

■ 1장 멀티패러다임이 현대 언어를 확장하는 방법

현대 프로그래밍 언어가 멀티패러다임으로 발전하게 된 시작점과 교차점을 이야기합니다. 다양한 프로그래밍 패러다임(객체지향, 함수형, 논리형 등)의 개념과 이들이 현대 프로그래밍 언어를 확장하는 데 어떠한 도움을 주는지 설명합니다.

■ 2장 함수형 프로그래밍과 타입 시스템 그리고 LISP

함수형 프로그래밍의 기본 개념과 타입 시스템의 역할을 설명합니다. LISP 언어의 역사와 특징 그리고 함수형 프로그래밍 언어로서의 장점과 타입 추론, 함수 타입, 제네릭의 개념과 활용 방법을 알아봅니다. 멀티패러다임 언어에서 함수형 타입 시스템과 메타프로그래밍의 역할을 논의합니다.

■ 3장 코드:객체:함수 = Generator:Iterator:LISP = IP:OOP:FP

코드, 객체, 함수의 관계와 이들이 명령형 프로그래밍(IP), 객체지향 프로그래밍(OOP), 함수형 프로그래밍(FP) 각각에서 어떻게 사용되는지 설명합니다. '코드가 곧 데이터'라는 개념을 논의하며 로직이 담긴 리스트의 중요성을 알아봅니다. 하스켈을 통해 현대 프로그래밍 언어에 대한 생각을 확장하고 지연 평가의 개념과 이를 구현하는 방법을 구체적으로 해설합니다. Generator, Iterator, LISP에서 지연 평가와 합성을 구현하고 활용하는 방법을 다룹니다.

■ 4장 비동기 프로그래밍

비동기 프로그래밍의 중요성과 이를 구현하는 다양한 모델을 알아봅니다. 비동기 작업의 결과를 값으로 다루는 방법과 이를 통해 코드의 가독성과 유지보수성을 높이는 방법을 논하고 지연 평가lazy evaluation를 사용하여 비동기 작업의 성능을 최적화하는 방법을 소개합니다.

■ 5장 실전 함수형 프로그래밍

함수형으로 알고리즘 문제 풀기, 백엔드 프로그래밍(스케줄러), 리스트 프로세싱 패턴화를 통해 실전 코드를 제공합니다. 특히 백엔드 프로그래밍 관해서는 마이크로서비스 아키텍처microservices architecture(MSA) 환경에서 자주 사용될 만한 기법을 패턴화해서 제공합니다.

■ **6장 멀티패러다임 프로그래밍**

본격적으로 여러 패러다임을 조합한 프로그래밍을 소개합니다. 객체지향, 함수형, 명령형을 언제 어느 상황에서 조합해야 하는지 명확한 가이드를 제공합니다.

■ **7장 객체지향 프런트엔드 개발 그리고 멀티패러다임적 접근과 응용**

객체지향 설계를 기반으로한 멀티패러다임 프로그래밍 패턴을 다룹니다.

이 책을 200% 활용하는 방법

깃허브

이 책의 모든 타입스크립트 예제는 아래 깃허브 저장소에서 확인할 수 있습니다.

- https://github.com/marpple/multi-paradigm-programming

깃허브 저장소에는 설치 방법, tsconfig.json 설정, 패키지 등 예제 코드에 필요한 구성이 모두 준비되어 있습니다. 설치하기만 하면 바로 예제를 실행해볼 수 있습니다.

학습 팁

예제 소스가 제공되더라도 동일한 환경에서 새로운 파일을 만들어 직접 코드를 작성해보기 바랍니다. 책을 보며 코드를 새롭게 작성하고 실행하는 과정에서 더 깊이 있게 학습하고 실력을 키울 수 있습니다.

추가 학습 자료와 정보

더욱 폭넓은 학습을 원하는 분을 위해 깃허브 저장소에 이 책과 동일한 내용으로 제작된 영상 강의, 함께 공부할 수 있는 온라인 커뮤니티 링크, 유튜브 채널 등 여러 자료를 지속적으로 업데이트하고 있습니다. 또한 온라인 커뮤니티에서는 이 책과 관련된 퀴즈와 정답 풀이, 다양한 교육 자료를 공유합니다. 책의 내용을 심도 있게 이해하고 응용력을 키우는 데 큰 도움이 될 것입니다. 꼭 방문해 참고해보세요.

목차

추천의 말 4

베타리더의 말 15

감사의 말 20

지은이 소개 21

지은이의 말 22

이 책에 대하여 24

1장 멀티패러다임이 현대 언어를 확장하는 방법

1.1 객체지향 디자인 패턴의 반복자 패턴과 일급 함수 39

1.1.1 GoF의 반복자 패턴 39

1.1.2 ArrayLike로부터 Iterator 생성하기 41

1.1.3 ArrayLike를 역순으로 순회하는 이터레이터 만들기 43

1.1.4 지연 평가되는 map 함수 45

1.1.5 멀티패러다임의 교차점: 반복자 패턴과 일급 함수 47

1.2 명령형 프로그래밍으로 이터레이터를 만드는 제너레이터 함수 49

1.2.1 제너레이터 기본 문법 49

1.2.2 제너레이터로 작성한 reverse 함수 53

1.3 자바스크립트에서 반복자 패턴 사례: 이터레이션 프로토콜 55

1.3.1 이터레이터와 이터러블 55

1.3.2 언어와 이터러블의 상호작용 61

1.3.3 제너레이터로 만든 이터레이터도 이터러블 65

1.4 이터러블을 다루는 함수형 프로그래밍 67

1.4.1 forEach 함수 67

1.4.2 map 함수 69

1.4.3 filter 함수 71

1.4.4 고차 함수 조합하기 74
1.4.5 재미난 filter 75
1.5 이터러블 프로토콜이 상속이 아닌 인터페이스로 설계된 이유 77
1.5.1 Web API의 NodeList도 이터러블 77
1.5.2 상속이 아닌 인터페이스로 해결해야 하는 이유 79
1.5.3 인터페이스와 클래스 상속 82
1.6 요약 정리 84

2장 함수형 프로그래밍과 타입 시스템 그리고 LISP

2.1 타입 추론과 함수 타입 그리고 제네릭 89
2.1.1 타입 추론 89
2.1.2 함수 타입과 제네릭 94
2.2 멀티패러다임 언어에서 함수형 타입 시스템 98
2.2.1 이터레이션 프로토콜과 타입 다시 보기 98
2.2.2 함수형 고차 함수와 타입 시스템 99
2.2.3 함수 시그니처와 중첩된 함수들의 타입 추론 107
2.3 멀티패러다임 언어와 메타프로그래밍 – LISP로부터 109
2.3.1 Pipe Operator 109
2.3.2 클래스와 고차 함수, 반복자, 타입 시스템을 조합하기 111
2.3.3 LISP(클로저)에서 배우기 – 코드가 데이터, 데이터가 코드 118
2.3.4 클로저에서 map이 실행될 때 120
2.3.5 멀티패러다임 언어에서 사용자가 만든 코드이자 클래스를 리스트로 만들기 122
2.3.6 LISP의 확장성 – 매크로와 메타프로그래밍 123
2.3.7 런타임에서 동적으로 기능 확장하기 128
2.3.8 언어를 확장하는 즐거움 134
2.4 요약 정리 136

목차

3장 코드:객체:함수 = Generator:Iterator:LISP = IP:OOP:FP

3.1 코드가 곧 데이터 – 로직이 담긴 리스트 **142**

3.1.1 [for, i++, if, break] – 코드를 리스트로 생각하기 **142**

3.1.2 현대 언어에서 리스트 프로세싱 – 클로저, 코틀린, 스위프트, 스칼라, C#, 자바 **150**

3.1.3 언어를 넘어 적용 가능한 개념, 패러다임 **155**

3.2 하스켈로부터 배우기 **156**

3.2.1 하스켈의 함수와 함수 시그니처 **156**

3.2.2 언어 차원에서 지원하는 커링 **157**

3.2.3 main 함수와 IO **158**

3.2.4 head, map, filter, foldl 함수 시그니처 **160**

3.2.5 함수 합성 – . 연산자와 $ 연산자 **162**

3.2.6 sumOfSquaresOfOddNumbers 함수 **163**

3.2.7 파이프라인 스타일 – & **164**

3.2.8 Either를 통한 에러 처리 **164**

3.2.9 패턴 매칭 **165**

3.3 지연 평가 자세히 살펴보기 **168**

3.3.1 중첩된 이터레이터의 실행 순서 – 제너레이터로 확인하기 **168**

3.3.2 자세히 살펴보기 **171**

3.3.3 이터레이터로 직접 살펴보기 **173**

3.3.4 단순화해서 살펴보기 **175**

3.4 Generator:Iterator:LISP – 지연 평가와 안전한 합성 **177**

3.4.1 find 함수 시그니처 **177**

3.4.2 하스켈에서 find 함수와 안전한 합성 **178**

3.4.3 find 함수로 생각하는 지연 평가와 리스트 프로세싱 **179**

3.4.4 타입스크립트에서의 안전한 합성 **184**

3.4.5 every 함수 **186**

3.4.6 some 함수 188
3.4.7 지연 평가에 기반한 break 로직 끼워 넣기 190
3.4.8 every와 some 함수의 공통 로직을 함수형으로 추상화하기 191
3.4.9 concat으로 더하기 192
3.5 요약 정리 199

4장 비동기 프로그래밍

4.1 값으로 다루는 비동기 203
4.1.1 Promise 203
4.1.2 new Promise( )를 직접 사용해본 적 있는가 207
4.1.3 Promise.race 209
4.1.4 IO 작업에 타임아웃 설정하기 209
4.1.5 응답 속도에 따라 다른 전략으로 UI 렌더링하기 210
4.1.6 Promise.all 213
4.1.7 Promise.allSettled 214
4.1.8 Promise.any 216
4.2 지연성으로 다루는 비동기 218
4.2.1 Promise 실행을 지연하려면 218
4.2.2 챗GPT가 명령형으로 구현한 동시성 핸들링 함수 224
4.2.3 함수형으로 구현한 동시성 핸들링 함수 226
4.2.4 효과적인 비동기 핸들링으로 가는 계단 – 지연성 229
4.3 타입으로 다루는 비동기 232
4.3.1 AsyncIterator, AsyncIterable, AsyncGenerator 프로토콜 232
4.3.2 AsyncIterable을 다루는 고차 함수 238
4.3.3 동기와 비동기를 동시에 지원하는 함수로 만드는 규약 – toAsync 243
4.3.4 타입 시스템 + 비동기 함수형 함수 + 클래스 252

4.4 비동기 에러 핸들링 **262**

4.4.1 여러 이미지를 불러와서 높이 구하기 **262**

4.4.2 개선된 비동기 로직 **264**

4.4.3 에러가 제대로 발생되도록 하는 것이 핵심 **265**

4.4.4 안정적인 소프트웨어와 비동기 프로그래밍 **268**

4.5 요약 정리 **269**

5장 실전 함수형 프로그래밍

5.1 실전 데이터 다루기 **273**

5.1.1 2차원 배열에서 숫자 다루기 **273**

5.1.2 농구팀 데이터 다루기 **274**

5.1.3 커머스 데이터 다루기 **276**

5.1.4 커머스 데이터 다루기 2 **279**

5.1.5 일관된 접근 방식으로 문제 해결하기 **284**

5.2 더 많은 문제에 적용하기 **285**

5.2.1 pipe 함수 **285**

5.2.2 pipe와 비동기 함수 합성 **289**

5.2.3 zip 함수 **290**

5.2.4 인덱스가 값으로 필요할 때 **293**

5.2.5 콜라츠 추측 – 1이 될 때까지 세기 **295**

5.2.6 break를 대신하는 take, takeWhile, takeUntilInclusive **299**

5.2.7 함수의 조합으로 만들어내는 로직 **302**

5.3 백엔드 비동기 프로그래밍 **303**

5.3.1 커머스 플랫폼의 결제 프로세스 문제 **303**

5.3.2 결제 내역 동기화 스케줄러 만들기 **304**

5.3.3 해시 기반 접근으로 시간 복잡도 최적화 316
5.3.4 안정적인 비동기 작업 간격 유지 317
5.3.5 최대 요청 크기 제한을 효과적으로 처리하기 319
5.3.6 사전 카운트로 효율 높이기 321
5.3.7 병렬성으로 효율 높이기 324
5.3.8 리스트 프로세싱 기반 비동기/동시성 프로그래밍 327
5.4 리스트 프로세싱 패턴화 329
5.4.1 변형-누적 패턴 329
5.4.2 중첩-변형 패턴 332
5.4.3 반복자-효과 패턴 337
5.4.4 필터-중단 패턴 339
5.4.5 무한-중단 패턴 340
5.4.6 분할-평탄 패턴 342
5.4.7 변형-평탄 패턴 342
5.4.8 결합-누적 패턴 344
5.4.9 해시-매치 패턴 345
5.4.10 리스트 프로세싱 함수 유형별 개념 정리 348
5.5 요약 정리 350

6장 멀티패러다임 프로그래밍

6.1 HTML 템플릿 엔진 만들기 355
6.1.1 Tagged Templates 355
6.1.2 리스트 프로세싱으로 구현하기 356
6.1.3 push를 concat으로 358
6.1.4 XSS 공격 방지 359
6.1.5 중첩 데이터 처리로 컴포넌트 방식 개발 지원하기 362

6.1.6 구조의 문제는 객체지향으로, 로직의 문제는 함수형으로 해결하기 364
6.1.7 배열로부터 html 문자열 만들기 366
6.1.8 객체를 함수형으로 더하기 368
6.1.9 배열 처리를 클래스 내부로 이동하여 편의성 높이기 369
6.1.10 고차 함수로 추상화하기 371
6.1.11 작은 프런트엔드 개발 라이브러리 만들기 374
6.1.12 멀티패러다임 언어가 제시하는 기회 378
6.2 멀티패러다임을 활용한 동시성 핸들링 379
6.2.1 executeWithLimit 다시 보기 379
6.2.2 챗GPT가 명령형으로 구현한 동시성 핸들링 함수 381
6.2.3 멀티패러다임으로 구현한 동시성 핸들링 함수 384
6.2.4 동시성(부하) 크기를 동적으로 변경할 수 있도록 확장하기 387
6.2.5 무한 반복되는 작업의 부하 조절하기 389
6.2.6 runAllSettled 추가하기 391
6.3 요약 정리 397

7장 객체지향 프런트엔드 개발 그리고 멀티패러다임적 접근과 응용

7.1 Setting 앱 만들기 402
7.1.1 SwitchView 403
7.1.2 SettingItemView 405
7.1.3 SettingListView 407
7.1.4 SettingPage 408
7.1.5 전체 토글 기능 추가하기 410
7.1.6 객체 간 통신과 커스텀 이벤트 디스패치 413
7.1.7 이벤트가 자꾸 루프에 빠지고 부수 효과가 발생하는 이유 420
7.1.8 타입 안전한 커스텀 이벤트 통신 패턴 425

7.1.9 재사용 가능한 컴포넌트 SwitchView 427
7.1.10 패러다임이 만드는 리액티브한 코드 428
7.2 Todo 앱 만들기 431
7.2.1 CheckView 431
7.2.2 추상 클래스와 상속 433
7.2.3 Headless UI 434
7.2.4 TodoItemView 435
7.2.5 계층적 캡슐화를 통한 도메인과 UI 명명 불일치 관리 437
7.2.6 TodoListView 438
7.2.7 제네릭 클래스로 추상화 439
7.2.8 TodoPage 445
7.2.9 인터페이스에 기반한 객체 간 통신으로 중복 제거하기 447
7.2.10 GoF의 디자인 패턴 관점으로 보기 – 전략 패턴 458
7.2.11 일급 함수를 활용한 객체 간 통신 – 콜백 인젝션 패턴 459
7.2.12 멀티패러다임적인 코드 설계 462
7.3 Todo 앱 만들기 2 464
7.3.1 데코레이터로 코드를 간결하게 464
7.3.2 TextSubmitView 471
7.3.3 ListView에 헬퍼 메서드 추가하기 472
7.3.4 새로운 Todo 생성하기 473
7.3.5 SegmentControlView 475
7.3.6 휴리스틱 기반 Diff로 DOM 업데이트 최적화 481
7.4 Todo 앱 만들기 3 486
7.4.1 상태 패턴으로 유연하게 만들기 486
7.4.2 상태 패턴 적용의 이점 489
7.4.3 런타임에서도 변경 가능한 코드와 소프트웨어 동작 490
7.4.4 상태 객체로 더 확장하기 492
7.4.5 멀티패러다임 객체지향 설계 495

7.5 비동기와 UI, Promise와 Class **500**

7.5.1 Promise를 활용한 alert, confirm **500**

7.5.2 값으로서의 Promise, 컴포넌트 간 통신 매개 **503**

7.5.3 그룹 채팅에 참여할 친구 선택하기 **505**

찾아보기 **509**

1장

멀티패러다임이 현대 언어를 확장하는 방법

과거에는 함수형 패러다임을 사용하려면 함수형 언어를, 객체지향 패러다임을 사용하려면 객체지향 언어를 선택해야 했습니다. 그러나 오늘날 대부분의 프로그래밍 언어는 멀티패러다임 언어로 발전했습니다. 2010년 즈음부터 이러한 변화가 본격적으로 시작되어 특히 2020년 이후에는 현업에서 사용하는 언어가 거의 명령형, 객체지향, 함수형 패러다임을 동시에 지원하게 되었습니다.

많은 프로그래밍 언어가 처음에는 객체지향 패러다임을 기반으로 시작했지만, 일급 함수를 도입하고 지연성을 적용한 이터레이션 헬퍼 함수나 비동기를 다루는 내장 객체 등을 포함하며 다각도로 발전했습니다. 그 결과 이제 하나의 언어에서 다양한 패러다임을 성숙한 수준으로 활용할 수 있게 되었습니다.

저 역시 이러한 변화를 최근에서야 온전히 받아들이기 시작했습니다. 현재의 언어들에서는 심지어 하나의 함수 안에서도 여러 패러다임을 혼합할 수 있게 되었음에도 불구하고 제가 좀 더 좋아하거나 최근에 받아들인 특정 패러다임만을 사용하려고 했던 것은 아닌가 생각하게 되었습니다. 과거에는 객체지향 프로그래밍을 매우 좋아했는데 이러한 패러다임들이 서로 섞일 수 없다고 생각했던 것 같습니다. 저뿐만 아니라 많은 개발자 그리고 오픈소스 라이브러리나 프레임워크 설계에서도 하나의 패러다임이나 개념만으로 프로젝트를 구성하려는 경향으로 나타나곤 했다고 생각합니다. 아이러니하게도 프로그래밍에서 가장 중심이 되는 언어 그 자체는 이미 멀티패러다임 언어가 되었음에도 말입니다.

모든 프로그래밍 패러다임은 성공적인 소프트웨어 개발을 위한 도구입니다. 우리는 그동안 어느 하나의 방식이나 개념만 사용하도록 프로젝트와 코드를 구성하고 통합하려 했던 경향이 있습니다. 하지만 이는 오히려 더 나은 프로그래밍으로 나아갈 기회를 제약할 수 있습니다. 그리고 어쩌면 알면서도 부정하는 경향도 있다고 생각합니다. 어떤 문제는 명령형으로 푸는 것이 적합하고, 어떤 문제는 함수형, 또 어떤 문제는 객체지향이 더 효과적일 수 있습니다. 그럼에도 우리는 성능이나 사용자 경험을 희생하면서까지 우리의 소프트웨어와 코드에 맞지 않는 옷을 억지로 입히려고 했던 것은 아닐까요?

오늘날은 다양한 패러다임을 효과적으로 조합해 더 나은 코드를 작성할 수 있는 시대입니다. 이 책에서는 서로 다른 패러다임이 어우러져 탄생하는 아름다운 코드와 문제 해결 방식을 함께 탐구합니다. 첫 장에서는 이러한 패러다임들이 조화롭게 만나기 시작한 이야기로 앞으로 이어질 긴 여정을 열어보고자 합니다.

1.1 객체지향 디자인 패턴의 반복자 패턴과 일급 함수

함수형 프로그래밍을 중심으로 프로그래밍을 하던 어느 날, 요즘의 멀티패러다임 언어에서는 함수형 패러다임을 적용하는 방법으로 반복자iterator 패턴을 활용한다는 점을 깊게 생각하게 되었습니다. 다시 생각해보니 이 반복자 패턴은 십여 년 전에 접했던 GoF의 객체지향 디자인 패턴 중 하나였습니다.

객체지향 기반 언어들은 반복자 패턴을 통해 지연성 있는 이터레이션 프로토콜을 구현했습니다. 이후 일급 함수가 추가되면서 이를 바탕으로 map, filter, reduce, take 같은 이터레이터 헬퍼 함수들이 구현될 수 있었습니다. 시간이 흐르며 이러한 함수들은 언어의 핵심 기능으로 자리 잡아 빌트인 형태로 제공되기 시작했습니다.

객체지향 디자인 패턴인 반복자 패턴과 함수형 패러다임의 일급 함수가 만나 함수형 패러다임의 지연 평가와 리스트 프로세싱[1]을 구현해나간 것입니다. 여러 패러다임이 서로 협력하여 함수형 패러다임 지원을 더욱 고도화했으며 결과적으로 더욱 멀티패러다임적인 언어로 발전했습니다.

저는 이러한 변화의 시작점에 반복자 패턴이 있다고 생각합니다. 반복자 패턴은 단순한 하나의 디자인 패턴을 넘어 오늘날 우리가 다양한 패러다임을 활용하여 프로그래밍하는 데 중요한 역할을 하고 있습니다.

1.1.1 GoF의 반복자 패턴

반복자 패턴은 객체지향 디자인 패턴 중 하나로, 컬렉션의 요소를 순차적으로 접근하는 규약을 제시합니다. 반복자 패턴은 GoFGang of Four가 1994년에 발표한 『GoF의 디자인 패턴』(프로텍미

1 리스트 프로세싱은 리스트 형태의 데이터를 처리하도록 설계된 언어 또는 패러다임, 기법을 의미합니다. 이 패러다임에서는 데이터와 코드 모두 일반화된 리스트 형태로 기술하며 코드와 로직도 데이터처럼 취급합니다. 대표적인 함수로는 map, filter, reduce 등이 있습니다.

디어, 2015)[2]에서 소개되었습니다.

다음은 반복자의 구조를 타입스크립트의 인터페이스 정의를 사용해 표현한 코드입니다.

코드 1-1 Iterator 인터페이스

```
interface IteratorYieldResult<T> {  // ❶
  done?: false;
  value: T;
}

interface IteratorReturnResult {  // ❷
  done: true;
  value: undefined;
}

interface Iterator<T> {  // ❸
  next(): IteratorYieldResult<T> | IteratorReturnResult;
}
```

❶ **IteratorYieldResult<T>**
done이 false인 경우와 value가 T 타입인 값을 나타냅니다. 이 인터페이스는 반복자가 아직 완료되지 않았음을 의미합니다.

❷ **IteratorReturnResult**
done이 true이고 value가 undefined인 값을 나타냅니다. 이 인터페이스는 반복자가 완료되었음을 의미합니다.

❸ **Iterator<T>**
next() 메서드를 가진 인터페이스로 IteratorYieldResult<T> 또는 IteratorReturnResult 중 하나를 반환합니다.

반복자 패턴은 컬렉션의 내부 구조를 노출하는 대신 next() 같은 public 메서드로 내부 요소에 접근할 수 있도록 설계되었습니다. 이는 컬렉션의 실제 구조와 상관없이 다양한 컬렉션 스타일 데이터의 요소를 일관된 방식으로 순회할 수 있게 합니다.

[코드 1-1]은 이번 장의 핵심 내용을 간결하게 전달하기 위해 축약된 형태를 사용했습니다. 실제 에디터에서 이대로 작성하면 중복 타입 선언이나 추론 오류가 발생합니다. 타입스크립트에

2 『GoF의 디자인 패턴』은 객체지향 소프트웨어 설계의 대표적 패턴들을 정리한 책입니다. 저자 에릭 감마, 리처드 헬름, 랄프 존슨, 존 블리시디스를 가리켜 'Gang of Four(GoF)'라고 부릅니다.

서 공식적으로 제공하는 Iterator 인터페이스는 lib.es2015.iterable.d.ts 파일을 참고하면 확인할 수 있습니다.

1.1.2 ArrayLike로부터 Iterator 생성하기

다음은 ArrayLike를 받아서 ArrayLike를 순회하는 Iterator를 생성하는 클래스를 구현한 코드입니다. 함수와 객체 리터럴로 더 간결하게 구현할 수도 있지만 이번에는 class와 implements를 사용하는 좀 더 전통적인 방식을 따랐습니다. 또한 자바스크립트의 이터레이션 프로토콜을 사용하지 않았습니다. 이 장에서는 반복자 패턴을 시작으로 여러 객체지향 언어들이 함수형 패러다임을 스스로 구현하면서 받아들인 과정과 스토리를 전하고 싶기 때문입니다.

코드 1-2 ArrayLike로부터 Iterator를 생성하는 클래스

```
/* lib.es5.ts
interface ArrayLike<T> {
  readonly length: number;
  readonly [n: number]: T;
}
*/

class ArrayLikeIterator<T> implements Iterator<T> {
  private index = 0;
  constructor(private arrayLike: ArrayLike<T>) {}

  next(): IteratorResult<T> {
    if (this.index < this.arrayLike.length) {
      return {
        value: this.arrayLike[this.index++],
        done: false
      };
    } else {
      return {
        value: undefined,
        done: true
      };
    }
  }
```

```
}

const arrayLike: ArrayLike<number> = {
  0: 10,
  1: 20,
  2: 30,
  length: 3
};

const iterator: Iterator<number> = new ArrayLikeIterator(arrayLike);

console.log(iterator.next()); // { value: 10, done: false }
console.log(iterator.next()); // { value: 20, done: false }
console.log(iterator.next()); // { value: 30, done: false }
console.log(iterator.next()); // { value: undefined, done: true }
```

ArrayLikeIterator는 GoF의 반복자 패턴을 따르고 있습니다. 이 클래스가 지원하는 컬렉션 타입은 ArrayLike입니다. ArrayLike는 0부터 시작하는 number 키와 length 속성을 가진 타입을 의미합니다. 자바스크립트에는 이러한 조건을 만족하는 타입의 값이 많습니다. 예를 들어 Array, arguments, NodeList 등이 있습니다. 따라서 ArrayLikeIterator를 사용하면 꼭 Array가 아니더라도 이 조건에 부합하는 다양한 컬렉션을 순회하는 객체를 만들 수 있습니다.

코드 1-3 array를 ArrayLikeIterator로 만들어 순회하기

```
const array: Array<string> = ["a", "b", "c"];
const iterator2: Iterator<string> = new ArrayLikeIterator(array);

console.log(iterator2.next()); // { value: 'a', done: false }
console.log(iterator2.next()); // { value: 'b', done: false }
console.log(iterator2.next()); // { value: 'c', done: false }
console.log(iterator2.next()); // { value: undefined, done: true }
```

iterator.next()를 실행하여 arrayLike와 array의 요소를 순회했습니다. 당연하게도 next()를 실행한 만큼만 요소를 순회하고 next()를 실행하지 않으면 순회하지 않게 됩니다. 이터레이터의 바로 이러한 특성을 활용하여 지연 평가를 구현할 수 있습니다(지연 평가에 대한 자세한 설명과 예시는 이후 내용에서 계속 이어집니다).

1.1.3 ArrayLike를 역순으로 순회하는 이터레이터 만들기

이번에는 배열의 요소를 역순으로 순회하는 이터레이터를 만들어보겠습니다. 먼저 Array의 reverse() 메서드를 간단히 살펴봅시다.

Array의 reverse() 메서드

array.reverse() 메서드는 호출 시점에 원본 배열의 순서를 뒤집습니다. [코드 1-4]에서는 인덱스로 배열의 요소에 접근하기 전에 이미 요소들의 순서가 반전되어 있습니다.

코드 1-4 원본 배열의 순서를 뒤집는 array.reverse() 메서드

```
const array = ['A', 'B'];
array.reverse();  // array의 순서를 반대로 미리 모두 변경해둠
console.log(array[0], array[1]);  // B A
```

이렇게 미리 변경해두는 동작이 당연하게 여겨질 수 있지만 대규모 데이터 처리나 성능이 중요한 경우에는 불필요한 메모리 이동과 연산을 유발할 수 있습니다.

이터레이터의 지연성을 이용한 reverse 함수 만들기

이터레이터를 활용하면 배열을 실제로 뒤집지 않고도 역순으로 순회할 수 있습니다. 이터레이터는 필요할 때마다 값을 하나씩 꺼내는 **'지연 평가**lazy evaluation'를 지원하므로 모든 요소를 미리 뒤집어둘 필요가 없습니다. 이로써 불필요한 연산과 메모리 사용량을 줄이며 필요한 시점에만 연산이 이루어지도록 개선할 수 있습니다.

코드 1-5 Iterator를 반환하는 reverse 함수

```
function reverse<T>(arrayLike: ArrayLike<T>): Iterator<T> {
  let idx = arrayLike.length;
  return {
    next() {
      if (idx === 0) {
        return { value: undefined, done: true };
      } else {
        return { value: arrayLike[--idx], done: false };
      }
    }
  };
```

```
}

const array = ['A', 'B'];
const reversed = reverse(array);
console.log(array);  // ['A', 'B'] (원본 배열은 그대로)

console.log(reversed.next().value, reversed.next().value);
// B A
```

[코드 1-5]의 reverse 함수는 ArrayLike 객체를 인자로 받아 객체를 실제로 뒤집지 않고도 역순으로 순회하는 이터레이터를 반환합니다. 물론 원본 배열을 변경하지 않는 것도 의미가 있습니다. 하지만 여기서 더 중요한 점은 reverse 함수를 호출하는 순간에는 아무 일도 일어나지 않고 reversed.next().value를 실행할 때마다 배열을 역순으로 하나씩 효율적으로 꺼낸다는 사실입니다.

지연 평가의 효율성

[코드 1-4]와 [코드 1-5]만 볼 때는 [코드 1-5]의 방식에 어떤 장점이 있는지 잘 와닿지 않을 수 있습니다. 하지만 [코드 1-6]의 상황을 살펴보면 이 방식의 장점을 느낄 수 있습니다.

코드 1-6 지연 평가가 더 효율적인 상황

```
const array = ['A', 'B', 'C', 'D', 'E', 'F'];
array.reverse();  // array의 순서를 반대로 미리 모두 변경해둠
console.log(array);  // ['F', 'E', 'D', 'C', 'B', 'A']
console.log(array[0], array[1]);  // F E

const array2 = ['A', 'B', 'C', 'D', 'E', 'F'];
const reversed = reverse(array2);
console.log(array2);  // ['A', 'B', 'C', 'D', 'E', 'F']
console.log(reversed.next().value, reversed.next().value);  // F E
```

reverse 함수를 활용한 array2에서는 필요한 만큼만 두 번 역방향으로 순회하여 연산과 메모리 사용을 최소화할 수 있습니다. 다음은 더 극적인 예시입니다.

코드 1-7 만일 원본도 필요하다면?

```
const array = ['A', 'B', 'C', 'D', 'E', 'F'];
const reversed = [...array].reverse(); // 복사하여 반전해둠
```

```
console.log(reversed[0], reversed[1], array[0], array[1]);
// F E A B

const array2 = ['A', 'B', 'C', 'D', 'E', 'F'];
const reversed2 = reverse(array2);
console.log(reversed2.next().value, reversed2.next().value, array2[0], array2[1]);
// F E A B
```

전자는 원본을 지키기 위해 동일한 크기의 배열을 복사한 다음 전체를 반전시켰습니다. 반면 후자는 원래도 원본을 변경하지 않기 때문에 복사가 필요하지 않습니다.

1.1.4 지연 평가되는 map 함수

[코드 1-8]의 map은 Iterator〈A〉와 A를 B로 변환하는 transform 함수를 받아 지연된 Iterator〈B〉를 반환하는 함수입니다. 이어서 설명하기에 앞서 일급 함수와 고차 함수를 먼저 알아보겠습니다.

- **일급 함수(First-class function)**
  map 함수는 transform 함수를 인자로 받고 있습니다. 이렇게 함수를 '값처럼 다루어' 변수에 담거나 다른 함수의 인자로 전달하거나 함수의 반환값으로 사용할 수 있는 함수를 일급 함수라고 합니다. 일급 함수의 이러한 특성을 활용하여 고차 함수를 구현할 수 있습니다.
- **고차 함수(Higher-order function)**
  고차 함수란 하나 이상의 함수를 인자로 받거나 반환하는 함수를 말합니다. [코드 1-8]의 map 역시 인자로 함수를 받으므로 고차 함수의 전형적인 예시에 해당합니다.

이러한 일급 함수와 고차 함수는 함수형 프로그래밍 패러다임의 핵심적인 구성 요소로서 로직을 더욱 쉽게 모듈화하거나 조합할 수 있게 돕습니다.

코드 1-8 Iterator〈A〉를 받아서 Iterator〈B〉를 반환하는 map 함수

```
function map<A, B>(transform: (value: A) => B, iterator: Iterator<A>): Iterator<B> {
  return {
    next(): IteratorResult<B> {
      const { value, done } = iterator.next();
      return done
        ? { value, done }
        : { value: transform(value), done };
```

```
    }
  };
}
```

map 함수도 next()를 실행하기 전까지는 아무런 작업을 하지 않습니다. 외부에서 next() 메서드를 호출하면 그때 원본 이터레이터의 next() 메서드를 호출하여 값을 가져옵니다. done이 true이면 변환 없이 그대로 반환하고 done이 false이면 transform 함수를 적용하여 변환된 값을 반환합니다. 이처럼 고차 함수는 인자로 받은 함수를 원하는 시점에 실행시킬 수 있는 구조를 갖습니다.

코드 1-9 map(f, reverse(array));

```
const array = ['A', 'B', 'C', 'D', 'E', 'F'];
const iterator = map(str => str.toLowerCase(), reverse(array));
console.log(iterator.next().value, iterator.next().value); // f e
```

reverse(array)가 배열을 역순으로 순회하는 이터레이터로 만들고 map 함수는 각 요소에 str => str.toLowerCase()를 적용할 준비가 된 이터레이터를 만듭니다. [코드 1-9]에서는 iterator를 두 번 순회하므로 작업을 두 번만 수행합니다. 첫 번째 값을 뽑아 소문자로 변환한 다음 두 번째 값을 뽑아 소문자로 변환하는 것으로 작업을 마치게 됩니다.

반복자 패턴의 지연성은 지연 평가가 가능한 객체를 생성할 수 있게 해주고 일급 함수는 고차 함수를 정의할 수 있게 합니다. 결과적으로 이 두 가지를 조합하면 map, filter, take, reduce 등의 지연 평가를 활용하거나 지연 평가된 리스트를 다루는 고도화된 리스트 프로세싱 함수를 구현할 수 있습니다.

지금까지 반복자 패턴의 지연적인 특성을 활용하여 함수 실행을 지연 평가할 수 있도록 만드는 과정을 살펴보았습니다. 앞으로도 반복자 패턴, 일급 함수, 제너레이터, 이터레이션 프로토콜 등을 탐구하며 각 패러다임이 어떻게 멀티패러다임적인 관계를 형성하는지 자세히 알아볼 것입니다.

다음 글에서는 멀티패러다임에 대한 이 책의 스토리라인을 간략히 소개하고자 합니다. 만약 익숙하지 않은 용어나 기술이 등장한다면 1장을 모두 읽은 후 다시 읽어보기 바랍니다.

1.1.5 멀티패러다임의 교차점: 반복자 패턴과 일급 함수

자바스크립트는 ES6부터 반복자 패턴의 구현체인 Iterator를 중심으로 Map, Set, Array, Web API의 NodeList 등을 포함한 코어 환경의 모든 컬렉션 타입에 일관된 순회 규약을 도입했습니다. 이 이터레이션 프로토콜은 for...of문, 전개 연산자(...), 구조 분해와 함께 사용되며 IterableIterator를 생성할 수 있는 제너레이터 함수도 추가되었습니다. 이터레이션 프로토콜은 ES6로의 변화에서 큰 축을 이루었으며 이후에도 언어의 발전에 중요한 역할을 하고 있습니다. AsyncGenerator, Array.fromAsync, Iterator Helpers 등은 이 프로토콜이 현재도 계속 진화하고 있음을 보여줍니다.

ES6는 또한 class 문법을 도입하여 자바스크립트를 객체지향적으로도 크게 발전시켰습니다. 당시 저는 함수형 프로그래밍에 매료되어 상대적으로 객체지향적인 변화에는 크게 주목하지 않았습니다. 하지만 이터레이션 프로토콜을 활용해 제품을 개발하고 오픈소스 라이브러리를 만드는 과정에서 자바스크립트뿐만 아니라 타입스크립트와 다른 현대 프로그래밍 언어에서도 객체지향 디자인 패턴 중 하나인 반복자 패턴을 중심으로 함수형 패러다임이 적용되고 있다는 사실이 새로운 시각으로 다가왔습니다.

더 흥미로웠던 점은 정통적인 객체지향 디자인 패턴인 반복자 패턴이 함수형 패러다임의 일급 함수와 만나며 서로의 가치를 더욱 높이고 있다는 사실입니다. 여기에 명령형 패러다임으로 작성되는 제너레이터까지 이 조합과 호환됩니다. 이 세 가지 패러다임이 하나의 언어 안에서 협력하여 객체지향, 함수형, 명령형 패러다임을 함께 고도화하고 언어를 멀티패러다임적으로 발전시키고 있다는 점을 깨달았습니다.

이 과정에서 과거에 좋아했던 객체지향 프로그래밍 코드도 다시 작성하고 살펴보게 되었으며 세 가지 패러다임을 결합하여 작업하면서 객체지향 프로그래밍의 중요성과 이점을 다시금 느낄 수 있었습니다. 또한 현대 언어의 발전 방향에 대해 새로운 관점을 가지는 계기가 되었습니다.

다시 돌아와 생각해보면 저는 세 가지 프로그래밍 패러다임이 만난 시작점이자 통로가 반복자 패턴과 일급 함수라고 생각합니다. 이 책은 멀티패러다임 언어의 기능을 충분히 활용하는 구체적인 방법을 소개하는 것이 목표이며 그 서두인 1장에서는 반복자 패턴의 매력과 멀티패러다임 언어에 얽힌 흥미로운 스토리텔링도 함께 전하고자 합니다.

특히 반복자 패턴은 언어에 내장된 기능이 아니라 『GoF의 디자인 패턴』의 저자들인 'Gang of Four'가 제시한 패턴이자 구현이라는 점이 이 이야기를 더욱 매력적으로 만듭니다. 언어를 만든 사람이 아닌, 언어의 사용자가 언어를 발전시킨 것입니다. GoF가 제시한 디자인 패턴은 분명 객체지향 패러다임에 뿌리를 두고 있지만 개발자가 즉시 언어를 업데이트할 수 있어야 한다는 LISP[3]의 철학과도 일맥상통합니다.

함수형 프로그래밍, 객체지향 프로그래밍, 디자인 패턴 등은 오랜 시간에 걸쳐 축적된 이론적 토대와 실무 경험을 바탕으로 정립된 매우 중요한 프로그래밍 패러다임과 기술입니다. 이들은 단순히 코드를 작성하기 위한 방법론을 넘어 소프트웨어가 진화한 역사 속에서 다양한 문제를 정의하고 해결한 지식의 집합입니다. 이러한 기술을 깊이 이해하면 새로운 문제를 해결할 때 이미 검증된 원칙과 사례를 활용할 수 있을 뿐만 아니라, 문제 해결과 관련된 많은 영감과 통찰을 얻을 수 있습니다.

이 책이 소프트웨어 공학 분야에서 오랜 시간에 걸쳐 발전한 견고한 기술과 풍부한 이야기에 다가가는 데 도움이 되기를 바라며 다음으로 이야기를 이어가겠습니다.

3 LISP는 1950년대 후반 존 매카시가 개발한 고전 함수형 언어로 리스트를 핵심 자료구조로 삼아 재귀와 메타프로그래밍을 자연스럽게 지원합니다. 이후 Scheme, Common Lisp, Clojure 등 파생 언어들이 등장하며 현대 언어 설계에 큰 영향을 주었습니다.

1.2 명령형 프로그래밍으로 이터레이터를 만드는 제너레이터 함수

앞서 “정통적인 객체지향 디자인 패턴인 반복자 패턴이 함수형 패러다임의 일급 함수와 만나며 서로의 가치를 더욱 높이고 있다”, “명령형 패러다임으로 작성되는 제너레이터 역시 이 조합과 호환”되며, “이 세 가지 패러다임이 하나의 언어 안에서 협력하여 객체지향, 함수형, 명령형 패러다임을 함께 고도화하고 언어를 멀티패러다임적으로 발전시키고 있다”라고 말했습니다.

이렇게 표현했던 이유는 제너레이터가 반복자 패턴인 이터레이터를 명령형 코드로 구현하고 생성할 수 있는 도구이기 때문입니다. 실제로 어떤 문제는 명령형 스타일로 해결하는 것이 더 효율적이면서 직관적일 때가 있습니다. 제너레이터는 객체지향, 함수형 패러다임과 명령형 스타일이 서로 협력할 수 있게 하는 중요한 기반을 제공합니다.

1.2.1 제너레이터 기본 문법

제너레이터는 명령형 스타일로 **이터레이터**를 작성할 수 있게 해주는 문법입니다. 제너레이터 함수는 function* 키워드로 정의되며 호출 시 곧바로 실행되지 않고 이터레이터 객체를 반환합니다. 이 객체를 통해 함수의 실행 흐름을 외부에서 제어할 수 있습니다.

yield와 next()

제너레이터 함수가 반환한 이터레이터에 대해 next() 메서드를 호출하면 제너레이터 함수의 본문이 yield 키워드를 만날 때까지 실행됩니다. yield 키워드를 통해 외부로 값을 반환하고 이후 next()를 다시 호출하면 이전 실행 지점부터 이어서 함수가 재개됩니다. 이렇게 yield와 next()를 조합하면 함수 내부 상태를 유지하며 순차적으로 값을 반환하는 구조를 쉽게 구현할 수 있습니다.

[코드 1-10]에서는 제너레이터 함수를 이용해 1부터 3까지의 숫자를 순서대로 반환하는 간단한 구현 방식을 확인할 수 있습니다.

코드 1-10 간단한 generator 함수

```
function* generator() {
  yield 1;
  yield 2;
  yield 3;
}

const iter = generator();

console.log(iter.next());  // { value: 1, done: false }
console.log(iter.next());  // { value: 2, done: false }
console.log(iter.next());  // { value: 3, done: false }
console.log(iter.next());  // { value: undefined, done: true }
```

이 예제에서 generator 함수는 호출 즉시 이터레이터 객체를 반환합니다. iter.next()를 호출할 때마다 yield 키워드가 있는 지점까지 실행되며 해당 지점에서 값을 반환하고 함수의 실행을 일시 중지합니다. done 속성이 true가 될 때까지 이 과정을 반복합니다.

만일 yield 1;과 yield 2; 사이에 console.log('hi');가 있다면 다음과 같이 동작합니다.

코드 1-10a 제너레이터의 일시 중지

```
function* generator() {
  yield 1;
  console.log('hi');
  yield 2;
  yield 3;
}

const iter = generator();

console.log(iter.next());
// { value: 1, done: false }
console.log(iter.next());  // hi <-- 이때 console.log('hi');가 실행됨
// { value: 2, done: false }
console.log(iter.next());
// { value: 3, done: false }
console.log(iter.next());
// { value: undefined, done: true }
```

이 경우 iter.next()를 처음 호출하면 1이 반환되고 함수는 console.log('hi'); 이전 지점에서 실행이 일시 중지됩니다. 두 번째로 iter.next()를 호출하면 'hi'가 출력되고 2가 반환됩니다. 이렇게 done 속성이 true가 될 때까지 제너레이터는 yield 키워드가 있는 지점까지 실행하고 값을 반환하고 일시 중지하는 과정을 반복합니다.

제너레이터와 제어문

제너레이터는 명령형으로 구현하기 때문에 다음과 같이 조건문을 사용할 수 있습니다.

코드 1-11 조건문을 사용한 제너레이터

```
function* generator(condition: boolean) {
  yield 1;
  if (condition) {
    yield 2;
  }
  yield 3;
}

const iter1 = generator(false);

console.log(iter1.next()); // { value: 1, done: false }
console.log(iter1.next()); // { value: 3, done: false }
console.log(iter1.next()); // { value: undefined, done: true }
```

[코드 1-11]에서 iter1.next()를 처음 호출할 때 1이 반환되고 함수는 일시 중지됩니다. 두 번째로 iter1.next()를 호출하면 조건이 false이므로 두 번째 yield 2;는 실행되지 않으며 바로 3이 반환됩니다.

반면 다음 코드처럼 true를 전달하면 두 번째 yield가 실행됩니다.

코드 1-11a 조건문을 사용한 제너레이터

```
const iter2 = generator(true);

console.log(iter2.next()); // { value: 1, done: false }
console.log(iter2.next()); // { value: 2, done: false }
console.log(iter2.next()); // { value: 3, done: false }
console.log(iter2.next()); // { value: undefined, done: true }
```

이처럼 제너레이터 안에서 if문을 사용하여 이터레이터가 리스트를 만드는 로직을 제어할 수 있습니다.

yield* 키워드

yield* 키워드는 제너레이터 함수 안에서 이터러블iterable을 순회하며 해당 이터러블이 제공하는 요소들을 순차적으로 반환하도록 해줍니다. 여기서 이터러블은 '반복iteration을 지원하는 객체'를 의미합니다. 예를 들어 [2, 3]과 같은 배열은 자바스크립트에서 이터러블로 간주되어 for...of문이나 전개 연산자(...)뿐 아니라 다음 예시처럼 yield*를 통해서도 순회할 수 있습니다(이터러블에 대한 자세한 내용은 1.3절에서 다룹니다).

다음은 yield*를 활용해 두 요소가 들어있는 배열을 한 번에 순회하는 간단한 예시입니다.

코드 1-12 yield*를 사용한 제너레이터

```
function* generator() {
  yield 1;
  yield* [2, 3];
  yield 4;
}

const iter = generator();

console.log(iter.next());  // { value: 1, done: false } ❶
console.log(iter.next());  // { value: 2, done: false } ❷
console.log(iter.next());  // { value: 3, done: false } ❸
console.log(iter.next());  // { value: 4, done: false } ❹
console.log(iter.next());  // { value: undefined, done: true }
```

이 예제에서 generator 함수는 다음과 같이 작동합니다.

❶ 처음 iter.next()를 호출하면 yield 1이 실행되어 1을 반환하고 함수는 일시 중지됩니다.

❷ 두 번째로 iter.next()를 호출하면 yield* [2, 3]이 실행되어 배열 [2, 3]의 각 요소를 차례로 반환하기 시작하여 yield 2를 한 것과 동일하게 동작합니다.

❸ 세 번째로 iter.next()를 호출하면 yield 3을 한 것과 동일하게 동작하여 3을 반환합니다.

❹ 네 번째로 iter.next()를 호출하면 yield 4가 실행되어 4를 반환합니다.

naturals 제너레이터 함수

다음은 자연수의 무한 시퀀스를 생성하는 제너레이터 함수입니다. 이 함수는 yield 키워드를 사용하여 1부터 시작하는 자연수를 무한히 생성합니다.

코드 1-13 naturals 제너레이터 함수

```
function* naturals() {
  let n = 1;
  while (true) {
    yield n++;
  }
}

const iter = naturals();

console.log(iter.next());  // { value: 1, done: false }
console.log(iter.next());  // { value: 2, done: false }
console.log(iter.next());  // { value: 3, done: false }
// 계속해서 호출할 수 있습니다.
```

예제에서 naturals 제너레이터 함수는 무한 루프를 사용하여 자연수를 생성하지만 iter.next()를 호출할 때만 n을 반환하고 다시 일시 중지하기 때문에 프로세스나 브라우저가 멈추지 않습니다. 앞서 이터레이터는 지연적인 특성을 가진다고 했는데 제너레이터 역시 이터레이터를 반환합니다. 제너레이터 내부의 코드도 next()를 실행한 만큼만 평가되므로 제너레이터 역시 지연 평가를 지원한다고 말할 수 있습니다. 다르게 말하면 제너레이터는 코드를 지연 실행합니다.

1.2.2 제너레이터로 작성한 reverse 함수

다음 예제에서는 [코드 1-5]에서 구현한 Iterator를 반환하는 reverse 함수를 제너레이터를 사용하여 다시 작성했습니다.

코드 1-14 제너레이터로 작성한 reverse 함수

```
function* reverse<T>(arrayLike: ArrayLike<T>): IterableIterator<T> {
  let idx = arrayLike.length;
```

```
  while (idx) {
    yield arrayLike[--idx];
  }
}

const array = ['A', 'B', 'C', 'D', 'E', 'F'];
const reversed = reverse(array);

console.log(reversed.next().value); // F
console.log(reversed.next().value); // E
console.log(reversed.next().value); // D
```

위 reverse 함수는 arrayLike의 길이에서 시작하여 0까지 역순으로 순회하면서 각 요소를 yield 키워드를 통해 반환합니다. 역시 next()를 실행하여 요소를 순회할 수 있고 제너레이터 코드를 진행시킬 수 있습니다.

[코드 1-5]의 reverse 함수와 [코드 1-14]의 reverse 함수는 구현은 다르지만 동작은 동일합니다. [코드 1-5]에서는 idx라는 상태를 바라보는 next() 메서드를 가진 객체로 구현했습니다. 반면 [코드 1-14]에서는 제어문을 활용한 명령형 코드로 작성했습니다. 그리고 두 코드가 해결한 문제는 동일합니다.

이 예제를 통해 우리는 현대 프로그래밍 언어에서 동일한 문제를 객체지향 방식이나 명령형 등 여러 패러다임 중 하나를 선택하여 해결할 수 있다는 사실을 생각해볼 수 있습니다. 이번 장과 이후 이어지는 장들에서 계속해서 이터러블을 다루는 이터레이터를 객체지향으로도, 명령형으로도, 함수형으로도 구현해보며 이들이 서로 1:1:1로 호환되는 측면을 살펴봅니다. 또한 이들이 어떻게 조화를 이루며 멀티패러다임적으로 발전하는지도 더욱 깊이 탐구해보겠습니다.

1.3 자바스크립트에서 반복자 패턴 사례: 이터레이션 프로토콜

이터레이션 프로토콜은 자바스크립트의 규약입니다. ES6(ECMAScript 2015)에서 도입된 이터레이션 프로토콜은 어떤 객체가 이터러블인지 여부를 나타내는 규칙과 해당 규칙을 따르는 문법들을 제공하는 언어 전반의 규약입니다.

1.3.1 이터레이터와 이터러블

만일 어떤 객체가 이터레이터를 반환하는 [Symbol.iterator]() { return { next() { ... } }; } 메서드를 가지고 있다면 **이터러블**입니다. 이터러블 객체는 for...of문, 전개 연산자, 구조 분해 등 다양한 기능과 함께 사용할 수 있습니다.

이터러블 객체는 자신이 가진 요소들을 이터레이터를 통해 순회할 수 있도록 하며 앞에서 설명한 반복자 패턴의 특성을 모두 갖추고 있습니다. 대표적으로 Array, Map, Set 등이 있고 Web API도 컬렉션 유형의 값들을 이터러블로 만들어 이터레이션 프로토콜을 따르고 있습니다.

이터레이터

이번에는 자연수를 생성하는 이터레이터를 반환하는 함수를 제너레이터가 아닌 일반 함수로 만들어보겠습니다. 끝나는 값을 설정할 수 있도록 end 인자를 추가하고 인자를 받지 않을 경우 기본값으로 Infinity를 설정했습니다. next() 메서드는 현재 값이 end보다 작거나 같을 때는 자연수를 반환하고 그렇지 않으면 반복을 종료합니다.

코드 1-15 naturals(): Iterator

```
function naturals(end = Infinity): Iterator<number> {
  let n = 1;
  return {
    next(): IteratorResult<number> {
      return n <= end
        ? { value: n++, done: false }
        : { value: undefined, done: true };
    }
  };
}

const iterator = naturals(3);

console.log(iterator.next().value);  // 1
console.log(iterator.next().value);  // 2
console.log(iterator.next().value);  // 3
console.log(iterator.next().done);  // true
```

[코드 1-15]의 스펙과 패턴은 제너레이터로 구현한 [코드 1-13]의 naturals와 동일합니다. 동작과 결과도 모두 동일합니다.

for...of문으로 순회하려면

[코드 1-16]과 같이 작성하여 확인해보면 어떻게 될까요? IDE에서 보면 for (const num of iterator2)의 iterator2 부분이 빨간 줄로 표시되고 [코드 1-16]의 주석과 같은 에러가 표시됩니다.

코드 1-16 타입 에러

```
const iterator2 = naturals(3);

// TS2488: Type Iterator<number, any, undefined>
// must have a [Symbol.iterator]() method that returns an iterator.
for (const num of iterator2) {
  console.log(num);
}
```

제대로 동작하게 하려면 naturals 함수를 다음과 같이 수정하면 됩니다.

코드 1-17 Symbol.iterator 메서드 추가

```
function naturals(end = Infinity): IterableIterator<number> {
  let n = 1;
  return {
    next(): IteratorResult<number> {
      return n <= end
        ? { value: n++, done: false }
        : { value: undefined, done: true };
    },
    [Symbol.iterator]() {
      return this;
    }
  };
}

const iterator = naturals(3);

for (const num of iterator) {
  console.log(num);
}
// 1
// 2
// 3
```

이제 for...of문을 사용하여 naturals() 함수가 생성하는 자연수를 순회할 수 있습니다. 이터러블 객체의 [Symbol.iterator]() 메서드가 호출되어 이터레이터를 반환하고 for...of문이 자동으로 next() 메서드를 호출하면서 자연수를 순회합니다.

naturals() 함수의 반환값에 [Symbol.iterator]() { return this; } 메서드가 추가되었고 반환 타입이 IterableIterator〈number〉가 되었습니다. IterableIterator〈number〉는 이터레이터(Iterator)이면서 동시에 이터러블(Iterable)인 값입니다.

다음은 Iterator〈T〉, Iterable〈T〉, IterableIterator〈T〉에 대한 인터페이스 정의입니다. 타입스크립트의 Iterator 인터페이스에서 핵심적인 부분만 남겼습니다.

코드 1-18 Iterator〈T〉, Iterable〈T〉, IterableIterator〈T〉

```
interface IteratorYieldResult<T> {
  done?: false;
  value: T;
```

```
}

interface IteratorReturnResult {
  done: true;
  value: undefined;
}

interface Iterator<T> {
  next(): IteratorYieldResult<T> | IteratorReturnResult;
}

interface Iterable<T> {
  [Symbol.iterator](): Iterator<T>;
}

interface IterableIterator<T> extends Iterator<T> {
  [Symbol.iterator](): IterableIterator<T>;
}
```

정리하면 다음과 같습니다.

- Iterator: { value, done } 객체를 반환하는 next() 메서드를 가진 값
- Iterable: 이터레이터를 반환하는 [Symbol.iterator]() 메서드를 가진 값
- IterableIterator: 이터레이터면서 이터러블인 값
- 이터레이션 프로토콜: 이터러블을 for...of문, 전개 연산자 등과 함께 동작하도록 한 규약

내장 이터러블

지금까지 이터러블이 되는 조건이 무엇인지 알아보았습니다. 이번에는 자바스크립트의 내장 이터러블들을 살펴보면서 이터레이션 프로토콜에 대해 좀 더 자세히 알아보겠습니다.

코드 1-19 이터러블인 Array

```
const array = [1, 2, 3];
const arrayIterator = array[Symbol.iterator]();

console.log(arrayIterator.next());  // { value: 1, done: false }
console.log(arrayIterator.next());  // { value: 2, done: false }
console.log(arrayIterator.next());  // { value: 3, done: false }
console.log(arrayIterator.next());  // { value: undefined, done: true }
```

```
// for...of문을 사용하여 새로운 이터레이터를 만들어 순회합니다.
for (const value of array) {
  console.log(value);
}
// 1
// 2
// 3
```

배열 array는 기본적으로 이터러블입니다. Symbol.iterator를 통해 이터레이터를 생성하고 next() 메서드로 요소들을 하나씩 순회할 수 있습니다. 또한 for...of문을 사용하여 모든 요소를 다시 순회할 수 있습니다.

코드 1-20 이터러블인 Set

```
const set = new Set([1, 2, 3]);
const setIterator = set[Symbol.iterator]();

console.log(setIterator.next()); // { value: 1, done: false }
console.log(setIterator.next()); // { value: 2, done: false }
console.log(setIterator.next()); // { value: 3, done: false }
console.log(setIterator.next()); // { value: undefined, done: true }

// for...of문을 사용하여 새로운 이터레이터를 만들어 순회합니다.
for (const value of set) {
  console.log(value);
}
// 1
// 2
// 3
```

Set 객체 역시 이터러블입니다. Symbol.iterator를 통해 이터레이터를 생성하고 모든 요소를 next() 메서드로 순회할 수 있습니다. for...of문을 사용하여 모든 요소를 다시 순회할 수 있습니다.

코드 1-21 이터러블인 Map

```
const map = new Map([['a', 1], ['b', 2], ['c', 3]]);
const mapIterator = map[Symbol.iterator]();

console.log(mapIterator.next()); // { value: ['a', 1], done: false }
```

```
console.log(mapIterator.next());  // { value: ['b', 2], done: false }
console.log(mapIterator.next());  // { value: ['c', 3], done: false }
console.log(mapIterator.next());  // { value: undefined, done: true }

// for...of문을 사용하여 새로운 이터레이터를 만들어 순회합니다.
for (const [key, value] of map) {
  console.log(`${key}: ${value}`);
}
// a: 1
// b: 2
// c: 3
```

Map 객체도 이터러블입니다. Symbol.iterator를 통해 이터레이터를 생성하고 모든 요소를 next() 메서드로 순회할 수 있습니다. for...of문을 사용하여 모든 요소를 다시 순회할 수 있습니다.

코드 1-22 Map의 entries() 메서드

```
const mapEntries = map.entries();

console.log(mapEntries.next());  // { value: ['a', 1], done: false }
console.log(mapEntries.next());  // { value: ['b', 2], done: false }
console.log(mapEntries.next());  // { value: ['c', 3], done: false }
console.log(mapEntries.next());  // { value: undefined, done: true }

// for...of문을 사용하여 새로운 이터레이터를 만들어 순회합니다.
for (const entry of map.entries()) {
  console.log(entry);
}
// ['a', 1]
// ['b', 2]
// ['c', 3]
```

map.entries() 메서드는 Map 객체의 엔트리를 IterableIterator로 반환합니다. 모든 엔트리를 next() 메서드로 순회한 후 for...of문을 사용하여 모든 엔트리를 다시 순회할 수 있습니다.

코드 1-23 Map의 values() 메서드

```
const mapValues = map.values();
```

```
console.log(mapValues.next());  // { value: 1, done: false }

// for...of문을 사용하여 나머지 값을 순회합니다.
for (const value of mapValues) {
  console.log(value);
}
// 2
// 3
```

이번에는 조금 다르게 해보겠습니다. map.values() 메서드는 Map 객체에 담긴 값들을 IterableIterator로 반환합니다. 먼저 next() 메서드를 사용해 첫 번째 값을 확인한 뒤 for...of문으로 나머지 값을 순회할 수 있습니다. 이터레이터는 내부적으로 현재 위치를 기억하고 순회가 진행됨에 따라 위치를 갱신합니다. 따라서 첫 번째 값을 확인한 상태에서 for...of 문을 시작하면 그다음 값부터 순회가 이어진다는 점을 확인할 수 있습니다.

코드 1-24 Map의 keys() 메서드

```
const mapKeys = map.keys();

console.log(mapKeys.next());  // { value: 'a', done: false }

// for...of문을 사용하여 나머지 키를 순회합니다.
for (const key of mapKeys) {
  console.log(key);
}
// b
// c
```

map.keys() 메서드는 Map 객체의 키들을 IterableIterator로 반환합니다. 첫 번째 키를 next() 메서드로 확인한 후 for...of문으로 나머지 키들을 순회할 수 있습니다. 이터레이터는 현재 위치를 유지하기 때문에 첫 번째 키를 확인한 이후부터 순회가 이어집니다.

1.3.2 언어와 이터러블의 상호작용

자바스크립트와 타입스크립트에서 이터러블은 언어의 다양한 기능과 상호작용하며 동작합니다. 다음은 이터러블이 전개 연산자, 구조 분해 등과 함께 사용되는 예제입니다.

전개 연산자와 이터러블

전개 연산자(...)는 이터러블 객체의 모든 요소를 개별 요소로 확장하는 데 사용됩니다. 전개 연산자를 사용하면 배열이나 객체를 쉽게 복사하거나 병합할 수 있습니다.

코드 1-25 array 병합

```
const array = [1, 2, 3];
const array2 = [...array, 4, 5, 6];

console.log(array2);  // [1, 2, 3, 4, 5, 6]
```

전개 연산자를 활용한 간결한 코드로 array의 모든 요소를 array2의 앞부분에 채웠습니다.

이터러블 객체는 전개 연산자를 사용하여 배열로 변환할 수 있습니다. 예를 들어 Set 객체를 배열로 변환해보겠습니다.

코드 1-26 Set 객체 배열로 변환

```
const set = new Set([1, 2, 3]);
const array = [...set];

console.log(array);  // [1, 2, 3]
```

Set 객체의 요소들이 전개 연산자를 통해 배열로 변환됩니다. 이 방식은 Array.from(set)과 동일한 결과를 제공합니다.

또한 전개 연산자는 함수 호출 시 이터러블 객체의 요소들을 개별 인자로 전달할 때도 유용합니다.

코드 1-27 전개 연산자로 인자를 펼쳐서 전달

```
const numbers = [1, 2, 3];

// 매개변수를 rest parameter로 변경
function sum(...nums: number[]): number {
  return nums.reduce((a, b) => a + b, 0);
}

console.log(sum(...numbers));  // 6
```

전개 연산자는 이처럼 인자가 가변적인 함수를 만들고 사용할 때 편리합니다.

구조 분해 할당과 이터러블

구조 분해 할당은 이터러블 객체의 요소들을 개별 변수에 할당하는 방법입니다. 이를 활용하면 원하는 특정 요소를 쉽게 추출할 수 있습니다.

코드 1-28 구조 분해 할당

```
const array = [1, 2, 3];
const [first, second] = array;

console.log(first);  // 1
console.log(second);  // 2
```

배열의 첫 번째와 두 번째 요소가 각각 개별 변수 first, second에 할당되었습니다.

다음은 이터러블의 첫 번째 요소와 나머지 요소들을 추출하는 간결한 코드입니다.

코드 1-29 head와 tail 추출

```
const array = [1, 2, 3, 4];
const [head, ...tail] = array;

console.log(head);  // 1
console.log(tail);  // [2, 3, 4]
```

head에는 배열의 첫 번째 요소가 할당되고 tail에는 나머지 요소들이 배열로 할당됩니다.

이번에는 Map 객체의 entries() 메서드를 사용하여 키-값 쌍을 구조 분해하여 할당해보겠습니다.

코드 1-30 Map과 for...of문 그리고 구조 분해 할당

```
const map = new Map();
map.set('a', 1);
map.set('b', 2);
map.set('c', 3);
for (const [key, value] of map.entries()) {
  console.log(`${key}: ${value}`);
```

```
}
// a: 1
// b: 2
// c: 3
```

사용자 정의 이터러블과 전개 연산자

마지막으로 사용자 정의 이터러블을 반환하는 naturals() 함수도 전개 연산자와 함께 사용해 보겠습니다.

코드 1-31 naturals 전개

```
const array = [0, ...naturals(3)];
console.log(array); // [0, 1, 2, 3];
```

이와 같이 전개 연산자와 구조 분해 할당은 이터러블 프로토콜을 활용하여 자바스크립트와 타입스크립트에서 데이터와 코드를 더욱 효과적으로 다루는 방법을 제공합니다. 또한 [코드 1-31]처럼 사용자 정의 객체도 이터러블로 만들 수 있습니다. 따라서 언어를 사용하는 개발자도 이터레이션 프로토콜을 통해 언어의 다양한 기능과 협업[4]할 수 있습니다. 이러한 점은 개발자에게 많은 가능성을 열어줍니다. 이런 규약을 만들 수 있는 바탕에는 1.1절에서 설명했던 반복자 패턴의 다음과 같은 특징이 있습니다.

반복자 패턴은 컬렉션의 내부 구조를 노출하는 대신 next() 같은 public 메서드를 통해 내부 요소에 접근할 수 있도록 설계되었습니다. 이는 컬렉션의 실제 구조와 상관없이 다양한 컬렉션 스타일 데이터의 요소를 일관된 방식으로 순회할 수 있도록 합니다.

이터러블은 [Symbol.iterator]()를 실행했을 때 이터레이터를 반환하는 값을 말합니다. 이를 통해 해당 값이 이터러블인지 검사할 수 있으며 이터레이터로 변환하거나 순회할 수 있습니다. 이 과정은 본체가 Array, Set, Map 등 어떤 자료구조인지와 상관없이 실제 구조와 무관하게 일관된 방식으로 이루어집니다.

다음으로 이터레이터를 생성하는 제너레이터와 이터러블 간의 연관성을 알아보겠습니다.

---

4 ES6 이전에도 반복자 패턴을 활용한 사용자 정의 프로토콜을 누구나 만들 수 있었지만 ES6와 TS1.6 이후부터는 이터레이션 프로토콜에 기반한 리스트 프로세싱과 기능 확장을 더욱 표준화된 규약 안에서 적용할 수 있는 환경이 마련되었습니다. 앞으로 1장과 2장에서 이러한 개념을 더욱 구체적으로 살펴볼 예정입니다.

1.3.3 제너레이터로 만든 이터레이터도 이터러블

이번에는 앞서 만들었던 [코드 1-8]의 map 함수를 제너레이터를 사용하여 다시 구현해보겠습니다.

제너레이터로 만든 map 함수

map 함수를 제너레이터로 구현했으며 제너레이터는 항상 IterableIterator를 반환합니다.

코드 1-32 map 함수

```
function* map<A, B>(
  f: (value: A) => B, iterable: Iterable<A>
): IterableIterator<B> {
  for (const value of iterable) {
    yield f(value);
  }
}
```

예제에서 map 함수는 f 함수와 이터러블 객체를 인자로 받아 이터러블 객체의 각 요소에 f 함수를 적용한 결과를 yield 키워드로 반환합니다.

다음은 이 map 함수를 사용하는 예제입니다.

코드 1-33 제너레이터로 만든 map 함수 사용 예제

```
const array = [1, 2, 3, 4];
const mapped: IterableIterator<number> = map(x => x * 2, array); // ❶
const iterator = mapped[Symbol.iterator]();

console.log(mapped.next().value); // ❷ 2
console.log(iterator.next().value); // ❷ 4
console.log([...iterator]); // ❸ [6, 8]
```

map 함수는 제너레이터로 구현되었습니다. 이처럼 함수를 제너레이터로 만들면 반환값은 항상 '이터레이션 프로토콜'을 만족하기에 next(), [Symbol.iterator](), 전개 연산자 등을 모두 사용할 수 있습니다.

❶ map(x => x * 2, array): array의 각 요소에 2배 연산을 적용한 IterableIterator<number>를 반환합니다.

❷ mapped.next()와 iterator.next(): 같은 이터레이터를 참조하므로 이미 소비된 요소는 다시 나오지 않습니다.

❸ 전개 연산자(...iterator): 남은 요소만을 배열로 만들어 [6, 8]을 얻습니다.

제너레이터로 만든 이터레이터와 for...of문

제너레이터로 만든 이터레이터도 이터러블이므로 for...of문을 통해 순회할 수 있습니다. 이번에는 naturals()와 함께 사용해보겠습니다. naturals()의 반환값도 이터레이터인 동시에 이터러블이기 때문에 map 함수와 조합할 수 있습니다.

코드 1-34 map((x) => x * 2, naturals(4))

```
let acc = 0;
for (const num of map((x) => x * 2, naturals(4))) {
  acc += num;
}
console.log(acc); // 20
```

[코드 1-34]에서는 map 함수에 배열이 아닌 지연 평가되는 이터레이터를 전달했습니다. 실행 과정에서 배열을 만들지 않고도 acc에 모든 값을 더했습니다.

지금까지 여러 예제를 통해 제너레이터, 이터레이터, 이터러블, 전개 연산자, 구조 분해, for...of문 등을 서로 조합하여 중첩해서 사용할 수 있음을 확인했습니다. 일반 함수로 이터레이터를 만들 수 있고, 제너레이터로 이터레이터를 생성할 수도 있으며, 일반 함수로 만든 이터레이터를 제너레이터 함수에 전달하거나 반대로 제너레이터에서 생성한 이터레이터를 일반 함수에 전달하여 for...of나 next()로 순회하며 yield를 수행할 수 있습니다. 타입스크립트에서는 이처럼 이터레이션 프로토콜을 통해 다양한 프로그래밍 패러다임으로 전환하고 조합할 수 있는 유연성을 제공합니다.

다음으로 이터레이터를 다루는 함수형 프로그래밍을 알아보며 이터레이션 프로토콜에 대한 이해를 확장해보겠습니다.

1.4 이터러블을 다루는 함수형 프로그래밍

이 절에서는 forEach, map, filter 세 가지 함수를 다양한 방식으로 구현해보겠습니다. 이를 통해 반복자 패턴을 활용하고 이터레이션 프로토콜을 준수하는 함수를 구현하는 방법에 익숙해질 수 있습니다.

이번에는 이터러블과 이터레이터를 직접 다루며 인자로 받은 함수를 각 요소에 적절히 적용하는 패턴에 집중하려 합니다. 따라서 타입 정의 없이 자바스크립트 코드로만 구현하겠습니다. 이후 2장(함수형 프로그래밍과 타입 시스템 그리고 LISP)에서 여기서 만든 함수들에 타입을 적용하고 발전시키는 과정을 다룰 예정입니다.

1.4.1 forEach 함수

forEach 함수는 함수와 이터러블을 받아 이터러블을 순회하면서 각 요소에 인자로 받은 함수를 적용하는 고차 함수입니다.

코드 1-35 function forEach(f, iterable) { for...of }

```
function forEach(f, iterable) {
  for (const value of iterable) {
    f(value);
  }
}

const array = [1, 2, 3];
forEach(console.log, array);
// 1
// 2
// 3
```

예제에서 forEach 함수는 for...of문을 사용하여 이터러블의 각 요소를 순회합니다. 그리고 인자로 받은 함수 f를 실행하며 value를 전달합니다. 예제에서는 console.log를 함수로 전달하여 배열의 각 요소를 출력하는 효과를 적용했습니다.

코드 1-36 function forEach(f, iterable) { while }

```
function forEach(f, iterable) {
  const iterator = iterable[Symbol.iterator]();
  let result = iterator.next();
  while (!result.done) {
    f(result.value);
    result = iterator.next();
  }
}

const set = new Set([4, 5, 6]);
forEach(console.log, set);
// 4
// 5
// 6
```

예제에서 forEach 함수는 while 루프를 사용하여 이터레이터를 직접 조작합니다. 이터레이터의 next() 메서드를 사용하여 각 요소를 순회합니다. 그리고 인자로 받은 함수 f를 실행하며 value를 전달합니다. result.done이 true일 때 루프를 멈춥니다. Set도 이터러블이기 때문에 forEach 함수를 사용할 수 있습니다.

NOTE

[코드 1-35]의 forEach와 [코드 1-36]의 forEach 모두 동일하게 동작하며 실제로 언어 내부에서 하는 일도 거의 동일합니다. 참고로 자바스크립트의 for문 내부에는 비정상 종료 등 여러 예외 상황을 처리하기 위한 로직이 포함되어 있습니다. 다만, 대부분 실제로 활용되는 일은 드물며 이 장의 흐름상 중요한 부분은 아닙니다. 더 궁금한 분들은 ECMAScript 명세를 확인해보셔도 좋습니다.

1.4.2 map 함수

[코드 1-37]의 map 함수는 제너레이터를 사용하여 구현했습니다. for...of문을 사용하여 이터러블의 각 요소인 value에 대해 인자로 받은 함수 f를 적용한 결과를 yield 키워드로 반환합니다.

코드 1-37 function* map(f, iterable) { for...of }

```
function* map(f, iterable) {
  for (const value of iterable) {
    yield f(value);
  }
}

const array = [1, 2, 3];
const mapped = map(x => x * 2, array);
console.log([...mapped]); // [2, 4, 6]

const mapped2 = map(x => x * 3, naturals(3));
forEach(console.log, mapped2);
// 3
// 6
// 9
```

map 함수는 이터러블을 인자로 받아 이터레이터를 결과로 반환합니다. 반환 결과는 동시에 이터러블이기 때문에 전개 연산자를 이용하거나 for...of문으로 순회할 수 있습니다. 그렇기에 map 함수는 IterableIterator를 반환하는 naturals()나 이터러블을 인자로 받는 forEach와도 함께 사용할 수 있습니다.

코드 1-38 function* map(f, iterable) { while }

```
function* map(f, iterable) {
  const iterator = iterable[Symbol.iterator]();
  while (true) { // ❶
    const { value, done } = iterator.next(); // ❷
    if (done) break; // ❸
    yield f(value); // ❹
  }
}
```

```
const mapped = map(([k, v]) => `${k}: ${v}`, new Map([['a', 1], ['b', 2]]));
forEach(console.log, mapped);
// a: 1
// b: 2
```

역시 제너레이터를 사용하여 구현했지만 앞선 forEach의 구현과는 약간 다른 패턴입니다.

❶ 무한 루프를 만듭니다.

❷ next()의 결과를 구조 분해합니다.

❸ done이 true인 경우 break;를 수행합니다.

❹ value에 인자로 받은 함수 f를 적용한 결과를 yield 키워드로 반환합니다.

이번에는 역시 이터러블인 Map을 전달했습니다. Map의 요소인 엔트리 역시 이터러블이기에 구조 분해를 이용할 수 있으며 forEach와 조합하여 동작하게 했습니다.

코드 1-39 function map(f, iterable) { return { next, … } }

```
function map(f, iterable) {
  const iterator = iterable[Symbol.iterator]();
  return {  // ❶
    next() {
      const { done, value } = iterator.next();
      return done
        ? { done, value }
        : { done, value: f(value) };  // ❷
    },
    [Symbol.iterator]() {  // ❸
      return this;
    }
  };
}

const iterator = function* () {  // ❹
  yield 1;
  yield 2;
  yield 3;
} ();

const mapped = map(x => x * 10, iterator);  // ❺

console.log([...mapped]);  // [10, 20, 30]
```

❶ 이 map 함수는 IterableIterator 객체를 직접 만들어 반환합니다.

❷ next 메서드를 직접 구현하여 각 요소인 value에 대해 함수 f를 적용한 결과를 반환합니다.

❸ 이터러블 프로토콜을 따르도록 [Symbol.iterator] 메서드를 추가합니다.

❹ 익명 제너레이터 함수를 사용하여 1, 2, 3을 순차적으로 생성하는 이터레이터를 만든 후, map 함수에 전달합니다.

❺ map 제너레이터 함수는 각 요소에 대해 x * 10을 적용할 준비를 해둔 이터레이터를 만듭니다.

결과적으로 mapped는 전개 연산자로 모든 값을 평가할 경우 [10, 20, 30]을 만들 준비가 된 이터레이터입니다. console.log([...mapped]);에서 전개 연산자를 사용하여 이터레이터의 모든 값을 배열로 변환하여 출력합니다.

1.4.3 filter 함수

filter 함수는 주어진 이터러블의 각 요소에 대해 조건을 확인하여 해당 조건을 만족하는 요소들만 반환하는 고차 함수입니다.

코드 1-40 function* filter(f, iterable) { for...of }

```
function* filter(f, iterable) {
  for (const value of iterable) {
    if (f(value)) {
      yield value;
    }
  }
}

const array = [1, 2, 3, 4, 5];
const filtered = filter(x => x % 2 === 0, array);
console.log([...filtered]);  // [2, 4]
```

[코드 1-40]의 filter 함수는 제너레이터를 사용하여 구현했습니다. for...of문을 사용하여 이터러블의 각 요소에 대해 조건 함수 f의 식을 만족하는 요소만 yield 키워드로 반환합니다.

코드 1-41 function* filter(f, iterable) { while }

```
function* filter(f, iterable) {
```

```
  const iterator = iterable[Symbol.iterator](); // 여기서부터
  while (true) {                                // ~
    const { value, done } = iterator.next();    // ~
    if (done) break;                            // 여기까지 동일
    if (f(value)) {
      yield value;
    }
  }
}

const array = [1, 2, 3, 4, 5];
const filtered = filter(x => x % 2 === 0, array);
console.log([...filtered]); // [2, 4]
```

map과 filter 함수의 구현에서 for...of 방식과 while 방식을 비교해봅시다. for...of의 역할을 하는 while 루프의 바깥 부분과 done으로 종료하는 곳까지는 동일하고 내부 구현 부분만 다른 것을 볼 수 있습니다. 이러한 패턴이 익숙해지도록 연습하면 함수형 프로그래밍의 고차 함수들을 쉽게 구현할 수 있습니다.

코드 1-42 function filter(f, iterable) { return { next, … } }

```
function filter(f, iterable) {
  const iterator = iterable[Symbol.iterator]();
  return {
    next() {
      const { done, value } = iterator.next();
      if (done) return { done, value }; // ❸
      if (f(value)) return { done, value }; // ❶
      return this.next(); // ❷ 재귀 호출
    },
    [Symbol.iterator]() {
      return this;
    }
  };
}

console.log(...filter(x => x % 2 === 1, [1, 2, 3, 4, 5])); // 1 3 5
```

[코드 1-42]의 filter 함수는 이터레이터 객체를 반환합니다.

❶ next() 메서드를 구현하여 각 요소에 대해 주어진 조건 함수 f를 만족할 때 { done, value }를 그대로 반환합니다. 이때 done은 false고 value에는 값(여기서는 숫자)이 있습니다.

❷ 주어진 조건 함수 f를 만족하지 않는다면 재귀적으로 this.next()를 다시 실행하여 순회를 계속합니다.

❸ 인자로 받은 iterable로 만든 iterator의 모든 순회를 마쳐 done이 true가 되면 { done, value }를 그대로 반환하여 이터레이터를 종료합니다. 이때 done은 true고 value는 undefined입니다.

[코드 1-42]의 next() 메서드는 while문이나 for문 같은 반복문 없이 자신의 메서드를 재귀 호출하는 방식으로 객체지향적인 코드로만 순회를 구현하여 매우 간결합니다. 또한 이 코드는 꼬리 호출 최적화tail call optimization(TCO)가 가능합니다. 꼬리 호출 최적화를 적용할 수 있는 조건은 함수가 반환될 때 마지막으로 호출되는 함수가 재귀 호출이어야 합니다. 이 코드에서는 ❷의 this.next() 호출이 함수의 마지막 동작이며 이 결과가 직접 반환되기 때문에 꼬리 호출 최적화가 적용될 수 있는 구조입니다. 그러나 아쉽게도 ES6 스펙에 포함된 꼬리 호출 최적화를 V8 엔진에서는 지원하지 않아 스택 오버플로의 위험이 있습니다.

이러한 문제를 해결하기 위해 다음과 같이 변경할 수 있습니다. 꼬리 호출을 대신하여 최대한 비슷한 구조로 코드를 표현하여 간결함을 유지하면서도 매우 큰 크기의 컬렉션까지 안전하게 처리할 수 있습니다.

코드 1-42a do…while, while로 변경

```
function filter(f, iterable) {
  const iterator = iterable[Symbol.iterator]();
  return {
    next() {
      do {
        const { done, value } = iterator.next();
        if (done) return { done, value };
        if (f(value)) return { done, value };
      } while (true); // 재귀 호출과 동일한 위치이며 거의 동일한 표현
    },
    [Symbol.iterator]() {
      return this;
    }
  };
}

// while만 사용하면 좀 더 간결합니다.
function filter(f, iterable) {
```

```
  const iterator = iterable[Symbol.iterator]();
  return {
    next() {
      while (true) {
        const { done, value } = iterator.next();
        if (done) return { done, value };
        if (f(value)) return { value };
      }
    },
    [Symbol.iterator]() {
      return this;
    }
  };
}
```

위 두 가지 방식 모두 함수 전체를 무한 루프로 감싸므로 재귀 호출과 거의 유사한 구조를 유지하면서도 안전하게 최적화되었습니다. 현대 언어 중 스칼라와 코틀린은 모두 꼬리 재귀 함수를 반복문 형태로 변환해 스택 오버플로를 방지하는 꼬리 재귀 최적화를 지원합니다. 특히 스칼라는 @tailrec 애노테이션annotation을 통해 더 다양한 꼬리 재귀 패턴에 최적화를 적용할 수 있어 보다 전면적인 꼬리 호출 최적화(TCO)에 가까운 접근을 보여줍니다. 반면 코틀린은 tailrec 키워드를 통해 특정 형태의 꼬리 재귀 함수에 한해서만 최적화를 제공합니다.

이러한 방식은 [코드 1-42a]에서 살펴본 바와 같이 재귀 호출을 반복문 기반 로직으로 대체하는 방법과 유사하며 이를 통해 큰 규모의 컬렉션도 안전하게 처리할 수 있습니다.

1.4.4 고차 함수 조합하기

지금까지 작성한 여러 함수를 함께 활용하여 약간 더 복잡한 문제를 해결해보겠습니다.

코드 1-43 고차 함수 조합

```
forEach(console.log, // ❹
  map(x => x * 10, // ❸
    filter(x => x % 2 === 1, // ❷
      naturals(5)))); // ❶
// 10
// 30
// 50
```

함수가 많이 중첩되어 코드를 읽기 약간 불편할 수도 있습니다. 하지만 이는 LISP 계열 언어들에서 흔히 사용하는 컨벤션이고 나름대로 우아한 표기법이라고 생각합니다. 오른쪽 아래에서 왼쪽 위로 올라가며 읽는다고 생각하면 더 쉽게 이해할 수 있습니다. 예를 들면 다음과 같습니다.

❶ naturals(5) 결과를

❷ x % 2 === 1 조건으로 필터링하고

❸ x * 10으로 변환한 다음

❹ 모두 콘솔에 출력하라.

이 코드에서는 naturals(5) 함수로 1부터 5까지 자연수를 순차적으로 생성하는 이터레이터를 만듭니다. 만든 이터레이터를 filter 함수에 전달하여 홀수만 걸러내는 이터레이터를 생성합니다. 반복해서 말하지만 이터레이터는 평가가 지연된 객체입니다.

이제 홀수만 걸러낸 이터레이터가 map 함수에 전달됩니다. map 함수는 각 요소에 대해 x * 10을 적용한 값을 생성합니다. map 제너레이터는 입력된 이터레이터의 각 요소에 함수 f를 적용하여 변환된 값을 yield합니다. 이로써 최종적으로 10, 30, 50의 값을 순차적으로 생성하는 이터레이터를 반환합니다.

이렇게 생성된 이터레이터는 forEach 함수에 전달됩니다. forEach 함수는 주어진 이터러블의 각 요소에 대해 지정된 함수를 실행합니다. 여기서는 console.log 함수를 지정하여 각 값을 출력합니다.

1.4.5 재미난 filter

코드 1-44 function* filter(f, iterable) { [].filter() }

```
function* filter(f, iterable) {
  for (const value of iterable) {
    yield* [value].filter(f);
  }
}

const array = [1, 2, 3, 4, 5];
const filtered = filter(x => x % 2 === 0, array);
console.log([...filtered]);  // [2, 4]
```

약간의 재미 요소를 담은 이 코드는 각 요소를 단일 배열로 감싸고 Array.prototype.filter를 사용하여 if문을 대신하고 있습니다. 그리고 제너레이터의 yield*를 사용해 단일 배열의 요소를 바로 yield하도록 처리합니다. 만일 빈 배열이라면 아무것도 yield되지 않습니다.

이 방식도 지연 평가를 지원하며 기존 방식과 시간 복잡도는 본질적으로 동일합니다. 이터러블의 각 요소를 한 번씩 순회하므로 요소의 개수가 n일 때 시간 복잡도는 O(n)입니다. 물론 단일 요소 배열을 생성하고 Array.prototype.filter를 호출하는 추가적인 오버헤드가 존재하지만 이는 매우 작아 실제 실행 시간에 큰 영향을 미치지 않습니다.

이 기법을 너무 진지하게 볼 필요는 없지만 이터레이션 프로토콜을 특수하게 조합한 독특한 접근 방식으로, 이터러블을 다루는 프로그래밍 아이디어를 확장해주는 부분이 있습니다. 이 코드가 독자 여러분에게 소소한 즐거움이 되었길 바랍니다.

우리는 지금까지 forEach, map, filter를 다양한 방식으로 구현하고 실행하며 이터레이터와 고차 함수에 대해 깊이 살펴보았습니다. 다음 절에서는 왜 이터레이터와 같은 설계가 필요한지 객체지향적인 관점에서 알아보겠습니다.

1.5 이터러블 프로토콜이 상속이 아닌 인터페이스로 설계된 이유

객체지향 프로그래밍에서 우리가 익숙하게 알고 있는 개념 중 하나는 상속inheritance입니다. 상속은 코드를 추상화해 기능을 공유하는 좋은 도구이며 실제 개발 현장에서도 자주 사용합니다.

그런데 반복자 패턴과 이터레이터를 지원하는 헬퍼 함수들은 상속이 아닌 인터페이스로 설계되어 있습니다. 이유는 무엇일까요? 이 절에서는 현대 언어가 언어 레벨 설계에서 왜 상속을 자제하고 인터페이스(혹은 프로토콜, 트레이트 등)를 적극적으로 활용하는지 살펴봅니다.

NOTE

이 절에서 '상속'과 '인터페이스'가 가리키는 것

상속(inheritance): 여기서 상속이란 타입스크립트 코드 레벨에서 class A extends B { }처럼 기존 클래스의 구성과 구현 모두를 물려받는 '클래스 상속'을 의미합니다.

인터페이스(interface): 인터페이스는 '시그니처(메서드/프로퍼티의 타입 정의)'만을 정의하는 것을 의미하며 class X implements Y { } 형식으로 클래스가 해당 시그니처를 구현할 수 있습니다. 타입스크립트의 경우 인터페이스는 구현(메서드 코드) 자체가 없고 시그니처만 지정합니다.

즉 이 절에서 상속과 인터페이스를 대비할 때의 '상속'은 클래스 간 구현 상속을 통한 설계를 의미하며 '인터페이스'는 시그니처만 정의하고 이를 구현 클래스나 리터럴 객체가 채우도록 하는 설계를 의미합니다.

1.5.1 Web API의 NodeList도 이터러블

자바스크립트에서 DOM을 다루다 보면 NodeList 객체를 접하게 됩니다. NodeList는 문서 내의 노드들을 컬렉션 형태로 나타내며 이터러블 프로토콜을 따릅니다. 따라서 NodeList를 for...of문이나 전개 연산자와 같이 다양한 이터러블 프로토콜을 사용하는 기능들과 함께 활용할 수 있습니다.

코드 1-45 NodeList와 for...of문

```
<ul>
  <li>1</li>
  <li>2</li>
  <li>3</li>
  <li>4</li>
  <li>5</li>
</ul>
<script>
  // 모든 li 요소들을 선택
  const nodeList = document.querySelectorAll('li');

  // for...of문을 사용하여 NodeList 순회
  for (const node of nodeList) {
    console.log(node.textContent);
    // 1
    // 2
    // 3
    // 4
    // 5
  }
</script>
```

위 예제에서는 document.querySelectorAll('li')를 통해 문서 내의 모든 li 요소들을 선택하고 이를 NodeList로 반환합니다. NodeList는 이터러블이므로 for...of문을 사용하여 각 노드를 순회할 수 있습니다.

그리고 당연하게도 앞에서 우리가 만든 이터러블을 다루는 함수들과도 함께 사용할 수 있습니다.

코드 1-46 앞에서 만든 함수와 함께 활용

```
forEach(console.log,
  filter(x => x % 2 === 1,
    map(node => parseInt(node.textContent),
      document.querySelectorAll('li'))));
// 1
// 3
// 5

forEach(element => element.remove(),
```

```
  filter(node => parseInt(node.textContent) % 2 === 0,
    document.querySelectorAll('li')));
// removed: <li>2</li>
// removed: <li>4</li>
```

첫 번째 코드는 홀수인 1, 3, 5를 출력하고 두 번째 코드는 짝수 텍스트를 가진 li 요소 <li>2</li>와 <li>4</li>를 화면에서 제거합니다.

1.5.2 상속이 아닌 인터페이스로 해결해야 하는 이유

이 문제를 상속이 아닌 인터페이스로 해결해야 하는 이유에 대해 살펴보겠습니다.

이터러블을 사용하는 이유

왜 이터러블을 사용해야 할까요? Array의 map, filter를 쓰면 되지 않을까요? 자바스크립트에서 배열(Array)은 map, filter, forEach와 같은 고차 함수를 지원합니다.

코드 1-47 NodeList에서 Array.prototype.map을 시도하는 예제

```
const nodes: NodeList = document.querySelectorAll('li');

console.log(nodes[0], nodes[1], nodes.length);
// <li>1</li> <li>3</li> 3
// nodes는 Array처럼 보입니다.

nodes.map(node => node.textContent);
// Uncaught TypeError: nodes.map is not a function
```

[코드 1-47]을 실행하면 에러가 발생합니다. NodeList는 Array가 아닐뿐더러 [코드 1-48]과 같이 정의되어 있기 때문에 Array의 메서드를 사용할 수 없습니다.

코드 1-48 NodeList 인터페이스

```
interface NodeList {
  readonly length: number;
  item(index: number): Node | null;
  forEach(callbackfn: (value: Node, key: number, parent: NodeList) => void, thisArg?: any):
```

```
void;
  [index: number]: Node;
}
```

반면에 [코드 1-46] 예제에서는 이터레이션 프로토콜에 기반하여 NodeList에 filter, map, forEach를 바로 적용할 수 있었습니다.

순회가 필요한 자료구조들인데 왜 Array를 상속받도록 만들지 않았을까?

객체지향 프로그래밍에서 코드를 추상화해 기능을 공유하는 좋은 도구로 '상속'이 있습니다. 이런 상황을 해결하고자 할 때 상속을 떠올릴 수도 있습니다. 하지만 자바스크립트나 타입스크립트의 표준 라이브러리에서 Array를 상속받은 내장 클래스는 없습니다. 자바스크립트에서 사용되는 자료구조인 Map, Set, NodeList는 Array와 동일한 기능이 일부 필요하다고 해도 Array를 상속받지 않았습니다. 왜 그럴까요?

핵심을 말하자면 이들은 모두 서로 다른 자료구조를 나타내며 각각 고유한 특성과 동작을 갖도록 설계되었기 때문입니다. 이들 모두 자바스크립트의 Array와는 내외부적으로 다른 방식으로 동작합니다. 만약 이들을 상속으로 연결하여 의존성을 생기게 하면 불필요한 복잡성이 생기고 최적화된 동작을 보장할 수 없게 됩니다. 또한 각각의 자료구조를 발전시킬 때 서로에게 미칠 영향을 고려해야 하므로 어려움이 생길 수 있습니다.

이는 자바스크립트의 전반적인 설계 원칙과 맞지 않으며 다른 언어에서도 마찬가지입니다. 예를 들어 자바의 List, Set, Map 인터페이스 역시 서로 다른 자료구조를 나타내며 공통의 부모 클래스를 상속받지 않습니다.

이를 조금 더 자세히 들여다보면서 객체지향 패러다임에 대한 생각을 확장해봅시다.

- Array는 일반적인 배열의 특성과 동작 방식을 가지며 인덱스를 기반으로 요소에 접근하고 조작하는 데 최적화되어 있습니다.
- Map은 키-값 쌍을 저장하며 각 키는 유일합니다. 순서가 없으며 키를 통해 값을 빠르게 검색할 수 있습니다.
- Set은 유일한 값을 저장하며 중복을 허용하지 않습니다. 순서가 없으며 값의 존재 여부를 빠르게 확인할 수 있습니다.

이와 같이 구조적 차이가 있는 자료구조들을 Array의 특성과 동작 방식에 맞추기 위해 상속하는 것은 부자연스럽고 비효율적입니다.

그래도 NodeList는 index와 length를 가진, 말 그대로 ArrayLike인데 왜 상속받지 않을까?

NodeList는 DOM 트리의 요소들을 순서대로 나타내는 특수한 데이터 구조를 띠며 주로 DOM 조작과 연관되어 있습니다. NodeList에는 라이브와 스태틱 모드가 있는데 라이브 NodeList는 DOM이 변경될 때 자동으로 업데이트됩니다.

Array는 생성된 후에는 정적이며 항상 수동으로 요소를 추가하거나 제거해야 합니다. 또한 자바스크립트 엔진이 메모리와 성능을 최적화된 방식으로 관리합니다.

다시 한번 정리하면 상속을 사용하지 않은 이유는 각각 구조와 용도가 다른 객체들이 의존성을 갖게 되면 불필요한 복잡성이 발생하고 최적화가 어려워지기 때문입니다. 이를 좀 더 재미있고 효과적으로 이해할 수 있도록 다음과 같이 간단한 이야기로 구성해보았습니다.

(가상의 이야기) 한 사람의 결정이 가져온 혼란

여기 언어와 브라우저의 표준을 정의하고 구현하는 한 사람이 있다고 생각해봅시다. 어느 날 그는 NodeList에 새로운 기능을 추가하면서 NodeList의 구조가 Array와 비슷하며 Array와 같이 기능했으면 좋겠다고 생각합니다. 그래서 NodeList가 Array를 상속받도록 변경하고 배포까지 마쳤다고 상상해봅시다.

그런데 배포하고 한 달 뒤 Array를 고치고 싶어졌습니다. 하지만 Array를 상속받고 있는 객체가 있어 이를 항상 함께 고려해야 해서 관리가 어려워졌음을 느낍니다. NodeList에 어떤 문제가 발견되어 다시 Array를 상속받지 않도록 변경하고 싶은 상황도 생겼습니다. 그런데 한 달 사이에 NodeList가 Array로부터 상속받은 기능을 활용한 코드가 웹에 많이 배포됐습니다. 이제 둘 간의 상속 관계를 제거하려고 해도 하위 호환성을 지키려면 NodeList가 가진 Array의 모든 기능을 NodeList에 포함시켜야 합니다.

이런 상황을 생각해보니 어떤가요? 이러한 이유로 특히 언어 레벨의 설계일수록 상속을 보수적으로 사용함을 알 수 있습니다.

공통 로직을 공유할 수 있는 방법

앞서 우리는 인터페이스를 기반으로 하는 이터레이션 프로토콜과 이를 활용하는 고차 함수를 통해 다양한 자료구조를 일관되게 다루며 공통 로직을 공유하는 방법을 살펴보았습니다.

이터레이션 프로토콜을 활용하면 상속 없이도 다양한 자료구조를 일관성 있게 다룰 수 있습니다. 따라서 각 자료구조의 특성을 유지하면서도 공통의 인터페이스를 통해 상호작용할 수 있습니다. 구체적으로 자료구조가 Array, NodeList, Map, 제너레이터의 반환값 또는 어떤 사용자 정의 이터러블이더라도 이터레이션 프로토콜은 '외부 구조의 다형성'을 해결합니다. 동시에 그 안에 담긴 '내부 요소의 다형성'은 주로 고차 함수에 전달되는 함수를 통해 처리하는 구조를 형성합니다.

여기서 한 가지 더 흥미로운 부분은 Array, Map, Set은 자바스크립트의 표준 라이브러리지만 NodeList는 브라우저 구현 객체라는 점입니다. 이처럼 인터페이스에 기반한 규약은 언어나 환경에 따라 달라지는 다양한 구조를 포용할 수 있는 유연한 확장성을 제공합니다.

또 한 번 강조하고 싶은 점은 이터레이션 프로토콜이 객체지향 디자인 패턴 중 하나인 반복자 패턴에 기반한다는 것입니다. 반복자 패턴처럼 공통의 인터페이스를 만들어 패턴화함으로써 다양한 자료구조에 사용할 공통 로직을 분리할 수 있습니다. 이러한 방법은 코드의 유지보수성을 높이고 다양한 자료구조에 동일한 패턴을 적용할 수 있는 더 나은 설계 방식을 제공합니다. 이는 현대 프로그래밍에서 널리 활용되는 대표적인 설계 방법 중 하나입니다.

1.5.3 인터페이스와 클래스 상속

인터페이스는 클래스나 객체가 따라야 할 규약을 정의하며 이를 통해 다양한 클래스가 동일한 방식으로 상호작용할 수 있도록 합니다. 이러한 규약을 통해 공통된 행동을 강제하고 서로 다른 클래스들이 동일한 메서드를 구현하게 함으로써 다형성을 지원하고 코드의 유연성을 높일 수 있습니다. 여러 클래스가 동일한 인터페이스를 구현하면 동일한 메서드 호출 패턴으로 일관된 설계를 할 수 있습니다.

한편 상속은 기존 클래스의 속성과 메서드를 물려받아 새로운 클래스를 만드는 과정입니다. 이를 통해 코드 재사용성을 높이고 확장성을 확보할 수 있습니다. 상속을 활용하면 공통 로직을 직접 구현한 뒤 이를 필요에 따라 확장하거나 변경할 수 있습니다. 그러나 상속을 남용할 경우 코드의 결합도가 높아져 유지보수가 어려워질 수 있으므로 주의가 필요합니다.

이 절에서 인터페이스의 장점을 강조하다 보니 자칫 인터페이스가 상속보다 우수한 방법으로 비칠 수 있으나 사실 두 기법은 목적과 용도가 다릅니다. 인터페이스는 규약을 제시하여 다양한 클래스가 동일한 형식의 동작을 구현하도록 유도합니다. 반면 상속은 공통 기능을 직접 구현한 뒤 이를 적절히 확장하는 데 초점을 둡니다.

인터페이스는 언어나 표준 라이브러리 설계 단계에서 자주 사용되고 상속은 주로 SDK나 애플리케이션 레벨에서 사용됩니다. 예를 들어 GUI 프레임워크에서는 기본 윈도우 클래스를 상속받아 새로운 기능을 갖춘 커스텀 윈도우를 만드는 경우가 있습니다. 이 책의 후반부에서는 상속이 적합한 사례와 관련 코드를 다룰 예정입니다. 결국 목적과 상황에 맞게 인터페이스와 상속을 적절히 선택하는 것이 좋은 코드로 나아가는 첫걸음이라 할 수 있습니다.

1.6 요약 정리

멀티패러다임의 시대

오늘날 대부분의 프로그래밍 언어는 멀티패러다임 언어로 발전했습니다. 과거에는 함수형 프로그래밍을 위해 함수형 언어를, 객체지향 프로그래밍을 위해 객체지향 언어를 선택해야 했습니다. 하지만 이제는 하나의 언어에서 명령형, 객체지향, 함수형 패러다임을 모두 활용할 수 있습니다. 이러한 변화는 2010년 전후로 시작되어 2020년 이후에는 대부분의 주요 언어들이 이러한 특징을 갖추게 되었습니다.

멀티패러다임의 협력

마이크 루키데스는 '함수형, 객체지향, 명령형 패러다임을 모두 제공하는 멀티패러다임 언어를 효율적으로 사용하는 법을 배워야 하며, 오랫동안 각각 특별히 고유했고 심지어 갈등 속에 있던 패러다임들을 섞어야 할 때'라고 했습니다. 각 패러다임은 그 자체로도 유용하지만 특정 문제에 가장 적합한 패러다임을 선택하거나 필요하다면 조합할 수 있는 유연성이야말로 멀티패러다임 언어의 장점입니다. 예를 들어 객체지향 프로그래밍은 상태와 행동을 한데 묶는 데 유리하고 함수형 프로그래밍은 순수 함수와 불변성을 통해 코드의 예측 가능성을 높입니다.

반복자 패턴과 일급 함수

객체지향 디자인 패턴 중 하나인 반복자iterator 패턴은 컬렉션 요소를 순차적으로 접근하는 규약을 제시합니다. 이를 통해 다양한 형태의 컬렉션 데이터를 일관된 방식으로 순회할 수 있습니다. 한편 함수형 프로그래밍의 핵심 요소인 일급 함수first-class function는 함수를 값처럼 취급해 다른 함수의 인자로 전달하거나 반환값으로 사용할 수 있습니다. 이 두 개념을 결합하면 멀티패러다임 언어에서 함수형 프로그래밍의 핵심 개념인 지연 평가lazy evaluation와 리스트 프로세싱list processing을 효율적으로 구현할 수 있습니다.

지연 평가와 고차 함수

지연 평가는 필요한 시점까지 계산을 미루어 메모리 사용량과 연산 비용을 줄여 성능을 향상하는 기법입니다. 고차 함수higher-order function는 함수를 인자로 받거나 반환하는 함수로서 map, filter, reduce와 같은 함수형 함수(혹은 리스트 프로세싱 함수)들은 지연 평가와 고차 함수 기법을 활용해 더 나은 성능과 가독성을 제공합니다.

제너레이터 함수

제너레이터generator 함수는 이터레이터를 생성하는 문법적 장치로서 명령형 스타일로도 이터레이션 로직을 구현할 수 있게 합니다. function* 키워드와 yield 키워드를 사용해 값을 하나씩 반환함으로써 지연 평가가 필요한 로직을 간결하고 명확하게 표현할 수 있습니다.

타입스크립트와 이터레이션 프로토콜

이터러블 객체는 이터레이터를 통해 순회 가능한 구조를 갖추고 있습니다. 이를 for...of문, 전개 연산자, 구조 분해 할당 등과 함께 활용하면 더욱 유연한 코드 작성이 가능합니다. 또한 타입스크립트는 이러한 이터레이션 프로토콜에 대해 정교한 타입 시스템을 제공하여 각 요소의 타입을 명확히 정의하고 코드 안전성을 한층 강화합니다.

사용자 정의 이터러블

개발자는 직접 만든 객체에 이터레이션 프로토콜을 구현하여 사용자 정의 이터러블을 만들 수 있습니다. 이를 통해 언어의 기본 기능과 긴밀히 협업하고 다양한 문제 해결 방식을 시도하거나 언어 자체를 확장하는 것도 가능합니다.

상속 대신 인터페이스

상속은 객체지향 프로그래밍에서 중요한 개념이지만 다양한 자료구조를 일관성 있게 처리하려면 인터페이스와 이터레이션 프로토콜을 활용하는 편이 더 효율적일 수 있습니다. 예를 들어 NodeList, Map, Set 등은 서로 다른 특성과 동작 방식을 지닙니다. 하지만 상속 대신 인터페이스를 통해 공통 로직을 공유하고 반복자 패턴에 기반한 이터레이션 프로토콜을 활용하면 다양한 자료구조를 유연하게 다룰 수 있습니다.

멀티패러다임의 교차점: 반복자 패턴과 일급 함수

반복자 패턴과 일급 함수는 멀티패러다임 언어에서 함수형 프로그래밍 구현의 중요한 시발점이자 교차점입니다. 이를 통해 고도화된 리스트 프로세싱을 구현하고 더 나은 성능과 가독성을 얻을 수 있으며 멀티패러다임 언어의 강력한 기능을 최대한 활용할 수 있습니다. 이 책에서는 이러한 개념들을 심도 있게 살펴보고 다양한 패러다임을 조합하여 아름답고 효율적인 코드를 작성하는 방법을 제시합니다.

2장

함수형 프로그래밍과 타입 시스템 그리고 LISP

프로그래밍 패러다임과 언어는 끊임없이 진화하며 오늘날 우리는 객체지향, 함수형, 명령형 등 다양한 패러다임이 공존하는 멀티패러다임 언어의 시대를 살고 있습니다. 이 중 함수형 패러다임은 불변성, 순수 함수, 고차 함수, 지연 평가와 같은 개념을 통해 예측 가능하고 읽기 쉬운 코드를 작성하는 데 도움을 줍니다. 이러한 함수형 기법들은 점차 많은 언어에서 채택되고 있으며 자바스크립트와 타입스크립트 역시 이러한 흐름을 따르고 있습니다.

이번 장에서는 함수형 프로그래밍의 핵심 개념과 이를 뒷받침하는 타입스크립트의 타입 시스템을 다루고자 합니다. 타입 추론, 고차 함수와 함수 타입, 제네릭을 비롯한 다양한 타입 기능을 활용하여 더 안전하고 유지보수하기 쉬운 코드를 작성하는 방법을 알아보고 객체지향 클래스와 함수형 함수를 결합하는 방법도 살펴봅니다.

또한 함수형 프로그래밍의 뿌리라 할 수 있는 LISP의 핵심 개념도 함께 다룹니다. LISP는 코드 자체를 리스트 형태의 값으로 취급하는 독특한 접근을 통해 유연하고 강력한 메타프로그래밍을 가능하게 합니다. 이와 같은 LISP의 사상은 현대 멀티패러다임 언어에도 많은 영향을 주고 있으며 자바스크립트와 타입스크립트 역시 LISP에서 비롯된 중요한 개념들을 적극적으로 받아들이고 있습니다.

이 장을 통해 함수형 프로그래밍을 다루는 타입 시스템의 특징과 LISP가 지닌 매력, 아름다운 설계 철학을 이해하게 될 것입니다. 나아가 이를 기반으로 더 안전하고 효율적이며 가독성 높은 코드를 작성하는 방법을 탐구해보겠습니다.

2.1 타입 추론과 함수 타입 그리고 제네릭

타입스크립트는 자바스크립트에 강력한 타입 시스템을 추가하여 코드의 안정성과 가독성을 높입니다. 타입스크립트의 타입 추론을 통해 개발자는 명시적인 타입 선언 없이도 안전한 코드를 작성할 수 있습니다. 고차 함수와 제네릭을 활용하면 복잡한 함수형 프로그래밍 패턴을 구현할 수 있습니다. 또한 객체지향 클래스와 함수형 함수의 결합을 통해 더욱 유연하고 강력한 코드를 작성할 수 있습니다.

2.1.1 타입 추론

타입스크립트의 **타입 추론**type inference은 코드 작성 시 타입을 명시적으로 선언하지 않아도 타입스크립트 컴파일러가 자동으로 변수, 함수, 표현식 등의 타입을 추론해주는 기능입니다. 타입 추론 덕분에 코드의 간결성을 유지하면서도 타입 안정성을 확보할 수 있습니다.

타입 추론의 기본적인 콘셉트

다음 코드에서 a는 명시적으로 타입이 선언되지 않았지만 타입스크립트는 10이라는 값을 통해 a의 타입을 number로 추론합니다. 따라서 이후 a에 다른 타입의 값을 할당하려고 하면 타입 오류가 발생합니다.

코드 2-1 타입 추론 기본 예시

```
let a = 10;
```

[코드 2-1]과 같은 상황에서는 타입을 명시적으로 선언하지 않아도 됩니다. IDE에서도 타입스크립트가 어떻게 타입을 추론하는지 가이드를 제공하므로 코딩 과정과 유지보수에 용이합니다.

변수와 상수의 타입 추론

타입스크립트는 변수를 선언할 때 초기화된 값으로부터 타입을 추론합니다.

코드 2-2 변수 타입 추론

```
let message = "Hello, TypeScript!";
```

[코드 2-2]에서 message는 명시적인 타입 선언 없이도 string 타입으로 추론됩니다.

다음은 상수 타입 추론 예제이며 다음 코드에서 주석은 타입 가이드 박스를 표현한 것입니다. 즉 IDE에서 selected 등에 마우스를 올리면 보이는 플로팅 박스에 표시되는 내용입니다.

코드 2-3 상수 타입 추론

```
const selected = true;
// [const selected: true]

let checked = true;
// [let checked: boolean]
```

[코드 2-3]에서 const로 선언된 selected는 값을 재할당할 수 없기에 값이 바뀔 수 없어 타입이 true로 추론됩니다. 반면 let으로 선언된 checked는 값을 재할당하여 변경할 수 있으므로 타입이 boolean으로 추론됩니다.

함수의 반환 타입 추론

타입스크립트는 함수의 반환 타입도 자동으로 추론할 수 있습니다.

코드 2-4 반환 타입 추론 1

```
function add(a: number, b: number) {
  return a + b;
}
```

[코드 2-4]에서 add 함수는 number 타입의 인자를 받아 number 타입의 값을 반환합니다. 반환 타입을 명시적으로 지정하지 않았지만 타입스크립트는 함수의 반환 타입을 a와 b를 통해 number로 추론합니다.

코드 2-5 반환 타입 추론 2

```
function add(a: string, b: string) {
  return a + b;
}
```

같은 코드에서 [코드 2-5]처럼 a와 b의 타입을 string으로 변경하면 반환 타입도 string이 됩니다.

코드 2-6 반환 타입 추론 3

```
function add(a: string, b: string) {
  return parseInt(a) + parseInt(b);
}
```

타입스크립트는 parseInt(a)와 parseInt(b)가 number 타입의 값을 반환한다는 사실을 알고 있기 때문에 각 결과의 자리를 number로 추론하여 add 함수의 반환 타입을 number로 추론하게 됩니다.

따라서 [코드 2-7]처럼 명시적으로 반환 타입을 지정할 수도 있으며 이는 타입스크립트의 타입 추론과 일치합니다.

코드 2-7 명시적인 반환 타입 지정

```
function add(a: string, b: string): number {
  return parseInt(a) + parseInt(b);
}
```

객체의 속성 타입 추론

타입스크립트는 객체 리터럴의 속성 타입도 추론할 수 있습니다.

코드 2-8 객체의 속성 타입 추론

```
let user = {
  name: "Marty",
  age: 30
};
```

[코드 2-8]에서 user 객체의 name 속성은 string 타입으로, age 속성은 number 타입으로 추론됩니다.

함수 인자의 타입 추론

타입스크립트는 함수 인자의 타입도 추론할 수 있습니다.

코드 2-9 함수 인자의 타입 추론

```
let strs = ['a', 'b', 'c'];
strs.forEach(str => console.log(str.toUpperCase()));  // [str: string]
```

[코드 2-9]에서 타입스크립트는 strs를 string[]으로 추론합니다. 그리고 forEach 메서드는 strs 배열의 요소 타입을 기반으로 화살표 함수의 str 타입도 string으로 추론합니다. 따라서 toUpperCase() 메서드를 사용할 수 있어서 자동 완성이 동작하며 정상적으로 컴파일됩니다.

타입스크립트의 타입 추론 사례 중 이 부분이 특히 매력적입니다. 고차 함수에서도 타입 추론이 동작하므로 인자로 전달받은 함수의 인자 타입을 추론할 수 있어 화살표 함수를 간결하게 작성할 수 있습니다. 따라서 화살표 함수의 간결한 표현을 유지하면서도 타입 안전성을 확보할 수 있습니다.

앞으로 이번 장에서 사용자 정의 고차 함수도 이와 동일하게 타입 추론이 동작하도록 구현하는 법을 알아보겠습니다.

제네릭을 통한 타입 추론

타입스크립트에서 **제네릭 함수**를 사용하면 하나의 함수가 다양한 타입을 지원하여 다형성이 높은 함수가 됩니다. identity 함수는 인자로 받은 값의 타입을 그대로 반환하는 제네릭 함수의 좋은 예입니다. identity는 제네릭 타입 매개변수 T를 사용합니다. 이 함수는 인자 arg의 타입을 T로 받아 동일한 타입 T를 반환합니다.

이해를 돕고자 설명을 덧붙이면 identity를 평가하는 표현식에서 전달한 인자 arg의 타입으로 T의 실제 타입이 정해지며 해당 타입이 identity의 반환 타입이 됩니다.

코드 2-10 identity⟨T⟩ 함수

```
function identity<T>(arg: T): T {
  return arg;
}

const a = identity("hi");  // ❶ [const a: "hi"]

const b = identity(1);  // ❷ [const b: 1]

const c = identity<string>("a");  // ❸ [const c: string]

const d = identity<number>(1);  // ❹ [const d: number]

class User {}
const e = identity(new User());  // ❺ [const e: User]

const f = identity((n: number) => n % 2 === 1);  // ❻ [const f: (n: number) => boolean]
```

이 예제는 identity 함수가 어떻게 제네릭 타입을 받아들여 다양한 타입을 처리할 수 있는지 잘 보여줍니다. 각 예에서 인자 arg의 타입에 따라 T의 실제 타입이 결정되며 그에 따라 반환 타입도 동일한 타입 T로 추론됩니다.

먼저 ❶ identity 함수에 문자열 "hi"를 전달하면 제네릭 타입 매개변수 T가 "hi"가 되고 a의 타입 역시 "hi"로 추론됩니다. 같은 방식으로 ❷ identity 함수에 1을 전달하면 T가 1이 되고 b의 타입 역시 1이 됩니다.

다음으로 ❸ identity⟨string⟩("a")와 같이 T를 명시적으로 string으로 지정하고 인자는 "a"를 전달합니다. 이때 c의 타입은 string으로 결정됩니다. 마찬가지로 ❹ identity 함수에 T를 명시적으로 number로 지정하고 인자는 숫자 1을 전달하면 d의 타입은 number로 결정됩니다.

객체를 전달하는 경우도 동일하게 작동합니다. ❺ User의 인스턴스를 전달하면 T가 User로 결정되고 e의 타입 역시 User가 됩니다.

마지막으로 ❻ (n: number) => n % 2 === 1이라는 함수를 전달하면 타입스크립트는 이 함수의 타입을 (n: number) => boolean으로 추론하고 f의 타입을 (n: number) => boolean으로 지정합니다.

타입스크립트의 타입 추론은 코드의 가독성과 안전성을 높이는 데 중요한 역할을 합니다. 이러한 방식 덕분에 개발자는 타입 시스템을 도입하고도 높은 생산성을 유지할 수 있습니다.

2.1.2 함수 타입과 제네릭

타입스크립트는 함수형 프로그래밍을 지원하기 위해 고차 함수, 함수 타입, 제네릭 등의 다양한 기능을 제공합니다. 먼저 함수 타입을 명시적으로 정의하면 함수의 입력과 출력 타입을 명확하게 표현할 수 있습니다. 또한 제네릭을 활용하면 폭넓은 타입을 지원하는 범용 함수를 만들 수 있습니다. 특히 고차 함수는 인자로 전달받은 함수의 매개변수 타입을 추론하고 함께 전달된 다른 인자들의 타입과도 연계해 타입을 유연하게 추론하도록 돕습니다.

함수의 타입을 정의하는 여러 가지 방법

타입스크립트에서는 함수의 타입을 여러 가지 방식으로 정의할 수 있습니다. 이를 통해 함수의 시그니처를 명확히 하고 코드의 안정성과 가독성을 높일 수 있습니다.

가장 기본적인 방법은 함수의 매개변수와 반환값에 타입을 명시하는 것입니다.

코드 2-11 기본적인 함수 타입 정의

```
function add(a: number, b: number): number {
  return a + b;
}

const result: number = add(2, 3);  // 5
```

[코드 2-11]에서 add 함수는 number 타입의 매개변수 두 개를 받아 number 타입의 값을 반환합니다. 함수의 시그니처를 명확히 함으로써 함수 호출 시 타입 오류를 방지할 수 있습니다.

타입스크립트는 **함수 오버로드**를 지원하여 동일한 함수명으로 다양한 시그니처를 정의할 수 있습니다. 이를 통해 함수의 유연성을 높이고 다양한 입력 타입을 처리할 수 있습니다.

코드 2-12 함수 오버로드

```
function double(a: number): number;
function double(a: string): string;
function double(a: number | string): number | string {
  if (typeof a === 'number') {
    return a * 2;
  } else {
    return a + a;
  }
}

const num: number = double(10);  // 20
const str: string = double('Hi');  // 'HiHi'
```

함수 구현부에서 typeof 연산자를 사용한 타입 가드는 런타임에서 a의 타입을 검사하여 타입에 따라 다른 로직을 실행하도록 합니다. 컴파일 타입에서도 타입스크립트가 if 블록 내에서 타입을 정확하게 구분하여 추론합니다. 이를 타입스크립트에서는 타입 가드type guard에 의한 타입 좁히기type narrowing라고 부릅니다. if (typeof a === 'number') 블록 안에서는 a가 number 타입으로 추론되며 else 블록 안에서는 a가 string 타입으로 추론됩니다. 이러한 타입 추론 덕분에 컴파일 타임에서 타입 안정성을 확보할 수 있습니다.

화살표 함수는 간결한 문법을 제공하며 함수의 타입을 정의할 때도 유용합니다.

코드 2-13 화살표 함수

```
const multiply = (a: number, b: number): number => a * b;

const num: number = multiply(4, 5);  // 20
```

이처럼 화살표 함수를 사용할 때도 매개변수와 반환 타입을 명시적으로 선언하여 타입 안전성을 확보할 수 있습니다. 하지만 타입스크립트는 타입 추론이 강력하기 때문에 매개변수의 타입만 명시해도 충분합니다.

코드 2-14 화살표 함수 (타입 추론)

```
const multiply = (a: number, b: number) => a * b;

const num: number = multiply(4, 5);  // 20
```

[코드 2-14]에서는 매개변수의 타입만 명시했지만 타입스크립트가 함수의 반환 타입을 number로 추론합니다. 이렇게 타입 추론을 통해 코드의 간결함과 타입 안전성을 동시에 유지할 수 있습니다.

코드 2-15 함수 타입 별칭

```
type Add = (a: number, b: number) => number;

const add: Add = (a, b) => a + b;
```

[코드 2-15]에서는 Add라는 함수 타입 별칭을 정의하여 (a: number, b: number) => number 형태의 함수를 나타냅니다. 그런 다음 add라는 함수 변수를 Add 타입으로 선언하면 타입에 맞게 가이드를 받으며 구현할 수 있습니다. 이렇게 함수 타입을 별칭으로 정의하면 여러 곳에서 동일한 함수 타입을 재사용할 수 있습니다.

이제 지금까지 알아본 다양한 함수 타입 정의 방법을 바탕으로 고차 함수와 제네릭을 활용하여 더 복잡하고 유연한 함수형 프로그래밍 패턴을 구현하는 방법을 살펴보겠습니다.

constant와 제네릭

constant 함수는 인자로 입력받은 값을 항상 그대로 돌려주는 함수를 반환합니다. 이 함수는 특정 값을 캡처하여 호출될 때마다 해당 값을 반환하는 함수입니다. 이런 함수를 제네릭으로 구현하면 다양한 타입의 값을 처리할 수 있습니다.

코드 2-16 constant 함수와 타입

```
function constant<T>(a: T): () => T {
  return () => a;
}

const getFive = constant(5);
const ten: number = getFive() + getFive();
console.log(ten); // 10

const getHi = constant("Hi");
const hi2: string = getHi() + getHi();
console.log(hi2); // HiHi
```

예제에서는 constant(5)로 생성된 함수 getFive를 호출하여 두 값을 더해 ten에 저장합니다. 같은 방식으로 constant("Hi")로 생성된 함수 getHi를 호출하여 두 값을 더해 hi2에 저장합니다.

constant 함수는 제네릭을 사용하여 어떤 타입의 값도 처리할 수 있으며 타입스크립트의 타입 추론 덕분에 명시적인 타입 선언 없이도 올바르게 동작합니다. [코드 2-16]의 동작 방식을 자세히 살펴보면 다음과 같습니다.

❶ constant 함수 옆에 제네릭 〈T〉를 작성하여 이 함수에서 T 타입을 사용하겠다고 선언합니다.

❷ T를 활용하여 constant 함수의 인자 a의 타입을 T로 정의합니다.

❸ constant 함수는 T 타입의 값을 인자로 받아 T 타입의 값을 반환하는 함수를 반환합니다.

❹ 반환되는 함수의 타입을 () => T로 정의하여 인자를 받지 않고 T 타입의 값을 반환한다고 명시합니다.

❺ constant 함수가 a로 받은 5로 인해 T가 number로 추론되고 반환되는 함수 getFive의 반환 타입도 number가 됩니다.

❻ constant 함수가 a로 받은 "Hi"로 인해 T가 string으로 추론되고 반환되는 함수 getHi의 반환 타입도 string이 됩니다.

❼ 제네릭을 잘 활용했기 때문에 constant 함수는 어떤 타입의 값이든 처리할 수 있으며 타입 추론 덕분에 반환되는 함수의 타입도 정확히 추론됩니다.

NOTE

여기서 identity 함수와 다르게 5나 "Hi"를 받고도 T가 각각 number와 string으로 추론된 이유는 타입스크립트에서는 고차 함수가 다루는 일급 함수의 인자나 반환값을 추론할 때 넓은 타입으로 추론하는 경향이 있기 때문입니다. 이는 중요한 부분은 아니지만 참고로 알아두면 좋습니다.

지금까지 타입 추론과 함수 타입, 제네릭에 대한 기본적인 개념을 익혔습니다. 이러한 개념과 기능을 잘 연습하면 타입스크립트와 같은 멀티패러다임 언어에서 더욱 안전한 코드를 작성할 수 있습니다.

2.2 멀티패러다임 언어에서 함수형 타입 시스템

지금까지 알아본 타입 추론과 함수 타입, 제네릭 등의 기본적인 개념과 문법은 함수형 고차 함수에 타입 시스템을 적용하기 위한 기초입니다. 이제 이터러블 헬퍼 함수에 타입 시스템을 적용하면서 멀티패러다임 언어에서의 함수형 타입 시스템에 대해 알아보겠습니다.

2.2.1 이터레이션 프로토콜과 타입 다시 보기

Iterator, Iterable, IterableIterator에 일급 함수를 더한 함수형 고차 함수들을 만들어보겠습니다. 그러려면 먼저 1장에서 소개한 코드와 개념을 제대로 이해하고 있어야 합니다. 이번 절에서는 앞에서 배운 개념들을 다시 정리해보겠습니다.

코드 2-17 Iterator, Iterable, IterableIterator 타입 다시 보기

```
interface IteratorYieldResult<T> {
  done?: false;
  value: T;
}

interface IteratorReturnResult {
  done: true;
  value: undefined;
}

interface Iterator<T> {  // 타입스크립트의 `Iterator` 인터페이스 중 필요한 부분만 남겼습니다.
  next(): IteratorYieldResult<T> | IteratorReturnResult;
}

interface Iterable<T> {
  [Symbol.iterator](): Iterator<T>;
}
```

```
interface IterableIterator<T> extends Iterator<T> {
  [Symbol.iterator](): IterableIterator<T>;
}
```

다음은 복습을 위한 체크리스트로서 우리는 다음 개념들을 바탕으로 타입 시스템을 적용하는 방법을 배울 것입니다.

❶ 이터레이션 프로토콜과 관련된 세 가지 값인 Iterator, Iterable, IterableIterator에 대해 알고 있습니다.

❷ for...of문으로 순회할 수 있는 값은 오직 이터러블입니다.

❸ 전개 연산자로 배열을 만들 수 있는 값도 오직 이터러블입니다.

❹ IterableIterator를 만드는 함수를 구현할 때 반환값을 { next() {...}, [Symbol.iterator]() {...} } 형식으로 구현할 수 있으며 이 객체는 이터레이터이자 동시에 이터러블입니다.

❺ 제너레이터로도 이터레이터를 만들 수 있으며 제너레이터의 실행 결과는 IterableIterator입니다.

❻ 제너레이터의 yield와 이터레이터의 next()의 관계를 이해하고 있습니다.

❼ 이터레이터에 고차 함수를 조합하여 forEach, map, filter를 만들 수 있으며 이터레이션 프로토콜을 지원하여 언어의 기능과 상호작용하도록 만들 수 있습니다.

[코드 2-17]은 이번 장의 핵심 내용을 간결하게 전달하기 위해 일부러 축약된 형태를 사용했습니다. 실제 에디터에서 이대로 작성하면 중복 타입 선언이나 추론 오류가 발생합니다. 타입스크립트에서 공식적으로 제공하는 Iterator 인터페이스는 lib.es2015.iterable.d.ts 파일에서 확인할 수 있습니다.

2.2.2 함수형 고차 함수와 타입 시스템

우리가 구현하는 반복자 패턴을 활용한 함수형 고차 함수들은 이터러블 자료구조를 중심으로 구성되므로 이를 이터러블 헬퍼 함수라고 부를 수 있습니다. 이 절에서는 이터러블 헬퍼 함수에 타입 시스템을 적용하는 방법을 다룹니다.

forEach와 타입

forEach 함수는 주어진 이터러블의 각 요소에 대해 지정된 함수를 실행하는 함수입니다. 이를 다음과 같이 제네릭 타입을 사용하여 구현할 수 있습니다.

코드 2-18 forEach 함수와 타입

```
function forEach<A>(f: (a: A) => void, iterable: Iterable<A>): void {
  for (const a of iterable) {
    f(a);
  }
}

const array = [1, 2, 3];
forEach(a => console.log(a.toFixed(2)), array);  // [a: number]
// 1.00
// 2.00
// 3.00
```

[코드 2-18]에서 사용된 타입 정의와 실행 과정을 하나씩 자세히 살펴보겠습니다. 이를 통해 이터러블과 고차 함수, 일급 함수, 제네릭 간의 유기적 연결성을 제대로 이해하길 바랍니다.

❶ forEach 옆에 제네릭 〈A〉를 작성하여 함수에서 A 타입을 사용하겠다고 선언합니다.

❷ A를 활용하여 f 함수의 타입을 인자로 a: A를 받아 void를 반환하는 타입으로 정의합니다.

❸ f 함수의 인자 a의 타입을 앞에서 선언한 제네릭 타입 A로 선언합니다.

❹ 그리고 iterable의 타입을 A를 요소로 갖는 Iterable〈A〉라고 정의합니다.

❺ 이해를 돕고자 설명을 덧붙이자면 '〈A〉를 선언하고 a: A와 Iterable〈A〉를 작성하여 iterable의 요소 타입이 A이며 그 A가 f 함수의 인자 a가 되도록 연결해주었다'라고 할 수 있습니다.

❻ iterable의 타입은 Iterable〈A〉이기에 for (const a of iterable)에서 a의 타입은 A입니다.

❼ forEach가 받은 array: number[]로 인해 Iterable〈A〉로 Iterable〈number〉가 되고 f의 a도 number가 됩니다.

❽ 제네릭을 잘 활용했기 때문에 a는 number 타입으로 정확히 추론되며 toFixed(2) 메서드를 안전하게 호출할 수 있습니다.

map과 타입

map 함수는 이터러블의 각 요소에 특정 함수를 적용하여 변환된 값을 새로운 이터러블로 생성하는 함수입니다. 이를 제너레이터와 제네릭 타입을 사용하여 구현할 수 있습니다.

코드 2-19 제너레이터로 구현한 map 함수와 타입

```
function* map<A, B>(f: (a: A) => B, iterable: Iterable<A>): IterableIterator<B> {
  for (const a of iterable) {
    yield f(a);
```

```
  }
}

const array = ['1', '2', '3'];
const mapped = map(a => parseInt(a), array);  // [a: string]
// [const mapped: IterableIterator<number>]
const array2: number[] = [...mapped];
console.log(array2);
// [1, 2, 3]

const [head] = map(a => a.toUpperCase(), ['a', 'b', 'c']);
console.log(head);  // [head: string]
// A
```

이번에도 하나씩 자세히 살펴보겠습니다.

❶ map〈A, B〉를 작성하여 제네릭 타입 A와 B를 만듭니다.

❷ map 함수는 A 타입을 입력받아 B 타입을 출력하는 함수 f와 Iterable〈A〉를 인자로 받아 IterableIterator〈B〉를 반환하도록 정의되었습니다.

❸ 첫 번째 경우 map 함수를 실행할 때 전달한 array가 Iterable〈string〉으로 해석되어 A는 string이 됩니다.

❹ a => parseInt(a)의 반환 타입에 의해 B가 number가 되어 map(a => parseInt(a), array)의 반환 타입이 IterableIterator〈number〉가 됩니다.

❺ 따라서 mapped 역시 IterableIterator〈number〉로 추론되고 mapped를 전개 연산자로 배열로 변환한 값인 array2가 number[] 타입으로 잘 처리됩니다.

❻ 두 번째 경우 [head]로 구조 분해 할당을 했고 역시 string으로 타입이 제대로 추론되었습니다.

타입스크립트의 타입 시스템을 잘 사용하면 타입 안정성을 유지하면서도 유연하게 제네릭 타입을 활용한 고차 함수를 구현할 수 있습니다.

filter와 타입

filter 함수는 Iterable〈A〉를 받아 필터링된 IterableIterator〈A〉를 만드는 함수라고 할 수 있습니다.

코드 2-20 제네레이터로 구현한 filter 함수와 타입

```
function* filter<A>(f: (a: A) => boolean, iterable: Iterable<A>): IterableIterator<A> {
  for (const a of iterable) {
    if (f(a)) {
```

```
      yield a;
    }
  }
}

const array = [1, 2, 3, 4];
const filtered = filter(a => a % 2 === 0, array);  // [a: number]

const array2: number[] = [...filtered];  // [const filtered: IterableIterator<number>]
console.log(array2);
// [2, 4]
```

NOTE

이번에는 타입의 흐름에 대한 설명을 생략하고자 합니다. 앞선 forEach, map의 설명을 참고하여 타입이 적용되는 과정을 직접 작성해보기 바랍니다. 이러한 코드 흐름을 함께 연습하면서 여러분과 호흡을 맞춰나가면 점점 설명을 간결하게 하면서도 예제마다 다른 핵심 포인트를 집중적으로 다룰 수 있을 것입니다. 앞으로 많은 예제에서 비유를 줄인 함축적인 설명을 통해 시간을 절약하고 더욱 다채로운 이야기를 전달하겠습니다.

여기서 filter 함수는 제네릭 타입 A를 사용하였고 filter의 인자 f의 a와 인자 iterable의 요소 타입을 A로 지정했습니다. 그리고 filter가 반환하는 IterableIterator의 요소 타입도 A로 지정했습니다. filter 함수는 인자로 받은 이터러블의 요소 자체는 변경하지 않고 필터링만 수행하는 함수이기 때문입니다.

reduce와 타입

마지막으로 reduce 함수를 간결하게 구현하고 타입을 추가해보겠습니다.

코드 2-21 reduce 함수와 타입

```
function reduce<A, Acc>(
  f: (acc: Acc, a: A) => Acc, acc: Acc, iterable: Iterable<A>
): Acc {
  for (const a of iterable) {
    acc = f(acc, a);
  }
  return acc;
}

const array = [1, 2, 3];
```

```
const sum = reduce((acc, a) => acc + a, 0, array);
console.log(sum);  // [const sum: number]
// 6

const strings = ['a', 'b', 'c'];
const abc = reduce((acc, a) => `${acc}${a}`, '', strings);
console.log(abc);  // [const abc: string]
// abc
```

reduce 함수는 (acc: Acc, a: A) => Acc 타입의 함수를 받고 초깃값 acc: Acc와 Iterable<A>를 받습니다. 요소를 순회하면서 f(acc, a)를 실행하여 누적값을 계산하고 최종적으로 누적값을 반환합니다.

이를 타입 정의 관점에서 하나씩 자세히 살펴보겠습니다.

❶ reduce<A, Acc>를 작성하여 제네릭 타입 A와 Acc를 만듭니다.

❷ reduce 함수는 Acc 타입의 초깃값 acc와 A 타입의 요소를 가진 Iterable<A>를 인자로 받습니다.

❸ 그리고 Acc 타입의 초깃값과 A 타입의 현잿값을 받아 Acc 타입의 새로운 누적값을 반환하는 함수 f를 인자로 받습니다.

❹ 함수는 이터러블의 각 요소를 순회하면서 f(acc, a)를 실행하여 누적값을 갱신합니다.

❺ 마지막으로 reduce 함수는 최종 누적값 Acc를 반환합니다.

이처럼 함수의 동작을 타입 중심으로 설명하면 개발자 간 소통을 보다 원활하고 정확하게 할 수 있습니다.

reduce 함수 오버로드

자바스크립트의 Array.prototype.reduce는 초깃값을 생략할 수 있습니다. 여기서 함께 만든 이터러블을 다루는 reduce도 동일한 스펙을 지원하도록 구현하고자 합니다.

- 초깃값이 있을 때는 세 개의 인자를 받습니다.
- 초깃값을 생략하고자 할 때는 f와 iterable만을 받습니다. 이때 이터러블의 첫 번째 요소가 초깃값이 됩니다.
- 초깃값 없이 빈 배열이 전달된 경우에는 누적할 수 없고 타입이 올바르지 않으므로 에러를 발생시킵니다.

이렇게 구현하려면 함수 오버로드를 사용해야 합니다. 함수 오버로드 또는 메서드 오버로드는 함수나 메서드의 시그니처를 여러 개 정의하고 실제 구현은 하나만 제공하는 방식입니다. 이로써 하나의 함수명으로 다양한 호출 방식에 대응할 수 있습니다.

코드 2-22 reduce(f, iterable);

```
function baseReduce<A, Acc>(
  f: (acc: Acc, a: A) => Acc, acc: Acc, iterator: Iterator<A>
): Acc {
  while (true) {
    const { done, value } = iterator.next();
    if (done) break;
    acc = f(acc, value);
  }
  return acc;
}

// ❶
function reduce<A, Acc>(
  f: (acc: Acc, a: A) => Acc, acc: Acc, iterable: Iterable<A>
): Acc;
// ❷
function reduce<A, Acc>(
  f: (a: A, b: A) => Acc, iterable: Iterable<A>
): Acc;

function reduce<A, Acc>(
  f: (a: Acc | A, b: A) => Acc,
  accOrIterable: Acc | Iterable<A>,
  iterable?: Iterable<A>
): Acc {
  if (iterable === undefined) {  // ❸
    const iterator = (accOrIterable as Iterable<A>)[Symbol.iterator]();
    const { done, value: acc } = iterator.next();
    if (done) throw new TypeError("'reduce' of empty iterable with no initial value");
    return baseReduce(f, acc, iterator) as Acc;
  } else {  // ❹
    return baseReduce(f, accOrIterable as Acc, iterable[Symbol.iterator]());
  }
}
```

함수 시그니처 부분(❶, ❷)과 구현 부분(❸, ❹)을 설명하면 다음과 같습니다.

❶ **reduce<A, Acc>(f: (acc: Acc, a: A) => Acc, acc: Acc, iterable: Iterable<A>): Acc**

제네릭 타입 A와 Acc를 선언하고 초깃값 acc: Acc와 Iterable<A>를 인자로 받습니다. (acc: Acc, a: A) => Acc 타입의 함수를 인자로 받아 누적값을 계산한 다음 최종적으로 Acc 타입의 값을 반환합니다.

❷ **reduce<A, Acc>(f: (a: A, b: A) => Acc, iterable: Iterable<A>): Acc**

제네릭 타입 A와 Acc를 선언하고 초깃값 없이 Iterable<A>와 (a: A, b: A) => Acc 타입의 함수를 인자로 받습니다. 이터러블의 첫 번째 요소를 초깃값으로 사용하여 누적값을 계산한 다음 최종적으로 Acc 타입의 값을 반환합니다.

❸ **마지막 인자인 iterable이 없는 경우(iterable === undefined)**

두 번째 인자인 accOrIterable이 이터러블입니다. [Symbol.iterator]() 메서드를 실행해 이터레이터로 변환하고 next() 메서드로 첫 번째 요소를 꺼냅니다. 빈 이터러블이면 에러를 발생시키고 요소가 있으면 baseReduce를 실행합니다.

❹ **세 개의 인자를 모두 받은 경우(else)**

두 번째 인자인 accOrIterable이 초깃값이고 iterable은 이터러블입니다. baseReduce를 실행하여 이터레이터의 각 요소를 순회하면서 f(acc, value)를 실행하여 누적값을 갱신합니다. 최종적으로 누적된 값을 반환합니다.

다음은 이렇게 구현한 reduce를 사용하는 예시입니다.

코드 2-22a reduce 사용 예제

```
// 첫 번째 reduce 함수: 초깃값을 포함한 예제
const array = [1, 2, 3];
const sum = reduce((acc, a) => acc + a, 0, array);
console.log(sum);  // [const sum: number]
// 6

const strings = ['a', 'b', 'c'];
const abc = reduce((acc, a) => `${acc}${a}`, '', strings);
console.log(abc);  // [const abc: string]
// abc

// 두 번째 reduce 함수: 초깃값을 포함하지 않은 예제
const array2 = [1, 2, 3];
const sum2 = reduce((a, b) => a + b, array2);
console.log(sum2);  // [const sum2: number]
// 6

const words = ['hello', 'beautiful', 'world'];
const sentence = reduce((a, b) => `${a} ${b}`, words);
console.log(sentence);  // [const sentence: string]
// hello beautiful world
```

```
const array3 = [3, 2, 1];
const str = reduce((a, b) => `${a}${b}`, array3);
console.log(str);  // [const str: string]
// 321
```

"hello beautiful world" 예시와 같은 문제에서는 특히 초깃값을 생략하는 패턴을 사용할 때 코드를 더욱 간결하게 만들고 가독성을 높일 수 있습니다.

reduce의 에러 관리

자바스크립트의 reduce는 초깃값을 생략한 상태에서 호출되면 배열의 첫 요소를 초깃값으로 삼아 순회를 시작합니다. 만약 빈 배열이라면 초깃값으로 삼을 요소조차 없고 값을 산출할 수 없는 상황이므로 TypeError를 던져 처리를 중단합니다. Array.prototype.reduce나 Iterable Helpers의 reduce 그리고 이 절에서 구현한 reduce 모두 초깃값을 생략한 상황에서 빈 배열이나 빈 이터러블을 만났을 때 에러를 전파하도록 구현되어 있습니다. 그렇다면 이러한 에러 처리를 어떻게 바라보고 또 어떻게 관리해야 좋을까요?

첫 번째, 초깃값을 명시적으로 넣는 방법이 있습니다. 이는 가장 간단한 해결 방식입니다. 빈 배열이라도 reduce가 에러 없이 진행되며 사용자가 직접 결정한 초깃값(예: 0 또는 '' 등)을 반환할 수 있습니다. 이 방식은 '빈 배열이면 어떤 값을 반환할지'를 명확하게 정합니다.

하지만 초깃값만으로는 모든 상황을 해결할 수 없습니다. 예를 들어 [코드 2-22a]의 "hello beautiful world" 같은 사례에서 초깃값을 넣으면 보조 함수(f)에서 if문으로 '빈 값이면(첫 순회)'에 대한 예외 처리를 해야 합니다. 그렇게 되면 모든 순회에서 추가 조건문을 거치게 되고 코드도 복잡해집니다. 결론적으로 초깃값을 넣는 방식이 적합한지 여부는 전체 로직과 보조 함수의 동작에 따라 결정해야 합니다.

두 번째, 빈 배열인 경우를 미리 체크해 기본값으로 반환하는early return 방법이 있습니다. 실제로 프로그램의 정상 동작 범위에서 빈 배열이 충분히 들어올 수 있고 그때 반환할 기본값이 의미가 있다면 이 방식을 적용할 수 있습니다. 예를 들면 arr => arr.length === 0 ? '' : arr.reduce((a, b) => `${a} ${b}`)와 같은 형태를 취합니다. 이 방법은 Array, Set처럼 길이를 미리 알 수 있는 자료구조일 때 가능합니다.

세 번째, try/catch로 에러를 처리하는 방법이 있습니다. 만약 빈 배열(혹은 빈 이터러블)이

프로그램의 정상 범위에 속하지 않고 초깃값 역시 사용할 이유가 없는 상황이라면 try/catch로 처리할 수 있습니다. 또는 '이 경우는 에러가 맞으니 해결이 필요하다'라는 명확한 의도 아래 에러를 그대로 던지도록 둘 수도 있습니다. 이렇게 '정상 범위가 아니다'라는 사실을 개발자가 인지하고 최종적으로 어딘가에서 에러를 감지하도록 준비해야 합니다.

마지막으로 지연 이터레이터인 경우에는 지연 이터레이터를 reduce에 전달하기 전에 배열로 변환해 길이를 체크하거나, 끝까지 평가를 미루면서 reduce에 넘기고 에러를 처리하는 두 가지 접근이 가능합니다. 전자를 택하면 '빈 배열인지 미리 파악하여 기본값을 반환'하는 로직이 가능해지고, 후자를 택한다면 '빈 이터레이터가 reduce에 들어가 발생한 에러를 던지거나 try/catch로 처리'하는 방향을 선택해야 합니다. 결국 초깃값 없이 reduce를 사용하며 지연 이터레이터를 전달하려면, 에러 처리를 할 것인지 아니면 이 상황이 발생하지 않는다고 가정해도 되는지를 판단해 적절한 방식으로 결정해야 합니다.

이 책의 4장까지 다루는 내용 전반에서 에러 핸들링이나 옵셔널한 상황의 값 처리 등에 관한 여러 관점을 제시합니다. 해당 부분을 모두 확인한 뒤 다시 이곳 내용을 살펴보면 더욱 도움이 될 것입니다.

2.2.3 함수 시그니처와 중첩된 함수들의 타입 추론

지금까지는 타입을 적용한 고차 함수를 하나씩만 실행했습니다. 타입을 잘 정의한 함수는 함수들을 중첩하여 평가할 때도 코드 전반에서 타입 추론을 원활하게 처리합니다. 고차 함수에 인자로 전달된 모든 함수의 인자 타입이 추론되므로 개발자는 직접 타입을 정의하지 않고도 안전한 코드를 작성할 수 있습니다.

코드 2-23 map + filter + forEach

```
function* naturals(end = Infinity): IterableIterator<number> {}
function forEach<A>(f: (a: A) => void, iterable: Iterable<A>): void {}
function* map<A, B>(f: (a: A) => B, iterable: Iterable<A>): IterableIterator<B> {}
function* filter<A>(f: (a: A) => boolean, iterable: Iterable<A>): IterableIterator<A> {}

function printNumber(n: number) {
  return console.log(n);
}
```

```
forEach(printNumber,
  map(n => n * 10,  // [n: number]
    filter(n => n % 2 === 1,  // [n: number]
      naturals(5))));

forEach(printNumber,
  filter(n => n % 2 === 1,  // [n: number]
    map(text => parseInt(text),  // [text: string]
      map(el => el.textContent!,  // [el: HTMLDivElement] [Node.textContent: string | null]
        document.querySelectorAll('div')))));
```

코드의 상단에서는 함수들의 시그니처를 정의해 타입 추론이 원활하도록 했고 실행부와 함께 살펴볼 수 있도록 구성했습니다. [코드 2-23]의 예시들은 주석에 표현된 것처럼 타입 추론이 잘 이루어지며 printNumber 함수에 number 타입의 인자를 전달하는 것으로 처리됩니다.

지금까지 함수형 고차 함수 또는 이터러블 헬퍼 함수에 타입 시스템을 적용하는 방법을 자세히 알아보았습니다. 이러한 개념을 활용하면 더욱 안전한 고차 함수를 만들 수 있으며 이러한 함수 세트를 잘 구성하면 안전하고 효율적이며 유연하고 생산성이 높은 함수형 프로그래밍을 구현할 수 있습니다.

2.3 멀티패러다임 언어와 메타프로그래밍 – LISP로부터

앞서 우리는 함수형 프로그래밍에서 자주 사용하는 고차 함수에 타입을 부여하여 다형성이 높으면서도 타입 안전한 함수를 구현하는 방법을 살펴보았습니다. 이 절에서는 이러한 고차 함수들에 클래스를 결합하고 이터러블 패턴을 적용함으로써 데이터 스트림을 한층 가독성 높게 처리하는 구조를 만들어봅니다. 이러한 패턴은 이미 많은 현대 언어의 표준 라이브러리에서 널리 활용되고 있으며 개발자가 데이터 흐름을 명확하고 직관적으로 표현하는 데 큰 도움을 줍니다.

이번 절의 예제들에서는 제네릭과 일급 함수, 클래스, 이터러블 프로토콜 등 다양한 언어 기능을 조합해 유연하고 확장성 높은 추상화를 구축하는 과정을 살펴봅니다. 이를 통해 메타프로그래밍에서 얻을 법한 코드 표현력의 향상, 런타임에서의 기능 변형을 구현하고 마치 언어 자체를 확장한 듯한 경험을 얻을 수 있습니다.

여기서 **메타프로그래밍**metaprogramming이란 프로그램이 자기 자신이나 다른 프로그램을 데이터처럼 바라보며 분석 · 변형 · 생성하거나 실행하는 프로그래밍 기법을 의미합니다. 프로그램이 코드를 데이터로 다루면서 동적으로 조작하고 확장하는 이러한 방식은 전통적인 LISP 계열 언어에서 극대화되었습니다. 이를 활용하면 코드 구조나 평가 과정을 직접 재정의하거나 매크로를 통해 언어 구문을 자유롭게 다룰 수 있습니다.

타입스크립트나 현대 멀티패러다임 언어들은 LISP 계열 언어만큼 메타프로그래밍을 직접 지원하지는 않지만 앞에서 살펴본 여러 언어적 기능을 전략적으로 결합하면 메타프로그래밍의 이점을 실용적으로 구현할 수 있습니다. 이 절에서는 LISP 계열 언어들에서나 가능해보였던 풍부한 추상화와 동적 변형을 멀티패러다임 언어에서 달성하는 방법과 전략을 탐구해봅니다.

2.3.1 Pipe Operator

그 전에 잠시 미래에 다녀오겠습니다. 아니 어쩌면 과거일 수도 있습니다. [코드 2-23]에서 가져온 다음 예제 코드처럼 오른쪽 아래에서 왼쪽 위 방향으로 읽어야 하는 코드는 익숙하지 않아 가독성이 떨어질 수 있습니다. LISP는 지연 평가와 메타프로그래밍 측면에서 탁월한 강점이 있으므로 개발자가 직접 pipe 함수를 만들어 이러한 문제를 해결할 수 있습니다.

또한 몇몇 언어에서는 이미 Pipe Operator를 지원하여 가독성 문제를 효과적으로 완화하고 있습니다. 다음 예제에서 Pipe Operator를 사용한 사례를 볼 수 있습니다.

코드 2-24 Pipe Operator

```
// [코드 2-23] 중...
forEach(printNumber,
  map(n => n * 10,
    filter(n => n % 2 === 1,
      naturals(5))));
// 10
// 30
// 50

// Pipe Operator (Stage 2)
naturals(5)
  |> filter(n => n % 2 === 1, %)
  |> map(n => n * 10, %)
  |> forEach(printNumber, %)
// 10
// 30
// 50
```

지금까지 작성한 고차 함수들의 인자 순서를 map(iterable, f)가 아닌 map(f, iterable)로 설계한 이유는 정통 함수형 언어들의 고차 함수 인자 순서를 따랐기 때문입니다. 이렇게 설계하면 map(f, iterable) 순서로 함수들을 중첩해서 표현하거나 Pipe Operator로 표현하거나 커링[currying]을 지원할 때 가독성을 높일 수 있습니다. 만일 map(iterable, f) 순서라면 다음과 같이 작성해야 합니다.

코드 2-25 인자 순서가 반대일 때

```
forEach(map(filter(naturals(5), n => n % 2 === 1), n => n * 10), printNumber);

naturals(5)
  |> filter(%, n => n % 2 === 1)
```

```
  |> map(%, n => n * 10)
  |> forEach(%, printNumber)
```

확실히 [코드 2-24]의 코드가 더 가독성이 좋습니다. Pipe Operator 코드는 괜찮은 편이지만 고차 함수의 첫 번째 인자 자리에 %가 있어서 시선을 방해합니다.

2.3.2 클래스와 고차 함수, 반복자, 타입 시스템을 조합하기

자바스크립트에 Pipe Operator가 도입될 가능성을 잠시 살펴보았지만 이를 마냥 기다릴 필요는 없습니다. 지금 바로 객체지향 패러다임의 클래스와 이터러블, 함수형 함수, 타입 시스템을 적절히 결합하여 가독성 문제를 해결해보겠습니다.

제네릭 클래스로 Iterable 확장하기

먼저 Iterable을 확장한 클래스를 만들기 위해 [코드 2-26]과 같은 제네릭 클래스를 만들었습니다. FxIterable〈A〉라고 작성하여 제네릭 클래스로 정의하고 내부적으로 iterable: Iterable〈A〉 프로퍼티를 갖도록 했습니다.

코드 2-26 FxIterable〈A〉 클래스 정의

```
class FxIterable<A> {
  private iterable: Iterable<A>;

  constructor(iterable: Iterable<A>) {
    this.iterable = iterable;
  }
}
```

[코드 2-27]에서는 private iterable: Iterable〈A〉와 같은 형태로 접근 제어자(private)를 생성자 매개변수에 직접 명시했습니다. 이를 통해 필드를 정의하는 코드와 값을 할당하는 코드를 생략하고도 iterable 필드가 클래스 내부에 자동으로 생성됩니다. 이 방법으로 클래스 정의를 간결하게 만들 수 있습니다.

코드 2-27 FxIterable⟨A⟩ 간결한 클래스 정의

```
class FxIterable<A> {
  constructor(private iterable: Iterable<A>) {}
}
```

FxIterable⟨A⟩의 타입 파라미터 A는 FxIterable 클래스의 인스턴스를 생성하는 시점에 전달하는 iterable 인자의 타입에 따라 결정됩니다. 이는 제네릭 함수의 타입 파라미터가 함수 호출 시점에 인자 타입에 따라 정해지는 방식과 유사합니다.

이제 이 제네릭 클래스에 다양한 고차 함수들을 메서드로 추가할 수 있습니다.

FxIterable⟨A⟩에 map 메서드 추가하기

다음으로 FxIterable 클래스에 map 메서드를 추가하고 이전에 작성한 map 함수를 활용하여 메서드를 구현해보겠습니다.

코드 2-28 FxIterable⟨A⟩에 map 메서드 추가

```
class FxIterable<A> {
  constructor(private iterable: Iterable<A>) {}

  map<B>(f: (a: A) => B): FxIterable<B> {
    return new FxIterable(map(a => f(a), this.iterable));
  }
}

const mapped = new FxIterable(['a', 'b'])
  .map(a => a.toUpperCase())
  .map(b => b + b);

// [const mapped: FxIterable<string>]
// [a: string]
// [b: string]
```

map 메서드는 this.iterable에 map(f)를 적용한 이터러블 이터레이터를 만든 후 FxIterable⟨B⟩를 생성하여 반환합니다. FxIterable 클래스의 인스턴스는 체이닝 방식으로 map을 연속적으로 실행할 수 있습니다.

이를 통해 코드를 위에서 아래로 읽을 수 있으며 제네릭을 잘 활용하여 타입 추론도 원활하게 됩니다. mapped는 FxIterable〈string〉의 인스턴스이고 a는 string입니다.

fx(iterable: Iterable〈A〉): FxIterable〈A〉로 간결하게 표현하기

코드에서 new FxIterable(['a', 'b']) 부분을 조금 더 간결하게 변경해보겠습니다. FxIterable의 인스턴스를 쉽게 생성하기 위한 헬퍼 함수 fx를 추가합니다.

코드 2-29 fx 헬퍼 함수 추가

```
function fx<A>(iterable: Iterable<A>): FxIterable<A> {
  return new FxIterable(iterable);
}

const mapped2 = fx(['a', 'b'])
  .map(a => a.toUpperCase())
  .map(b => b + b);

// [const mapped2: FxIterable<string>]
```

이제 더욱 간결하게 작성할 수 있으며 가독성도 향상되었습니다.

filter, forEach 메서드 만들기

이번에는 filter와 forEach 메서드를 추가해보겠습니다.

코드 2-30 FxIterable〈A〉에 filter, forEach 메서드 추가

```
class FxIterable<A> {
  constructor(private iterable: Iterable<A>) {}

  map<B>(f: (a: A) => B): FxIterable<B> {
    return new FxIterable(map(f, this.iterable));
  }

  filter(f: (a: A) => boolean): FxIterable<A> {
    return new FxIterable(filter(f, this.iterable));
  }

  forEach(f: (a: A) => void): void {
    return forEach(f, this.iterable);
```

```
  }
}
```

[코드 2-29]에서 정의한 fx 함수를 활용하면 FxIterable 내부 코드를 더 간결하게 표현할 수 있습니다.

코드 2-30a new FxIterable(...)도 fx(...)로 간결하게 변경

```
class FxIterable<A> {
  constructor(private iterable: Iterable<A>) {}

  map<B>(f: (a: A) => B): FxIterable<B> {
    return fx(map(f, this.iterable));
  }

  filter(f: (a: A) => boolean): FxIterable<A> {
    return fx(filter(f, this.iterable));
  }

  forEach(f: (a: A) => void): void {
    return forEach(f, this.iterable);
  }
}
```

이제 forEach로 순회하여 출력 효과를 만들 수 있습니다.

코드 2-31 map, forEach 사용 예제

```
fx(['a', 'b'])
  .map(a => a.toUpperCase())
  .map(a => a + a)
  .forEach(a => console.log(a));
// AA
// BB
```

이제 앞서 작성했었던 [코드 2-24]를 fx를 활용하여 작성해보겠습니다.

코드 2-32 naturals, filter, map, forEach

```
// 함수 중첩
forEach(printNumber,
  map(n => n * 10,
    filter(n => n % 2 === 1,
      naturals(5))));

// 파이프 오퍼레이터
naturals(5)
  |> filter(n => n % 2 === 1, %)
  |> map(n => n * 10, %)
  |> forEach(printNumber, %)

// 체이닝
fx(naturals(5))
  .filter(n => n % 2 === 1)
  .map(n => n * 10)
  .forEach(printNumber);
// 10
// 30
// 50
```

이제 꽤 완성된 모습입니다. 예제를 보면 함수 중첩과 파이프 오퍼레이터를 사용한 방식도 충분히 가독성이 있지만 체이닝 방식은 현대 언어의 접근 방식과 매우 유사하여 익숙하기도 할뿐더러 가독성이 뛰어납니다. 체이닝 방식은 연속적인 메서드 호출을 통해 데이터 변환 방식을 직관적으로 표현할 수 있으며 각 단계가 명확하게 드러나기 때문에 코드의 흐름을 쉽게 파악할 수 있습니다.

특히 자바스크립트의 Array 메서드 체이닝이나 자바의 스트림 API와 같이 이미 친숙한 패턴을 활용하기 때문에 개발자들이 쉽게 이해하고 사용할 수 있습니다. 이는 앞서 말했듯이 멀티패러다임 언어들에서 차용하고 있는 방식입니다.

또한 체이닝 방식은 사용할 수 있는 메서드를 IDE에서 힌트로 제공받을 수 있습니다. 따라서 개발자들이 코드를 작성할 때 더욱 편리하게 작업할 수 있는 장점도 있습니다.

reduce 메서드 만들기

이번에는 reduce 메서드를 추가해보겠습니다.

코드 2-33 FxIterable<A>에 reduce 메서드 추가

```
class FxIterable<A> {
  constructor(private iterable: Iterable<A>) {
  }

  // ... 메서드 생략 ...

  reduce<Acc>(f: (acc: Acc, a: A) => Acc, acc: Acc): Acc {
    return reduce(f, acc, this.iterable);
  }
}
```

이처럼 간단하게 추가할 수 있습니다. 다만 reduce는 앞서 구현한 것처럼 메서드 오버로드를 통해 두 가지 호출 방식을 지원해야 합니다. 타입스크립트에서 메서드 오버로드는 함수 오버로드와 동일한 방식으로 처리됩니다. 즉 함수나 메서드의 시그니처를 여러 개 정의하고 실제 구현은 하나만 제공하는 방식입니다.

코드 2-34 reduce 메서드 오버로드

```
class FxIterable<A> {
  constructor(private iterable: Iterable<A>) {}

  // ... 메서드 생략 ...

  reduce<Acc>(f: (acc: Acc, a: A) => Acc, acc: Acc): Acc;  // ❶
  reduce<Acc>(f: (a: A, b: A) => Acc): Acc;  // ❷
  reduce<Acc>(f: (a: Acc | A, b: A) => Acc, acc?: Acc): Acc {
    return acc === undefined
      ? reduce(f, this.iterable)  // ❸
      : reduce(f, acc, this.iterable);  // ❹
  }
}
```

메서드의 시그니처 부분(❶, ❷)과 구현 부분(❸, ❹)을 설명하면 다음과 같습니다.

- **❶ reduce<Acc>(f: (acc: Acc, a: A) => Acc, acc: Acc): Acc;**

  이 시그니처는 reduce 메서드가 초깃값 acc를 포함하여 호출될 때 사용되며 제네릭 타입 Acc를 사용하여 누적값의 타입을 정의합니다. 함수 f는 누적값 acc와 이터러블의 각 요소 a를 받아 새로운 누적값을 반환하는 함수입니다. A는 private Iterable<A>의 요소 타입입니다.

❷ **reduce<Acc>(f: (a: A, b: A) => Acc): Acc;**

이 시그니처는 reduce 메서드가 초깃값 없이 호출될 때 사용됩니다. 이때 이터러블의 첫 번째 요소가 초깃값으로 사용되고 A는 private Iterable<A>의 요소 타입입니다. 제네릭 타입 Acc는 누적값의 타입입니다.

❸ **acc가 undefined인 경우**

reduce(f, this.iterable)을 호출합니다. 이때 reduce 함수 내부에서 이터러블의 첫 번째 요소를 초깃값으로 처리합니다.

❹ **acc가 undefined가 아닌 경우**

reduce(f, acc, this.iterable)을 호출합니다. 이때는 명시된 acc가 초깃값으로 사용됩니다.

이제 reduce 메서드는 다음과 같이 초깃값이 있을 때와 없을 때 모두 유연하게 사용할 수 있습니다.

코드 2-35 reduce 메서드 사용 예제

```
// 초깃값이 없을 때
const num = fx(naturals(5))  // FxIterable<number> (1, 2, 3, 4, 5)
    .filter(n => n % 2 === 1)  // FxIterable<number> (1, 3, 5)
    .map(n => n * 10)  // FxIterable<number> (10, 30, 50)
    .reduce((a, b) => a + b);  // [a: number] [b: number]

console.log(num); // [num: number]
// 90

// 초깃값이 있을 때
const num2 = fx(naturals(5))  // FxIterable<number> (1, 2, 3, 4, 5)
    .filter(n => n % 2 === 1)  // FxIterable<number> (1, 3, 5)
    .map(n => n * 10)  // FxIterable<number> (10, 30, 50)
    .reduce((a, b) => a + b, 10); // [a: number] [b: number]

console.log(num2);  // [num2: number]
// 100
```

이로써 우리는 map, filter, reduce, forEach 메서드를 구현하여 체이닝을 활용한 가독성 좋고 안전하며 유지보수하기 쉬운 코드를 작성할 수 있게 되었습니다.

2.3.3 LISP(클로저)에서 배우기 – 코드가 데이터, 데이터가 코드

잠시 LISP에 대해 이야기하겠습니다. **LISP**는 독특한 문법과 철학을 바탕으로 프로그래밍 언어 역사에서 매우 중요한 위치를 차지하고 있습니다. LISP의 가장 큰 특징은 '코드가 데이터이고 데이터가 코드'라는 개념입니다. 이를 통해 프로그래밍 언어의 구문을 데이터 구조로 표현하고 조작할 수 있습니다.

결과적으로 프로그램이 동적으로 새로운 코드를 생성하고 실행할 수 있어 메타프로그래밍을 비롯한 다양한 고급 기법을 손쉽게 구현할 수 있습니다. 이러한 특성은 코드의 유연성과 확장성을 극대화할 수 있는 기반이 됩니다.

이번 절에서는 LISP 계열 언어인 클로저Clojure를 예로 들어 LISP의 기본 개념과 매크로, 메타프로그래밍 등에 대해 알아보겠습니다. 나아가 이러한 아이디어를 타입스크립트로 적용해보며 멀티패러다임 언어에 대한 관점을 확장해보겠습니다.

클로저

클로저는 리치 히키Rich Hickey가 2007년에 개발한 함수형 프로그래밍 언어로 LISP 계열에 속합니다. JVM 위에서 실행되며 현대적인 LISP 언어의 특성과 함께 자바의 강력한 라이브러리 생태계를 활용할 수 있습니다. 클로저는 불변성과 일급 함수를 강조하며 동시성 프로그래밍과 관련된 강력한 기능들을 지원하는 언어입니다. 또한 클로저는 코드와 데이터를 동일하게 취급합니다. 클로저의 이러한 특성은 메타프로그래밍을 가능하게 하며 코드의 유연성과 확장성을 높입니다.

클로저 시작하기 – S-표현식

LISP의 S-표현식은 리스트 형태의 구문 표현을 의미합니다. 이를 통해 코드와 데이터를 동일한 구조(리스트)로 다룰 수 있습니다. 이는 곧 코드 자체를 데이터로 조작할 수 있다는 이야기입니다. 예를 들어 (+ 1 2)는 LISP에서 숫자 1과 2를 더하는 코드이자 동시에 리스트 형태의 데이터입니다.

코드 2-36 실행될 코드가 곧 리스트

```
(+ 1 2)
```

[코드 2-36]은 두 수를 더하는 표현식인 동시에 다음과 같은 리스트 구조로 해석할 수 있습니다.

- 첫 번째 요소: 연산자(함수) +
- 나머지 요소: 피연산자 1과 2

LISP 계열 언어에서는 함수 호출이 리스트 구조로 이루어지며 리스트의 첫 번째 요소가 함수, 그 뒤 요소들이 함수에 전달할 인자입니다.

이해를 돕기 위해 이를 타입스크립트로 단순화해 표현하면 다음과 같습니다.

코드 2-37 리스트는 값

```
[add, 1, 2]
```

하나의 배열에 두 수를 더하는 add 함수와 나머지 요소인 1과 2가 담겨 있습니다. [add, 1, 2] 자체는 배열이고 데이터입니다. 이때 이 데이터를 평가하는 함수가 있다면 데이터를 코드로 만들어 평가할 수 있을 것입니다.

코드 2-37a 리스트를 평가하는 함수

```
type Evaluatable<A, B> = [(...args: A[]) => B, ...A[]]; // ❶

function evaluation<A, B>(expr: Evaluatable<A, B>) {  // ❷
  const [fn, ...args] = expr;
  return fn(...args);
}

const add = (a: number, b: number) => a + b;
const result: number = evaluation([add, 1, 2]);  // ❸
console.log(result);  // 3
```

[코드 2-37a]는 타입스크립트로 함수를 호출하는 과정을 리스트 형태의 데이터로 표현하고 이를 평가하는 방식으로 LISP의 '코드가 데이터'라는 개념 일부를 설명하는 코드입니다.

❶ **Evaluatable<A, B> 타입 정의**

첫 번째 요소는 함수 타입((...args: A[]) => B)이며 그 뒤로 함수의 인자에 해당하는 값들이 이어지는 형태를 정의했습니다. [add, 1, 2]는 함수 add와 그에 전달할 인자 1, 2를 담은 배열 구조를 타입으로 명확히 표현한 것입니다.

❷ **evaluation 함수**

evaluation 함수는 Evaluatable<A, B> 타입의 값을 입력받습니다. 구조 분해 할당을 이용해 첫 번째 요소를 함수(fn), 나머지 요소들을 인자 배열(args)로 추출합니다. 이어서 fn(...args)를 호출해 그 결과를 반환합니다. 이는 리스트 형태로 표현된 '코드'를 실제 함수 호출로 '평가'하는 과정입니다.

❸ **사용 예제**

add 함수는 두 수를 더하는 단순한 함수입니다. [add, 1, 2]라는 배열은 'add 함수를 인자 1과 2로 호출한다'는 의미를 갖는 데이터 구조입니다. 이를 evaluation([add, 1, 2])로 평가하면 내부적으로 add(1, 2)가 실행되어 결과 3을 반환합니다.

이로써 데이터(배열)로 표현된 코드(함수 호출)를 evaluation 함수를 통해 실제로 실행해볼 수 있습니다.

이 타입스크립트 예제는 런타임 시점에만 코드 구조를 데이터로 활용합니다. 반면 LISP는 컴파일 타임에도 코드를 데이터로 다룰 수 있습니다. 따라서 코드 자체를 변환하고 최종적으로 런타임에 실행될 코드를 재구성하는 등 더욱 강력한 조작 능력을 갖추고 있습니다. 이에 대한 자세한 내용은 이후에 다시 살펴보겠습니다.

2.3.4 클로저에서 map이 실행될 때

다음 코드는 리스트의 각 요소에 10을 더한 값을 반환하는 예입니다.

코드 2-38 map 사용 예제

```
(map #(+ % 10) [1 2 3 4])
```

이 코드는 다음과 같이 동작합니다.

- 첫 번째 요소: 함수 map
- 두 번째 요소: 익명 함수 #(+ % 10) ← 현재 요소에 10을 더하는 함수
- 세 번째 요소: 벡터 [1 2 3 4] ← 클로저에서 []는 벡터, ()는 리스트를 의미

map 함수는 주어진 함수 #(+ % 10)를 벡터의 각 요소에 적용한 결과를 반환합니다. 이를 평가하면 결과는 (11 12 13 14)라는 리스트 형태의 지연 시퀀스가 됩니다. 다만 아직 어디에도 소비되지 않았으므로 실제로 값이 필요할 때 평가가 완료됩니다.

#(+ % 10)은 리더 매크로에 의해 (fn [x] (+ x 10)) 형태의 익명 함수로 확장됩니다. 클로저에서는 함수 정의도 리스트 형태로 표현하므로 함수 정의 구문 자체를 '코드이자 데이터 구조'로 다룰 수 있습니다. 여기서 **리더 매크로**란 클로저와 같은 언어가 소스 코드를 읽는reader 단계에서 특정 기호나 패턴을 미리 정해진 형태의 다른 코드로 치환하는 기능을 말합니다.

앞에서부터 두 개의 값 꺼내기

다음 코드는 let과 구조 분해를 통해 map의 결과에서 앞의 두 값을 추출하여 출력하는 예입니다.

코드 2-39 let과 구조 분해

```
(let [[first second] (map #(+ % 10) [1 2 3 4])]
  (println first second))
;; 11 12
```

(map #(+ % 10) [1 2 3 4])를 통해 (11 12 13 14) 형태의 지연 시퀀스가 생성됩니다. let에서 [first second]로 구조를 분해하면 처음 두 요소(11과 12)를 추출하면서 필요한 부분만 평가합니다. map은 지연 평가되므로 실제로 필요할 때만 요소를 계산합니다. println을 통해 first와 second 값을 출력하면 결과는 11 12입니다. 참고로 ;;는 클로저의 주석 문법입니다.

LISP 계열 언어에서는 코드가 리스트 형태로 표현되며 리스트는 평가되기 전까지는 단순한 데이터 구조에 불과합니다. 평가 과정이 시작되면 이 리스트는 실제 함수 호출이나 로직으로 해석되어 실행됩니다. 예를 들어 #(+ % 10)에 의해 만들어지는 (fn [x] (+ x 10))이라는 익명 함수 역시 아직 평가되지 않은 '구문(코드)'이자 리스트 형태로 구성된 '값'입니다.

이러한 값이 (map f list)와 같은 또 다른 리스트 구조의 코드와 결합되는 과정에서 클로저는 필요한 시점까지 평가를 지연시킵니다. 그리고 마침내 평가가 필요한 순간이 되면 중첩된 리스트들의 조합을 실제 로직으로 완성하고 실행합니다. 이처럼 코드와 데이터를 동일한 형태로 다루며 필요할 때 점진적으로 평가하는 것이 LISP 계열 언어의 특징이자 핵심적인 강점 중 하나입니다.

2.3.5 멀티패러다임 언어에서 사용자가 만든 코드이자 클래스를 리스트로 만들기

클로저로 만든 [코드 2-39]와 동일한 시간 복잡도(지연 평가 지원)를 가지면서 동일한 표현력을 가지도록 FxIterable 클래스를 확장해보겠습니다. FxIterable을 어떻게 변경해야 할까요? let과 [first second]와 같이 구조 분해 할당을 할 수 있도록 FxIterable을 Array로 변환하는 메서드를 만들어야 할까요? 일단 코드를 작성해보겠습니다.

코드 2-40 toArray() 메서드 추가

```
class FxIterable<A> {
  constructor(private iterable: Iterable<A>) {}

  // ... 메서드 생략 ...

  toArray(): A[] {  // ❶
    return [...this.iterable];
  }
}

const [first, second] = fx([1, 2, 3, 4]).map(a => a + 10).toArray();  // ❷
console.log(first, second);  // 11 12 ❸
```

이 코드는 다음과 같이 동작합니다.

❶ 추가한 toArray() 메서드는 내부 이터러블을 배열로 변환하여 반환합니다. return [...this.iterable]; 문장을 통해 이터러블 객체를 전개 연산자를 사용해 배열로 변환합니다.

❷ fx 함수는 FxIterable 인스턴스를 생성합니다. map() 메서드를 사용하여 각 요소에 10을 더한 후 toArray() 메서드를 통해 변환된 배열을 반환합니다.

❸ 구조 분해 할당을 통해 배열의 첫 번째와 두 번째 값을 first와 second 변수에 바인딩하면 출력 결과는 11과 12가 됩니다.

원하는 결과는 얻었지만 map(...) 뒤에 .toArray()라는 코드가 추가된 점과 toArray()를 할 때 모든 요소를 평가하여 길이가 4인 배열이 만들어지는 점이 [코드 2-39]와 비교하여 아쉬운 점입니다.

이 문제를 어떻게 해결할 수 있을까요? 우리는 이미 답을 알고 있습니다. FxIterable 클래스를 다음과 같이 확장하면 FxIterable을 LISP가 추구하는 리스트로 만들 수 있습니다. 바로

FxIterable을 지금까지 계속 다뤘던 이터레이션 프로토콜을 따르는 값으로 만드는 것입니다.

코드 2-41 LISP의 리스트 같은 이터러블

```
class FxIterable<A> {
  constructor(private iterable: Iterable<A>) {}

  [Symbol.iterator]() {
    return this.iterable[Symbol.iterator]();
  }

  // ... 메서드 생략 ...
}

const [first, second] = fx([1, 2, 3, 4]).map(a => a + 10);
console.log(first, second); // 11 12
```

이 문제를 해결하는 데는 FxIterable을 이터러블로 만드는 것만으로 충분합니다. FxIterable 클래스에 [Symbol.iterator]() 메서드를 구현하여 this.iterable을 이터레이터로 변환하여 반환합니다. 그러면 toArray() 메서드 없이도 first와 second 값을 추출할 수 있습니다. 따라서 두 값을 추출하기 위해 10을 더하는 연산이 단 두 번만 실행됩니다.

2.3.6 LISP의 확장성 – 매크로와 메타프로그래밍

다시 LISP로 돌아와 생각해봅시다. 아직 평가되지 않은 상태에서 10을 더할 리스트가 있다면 여기에 동적으로 다른 코드를 추가할 수 있습니다. 예를 들어 홀수만 제거한다거나 특정 요소를 제외하는 등의 새 기능을 얼마든지 붙일 수 있습니다.

개발자가 특정 로직으로 요소를 제거하는 함수를 만들고 이를 리스트의 첫 번째 요소로 둔다면, 그 리스트는 마치 새로운 연산자와 함수로 구성된 코드처럼 동작합니다. 이러한 과정을 통해 개발자가 스스로 언어의 기능을 확장하고 let과 같은 기존 언어 기능과 자연스럽게 연계할 수 있습니다.

다음은 reject라는 함수를 직접 정의하여 기존 언어에 없던 연산을 클로저에 추가하는 예입니다.

코드 2-42 reject 함수 적용

```
(defn reject [pred coll]  // ❶
  (filter (complement pred) coll))

(let [[first second] (reject odd? (map #(+ % 10) [1 2 3 4 5 6]))]  // ❷
  (println first second))  // ❸
;; 12 14  // ❹
```

[코드 2-42]는 다음과 같이 동작합니다.

❶ reject 함수는 pred 조건을 만족하지 않는 요소들만 남기기 위해 filter와 complement를 사용합니다.

❷ 3행의 코드를 오른쪽 끝부터 살펴보면 (map #(+ % 10) [1 2 3 4 5 6])은 각각에 10을 더해 (11 12 13 14 15 16)을 생성합니다. reject odd?는 홀수인 요소를 제거하므로 (12 14 16)을 반환합니다. let에서 [first second] 구조 분해를 통해 (12 14 16) 중 처음 두 요소를 first와 second에 바인딩합니다.

❸ println을 통해 first와 second 값을 출력하면 ❹ 12 14를 결과로 확인할 수 있습니다.

예제에서는 개발자가 원하는 로직을 직접 함수로 정의하여 언어 기능에 자연스럽게 통합합니다. 또한 코드 평가를 지연시키는 LISP의 특성 덕분에 이를 유연하게 확장할 수 있음을 보여줍니다.

매크로

LISP 계열 언어에서 매크로는 단순한 텍스트 치환이 아니라 **코드(리스트 형태)를 입력받아 코드(리스트 형태)를 반환하는 하나의 함수**라 할 수 있습니다. 매크로는 **컴파일 타임**에 작동하여 코드가 아직 실행되지 않은 '구문' 상태일 때 원하는 형태로 재구성합니다. 이를 통해 최종적으로 실행될 코드를 유연하게 동적으로 만들어내고 원하는 새로운 문법이나 기능을 언어에 손쉽게 추가할 수도 있습니다.

여기서는 유명한 예제인 unless 매크로를 예로 들어보겠습니다.

코드 2-43 unless 매크로

```
(defmacro unless [test body]
  `(if (not ~test) ~body nil))
```

코드의 unless 정의를 보면 test와 body는 매크로에게 전달되는 '코드 형태의 인자'입니다. 함수 호출에서는 인자들이 먼저 평가된 뒤 함수에 전달되지만 매크로에서는 인자들이 평가되지 않은 '원본 코드 형태'로 주어집니다. 이 말은 unless 매크로가 test와 body를 마치 함수의 인자처럼 받되, 그 값을 실행하지 않고 코드 구조(리스트) 자체로 취급한다는 의미입니다.

예를 들어 다음 코드를 살펴봅시다.

코드 2-44 unless 매크로 사용 예제

```
(unless false
  (println "조건이 거짓이므로 이 문장은 실행됩니다."))
```

여기서 false는 [코드 2-43]의 unless 매크로에서 test 인자로, (println "조건이 거짓이므로 이 문장은 실행됩니다.")는 body 인자로 전달됩니다. 이때 이들은 평가되지 않은 코드 조각(리스트) 형태 그대로 매크로에 넘어갑니다. 그리고 unless 매크로는 이 코드 조각들을 활용해 컴파일 타임에 다음과 같은 새로운 코드를 생성합니다.

코드 2-45 unless 매크로 변환 후 실제로 실행될 코드

```
(if (not false)
  (println "조건이 거짓이므로 이 문장은 실행됩니다.")
  nil)
```

결국 unless 매크로는 test와 body라는 코드를 입력받아 최종적으로 실행될 새로운 코드 조각을 반환하는 코드 변환기입니다. 컴파일러는 반환된 코드를 실제 실행 코드로 사용하게 되므로 매크로를 통해 언어가 제공하지 않는 새로운 구문이나 기능을 마음껏 만들어낼 수 있습니다.

정리하자면 test와 body는 매크로에 전달되는 '코드 조각'이며 unless 매크로는 코드 조각들을 재구성하여 컴파일 타임에 새로운 코드를 '뱉어내는' 역할을 합니다. 이로써 개발자는 자신의 언어 확장 도구를 손쉽게 확보할 수 있습니다. 이는 LISP 계열 언어가 지닌 강력한 메타프로그래밍 능력 중 하나입니다.

->> 매크로

이번에는 reject 함수를 적용한 코드를 파이프라인 형태로 표현해보겠습니다. 클로저에서는 파이프라인 형태의 코드를 표현하기 위해 ->> 매크로를 사용합니다.

코드 2-46 파이프라인으로 표현

```
(let [[first second] (->> [1 2 3 4 5 6] // ❶, ❹
                          (map #(+ % 10))  // ❷
                          (reject odd?))]  // ❸
  (println first second))  // ❺
;; 12 14  // ❻
```

이 코드는 다음과 같이 동작합니다.

❶ ->> 매크로는 첫 번째 인자로 받은 [1 2 3 4 5 6]을 그다음 함수의 마지막 인자로 전달합니다.

❷ map #(+ % 10)은 [1 2 3 4 5 6]의 각 요소에 10을 더하여 (11 12 13 14 15 16)을 생성합니다.

❸ reject odd?는 map의 결과 리스트에서 홀수를 제거하여 (12 14 16)을 반환합니다.

❹ let을 사용하여 [first second]에 리스트의 처음 두 값을 바인딩합니다.

❺ println을 사용하여 first와 second 값을 출력하면 ❻ 결과는 12 14가 됩니다.

이 예제는 파이프라인 매크로를 사용하여 코드의 가독성을 높이는 방법을 보여줍니다.

클로저에서는 unless나 ->>와 같은 매크로를 개발자가 직접 정의할 수 있으며 특수 문자나 기호를 활용한 표현도 가능합니다. 이를 통해 ->>와 같은 새로운 구문을 언어에 손쉽게 추가할 수 있고 쉼표 없이 괄호만 사용하는 S-표현식과 결합하여 더욱 간결한 코드를 만들어낼 수 있습니다. 이러한 강력한 확장성과 유연성은 프로그램의 구문을 데이터 구조로 표현하고 이를 지연된 값처럼 다룰 수 있는 LISP 계열 언어의 특성 덕분입니다.

reject 메서드를 FxIterable에 추가하기

클로저에서 reject 함수를 사용하는 예제와 동일하게 동작하는 reject 메서드를 FxIterable 클래스에 추가하고 체이닝으로 표현하는 예제를 만들어보겠습니다.

코드 2-47 FxIterable 클래스에 reject 메서드 추가

```
class FxIterable<A> {
  constructor(private iterable: Iterable<A>) {}

  [Symbol.iterator]() {
    return this.iterable[Symbol.iterator]();
  }

  // ... 메서드 생략 ...
```

```
  reject(f: (a: A) => boolean): FxIterable<A> {
    return this.filter(a => !f(a));
  }
}

const isOdd = (a: number) => a % 2 === 1;
```

사용 예는 다음과 같습니다.

코드 2-48 FxIterable 체이닝과 구조 분해 할당

```
const [first, second] = fx([1, 2, 3, 4, 5, 6])
  .map(a => a + 10)
  .reject(isOdd);

console.log(first, second);
// 12 14
```

이 코드를 앞서 클로저에서 파이프라인과 구조 분해 할당을 사용한 [코드 2-46]과 비교해봅시다.

코드 2-46 다시 보기: 클로저 파이프라인과 구조 분해 할당

```
(let [[first second] (->> [1 2 3 4 5 6]
                          (map #(+ % 10))
                          (reject odd?))]
  (println first second))
;; 12 14
```

두 예제 모두 같은 프로그래밍 패러다임과 철학을 공유하며 이를 통해 본질적으로 동일한 의미와 가치를 구현하고 있습니다.

코드, 객체, 함수가 협력하여 구현한 언어의 확장

우리는 명령형 문법인 구조 분해 할당destructuring assignment syntax, 객체지향 디자인 패턴인 메서드 체이닝 패턴method chaining pattern 그리고 함수형 고차 함수higher-order functions가 이터레이션 프로토콜을 매개로 긴밀하게 협력하여 마치 언어를 확장한 것 같은 높은 수준의 추상화와 유연성을 확보하는 과정을 살펴보았습니다.

코드 2-48a FxIterable 체이닝과 구조 분해 할당

```
const [first, second] = fx([1, 2, 3, 4, 5, 6])
  .map(a => a + 10)
  .reject(isOdd);
```

위 예제 코드를 다음과 같이 분류하여 각각의 역할을 해석할 수 있습니다.

- 구조 분해 할당: const [first, second]
- 객체지향 메서드 체이닝 패턴: fx().map().reject()
- 함수형 고차 함수와 LISP: map = (f: (a: A) => B, iterable: Iterable<A>) => Iterable<B>

[코드 2-48a]는 이 외에도 명령형 코드인 제너레이터, 객체지향 패턴인 이터레이터, 일급 함수, 클래스, 제네릭과 타입 추론 등의 개념과 기능들이 서로 상호작용하며 많은 가치와 가능성을 담아내고 있습니다.

또한 이 코드는 특정 도메인이나 문제를 해결하는 구현체가 아니라 어디에서나 사용될 수 있는 범용적인 언어의 면모를 보여줍니다. 기존 언어의 설계나 철학에서 벗어나지 않았기 때문에 언어의 컴파일 타임 타입 처리와 런타임 에러 처리와도 잘 맞물리며 앞으로 출시될 언어의 신규 기능들과도 문제없이 상호작용할 것입니다.

결론적으로 이 코드는 멀티패러다임적으로 구현되었으며 동시에 멀티패러다임 언어가 지원할 모든 기능과 상호작용이 가능할 범용적인 코드입니다.

2.3.7 런타임에서 동적으로 기능 확장하기

to로 확장하고 객체지향적인 객체와 호흡하기

앞서 우리는 FxIterable에 toArray()를 만들었습니다. 그러고 나서 FxIterable을 이터러블로 만들었습니다. FxIterable이 이터러블이기 때문에 전개 연산자를 써서 Array로 변환할 수 있어 toArray()가 반드시 필요한 건 아닙니다. 하지만 toArray()를 이용해서 Array로 변환하면 체이닝을 이어갈 수 있다는 특징이 있습니다. 따라서 toArray()를 사용하는 것이 적합한 상황도 있습니다.

코드 2-49 toArray() 체이닝

```
const sorted = fx([5, 2, 3, 1, 4, 5, 3])
  .filter(n => n % 2 === 1)
  .map(n => n * 10)
  .toArray()                           // Array<number>로 변환
  .sort((a, b) => a - b);              // Array.prototype.sort로 오름차순으로 정렬

console.log(sorted);
// [10, 30, 30, 50, 50]

const sorted2 = [...fx([5, 2, 3, 1, 4, 5, 3])
  .filter(n => n % 2 === 1)
  .map(n => n * 10)
]
  .sort((a, b) => a - b);

console.log(sorted2);
// [10, 30, 30, 50, 50]
```

sorted는 toArray() 메서드를 사용하여 FxIterable 객체를 배열로 변환한 후 배열의 sort 메서드를 사용하여 요소를 정렬합니다. 반면 sorted2는 가독성을 비교하기 위해 전개 연산자를 사용했는데 대괄호와 괄호가 중첩되면서 가독성이 떨어지는 면이 있습니다. 코드의 흐름이 map까지 진행되었다가 다시 전개 연산자의 시작 부분으로 올라가고 이후 대괄호가 닫히는 부분으로 돌아가 sort를 보게 되기 때문입니다. 반면 메서드 체이닝은 순차적으로 읽히고 동작하기 때문에 가독성이 더 좋습니다.

다음은 개발자가 필요할 때 toArray처럼 FxIterable을 다른 타입으로 만드는 메서드를 동적으로 확장할 수 있도록 to라는 메서드를 제공하는 예입니다.

코드 2-50 동적으로 컨버터 생성을 가능하게 하는 to 메서드

```
class FxIterable<A> {
  constructor(private iterable: Iterable<A>) {}

  [Symbol.iterator](): Iterator<A> {
    return this.iterable[Symbol.iterator]();
  }

  // ... 메서드 생략 ...
```

```
  to<R>(converter: (iterable: Iterable<A>) => R): R {
    return converter(this.iterable);
  }
}

const sorted = fx([5, 2, 3, 1, 4, 5, 3])
  .filter(n => n % 2 === 1)
  .map(n => n * 10)
  .to(iterable => [...iterable])  // iterable을 받아 전개 연산자로 배열로 변환
  .sort((a, b) => a - b);         // [Array<number>.sort(compareFn?: ...): number[]]

console.log(sorted);              // const sorted: number[]
// [10, 30, 30, 50, 50]
```

Array로 변환하고 타입도 Array로 잘 추론되어 메서드 체이닝을 안전하게 이어갔으며 배열을 정렬하는 고차 함수 sort의 compareFn의 인자 타입도 number로 잘 추론되고 있습니다.

사실 FxIterable은 자체로 곧 Iterable이므로 다음과 같이 this만을 넘기도록 구현해도 동일하게 동작합니다.

코드 2-51 this로 변경

```
class FxIterable<A> {
  constructor(private iterable: Iterable<A>) {}

  [Symbol.iterator](): Iterator<A> {
    return this.iterable[Symbol.iterator]();
  }

  // ... 메서드 생략 ...

  filter(f: (a: A) => boolean) {
    return fx(filter(f, this)); // <-- return fx(filter(f, this.iterable));
  }

  toArray() {
    return [...this]; // <-- return [...this.iterable];
  }

  to<R>(converter: (iterable: this) => R): R {
    return converter(this); // <-- return converter(this.iterable);
  }
```

```
}

const sorted = fx([5, 2, 3, 1, 4, 5, 3])
  .filter(n => n % 2 === 1)
  .map(n => n * 10)
  .to(iterable => [...iterable])  // iterable인 this를 받아 전개 연산자로 배열로 변환
  .sort((a, b) => a - b);         // [a: number] [b: number]

console.log(sorted);              // const sorted: number[]
// [10, 30, 30, 50, 50]
```

converter 함수의 인자 타입도 this로 표현하여 처리했으며 converter에 전달한 값 역시 자기 자신인 이터러블입니다. 이렇게 작성하면 코드가 간결해지는 동시에 타입 추론 역시 잘 작동하므로 메서드 체이닝을 안전하게 사용할 수 있습니다.

to 메서드를 이용하면 배열이 아닌 값으로도 변환하여 메서드 체이닝을 이어갈 수 있습니다.

코드 2-52 Set으로 변환

```
const set = fx([5, 2, 3, 1, 4, 5, 3])
  .filter(n => n % 2 === 1)
  .map(n => n * 10)                  // [50, 30, 10, 50, 30]
  .to(iterable => new Set(iterable)); // Set으로 만들어지면서 중복된 요소 제거

console.log(set);
// Set(3) {50, 30, 10}

const size = fx([5, 2, 3, 1, 4, 5, 3])
  .filter(n => n % 2 === 1)
  .map(n => n * 10)
  .to(iterable => new Set(iterable))
  .add(10)                          // [Set<number>.add(value: number): Set<number>]
  .add(20)
  .size;                            // set.size

console.log(size);                  // [size: number]
// 4
```

이처럼 Set으로 변환할 수 있으며 Set의 add 메서드와 size를 사용하여 4를 출력했습니다. 이 과정에서 타입 추론이 정확하게 이루어져 코드 힌트를 얻으며 안전하게 체이닝을 이어갈 수 있습니다.

이제 to 메서드를 이용하여 어떤 타입으로든 변환하는 기능을 FxIterable에 런타임에서 동적으로 추가할 수 있으며 타입 추론도 잘 지원됩니다. 이를 통해 내장 객체뿐만 아니라 사용자 정의 객체와도 함께 동작할 수 있습니다.

Set의 집합 메서드와 함께 사용하기

자바스크립트의 Set은 집합 메서드들을 지원하므로 다음과 같이 객체지향적인 객체와 이터레이션 프로토콜을 조화롭게 결합해 멀티패러다임적으로 활용할 수 있습니다.

코드 2-53 Set.prototype.difference

```
const set = fx([5, 2, 3, 1, 4, 5, 3])
  .filter(n => n % 2 === 1)
  .map(n => n * 10)
  .to(iterable => new Set(iterable))  // Set으로 변환, 중복 요소 제거: Set {50, 30, 10}
  .difference(new Set([10, 20]));     // Set에서 [10, 20]과의 차집합: Set {50, 30}

console.log([...set]);
// [50, 30]
```

예제에서는 주어진 배열에서 홀수를 필터링하고 각 요소에 10을 곱한 뒤 중복된 값을 제거한 Set을 생성합니다. 이후 다른 Set과 차집합을 구하여 최종 결과를 배열로 변환해 출력합니다.

다만 이 책을 쓰는 시점 기준으로 difference() 메서드가 최신 브라우저에서만 지원되므로, 실제 코드를 실행하려면 자바스크립트를 이용해 테스트해야 할 수 있습니다.

chain으로 확장하기

FxIterable의 활용 폭을 한층 넓히기 위해 to와 유사한 개념의 또 다른 메서드를 추가해보겠습니다. 이번에는 iterable을 반환하는 함수를 인자로 받아 그 결과를 다시 FxIterable로 이어갈 수 있는 chain 메서드를 도입합니다. 이렇게 하면 동적으로 생성된 이터러블을 바로 체이닝에 포함시켜 다양한 변환을 유연하게 적용할 수 있습니다.

코드 2-54 FxIterable 클래스에 chain 메서드 추가

```
class FxIterable<A> {
  constructor(private iterable: Iterable<A>) {}
```

```
  [Symbol.iterator](): Iterator<A> {
    return this.iterable[Symbol.iterator]();
  }

  // ... 메서드 생략 ...

  chain<B>(f: (iterable: this) => Iterable<B>): FxIterable<B> {
    return fx(f(this));  // new FxIterable(f(this));
  }
}
```

chain을 활용하면 이터러블을 받아 이터러블을 반환하는 어떤 함수든지 동적으로 만들어 FxIterable을 런타임에 확장할 수 있습니다.

코드 2-55 chain + Set

```
const result = fx([5, 2, 3, 1, 4, 5, 3])
  .filter(n => n % 2 === 1)
  .map(n => n * 10)                       // [50, 30, 10, 50, 30]
  .chain(iterable => new Set(iterable))  // Set으로 중복 제거, Set도 이터러블
  .reduce((a, b) => a + b);  // [FxIterable<number>.reduce<number>(f: ...): number]

console.log(result);  // [result: number]
// 90

const result2 = fx([5, 2, 3, 1, 4, 5, 3])
  .filter(n => n % 2 === 1)
  .map(n => n * 10)                       // [50, 30, 10, 50, 30]
  .chain(iterable => new Set(iterable))  // Set으로 중복 제거, Set도 이터러블
  .map(n => n - 10)  // [FxIterable<number>.map<number>(f: ...): FxIterable<number>]
  .reduce((a, b) => `${a}, ${b}`);  // [FxIterable<number>.reduce<string>(f: ...): string]

console.log(result2);  // [result2: string]
// 40, 20, 0
```

지금까지 클래스와 고차 함수, 반복자, 타입 시스템을 조합하고 언어와 긴밀히 호흡하며 FxIterable을 더욱 유연하게 확장하는 방법을 살펴보았습니다.

chain 메서드를 추가함으로써 이터러블을 반환하는 함수를 동적으로 적용하거나 컬렉션을 다른 자료구조(예: Set)로 변환한 뒤 다시 체이닝을 이어갈 수 있게 되었습니다. 이를 통해

FxIterable은 언어와 자연스럽게 어우러져 타입 안전한 메서드 체이닝을 제공하고 구조 분해 할당 등의 언어 기능과도 매끄럽게 연동할 수 있음을 확인했습니다.

또한 타입스크립트의 타입 시스템을 효과적으로 활용하여 타입 추론이 원활하게 이뤄지도록 설계했기 때문에 별도의 타입 명시 없이도 안전하게 값 변환 과정과 체이닝을 이어갈 수 있습니다.

2.3.8 언어를 확장하는 즐거움

개발자가 언어를 즉시 확장할 수 있다는 점, 바로 이것이 메타프로그래밍이 갖는 가장 매력적인 특징입니다. 객체지향 기반의 언어가 LISP 계열 언어의 메타프로그래밍 수준에 한 걸음 다가갈 수 있었던 중요한 전환점이 바로 일급 함수의 도입이었다고 생각합니다.

과거에도 인터페이스와 반복자 패턴을 활용할 수는 있었습니다. 하지만 반복자 내부에서 외부 함수를 직접 받아 실행할 수 있는 일급 함수가 없었다면 함수형 패러다임의 다양한 함수를 구현할 수 없었을 것입니다.

현대 프로그래밍 언어에서 일급 함수가 도입된 것은 비교적 최근의 일입니다. 예컨대 2013년 전후로 모바일 앱 개발에 주로 사용되던 Objective-C(iOS)와 자바(안드로이드) 모두 일급 함수를 지원하지 않았습니다. 이후 2014년 3월에 출시된 자바 8에서 일급 함수가 도입되었지만 Objective-C는 끝내 이를 지원하지 않았습니다.

Objective-C에서는 2010년 즈음 블록[block]이라는 유사 기능을 지원했습니다. 그러나 이는 람다 표현식과는 거리가 있었으며 변수 캡처 문법이 복잡하고 메모리를 직접 관리해야 했습니다. 또한 표준 라이브러리나 언어의 타입 시스템과도 온전히 통합되지 않아 주로 비동기 프로그래밍에서 컨텍스트를 공유하는 용도로만 제한적으로 쓰였습니다.

다양한 언어에서 일급 함수와 이터레이션 관련 기능을 도입한 과정은 다음과 같습니다.

- 자바는 2014년 자바 8에서 일급 함수와 스트림 API를 도입했습니다.
- 스위프트는 2014년 첫 출시부터 Sequence, Iterator 프로토콜, 일급 함수를 지원했습니다.
- 자바스크립트와 타입스크립트는 2015년 ES6부터 이터레이터와 제너레이터를 포함시켰습니다.
- 코틀린은 2016년 초기 릴리즈부터 일급 함수와 Iterable 인터페이스 기반 이터레이션을 제공했습니다.

- C#은 초기부터 IEnumerable 및 IEnumerator 인터페이스를 제공했으며 2007년 LINQ 도입으로 다양한 헬퍼 함수를 지원하기 시작했습니다.

정리하자면 클래스 기반 반복자 패턴에 최근 일급 함수가 결합되면서 다양한 언어들이 멀티패러다임 언어로 진화했습니다. 또한 이터레이션 프로토콜의 도입으로 일관되고 표준화된 방식으로 언어 기능을 확장할 수 있게 되었습니다. 그 결과로 개발자는 언어 스펙이나 컴파일러를 변경하지 않고도 클래스와 함수형 고차 함수, 객체지향 패턴, 제네릭, 커링, 이터러블 프로토콜 등을 유기적으로 결합하여 고도화된 추상화와 언어 확장 효과를 얻을 수 있습니다.

물론 타입스크립트, 스위프트, 코틀린, C#, 자바 등이 LISP 계열 언어의 메타프로그래밍과 동일한 범위나 강도를 제공하지는 않지만 충분히 풍부하고 높은 수준의 추상화를 구현할 수 있습니다. 게다가 이들 현대 언어들은 강력한 타입 시스템과 다양한 객체지향 프로그래밍 지원 기능을 제공하여 더욱 패턴화된 설계와 구현을 가능하게 하며 다양한 플랫폼에서 폭넓게 활용되는 주류 언어로 자리 잡았습니다.

결과적으로 현대 멀티패러다임 언어들이 제공하는 다양한 기능을 깊이 이해하고 전략적으로 활용하는 능력은 개발자에게 강력한 무기가 됩니다. 탄탄한 기본기를 바탕으로 다양한 문제에 접근할 때 개발자는 더욱 창의적인 응용력을 발휘하여 문제를 효과적이고 확장성 있게 해결할 수 있을 것입니다.

2.4 요약 정리

타입스크립트의 타입 추론과 함수 타입

타입스크립트는 자바스크립트에 타입 시스템을 추가함으로써 코드의 안정성과 가독성을 높입니다. 타입 추론 기능으로 명시적인 타입 선언 없이도 안전한 코드를 작성할 수 있으며 변수와 함수의 반환 타입을 자동으로 추론합니다. 예를 들어 let a = 10;에서는 a가 number로 추론되고 (a: number, b: number) =〉 a + b;와 같은 함수에서는 반환 타입이 자동으로 number로 결정됩니다.

변수와 상수의 타입 추론

변수와 상수를 초기화할 때 타입스크립트는 해당 값으로부터 타입을 추론합니다. const selected = true;를 선언하면 selected는 true라는 리터럴 타입으로, let checked = true;를 선언하면 checked는 boolean 타입으로 추론됩니다.

제네릭을 통한 타입 추론

제네릭 함수는 다양한 타입에 대응할 수 있는 다형적인 함수를 구현하는 데 활용됩니다. 예를 들어 function identity〈T〉(arg: T): T;와 같은 제네릭 함수는 인자의 타입에 따라 반환 타입을 유연하게 결정합니다.

함수 타입과 제네릭

타입스크립트는 함수형 프로그래밍을 지원하기 위해 고차 함수와 함수 타입, 제네릭과 같은 기능을 제공합니다. 이를 통해 함수의 입력과 출력 타입을 명확히 하고 다양한 타입을 수용하는 범용적인 함수를 손쉽게 구현할 수 있습니다.

이터러블 헬퍼 함수

이터러블 헬퍼 함수는 이터러블을 중심으로 고차 함수를 구성하는 패턴입니다. 타입스크립트를 사용하면 이러한 함수에 대해 정확한 타입 정보를 제공할 수 있어 코드의 안정성과 가독성을 더욱 높일 수 있습니다. 예를 들어 function* map<A, B>(f: (a: A) => B, iterable: Iterable<A>): IterableIterator<B>와 같이 제네릭을 활용하면 입력과 출력 타입을 명확히 지정한 이터레이션 함수를 만들 수 있습니다.

LISP와 메타프로그래밍

LISP 계열 언어는 코드와 데이터를 동일하게 취급하여 메타프로그래밍을 손쉽게 구현할 수 있습니다. LISP의 S-표현식은 리스트 형태의 구문으로 코드 자체를 데이터로 다뤄 동적으로 변형하고 생성할 수 있는 강력한 기능을 제공합니다.

클래스 + 고차 함수 + 이터러블

FxIterable 클래스 예에서 볼 수 있듯이 클래스와 고차 함수 그리고 이터러블을 결합하면 높은 표현력을 가진 추상화를 구현할 수 있습니다. 예를 들어 const [first, second] = fx([1, 2, 3, 4]).map(a => a * 10);과 같이 사용자 정의 객체를 언어의 기능(여기서는 구조 분해)과 유연하게 결합하고 체이닝 패턴을 통해 가독성 높은 코드를 구현할 수 있습니다.

현대 프로그래밍 언어에서 구현 가능한 높은 수준의 추상화

일급 함수의 도입과 이터레이션 프로토콜의 확산은 기존 클래스 기반 반복자 패턴을 넘어 현대 프로그래밍 언어에서 다양한 패러다임을 자연스럽게 결합하는 높은 수준의 추상화를 실현하고 있습니다. 자바 8(2014년), 스위프트(2014년), 자바스크립트 · 타입스크립트(ES6, 2015년), 코틀린(2016년), C#(LINQ, 2007년) 등 주요 언어들은 일급 함수와 이터러블, 제네릭, 고차 함수, 커링, 풍부한 타입 시스템 등 다채로운 기능을 제공합니다.

이로써 언어 스펙이나 컴파일러를 변경하지 않고도 클래스 등 객체지향 요소와 함수형 패러다임의 핵심 개념, 표준화된 이터레이션 방식 등을 유기적으로 결합할 수 있게 되었습니다. 이를 통해 개발자는 특정 패러다임에 국한되지 않고 필요에 따라 원하는 추상화 수준을 구현하며 다양한 상황에 대응할 수 있습니다. 이런 탄탄한 개념적 기반은 여러 플랫폼과 문제 영역에서 폭넓게 응용할 수 있는 실용적인 언어 확장과 패턴화를 가능하게 합니다.

3장

코드 : 객체 : 함수 = Generator : Iterator : LISP = IP : OOP : FP

명령형 코드로 작성하는 제너레이터와 객체지향적 반복자 패턴의 구현체인 이터레이터, 리스트 프로세싱(LISP의 핵심 개념)은 서로 깊은 관계를 맺고 있습니다. 이들은 상호 생성자이자 사용자로서 협력하여 고도의 추상화를 가능하게 하고 IP[Imperative Programming], OOP[Object-Oriented Programming], FP[Functional Programming]가 조화를 이루는 사례를 제공합니다.

다음은 1장과 2장에서 다룬 개념들을 Generator : Iterator : LISP = IP : OOP : FP의 관점에서 정리한 내용입니다.

제너레이터는 명령형 코드로 이터레이터 생성

제너레이터 함수는 명령형 코드로 이터레이터를 만들 수 있는 수단입니다. yield 지점에서 함수 실행을 일시 정지하고 재개할 수 있어 제너레이터의 코드를 리스트 단위로 지연 평가하는 효과를 냅니다. 이는 '코드가 리스트이고 리스트가 코드'라는 LISP적 사고와 맞닿아 있습니다.

이터레이터는 반복자 패턴의 구현체

이터레이터는 컬렉션 형태의 데이터를 일반화된 패턴으로 순회하는 객체입니다. 필요할 때마다 값을 평가하는 지연성[laziness]을 가지므로 유한한 컬렉션뿐 아니라 무한 시퀀스도 처리할 수 있습니다.

이터러블 이터레이터는 명령형, 객체지향적, 함수형으로 다룰 수 있음

명령형으로는 next() 메서드를 실행하며 while문으로 순회하거나 for...of문이나 전개 연산자(...)로 다룰 수 있습니다.

객체지향적으로는 이터러블 이터레이터를 다루는 클래스를 만들거나 이터레이터 내부에서 다른 이터레이터와 통신하는 이터레이터를 만들 수 있습니다.

함수형으로는 고차 함수를 통해 이터레이터와 각 요소를 처리할 함수를 전달하는 방식으로 다루며 이터레이션 로직을 함수 조합 형태로 구현하고 지연 평가와 리스트 프로세싱을 극대화합니다.

이터레이터 생성 방식의 다양화

이터레이터를 만드는 방법으로는 직접 이터레이터 객체를 구현하거나 제너레이터를 통해 명령형 스타일로 생성할 수 있습니다. 또한 리스트 프로세싱 기반 함수들을 조합하여 함수형 스타일로도 이터레이터를 생성할 수 있습니다(3장에서 살펴봄).

궁극적으로 이터레이터는 다음 세 가지 방식으로 만들 수 있으며 이들은 서로를 1:1:1로 대체할 수 있습니다.

- 명령형 방식(IP): 제너레이터를 통한 이터레이터 생성
- 객체지향적 방식(OOP): 이터레이터 객체 직접 구현
- 함수형 방식(FP): 리스트 프로세싱 함수 조합으로 이터레이터 생성

지금까지의 내용을 통해 이터레이션 프로토콜이 다양한 패러다임 간에 연결 고리로 작용함을 알 수 있습니다. 3장에서는 특히 함수형 방식으로 이터레이터를 다루는 방법과 지연 평가에 초점을 맞춰 LISP적 사고('코드가 리스트')의 적용 범위를 확장해봅니다. 이를 통해 다각적인 접근 방식이 현대 프로그래밍의 견고한 기반을 어떻게 형성하는지 살펴보겠습니다.

3.1 코드가 곧 데이터 – 로직이 담긴 리스트

1장과 2장에서는 멀티패러다임 언어에서 함수형 프로그래밍과 리스트 프로세싱, 메타프로그래밍, 함수형 타입 시스템을 적용하는 과정을 다뤘습니다. 이번 장에서는 실제로 일상에서 마주칠 만한 문제들을 해결하는 로직을 함수형으로 작성하면서 그동안의 이야기를 실질적인 세계로 연결하려 합니다. 그 시작은 명령형 코드를 리스트 프로세싱 함수로 대체하는 것입니다.

3.1.1 [for, i++, if, break] – 코드를 리스트로 생각하기

코드를 리스트로 바라보는 사고방식은 프로그래밍 패러다임을 확장하는 강력한 도구입니다. 함수형 프로그래밍에서는 코드가 곧 데이터이고 데이터가 곧 코드인 특성을 이용하여 더 읽기 쉽고 유지보수하기 좋은 코드를 작성할 수 있습니다.

이번 절에서는 for, i++, if, break와 같은 명령형 코드를 함수형 리스트 프로세싱 함수로 변환하면서 코드가 어떻게 리스트로 처리될 수 있는지 탐구해보겠습니다.

명령형으로 작성한 n개의 홀수를 제곱하여 모두 더하는 함수

[코드 3-1]은 n개의 홀수를 제곱하여 모두 더하는 함수입니다. 코드를 실행하면 list 배열에서 처음 3개의 홀수(1, 3, 5)를 선택하고 각 홀수의 제곱(1^2, 3^2, 5^2)을 계산하여 더합니다. 최종 결과는 1 + 9 + 25 = 35가 출력됩니다.

코드 3-1 n개의 홀수를 제곱하여 모두 더하기

```
function sumOfSquaresOfOddNumbers(limit: number, list: number[]): number {
  let acc = 0;
  for (const a of list) {
    if (a % 2 === 1) {
      const b = a * a;
      acc += b;
```

```
    if (--limit === 0) break;
  }
 }
 return acc;
}

console.log(
  sumOfSquaresOfOddNumbers(3, [1, 2, 3, 4, 5, 6, 7, 8, 9])
);
// 35
```

이제 이 코드를 함수형으로 변경하면서 **리스트 프로세싱**(코드를 리스트로 다루는)에 대해 살펴보겠습니다. 다음은 sumOfSquaresOfOddNumbers가 하는 일을 목록으로 정리한 내용입니다.

- 순회: for (const a of list)를 통해 list 배열의 각 요소를 순회합니다. a는 배열의 현재 요소입니다.
- 홀수 검사: if (a % 2 === 1) 조건문을 사용하여 a가 홀수인지 검사합니다. 홀수인 경우에만 다음 단계를 실행합니다.
- 제곱 계산: const b = a * a;를 통해 홀수 a의 제곱을 계산하여 b에 저장합니다.
- 누적 합계 갱신: acc += b;를 통해 누적 합계에 b를 더합니다.
- 길이 검사 및 종료: if (--limit === 0) break; 조건문을 사용하여 limit를 감소시키고 limit가 0이 되면 반복문을 종료합니다.
- 결과 반환: return acc;를 통해 최종 누적 합계를 반환합니다.

if를 filter로 대체

if 조건문은 filter 함수로 대체할 수 있습니다.

코드 3-2 if를 filter로 대체한 코드

```
function sumOfSquaresOfOddNumbers(limit: number, list: number[]): number {
  let acc = 0;
  for (const a of filter(a => a % 2 === 1, list)) {
    const b = a * a;
    acc += b;
    if (--limit === 0) break;
  }
  return acc;
}
```

```
console.log(
  sumOfSquaresOfOddNumbers(3, [1, 2, 3, 4, 5, 6, 7, 8, 9])
);
// 35
```

[코드 3-1]의 list 부분을 filter(...)로 대체하고 if (a % 2 === 1) {}의 조건을 filter의 보조 함수로 가져와 적용한 다음 if (a % 2 === 1) {}를 제거했습니다. 이제 filter(a => a % 2 === 1, list)가 홀수만 남기므로 제곱과 합산을 계산하는 for문 내부 코드가 한 단계 간결해졌습니다.

이 예제에서는 list에서 a를 꺼내 if (a % 2 === 1) {}로 코드의 실행을 제어하는 '코드 문장'을 filter가 적용된 '리스트'로 변경했습니다. for...of문의 내부 코드 입장에서는 a가 필터링된 결과인지 신경 쓸 필요 없이 그저 요소인 a를 제곱하고 합산하는 일만 합니다.

다시 한번 정리하면 다음과 같습니다.

- 곳곳에 있던 코드 문장이 리스트 프로세싱 함수 실행으로 대체되었습니다.
- filter(a => a % 2 === 1, list)는 필터 로직을 수행하는 코드인 동시에 리스트입니다.
- 내부 로직에서 조건문이 제거되어 코드가 더욱 명확하고 단순해졌습니다.

값 변화 후 변수 할당을 map으로 대체

이번 절에서는 예제를 통해 코드의 전체적인 구조를 건드리지 않으면서 점진적으로 함수형으로 리팩터링하는 방법을 익히고 있습니다. 이번에는 map을 활용하여 값 변화 후 변수 할당을 제거해보겠습니다.

코드 3-3 map으로 대체한 코드

```
function sumOfSquaresOfOddNumbers(limit: number, list: number[]): number {
  let acc = 0;
  for (const a of map(a => a * a, filter(a => a % 2 === 1, list))) {
    acc += a;
    if (--limit === 0) break;
  }
  return acc;
}

console.log(
```

```
  sumOfSquaresOfOddNumbers(3, [1, 2, 3, 4, 5, 6, 7, 8, 9])
);
// 35
```

예제에서 map은 변수를 선언하고 제곱한 값을 할당하는 코드 const b = a * a;를 대체하는 역할을 합니다. 결과적으로 map(a => a * a, filter(a => a % 2 === 1, list))는 홀수만 제곱한 리스트를 만드는 지연된 이터레이터가 됩니다. 이를 for...of문을 통해 순회하면서 제곱이 적용된 a를 뽑아내고 있습니다.

역시 코드 문장들이 리스트와 함수들의 조합으로 바뀌고 있습니다. 이러한 개념을 LISP 문법으로 표현하여 설명하면 더욱 명확해질 것 같습니다. LISP 문법이 코드를 리스트로 다루는 개념을 더 잘 나타내기 때문입니다.

[코드 3-4]는 LISP 계열 언어인 Scheme으로 작성한 코드입니다.

코드 3-4 Scheme 코드

```
; Scheme
(define list '(1 2 3 4 5))

(define (square x) (* x x))

(map square (filter odd? list))
; (1 9 25)

; JavaScript
; map(square, filter(isOdd, list))
```

[코드 3-4]를 보면 list를 생성하는 '(1 2 3 4 5)와 같은 문법과 곱하기 연산자(*)로 x의 제곱을 구하는 (* x x)와 같은 문법이 작은따옴표(')[1]를 빼고는 동일함을 볼 수 있습니다. 즉 LISP에서는 숫자 배열과 같은 데이터를 정의하는 문법도 리스트로 표현되며 제곱하는 계산식 또한 리스트로 표현됩니다. 다시 말해 함수 호출도 리스트로 표기됩니다. (* x x)라는 리스트는 * 하나와 x 두 개를 요소로 가지며 리스트인 코드를 평가할 때 x의 제곱으로 계산됩니다.

---

1 Scheme에서 작은따옴표(')는 quote 연산자를 나타내며 그 뒤에 오는 표현식을 평가하지 않고 그대로 리스트로 취급합니다. 즉 '는 리스트를 만들어주는 역할을 합니다. 예를 들어 (1 2 3)은 일반적인 함수 호출로 해석될 수 있지만 '를 사용하면 이를 리스트로 만들어주며 요소들은 평가되지 않습니다. 정리하면 (* 2 2)는 함수 호출로 4로 평가되지만 '(1 2 3)은 함수 호출이 아닌 자료구조로서의 리스트입니다.

같은 시각으로 (filter odd? list)를 보면 filter와 odd?, list가 들어 있는 리스트임을 알 수 있습니다. 이때 list가 (1 2 3 4 5)이므로 (filter odd? list)는 결과적으로 (filter odd? '(1 2 3 4 5))와 같이 중첩된 리스트입니다. (map square (filter odd? list)) 역시 [코드 3-4a]와 같이 여러 단계로 중첩된 리스트입니다.

코드 3-4a Scheme 코드

```
(map (lambda (x) (* x x)) (filter odd? '(1 2 3 4 5)))
```

LISP에서는 이러한 리스트이자 코드이자 데이터를 평가하는 식으로 프로그램이 실행됩니다. 즉 리스트는 코드이고 코드는 리스트이며 중첩된 리스트는 알고리즘이자 로직입니다. LISP의 문법은 이러한 철학을 잘 반영하며 더욱 우아하게 표현해냅니다.

이 책에서 주 언어로 사용하는 타입스크립트는 LISP와 문법만 약간 다를 뿐 이터러블과 이터레이터를 활용한 이터레이션 프로토콜을 기반으로 이러한 패러다임을 그대로 적용할 수 있습니다. 지금까지의 예제들도 이를 잘 보여주고 있습니다.

break를 take로 대체

이제 if (--limit === 0) break; 부분을 take로 대체해보겠습니다.

코드 3-5 take로 대체한 코드

```
function* take<A>(limit: number, iterable: Iterable<A>): IterableIterator<A> {
  const iterator = iterable[Symbol.iterator]();
  while (true) {
    const { value, done } = iterator.next();
    if (done) break;
    yield value;
    if (--limit === 0) break;
  }
}

function sumOfSquaresOfOddNumbers(limit: number, list: number[]): number {
  let acc = 0;
  for (const a of take(limit, map(a => a * a, filter(a => a % 2 === 1, list)))) {
    acc += a;
  }
  return acc;
```

```
}

console.log(
  sumOfSquaresOfOddNumbers(3, [1, 2, 3, 4, 5, 6, 7, 8, 9])
);
// 35
```

take 함수는 주어진 이터러블에서 지정된 limit만큼의 요소를 반환하는 지연된 리스트인 이터러블 이터레이터를 반환합니다. 여기서는 처음 3개의 요소만 반환합니다.

[코드 3-5]에서 take(limit, map(a => a * a, filter(a => a % 2 === 1, list)))는 모든 연산이 지연되어 아무런 연산도 이루어지지 않습니다. for...of문에서 a를 처음 뽑을 때 1이 들어오고 두 번째 뽑을 때 9, 마지막으로 25가 들어오면서 반복문이 종료됩니다.

이때 코드에서 반복문을 빠져나가는 break문을 제거했음에도 시간 복잡도가 동일하다는 사실에 주목해야 합니다. break는 필요한 만큼만 코드가 반복되도록 제어하여 로직의 효율성을 높이는 키워드입니다. 여기서는 take를 통해 break와 같은 제어문마저도 **리스트로 사고**할 수 있음을 확인했습니다. 이러한 접근을 가능하게 하는 핵심은 지연 평가입니다. 지연 평가는 3.3절에서 더 자세히 알아보겠습니다.

이제 남은 명령형 코드를 보면 사실상 reduce의 구현과 거의 같습니다.

합산을 reduce로 대체

마지막으로 reduce 함수를 사용하여 합산하는 명령형 코드를 대체해보겠습니다.

코드 3-6 reduce로 대체한 코드

```
const sumOfSquaresOfOddNumbers = (limit: number, list: number[]): number =>
  reduce((a, b) => a + b, 0,                    // add(add(1, 9), 25)
    take(limit,                                 // [(1), (9), (25)]
      map(a => a * a,                           // [(1), (9), (25), (49), (81)]
        filter(a => a % 2 === 1, list)))); // [(1), (3), (5), (7), (9)]

console.log(
  sumOfSquaresOfOddNumbers(3, [1, 2, 3, 4, 5, 6, 7, 8, 9])
);
// 35
```

reduce는 지연된 리스트를 평가하면서 요소를 뽑아냅니다. 첫 번째 요소 1과 두 번째 요소 9를 더해 누적하고 마지막으로 세 번째 요소 25를 더해 최종 결과로 35를 만듭니다.

체이닝으로 변경

take는 자주 사용되는 함수이므로 FxIterable에 take 메서드를 추가하여 읽기 좋은 순서로 표현해보겠습니다.

코드 3-7 체이닝으로 변경한 코드

```
class FxIterable<A> {
  constructor(private iterable: Iterable<A>) {}

  // ... 메서드 생략 ...

  take(limit: number): FxIterable<A> {
    return fx(take(limit, this));  // new FxIterable(take(limit, this));
  }
}

// 함수형 코드:
const sumOfSquaresOfOddNumbers = (limit: number, list: number[]): number =>
  fx(list)                        // [1, 2, 3, 4, 5, 6, 7, 8, 9]
    .filter(a => a % 2 === 1)     // [(1), (3), (5), (7), (9)]
    .map(a => a * a)              // [(1), (9), (25), (49), (81)]
    .take(limit)                  // [(1), (9), (25)]
    .reduce((a, b) => a + b, 0);  // add(add(1, 9), 25)

console.log(
  sumOfSquaresOfOddNumbers(3, [1, 2, 3, 4, 5, 6, 7, 8, 9])
);
// 35

// 명령형 코드:
// function sumOfSquaresOfOddNumbers(limit: number, list: number[]): number {
//   let acc = 0;
//   for (const a of list) {
//     if (a % 2 === 1) {
//       const b = a * a;
//       acc += b;
//       if (--limit === 0) break;
//     }
```

```
//   }
//   return acc;
// }
```

지금까지 명령형 코드로 구현된 함수를 함수형 프로그래밍 방식으로 변경해보았습니다. 코드가 선언적으로 변했고 가독성이 크게 향상되었습니다. filter, map, take, reduce와 같은 선언적인 함수명을 통해 각 코드 부분의 목적을 쉽게 파악할 수 있고 위에서부터 아래로 읽으면서 어떤 일이 이루어지는지 파악하기 좋아졌습니다.

결과를 보면 코드의 각 부분을 리스트 프로세싱 함수들로 대체했고 이는 결국 중첩된 리스트를 만드는 것과 같습니다.

sumOfSquaresOfOddNumbers가 하는 일 목록

명령형으로 작성했던 sumOfSquaresOfOddNumbers가 하는 일을 다시 확인해보겠습니다.

- 순회: for (const a of list)를 통해 list 배열의 각 요소를 순회합니다. a는 배열의 현재 요소입니다.
- 홀수 검사: if (a % 2 === 1) 조건문을 사용하여 a가 홀수인지 검사합니다. 홀수인 경우에만 다음 단계를 실행합니다.
- 제곱 계산: const b = a * a;를 통해 홀수 a의 제곱을 계산하여 b에 저장합니다.
- 누적 합계 갱신: acc += b;를 통해 누적 합계에 b를 더합니다.
- 길이 검사 및 종료: if (--limit === 0) break; 조건문을 사용하여 limit를 감소시키고 limit가 0이 되면 반복문을 종료합니다.
- 결과 반환: return acc;를 통해 최종 누적 합계를 반환합니다.

위 목록(List)은 다음과 같이 리스트로 표현된 함수형 코드로 대체되었습니다.

- 순회: fx(list)로 순회할 지연된 리스트를 만듭니다.
- 홀수 검사: filter(a => a % 2 === 1)로 홀수만 남길 지연된 리스트를 만듭니다.
- 제곱 계산: map(a => a * a)로 필터가 적용된 이터레이터 요소에 제곱을 추가로 적용한 지연된 리스트를 만듭니다.
- 길이 검사 및 종료: take(limit)로 limit만큼만 순회할 지연된 리스트를 만듭니다.
- 누적 합계 갱신: reduce((a, b) => a + b, 0)으로 모든 요소를 더합니다.
- 결과 반환: => ((()))로 중첩된 리스트를 평가하여 누적 합계를 반환합니다.

리스트 프로세싱은 이처럼 (명령형) 코드 라인들을 리스트로 변환합니다. 코드를 값(리스트)으로 다루고 함수를 값(일급 함수)으로 다루어 작은 코드들의 목록으로 복잡한 문제를 해결해나가는 것, 이것이 함수형 프로그래밍과 리스트 프로세싱의 방법입니다.

이 접근 방식은 코드의 각 부분을 독립적인 리스트 요소로 취급함으로써 복잡한 로직을 세분화하여 정복하는 방법입니다. 결과적으로 리스트 프로세싱으로 구현된 코드는 더 읽기 쉽고 유지보수하기 쉬우며 각 부분의 역할이 명확해집니다.

3.1.2 현대 언어에서 리스트 프로세싱 – 클로저, 코틀린, 스위프트, 스칼라, C#, 자바

현대 프로그래밍 언어들은 지금까지 살펴본 리스트 프로세싱의 철학을 따르는 함수형 프로그래밍을 지원하고 있습니다. [코드 3-7]에서 완성한 함수형 코드를 다른 언어들로 구현하면서 이를 확인해보겠습니다.

sumOfSquaresOfOddNumbers를 다른 언어로 구현하기

코드 3-8 클로저로 구현

```
(defn square [x]
  (* x x))

(defn sumOfSquaresOfOddNumbers [limit list]
  (->> list
       (filter odd?)
       (map square)
       (take limit)
       (reduce +)))

(println (sumOfSquaresOfOddNumbers 3 [1 2 3 4 5 6 7 8 9]))
; 35
```

[코드 3-8]은 클로저 언어로 작성한 예제입니다. **클로저**는 함수형 프로그래밍 패러다임에 중점을 둔 언어입니다. 이 책에서 주로 다루는 멀티패러다임 언어는 아니지만 자바와 상호운용성을 강력하게 지원하는 현대적인 LISP 계열 언어로 인기가 많습니다. 다양한 개발 커뮤니티에서 널리 사용되고 많은 영감을 주는 언어이기에 예제를 준비했습니다.

->>는 파이프라인으로 코드를 표현할 수 있게 하는 매크로입니다. ->>는 나중에 리스트를 받을 준비가 된 시퀀스인 (filter odd?), (map square) 등의 코드들을 받아 앞에서부터 list에 적용하고 그 결과를 연속적으로 함수들에 적용합니다. 그리고 LISP답게 + 기호를 reduce의 누적 함수로 사용하도록 인자로 전달할 수 있습니다.

코드 3-9 코틀린으로 구현

```
fun sumOfSquaresOfOddNumbers(limit: Int, list: List<Int>): Int {
    return list.asSequence()
        .filter { it % 2 == 1 }
        .map { it * it }
        .take(limit)
        .fold(0) { a, b -> a + b }
}

fun main() {
    val result = sumOfSquaresOfOddNumbers(3, listOf(1, 2, 3, 4, 5, 6, 7, 8, 9))
    println(result)  // 35
}
```

코틀린은 Iterable 인터페이스를 통해 이터레이션을 지원하고 asSequence()를 사용해 지연 연산을 시작합니다. 코틀린의 표준 라이브러리는 높은 수준의 함수형 프로그래밍을 지원하며 filter, map, take, reduce, fold와 같은 고차 함수를 제공합니다.

또한 간결하고 독특한 람다식을 지원하며 it 키워드를 사용해 현재 요소를 나타낼 수 있습니다. 코틀린은 강력한 타입 시스템과 클래스를 함께 지원하는 멀티패러다임 언어이면서도 이렇게 함수형으로 가독성이 높고 간결한 문법을 제공하는 점이 매력적입니다.

코드 3-10 스위프트로 구현

```
func sumOfSquaresOfOddNumbers(limit: Int, list: [Int]) -> Int {
    return list.lazy
        .filter { $0 % 2 == 1 }
        .map { $0 * $0 }
        .prefix(limit)    // take와 동일한 함수
        .reduce(0, +)     // 스위프트의 reduce는 첫 번째 인자가 초깃값이며 생략할 수 없음
}

print(sumOfSquaresOfOddNumbers(limit: 3, list: [1, 2, 3, 4, 5, 6, 7, 8, 9]))
// 35
```

스위프트에서는 lazy 키워드를 사용하여 지연 연산을 시작합니다. 이를 시퀀스 프로토콜과 결합하면 고성능의 지연 평가를 구현할 수 있습니다. 스위프트 표준 라이브러리는 filter, map, prefix, reduce와 같은 고차 함수를 제공하며 타입 추론이 강력하여 코드를 간결하게 작성할 수 있습니다. 또한 컴파일 타임에 많은 최적화를 수행하여 지연 평가와 같은 고차 함수를 사용할 때도 높은 성능을 유지합니다. reduce 함수의 누적 함수로 + 연산자를 사용할 수 있는 점도 매력적입니다.

스위프트 역시 함수형 프로그래밍 패러다임을 강력히 지원하면서도 명령형 및 객체지향 프로그래밍 패러다임과도 결합할 수 있습니다. 또한 애플 기기와 OS에서 유려하게 동작하는 UI/UX를 가진 앱을 구현할 수 있도록 돕는 강력한 SDK와 플랫폼 덕분에 더욱 특별한 매력을 지니고 있습니다.

코드 3-11 스칼라로 구현

```
object Main extends App {
  def sumOfSquaresOfOddNumbers(limit: Int, list: List[Int]): Int = {
    list.to(LazyList)
      .filter(_ % 2 == 1)
      .map(a => a * a)
      .take(limit)
      .foldLeft(0)(_ + _)
  }

  println(sumOfSquaresOfOddNumbers(3, List(1, 2, 3, 4, 5, 6, 7, 8, 9))) // 35
}
```

스칼라 역시 함수형 프로그래밍과 객체지향 프로그래밍을 통합한 멀티패러다임 언어로 높은 수준의 함수형 프로그래밍 기능을 제공합니다. 스칼라는 LazyList를 통해 지연 평가 방식을 지원하며 필요한 시점에만 원소를 계산해 처리 효율을 높일 수 있습니다.

스칼라의 람다식에서는 언더스코어(_)를 사용해 현재 요소를 간단히 나타낼 수 있으며 a => a * a와 같은 명시적인 람다식을 사용할 수도 있습니다. 또한 스칼라에서는 (_ + _)와 같은 간결한 문법도 지원합니다. 이는 컴파일러가 함수의 인자 개수를 명확히 알 때 해당 개수를 추론하여 익명 함수를 생성하기 때문입니다. 예를 들어 부분 적용된 foldLeft(0)가 두 개의 인자를 받는 함수를 요구한다는 사실을 바탕으로 컴파일러는 _ + _를 두 인자를 받아 더하는 함수로 해석합니다. 정말 간결한 표현 방식입니다.

코드 3-12 C#으로 구현

```
using System;
using System.Collections.Generic;
using System.Linq;

public class LispTest
{
    public static void Main()
    {
        List<int> list = new List<int> { 1, 2, 3, 4, 5, 6, 7, 8, 9 };
        int result = SumOfSquaresOfOddNumbers(3, list);
        Console.WriteLine(result);  // 35
    }

    static int SumOfSquaresOfOddNumbers(int limit, List<int> list)
    {
        return list.Where(a => a % 2 == 1)
                   .Select(a => a * a)
                   .Take(limit)
                   .Aggregate(0, (a, b) => a + b);
    }
}
```

C#은 LINQ^language integrated query 기능을 통해 높은 수준의 함수형 프로그래밍을 지원합니다. Where, Select, Take, Aggregate와 같은 고차 함수들을 사용하여 간결하고 가독성이 높은 코드를 작성할 수 있습니다. 이러한 함수들은 각각 함수형 프로그래밍의 filter, map, take, reduce에 해당합니다.

코드 3-13 C# SQL 스타일 문법

```
static int SumOfSquaresOfOddNumbers(int limit, List<int> list)
{
    var query = from num in list
                where num % 2 == 1
                select num * num;

    return query.Take(limit).Aggregate(0, (acc, a) => acc + a);
}
```

특히 LINQ는 일부 기능을 SQL과 유사한 구문으로 작성할 수 있도록 지원합니다. SQL과 유사한 from, where, select 등의 키워드를 사용하여 프로그램에서 괄호나 기호 없이도 SQL과 유사한 표현식을 작성할 수 있는 독특한 매력을 선사합니다. 이러한 스타일을 덕분에 함수명을 filter와 map 대신 where와 select로 채택한 것으로 보입니다. LINQ 쿼리 구문은 SQL에 익숙한 개발자들에게 직관적이며 데이터 질의와 변환 과정을 더욱 읽기 쉽게 만들어줍니다.

C#은 2007년 11월 LINQ를 도입했습니다. C#은 오래전부터 함수형 패러다임을 통합한 선도적인 멀티패러다임 언어입니다.

코드 3-14 자바로 구현

```
import java.util.Arrays;
import java.util.List;
import java.util.stream.Collectors;

public class Main {
    public static void main(String[] args) {
        List<Integer> list = Arrays.asList(1, 2, 3, 4, 5, 6, 7, 8, 9);
        int result = sumOfSquaresOfOddNumbers(3, list);
        System.out.println(result); // 35
    }

    public static int sumOfSquaresOfOddNumbers(int limit, List<Integer> list) {
        return list.stream()
                   .filter(a -> a % 2 == 1)
                   .map(a -> a * a)
                   .limit(limit) // take와 동일
                   .reduce(0, Integer::sum);
    }
}
```

자바는 Stream API를 통해 함수형 프로그래밍을 지원합니다. filter, map, limit, reduce와 같은 스트림 메서드를 사용하여 컬렉션을 변환하고 처리할 수 있습니다. 또한 자바의 람다식은 간결하고 표현력이 뛰어나 Stream API와 결합하여 복잡한 데이터를 손쉽게 조작할 수 있습니다.

자바의 Stream.reduce 메서드는 초깃값을 요구하는 형태와 초깃값 없이 Optional을 반환하는 형태, 두 가지로 제공됩니다. 초깃값을 생략하면 Optional을 반환하는 형태이므로 실제 값을 얻으려면 Optional의 값을 언래핑하는 추가 작업이 필요합니다.

NOTE

각 언어에서 reduce가 초깃값을 처리하는 방식에는 약간의 차이가 있습니다. 이는 개발자가 예상하지 못한 상황을 최대한 예방하거나 조기에 감지할 수 있도록 언어가 설계되었기 때문입니다. 빈 배열, 빈 스트림, 빈 이터러블 등 비어 있는 컬렉션을 런타임에서 만났을 때 발생할 수 있는 에러에 대해 언어가 개발자에게 처리 방법을 제안하는 것입니다. 타입스크립트와 자바스크립트의 reduce에서는 초깃값이 없을 때 빈 배열이나 빈 이터러블을 만나면 에러를 전파합니다.

3.1.3 언어를 넘어 적용 가능한 개념, 패러다임

앞에서 살펴본 자바스크립트, 타입스크립트, 클로저, 코틀린, 스위프트, 스칼라, C#, 자바 등 다양한 언어는 각기 고유한 이터레이션 프로토콜이나 유사한 메커니즘을 바탕으로 지연 평가를 지원합니다. 이를 통해 함수형 프로그래밍의 원칙을 언어 차원에서 구현함으로써 코드 가독성과 유지보수성을 높이고 데이터 처리 효율을 극대화할 수 있습니다.

특히 현대 언어들은 함수형 패러다임을 적극적으로 적용하고 고도화하고 있으며 일부 언어는 컴파일 단계에서 함수형 코드를 최적화하기도 합니다. 전통적인 객체지향 언어였던 자바 역시 최근에는 풍부한 함수형 고차 함수 세트를 갖춘 멀티패러다임 언어로 발전하였습니다.

또한 자바스크립트의 경우 Iterable, Iterator, Generator, AsyncGenerator, AsyncIterator 등 다양한 프로토콜을 활용하여 언어와 상호작용할 수 있는 고수준의 함수형 라이브러리를 구현할 수 있습니다. 현재 ECMAScript Stage 3 단계에 있는 Iterator Helpers 사양은 이 책에서 구현한 형태와 거의 동일한 스펙을 지향하고 있으며 이를 통해 지연 평가가 가능한 헬퍼 함수가 언어 내장 기능으로 제공하게 될 것으로 기대됩니다.

결국 객체지향, 명령형, 함수형 패러다임을 결합한 멀티패러다임적 사고와 문제 해결 능력은 특정 언어에 국한되지 않습니다. 타입스크립트, 코틀린, 스위프트, 스칼라, C#, 자바 등 강력한 타입 시스템과 타입 추론을 지원하는 이들 언어에서는 클래스와 인터페이스, 이터레이션 프로토콜, 함수형 고차 함수를 모두 활용할 수 있습니다. 이 책에서 다루는 개념과 원칙 역시 이러한 언어 전반에 적용할 수 있으며 다양한 환경에서 더욱 안전하고 효율적인 코드를 구현하는 데 기여할 것입니다.

3.2 하스켈로부터 배우기

하스켈은 순수 함수형 프로그래밍 언어로 평가되며 함수형 패러다임을 잘 반영하도록 설계된 문법을 가지고 있습니다. 하스켈은 순수 함수와 함수 합성을 강조하고 커링이 기본이며 지연 평가를 지원하고 부수 효과를 특별하게 관리합니다. 또한 강력한 타입 시스템과 타입 추론, 대수적 데이터 타입, 높은 다형성을 지원하는 타입 클래스 등 함수형 프로그래밍에 특화되고 차별화된 많은 기능을 제공합니다.

> NOTE
>
> 3.4절에서 타입스크립트의 find 함수와 옵셔널 값 처리를 다룰 때, 좀 더 폭넓은 시각을 제공하고자 하스켈 예제와 관련 내용을 포함했습니다. 이를 효과적으로 이해하려면 하스켈의 문법과 특징을 먼저 알아야 해서 이번 3.2절을 하스켈 내용으로 준비했습니다. 이 절을 통해 하스켈을 배우면서 현대 프로그래밍 언어에 적용되는 다양한 기능을 더 깊이 이해하고 풍부하게 활용할 수 있기를 바랍니다.

3.2.1 하스켈의 함수와 함수 시그니처

하스켈에서 함수 시그니처는 함수형 프로그래밍의 기본 개념을 이해하는 데 중요한 단서를 제공합니다. 함수 시그니처를 통해 함수의 입력과 출력 타입이 명확히 정의되므로 함수의 동작을 직관적으로 파악할 수 있습니다.

코드 3-15 하스켈의 square 함수

```
square :: Int -> Int
square x = x * x
```

여기서 square :: Int -> Int는 square 함수가 Int 타입의 인자를 받아 Int 타입을 반환함을 의미합니다. ::는 타입 선언을 나타내며 square x = x * x에서 square는 함수명, x는 매개변수, =는 함수 정의와 오른쪽 식의 결과 반환을 뜻합니다.

이 코드를 타입스크립트로 표현하면 다음과 같습니다.

코드 3-16 타입스크립트의 square 함수

```
function square(x: number): number {
  return x * x;
}
```

또는 다음과 같이 타입을 미리 정의하여 함수 타입을 명확히 할 수도 있습니다.

코드 3-17 타입스크립트로 함수 타입 정의

```
type Square = (x: number) => number;
const square: Square = x => x * x;
```

하스켈과 타입스크립트 모두 함수 시그니처를 명시함으로써 함수의 입출력 타입을 분명히 할 수 있습니다. 이는 함수형 프로그래밍을 더 효과적으로 활용하는 데 큰 도움이 되며 다양한 언어에서 함수 시그니처를 익숙하게 다루는 것은 함수형 패러다임을 이해하고 응용하는 데 유용합니다.

3.2.2 언어 차원에서 지원하는 커링

하스켈은 언어 차원에서 커링을 지원하므로 여러 인자를 받는 함수를 자연스럽게 커링된 형태로 다룰 수 있습니다. **커링**currying이란 여러 인자를 받는 함수를 인자 하나씩 받는 함수들의 연쇄로 표현하는 기법을 의미합니다.

코드 3-18 add 함수

```
add :: Int -> Int -> Int
add x y = x + y
```

위의 시그니처 add :: Int -> Int -> Int는 add가 두 개의 Int를 받아 하나의 Int를 반환한다는 뜻입니다. 하지만 하스켈에서는 이 함수를 기본적으로 커링된 형태로 사용할 수 있습니다.

코드 3-19 add 5 부분 적용

```
addFive :: Int -> Int
addFive = add 5
```

addFive는 add 함수에 5를 부분 적용partial application한 결과입니다. 이로써 addFive는 Int -> Int 타입의 함수이며 새로운 인자 하나를 받으면 그에 따른 결과를 반환하는 함수가 됩니다.

코드 3-20 add 실행 완료

```
main :: IO ()
main = do
    print (addFive 10) -- 출력: 15
    print (add 3 7)    -- 출력: 10
    print (3 `add` 7)  -- 출력: 10
```

[코드 3-20]에서 addFive 10은 add 함수에 5를 먼저 부분 적용하여 (add 5) 형태의 함수를 만든 뒤 여기에 10을 전달해 15를 결과로 얻습니다. 이어서 add 함수에 두 인자를 직접 전달한 (add 3 7)의 결과도 10을 출력합니다. 여기서 (add 3)은 add에 3을 부분 적용한 함수이며 이 함수에 7을 전달하면 최종적으로 10이 계산됩니다.

또한 하스켈에서는 함수 호출을 중위infix 연산자로 표현할 수 있어 (3 `add` 7) 역시 (add 3 7)과 동일한 결과를 만듭니다. 이때 (add 3 7)은 전위prefix 형태의 함수 호출입니다.

하스켈은 모든 함수 호출에 커링을 기본 적용합니다. 예를 들어 add :: Int -> Int -> Int는 사실상 add :: Int -> (Int -> Int)와 동일한 의미입니다. 즉 add는 Int 하나를 받아 (Int -> Int) 형태의 새로운 함수를 반환합니다. 일반적인 언어에서 이와 동일한 패턴을 표현하려면 함수 오버로드나 추가로 함수 타입 정의가 필요할 수 있지만 하스켈은 언어 차원에서 커링을 자연스럽게 지원하여 매우 간결하게 함수 시그니처를 표현할 수 있습니다.

3.2.3 main 함수와 IO

하스켈에서는 모든 프로그램이 main 함수로 시작합니다. main 함수는 IO 타입을 반환해야 합니다. IO 타입은 입출력 작업을 수행할 수 있도록 설계된 특별한 타입입니다. [코드 3-20]에 있는 main 함수에 대해 차례대로 살펴보면 다음과 같습니다.

- main :: IO ()는 함수의 타입 시그니처이며 main 함수가 IO () 타입을 반환한다는 의미입니다. IO는 하스켈에서 입출력 작업을 나타내는 타입이고 ( )는 main 함수가 특별히 반환할 값이 없다는 의미입니다.
- main =는 함수 정의의 시작 부분으로 인자가 없다는 의미입니다. 이는 const main = () =>와 비슷한 개념입니다.
- do 구문을 사용하면 여러 개의 IO 액션을 순차적으로 실행할 수 있습니다.
- do 블록 안의 각 줄은 하나의 IO 액션이며 위에서 아래로 순서대로 실행됩니다.

IO는 하스켈에서 입출력 작업을 나타내는 타입입니다. 순수 함수형 언어인 하스켈에서는 입출력과 같은 부수 효과를 관리하기 위해 IO 타입을 사용합니다. IO 타입을 사용하면 순수 함수형 프로그래밍의 이점을 유지하면서 입출력 작업을 수행할 수 있습니다.

IO와 부수 효과 관리

하스켈은 순수 함수형 언어이므로 모든 함수가 같은 인자에 대해 항상 동일한 결과를 내놓아야 하는 순수성을 지향합니다. 그런데 현실 세계에서 실제 프로그램은 사용자 입력, 파일 IO, 네트워크 통신 등 부수 효과를 반드시 수행해야 합니다.

하스켈에서는 이 문제를 부수 효과가 있는 함수는 IO 타입을 통해 격리하는 식으로 해결합니다. 하스켈에서 어떤 함수가 IO를 반환한다면 이는 해당 함수가 내부적으로 입출력 등의 부수 효과를 일으킬 수 있음을 타입 차원에서 명시하는 것입니다. 이로써 '순수 함수(a -> b)'와 'IO 함수(a -> IO b)'를 명확히 구분할 수 있고 부수 효과로 인한 예측 불가능성을 최소화할 수 있습니다.

하스켈을 사용하는 개발자는 main :: IO ()라는 선언을 통해 '프로그램의 최종 결과는 IO가 될 것이다'라고 언어에게 알려줍니다. 결과적으로 main 내에서는 되도록 여러 순수 함수를 조합해 로직을 구성하되 마지막 결론으로는 입출력과 같은 효과를 수행할 수 있는 IO 컨텍스트가 되도록 합니다. 이렇게 하스켈은 '부수 효과는 IO 안에서만 허용된다'는 합의를 통해 순수성을 지킵니다.

정리하자면 IO는 하스켈에서 '이 함수는 입출력, 상태 변경 등 순수하지 않은 일을 할 수 있다'는 것을 선언하는 타입입니다. 이를 통해 순수 함수와 부수 효과 함수를 엄격히 구분하고 프로그램의 예측 가능성과 안전성을 높입니다.

Unit 타입 ()와 타입스크립트의 void

하스켈에서 ()는 유일한 값을 갖는 Unit 타입으로 '의미 없는 값'을 나타내며 함수가 유의미한 결과를 반환하지 않을 때 사용합니다. 즉 ()는 함수가 별다른 값을 제공하지 않고 단순히 부수 효과(예: 콘솔에 출력)를 발생시키는 상황을 명확히 나타냅니다.

타입스크립트에서는 함수의 반환 타입으로 void를 사용하여 비슷한 의도를 드러낼 수 있습니다. void로 선언된 반환 타입은 함수가 특정 값을 반환하지 않음을 의미하며 대부분 부수 효과만을 발생시키는 함수를 구분하는 데 활용됩니다.

비록 하스켈의 ()와 타입스크립트의 void는 구현 방식이나 정적 분석 수준에서 차이가 있지만 둘 다 '의미 있는 결과를 반환하지 않는 함수'를 표현할 때 사용된다는 점에서 개념적으로 유사한 역할을 합니다. 이를 통해 개발자는 함수의 반환 타입만 보고도 해당 함수가 순수하게 계산 결과를 반환하는지 아니면 외부 상태를 변화시키는 등의 부수 효과를 일으키는지 쉽게 파악할 수 있습니다.

3.2.4 head, map, filter, foldl 함수 시그니처

하스켈에서 head, map, filter, foldl과 같은 함수의 시그니처를 어떻게 표현하는지 확인해봅시다.

head 함수 시그니처

head 함수는 리스트의 첫 번째 요소를 반환합니다. 여기서 a는 제네릭 타입으로 어떤 타입이든 받아들일 수 있음을 의미합니다. 하스켈에서는 이를 [코드 3-21]처럼 매우 간결하게 표현할 수 있습니다.

코드 3-21 head 함수

```
head :: [a] -> a
```

타입스크립트에서는 [코드 3-21a]와 같이 제네릭 타입 파라미터 〈A〉를 사용하여 동일한 역할을 수행할 수 있습니다. 다만 하스켈에 비해 타입 표기가 다소 길어져 함수형 언어가 지닌 간결한 타입 표기와는 차이가 있음을 확인할 수 있습니다.

코드 3-21a 타입스크립트 head 함수

```
type Head = <A>(arr: A[]) => A;
// 또는
type Head = <A>(iterable: Iterable<A>) => A;
```

map 함수 시그니처

map 함수는 리스트 [a]의 각 요소에 주어진 함수를 적용하여 새로운 리스트 [b]를 반환합니다. (a -> b)는 a 타입의 값을 b 타입의 값으로 변환하는 함수의 타입을 나타냅니다.

코드 3-22 map 함수

```
map :: (a -> b) -> [a] -> [b]
```

filter 함수 시그니처

filter 함수는 리스트의 각 요소에 대해 주어진 조건을 검사하여 조건을 만족하는 요소만을 포함하는 새로운 리스트를 반환합니다. (a -> Bool)은 a 타입의 값을 받아 Bool 값을 반환하는 함수의 타입을 나타냅니다.

코드 3-23 filter 함수

```
filter :: (a -> Bool) -> [a] -> [a]
```

foldl 함수 시그니처

foldl 함수는 다른 언어의 reduce 함수와 유사하게 리스트의 요소를 왼쪽에서 오른쪽으로 순회하면서 하나의 값으로 누적합니다.

코드 3-24 foldl 함수

```
foldl :: (b -> a -> b) -> b -> [a] -> b
```

여기서 (b -> a -> b)는 누적 함수accumulator function의 타입 시그니처를 의미합니다. 이 함수는 현재 누적값(b)과 리스트의 현재 요소(a)를 받아 새로운 누적값(b)을 반환하는 형태입니다. 두 번째 인자 b는 초기 누적값이며 세 번째 인자 [a]는 처리할 리스트입니다.

하스켈에서는 제네릭 타입 변수로 a, b와 같은 단일 문자 이름을 주로 사용합니다. 이러한 단순하고 일관된 표기법 덕분에 foldl, map과 같은 고차 함수를 매우 간결하게 표현할 수 있습니다.

이처럼 다양한 언어별 표기법과 컨벤션을 학습하는 과정은 프로그래밍 언어를 대하는 시야를 넓히는 데 큰 도움이 됩니다. 이를 통해 다른 언어나 패러다임을 이해하기 쉬워지고 새로운 언어를 배우거나 기존 언어에서 새로운 패턴을 발견할 때도 훨씬 유연하고 풍부한 관점을 가질 수 있습니다.

3.2.5 함수 합성 – . 연산자와 $ 연산자

. 연산자는 함수를 합성하는 데 사용합니다. 예를 들어 f . g . h는 세 개의 함수를 합성하여 (\x -> f (g (h x)))와 동일하게 동작합니다. 즉 h를 먼저 실행하고 그 결과를 g에 전달하며 마지막으로 f에 전달하는 것을 의미합니다. f . g . h를 자바스크립트로 표현하면 (x) => f(g(h(x)));와 같습니다.

$ 연산자는 함수 적용을 위한 연산자로서 우선순위를 조정하고 인자를 전달하여 함수를 즉시 평가합니다. f $ g $ h x는 f (g (h x))와 동일하며 이를 자바스크립트로 표현하면 f(g(h(x)))와 같습니다. $ 연산자는 괄호를 줄이는 역할을 합니다. 예를 들어 f (g (h x))에는 여러 개의 괄호가 중첩되어 있지만 f $ g $ h x로 표현하면 괄호 없이 같은 의미를 갖습니다.

.과 $를 함께 사용하면 f . g . h $ x와 같이 표현할 수 있으며 이를 자바스크립트로 표현하면 f(g(h(x)))와 같습니다.

코드 3-25 . 연산자와 $ 연산자

```
f :: Int -> Int
f x = x + 1

g :: Int -> Int
g x = x * 2

h :: Int -> Int
h x = x - 3
```

```haskell
main :: IO ()
main = do
  let result = f . g . h $ 5
  print result  -- 출력: 5
```

이 예제의 실행을 자바스크립트로 표현하면 f(g(h(5)))와 같습니다.

3.2.6 sumOfSquaresOfOddNumbers 함수

하스켈에서는 sumOfSquaresOfOddNumbers 함수를 다음과 같이 작성할 수 있습니다.

코드 3-26 하스켈의 sumOfSquaresOfOddNumbers 함수

```haskell
square :: Int -> Int
square x = x * x

sumOfSquaresOfOddNumbers :: Int -> [Int] -> Int
sumOfSquaresOfOddNumbers limit list =
  foldl (+) 0 . take limit . map square . filter odd $ list

main :: IO ()
main = print (sumOfSquaresOfOddNumbers 3 [1, 2, 3, 4, 5, 6, 7, 8, 9])
-- 출력: 35
```

코드에서 foldl (+) 0 . take limit . map square . filter odd $ list 부분은 함수 합성과 적용으로 이루어져 있습니다. 이 코드는 오른쪽에서 왼쪽으로 읽으면 이해할 수 있습니다.

❶ sumOfSquaresOfOddNumbers 함수는 $ list에 의해 list를 왼쪽에 합성된 함수들에게 전달합니다.

❷ filter odd는 리스트에서 홀수만 남깁니다.

❸ map square는 남은 홀수를 제곱합니다.

❹ take limit는 주어진 limit 개수만큼의 제곱된 값을 선택합니다.

❺ foldl (+) 0은 선택된 값들의 합을 계산합니다. foldl 함수는 초깃값 0에서 시작하여 리스트의 각 요소를 왼쪽에서 오른쪽으로 누적합니다.

3.2.7 파이프라인 스타일 – &

하스켈에서는 **파이프라인** 스타일로 함수 합성을 표현할 때 함수 합성 연산자(.) 대신 정방향 함수 적용 연산자(&)를 사용할 수 있습니다. & 연산자는 Data.Function 모듈에서 불러올 수 있습니다.

코드 3-27 & 연산자

```
import Data.Function ((&))  -- ❶

square :: Int -> Int
square x = x * x

sumOfSquaresOfOddNumbers :: Int -> [Int] -> Int
sumOfSquaresOfOddNumbers limit list =  -- ❷
  list
  & filter odd  -- ❸
  & map square  -- ❹
  & take limit  -- ❺
  & foldl (+) 0  -- ❻

main :: IO ()
main = print (sumOfSquaresOfOddNumbers 3 [1, 2, 3, 4, 5, 6, 7, 8, 9])
-- 출력: 35
```

❶ import Data.Function ((&))는 & 연산자를 가져옵니다.

❷ sumOfSquaresOfOddNumbers 함수의 list는 입력된 리스트입니다.

❸ & filter odd는 리스트에서 홀수만 남기고 ❹ & map square는 남은 홀수를 제곱합니다.

❺ & take limit는 주어진 limit 개수만큼의 제곱된 값을 선택하며 ❻ & foldl (+) 0은 선택된 값들의 합을 계산합니다.

3.2.8 Either를 통한 에러 처리

하스켈은 순수 함수형 언어로서 예외를 전통적인 방식(예: try-catch)으로 처리하기보다는 타입을 통해 에러 상황을 명시적으로 표현하는 방식을 선호합니다. 이와 관련해 자주 사용하는 대표적인 타입 중 하나가 Either입니다. Either 타입은 성공(Right)과 실패(Left)를 구분하여 함수의 결과를 명확히 표현함으로써 컴파일 타임에 에러 처리가 필요함을 인지시킵니다. 이러한 접근 방식은 런타임 예외 발생을 줄이고 코드의 안정성과 가독성을 높이는 데 큰 도움이 됩니다.

(div 10 0) - 예외 발생

기본 라이브러리의 div 함수는 0으로 나누려 할 때 예외를 발생시킵니다. 다음 예제에서 div 10 0은 런타임 오류(divide by zero)를 일으킵니다.

코드 3-28 0으로 나누기 예제

```
main :: IO ()
main = do
    print (div 10 2) -- 출력: 5
    print (div 10 0) -- 예외 발생: divide by zero
```

이 코드를 실행하면 div 10 0에서 'divide by zero' 예외가 발생합니다.

안전한 나눗셈

이제 Either 타입을 사용하여 0으로 나누는 상황을 안전하게 처리할 수 있습니다. Either는 성공적인 연산 결과를 Right에, 에러 상황을 Left에 담아 반환합니다.

코드 3-29 패턴 매칭과 Left, Right

```
safeDiv :: Int -> Int -> Either String Int
safeDiv _ 0 = Left "0으로 나눌 수 없습니다."
safeDiv x y = Right (div x y)
```

예제에서 safeDiv 함수는 두 번째 인자가 0일 경우 'Left "0으로 나눌 수 없습니다."'를 반환합니다. 이를 통해 런타임 예외 발생 대신 명시적으로 에러 상황을 표현할 수 있습니다.

3.2.9 패턴 매칭

[코드 3-29]의 safeDiv 함수는 하스켈의 패턴 매칭 문법을 사용하여 인자 패턴에 따라 함수

실행을 분기합니다. [코드 3-29]의 2행 safeDiv _ 0 = Left "0으로 나눌 수 없습니다."에서 _는 와일드카드 패턴으로 어떤 값이든 상관없음을 의미합니다. 0은 두 번째 인자가 0일 때를 나타냅니다. 이 패턴 매칭은 두 번째 인자가 0일 경우 'Left "0으로 나눌 수 없습니다."'를 반환합니다.

이 패턴 매칭에 해당하지 않는 경우 3행의 safeDiv x y = Right (div x y)가 실행됩니다. 두 번째 인자가 0이 아닌 경우에 정상적인 나눗셈 결과를 Right에 감싸서 반환합니다.

이처럼 하스켈의 패턴 매칭 문법은 간결하고 직관적인 코드를 작성하도록 돕습니다. 타입스크립트와 비교하자면 함수 오버로드, if문, 타입 가드, 타입 좁히기, 매개변수 구조 분해 등의 역할을 모두 패턴 매칭 한 번으로 해결할 수 있습니다. 하스켈은 문장이 아닌 표현식으로 프로그램을 구성하는 철학을 패턴 매칭을 통해 효과적으로 구현하고 있습니다.

코드 3-30 safeDiv 함수 사용 예제

```
main :: IO ()
main = do
    print (safeDiv 10 2)  -- 출력: Right 5
    print (safeDiv 10 0)  -- 출력: Left "0으로 나눌 수 없습니다."
```

[코드 3-30]에서는 safeDiv 함수가 두 번째 인자에 대해 패턴 매칭을 사용하여 0으로 나누는 상황을 명확히 처리하는 모습을 보여줍니다. 두 번째 인자가 0일 때는 'Left "0으로 나눌 수 없습니다."' 반환하고 그렇지 않으면 정상적인 나눗셈 결과를 Right 값으로 반환합니다.

지금까지의 예제만으로는 Right와 Left로 감싸는 이유가 직관적으로 와닿지 않을 수 있습니다. 다음 예제에서는 Either를 활용하여 Right일 때와 Left일 때 각각 다른 처리 방식을 적용하는 방법을 살펴보겠습니다. 이를 통해 Either 타입을 사용해 런타임 예외 대신 명시적인 에러 처리를 구현하는 하스켈의 철학을 더 잘 이해할 수 있을 것입니다.

코드 3-31 패턴 매칭으로 Either 값 처리하기

```
processResult :: Either String Int -> String  -- ❶
processResult (Left errMsg) = "에러: " ++ errMsg  -- ❷
processResult (Right value) = "결과: " ++ show value  -- ❸

main :: IO ()  -- ❹
main = do
```

```
let result1 = safeDiv 10 2
let result2 = safeDiv 10 0
putStrLn (processResult result1)  -- 출력: 결과: 5
putStrLn (processResult result2)  -- 출력: 에러: 0으로 나눌 수 없습니다.
```

[코드 3-31]에서 (Left errMsg)와 (Right value)는 패턴 매칭을 통해 Either 타입의 내부 값을 추출합니다. 이를 타입스크립트에 비유하면 매개변수 구조 분해destructuring를 통해 객체의 내부 속성을 꺼내는 것과 유사한 개념이라 할 수 있습니다.

❶ processResult 함수는 Either String Int 값을 인자로 받아 Left일 경우 에러 메시지를, Right일 경우 정상 결과를 각각 다른 문자열로 반환합니다. 여기서 Either String Int는 Left가 String 값을, Right가 Int 값을 담을 수 있는 타입임을 의미합니다.

❷ (Left errMsg) 패턴은 에러 상황을 의미하고 "에러: " 문자열과 errMsg를 결합해 반환합니나.

❸ (Right value) 패턴은 정상 값을 의미하며 show 함수를 사용해 정수인 값을 문자열로 변환한 뒤 "결과: " 문자열과 결합해 반환합니다.

❹ main 함수에서는 safeDiv의 결과를 result1과 result2로 받아 processResult에 전달하고 해당 결과를 putStrLn으로 출력합니다. result1은 정상 값을 담은 Right 5를 받아 '결과: 5'를 출력하고 result2는 에러 상황을 나타내는 'Left "0으로 나눌 수 없습니다."'를 받아 '에러: 0으로 나눌 수 없습니다.'를 출력합니다.

이처럼 Either 타입을 사용하면 하스켈에서 함수의 성공 또는 실패 상태를 명시적으로 구분할 수 있어 에러를 런타임 예외 대신 타입을 통해 안전하게 처리할 수 있습니다. 또한 하스켈에는 Maybe라는 타입으로 값이 없을 수도 있는 상황을 안전하게 처리할 수 있습니다. 관련 내용은 3.4절에서 추가로 다룹니다.

지금까지 하스켈에 대해 간략하게 살펴보았습니다. 이렇게 여러 언어의 해법을 배우고 비교 분석함으로써 현대 언어를 더욱 효과적으로 활용하는 데 도움을 얻을 수 있습니다. 현대 언어는 여러 언어에서 서로 배우고 적용하는 모습을 보이고 있기 때문입니다.

3.3 지연 평가 자세히 살펴보기

이번 절에서는 지연 평가를 지원하는 자료구조인 이터레이터의 실제 실행 순서를 면밀히 살펴봅니다. 이후 이러한 실행 순서와 효율성을 고려하면서 find, every, some과 같은 고차 함수를 구현하여 지연 평가에 대한 이해를 한층 더 확장해보겠습니다.

3.3.1 중첩된 이터레이터의 실행 순서 – 제너레이터로 확인하기

[코드 3-32]에서는 FxIterable에서 사용 중인 함수들에 로그 출력 코드를 추가했습니다. 각 함수의 while 루프 내부에서 로그를 남김으로써 take, map, filter 함수를 조합해 만든 중첩 이터레이터가 어떤 순서로 실행되는지 세밀하게 추적할 수 있습니다. 먼저 코드를 자세히 살펴본 뒤 실제 로그가 어떤 순서로 출력될지 예상해보기 바랍니다.

코드 3-32 지연 평가의 실행 순서

```
function* filter<A>(f: (a: A) => boolean, iterable: Iterable<A>): IterableIterator<A> {
  const iterator = iterable[Symbol.iterator]();
  while (true) {
    console.log('filter');
    const { value, done } = iterator.next();
    if (done) break;
    if (f(value)) yield value;
  }
}

function* map<A, B>(f: (a: A) => B, iterable: Iterable<A>): IterableIterator<B> {
  const iterator = iterable[Symbol.iterator]();
  while (true) {
    console.log('map');
    const { value, done } = iterator.next();
    if (done) break;
```

```
    yield f(value);
  }
}

function* take<A>(limit: number, iterable: Iterable<A>): IterableIterator<A> {
  const iterator = iterable[Symbol.iterator]();
  while (true) {
    console.log('take limit:', limit);
    const { value, done } = iterator.next();
    if (done) break;
    yield value;
    if (--limit === 0) break;
  }
}

const iterable = fx([1, 2, 3, 4, 5])
  .filter(a => a % 2 === 1)
  .map(a => a * a)
  .take(2);

for (const a of iterable) {
  console.log('result:', a);
}
// ?
// ?
```

[코드 3-32]는 어떤 순서로 로그를 출력할까요?

예를 들어 [코드 3-32a] 또는 [코드 3-32b]와 같이 로그가 출력될 것이라고 예상할 수 있습니다.

코드 3-32a 출력 로그 예상 (1)

```
// filter
// filter
// filter
// map
// map
// take limit: 2
// take limit: 1
// result: 1
// result: 9
```

코드 3-32b 출력 로그 예상 (2)

```
// filter
// map
// take limit: 2
// result: 1
// filter
// filter
// map
// take limit: 1
// result: 9
```

어떤 예측이 맞을지 다음 코드를 통해 실제 결과를 직접 확인해보겠습니다.

코드 3-33 출력 로그 확인

```
for (const a of iterable) {
  console.log('result:', a);
}
// take limit: 2
// map
// filter
// result: 1
// take limit: 1
// map
// filter
// filter
// result: 9
```

실행 결과를 보니 (1)번도 아니고 (2)번도 아닙니다. (1)번처럼 filter가 모두 실행된 다음 map이 모두 실행되는 것도 아니고 (2)번처럼 filter → map → take 순으로 하나씩 실행되는 것도 아닙니다.

결과를 보면 반대로 take limit: 2가 먼저 출력되고 이어서 map, filter 순으로 출력되고 있습니다. 이는 take 함수까지 실행한 결과로 만들어진 이터레이터의 next()를 for...of문을 통해 처음 호출할 때 take 함수의 while 루프부터 실행되기 때문입니다. 루프 내부에서 take limit: 2를 출력하고 바로 다음 줄에서 take 함수는 자신이 인자로 받은 이터레이터의 next() 메서드를 호출합니다. 여기서 이 이터레이터는 map까지 실행한 이터레이터이므로 역시 map의 while 루프 내부가 먼저 실행되어 map이 출력되고 그다음으로 filter가 출력됩니다.

3.3.2 자세히 살펴보기

[코드 3-33]을 [코드 3-34]와 같이 변경한 다음 다시 실행해보겠습니다. 직접 코드를 작성하면서 원하는 부분에 중단점을 찍어서 확인해보는 것도 좋은 방법입니다.

코드 3-34 로그 추가하여 확인

```
function* filter<A>(f: (a: A) => boolean, iterable: Iterable<A>): IterableIterator<A> {
  const iterator = iterable[Symbol.iterator]();
  while (true) {
    console.log('filter'); // ❺
    const { value, done } = iterator.next(); // ❺
    if (done) break;
    console.log('filter value f(value):', value, f(value)); // ❻
    if (f(value)) yield value;
  }
}

function* map<A, B>(f: (a: A) => B, iterable: Iterable<A>): IterableIterator<B> {
  const iterator = iterable[Symbol.iterator]();
  while (true) {
    console.log('map'); // ❹
    const { value, done } = iterator.next(); // ❹
    if (done) break;
    console.log('map value f(value):', value, f(value)); // ❼
    yield f(value);
  }
}

function* take<A>(limit: number, iterable: Iterable<A>): IterableIterator<A> {
  const iterator = iterable[Symbol.iterator]();
  while (true) {
    console.log('take limit:', limit); // ❷
    const { value, done } = iterator.next(); // ❸
    if (done) break;
    console.log('take value:', value); // ❼
    yield value;
    if (--limit === 0) break;
  }
}

const iterable = fx([1, 2, 3, 4, 5])
  .filter(a => a % 2 === 1)
```

```
  .map(a => a * a)
  .take(2);

for (const a of iterable) {  // ❶
  console.log('result:', a);  // ❼
  console.log('---');
}
// take limit: 2
// map
// filter
// filter value f(value): 1 true
// map value f(value): 1 1
// take value: 1
// result: 1
// ---
// take limit: 1
// map
// filter
// filter value f(value): 2 false
// filter
// filter value f(value): 3 true
// map value f(value): 3 9
// take value: 9
// result: 9
// ---
```

[코드 3-34]의 실행 순서를 살펴보면 다음과 같습니다.

❶ for...of 루프가 처음 next()를 호출하면 take 함수의 while 루프가 시작됩니다.

❷ take 함수는 limit 값과 함께 take limit: 2를 로그에 출력합니다.

❸ take 함수는 또한 내부 iterator.next()를 호출하여 map 함수의 next()를 호출합니다.

❹ map 함수는 map을 로그에 출력하고 내부 iterator.next()를 호출하여 filter 함수의 next()를 호출합니다.

❺ filter 함수는 filter를 로그에 출력하고 내부 iterator.next()를 호출합니다.

❻ 첫 번째 값인 1이 filter 함수에 도달하고 조건을 만족하므로 filter value f(value): 1 true를 로그에 출력합니다.

❼ map 함수는 map value f(value): 1 1을 로그에 출력하고 take 함수는 take value: 1을 로그에 출력한 후 result: 1을 출력합니다.

두 번째 반복에서 take limit : 1, map, filter, filter value f(value): 2 false가 순차적으로 출력됩니다. filter에서 조건을 만족하지 않을 때는 루프를 계속 진행합니다. 그러고 나서 다음

값인 3을 처리하여 filter value f(value): 3 true, map value f(value): 3 9, take value: 9, result: 9를 출력합니다.

3.3.3 이터레이터로 직접 살펴보기

왜 이러한 순서를 따라 실행되는지 확인해보고자 이번에는 map과 take 함수의 반환값을 객체 지향 방식으로 이터레이터를 직접 구현하여 살펴보겠습니다. 이때 런타임에서 실제 동작 과정을 이해하기 쉽도록 코드에서는 모든 타입 정보를 제거하고 순수 자바스크립트 형태로 표현했습니다.

코드 3-35 map, take 함수

```
function map(f, iterable) {
  const iterator = iterable[Symbol.iterator]();
  return {
    next() {
      console.log('map');  // ❸
      const { done, value } = iterator.next();  // ❹
      console.log('map value f(value):', value, f(value)); // ❺
      return done
        ? { done, value }
        : { done, value: f(value) };  // ❻
    },
    [Symbol.iterator]() {
      return this;
    }
  };
}

function take(limit, iterable) {
  const iterator = iterable[Symbol.iterator]();
  return {
    next() {
      if (limit === 0) return { done: true };  // 세 번째 호출 시 ❶
      console.log('take limit:', limit);  // ❶
      const { done, value } = iterator.next();  // ❷
      if (done) return { done, value };
      limit--;
      console.log('take value:', value);  // ❼
```

```
      return { done, value };
    },
    [Symbol.iterator]() {
      return this;
    }
  };
}

const mapped = map(a => a * a, [10, 20, 30]);
const taked = take(2, mapped);

console.log(taked.next());
// take limit: 2
// map
// map value f(value): 10 100
// take value: 100
// { done: false, value: 100 }

console.log(taked.next());
// take limit: 1
// map
// map value f(value): 20 400
// take value: 400
// { done: false, value: 400 }

console.log(taked.next());
// { done: true }
```

첫 번째 taked.next()를 호출했을 때 동작 과정은 다음과 같습니다.

❶ take 함수에서 반환한 이터레이터의 next 메서드가 호출되면서 take limit: 2가 출력됩니다.

❷ 여기서 iterator는 mapped이므로 iterator.next()를 호출하여 mapped의 next 메서드를 호출합니다.

❸ map 함수가 반환한 이터레이터의 next 메서드가 호출되면서 map이 출력됩니다.

❹ iterator.next()를 호출하여 다음 값을 얻어옵니다.

❺ 이때 10이 반환되고 map value f(value): 10 100이 출력됩니다.

❻ 결과적으로 mapped.next()는 value를 10에서 100으로 변환하여 반환합니다.

❼ 그다음 take value: 100을 출력합니다. 결과적으로 taked.next()는 { done: false, value: 100 }을 반환합니다.

두 번째 taked.next()를 호출했을 때 동작 과정은 다음과 같습니다.

❶ take 함수에서 반환한 이터레이터의 next 메서드가 호출되면서 take limit: 1이 출력됩니다.

❷ 여기서 iterator는 mapped이므로 iterator.next()를 호출하여 mapped의 next 메서드를 호출합니다.

❸ map 함수가 반환한 이터레이터의 next 메서드가 호출되면서 map이 출력됩니다.

❹ iterator.next()를 호출하여 다음 값을 얻어옵니다.

❺ 이때 20이 반환되고 map value f(value): 20 400이 출력됩니다.

❻ 결과적으로 mapped.next()는 value를 20에서 400으로 변환하여 반환합니다.

❼ 그다음 take value: 400을 출력합니다. 결과적으로 taked.next()는 { done: false, value: 400 }을 반환합니다.

세 번째 taked.next()를 호출했을 때 동작 과정은 다음과 같습니다.

❶ 세 번째 taked.next()에서는 limit가 0이기 때문에 { done: true }를 반환합니다.

최종적으로 map은 두 번만 순회하였고 제곱을 하는 함수도 총 두 번만 평가되었습니다.

이 코드는 지연된 중첩 이터레이터가 어떻게 평가되는지 잘 나타냅니다. take 함수가 반환하는 이터레이터의 구현부를 보면 { next() { } } 안에서 다시 next()를 실행하는 것을 볼 수 있습니다. { next() { return iterator.next(); } }처럼 말 그대로 이터레이터가 중첩되어 있습니다.

3.3.4 단순화해서 살펴보기

이제 이러한 시각을 가지고 [코드 3-34]의 핵심 부분을 코드로 표현해보면 다음과 같습니다.

코드 3-36 중첩 이터레이터의 내부 실행을 단순화하여 표현

```
const filtered = {
  next() {
    return iterator.next();
  }
}

const mapped = {
  next() {
    return filtered.next();
  }
}
```

```
const taked = {
  next() {
    return mapped.next();
  }
};

taked.next();
```

taked.next()를 실행하면 take → map → filter 순으로 진행하여 결과를 반환하면서 다시 filter → map → take 방향으로 돌아옵니다. 따라서 [코드 3-34]의 아래쪽 주석 부분이 다음과 같은 순서로 진행되는 것입니다.

코드 3-37 [코드 3-34]의 주석 부분

```
// take limit: 2
// map
// filter
// filter value f(value): 1 true
// map value f(value): 1 1
// take value: 1
// result: 1
// ---
// take limit: 1
// map
// filter
// filter value f(value): 2 false
// filter
// filter value f(value): 3 true
// map value f(value): 3 9
// take value: 9
// result: 9
// ---
```

지금까지 지연된 중첩 이터레이터의 실행 순서를 살펴보았습니다. 이 과정을 통해 지연 평가와 이터레이터의 자세한 동작 방식을 좀 더 깊게 이해할 수 있습니다. 다음은 이러한 동작을 염두에 두면서 반복을 중간에 멈춰야 하는 고차 함수를 구현함으로써 지연 평가와 함수형 고차 함수에 대한 이해를 한 단계 더 확장해보겠습니다.

3.4 Generator:Iterator:LISP – 지연 평가와 안전한 합성

이번 절에서는 find, every, some과 같은 고차 함수를 리스트 프로세싱 함수의 조합만으로 구현하면서 **Generator:Iterator:LISP**가 서로 완전히 대체될 수 있다는 관점을 확장하고자 합니다. 또한 함수 합성과 안전한 값 접근, 값이 없는 예외를 어떻게 다루는지 그리고 언어가 이를 어떻게 제안하고 있는지 깊이 알아보겠습니다.

3.4.1 find 함수 시그니처

map이나 filter가 연산을 지연한 이터레이터를 만든 후 계속 리스트 프로세싱을 이어갈 수 있도록 하는 유형의 함수라면 find는 '지연된 이터레이터를 평가하여 결과를 만드는 유형의 함수'입니다. find는 이터러블을 순회하면서 요소마다 f로 조건을 검사하여 참으로 평가되는 첫 번째 요소를 반환하고 요소 중 만족하는 값이 하나도 없을 때는 undefined를 반환합니다.

다음의 find 함수 시그니처는 타입에 대한 정의이지만 런타임의 이러한 동작까지도 일부 표현합니다.

코드 3-38 타입스크립트의 find 함수 시그니처

```
type Find = <A>(f: (a: A) => boolean, iterable: Iterable<A>) => A | undefined;
```

이 시그니처는 find 함수가 (a: A) => boolean 타입의 함수와 Iterable<A> 타입의 이터러블을 인자로 받아 이터러블의 요소 중 하나인 A 타입의 값 또는 undefined 타입을 반환함을 나타냅니다. 이러한 함수 시그니처를 익숙하게 읽을 수 있다면 함수형 프로그래밍을 할 때 많은 도움이 되므로 꾸준한 연습이 필요합니다.

이제 함수형 언어인 하스켈의 find 함수 시그니처를 잠시 살펴보며 find 유형의 함수에 대한 생각을 확장해보겠습니다.

코드 3-39 하스켈의 find 함수 시그니처

```
find :: (a -> Bool) -> [a] -> Maybe a
```

이 시그니처는 find 함수가 (a -> Bool) 타입의 함수와 [a] 타입의 리스트를 받아서 Maybe a 타입의 값을 반환함을 나타냅니다. 여기서 (a -> Bool)은 a를 받아 Bool을 반환하는 함수를 말합니다. 이때 a는 제네릭 타입이며 이를 간결하게 표현하는 시그니처가 아름답습니다. 또한 커링이 기본인 언어 특성 덕분에 인자 개수에 따른 함수 오버로드 같은 표기법이 필요하지 않아 더욱 간결하게 표현할 수 있습니다.

최종 반환값인 Maybe a는 찾는 조건을 만족하는 첫 번째 요소가 있을 경우 Just a를, 없을 경우 Nothing을 반환하는 타입을 말합니다. 하스켈에서는 안전한 함수 합성을 위해 타입스크립트와 비슷한 스타일의 언어에서 A | undefined와 같은 상황을 Maybe 타입의 값으로 다룹니다.

3.4.2 하스켈에서 find 함수와 안전한 합성

다음 코드는 하스켈에서 find 함수를 사용하는 간단한 예제입니다.

코드 3-40 하스켈에서 find 함수 사용 예제

```
import Data.Maybe (fromMaybe)
import Data.List (find)

main :: IO ()  -- ❶
main = do
    let result = fromMaybe 0 (find even [1, 3, 5]) -- ❷, ❸
    print result  -- 출력: 0 ❹
```

❶ main 함수는 하스켈 프로그램의 진입점입니다. IO () 타입이므로 입출력 작업을 수행할 수 있습니다.

❷ fromMaybe 함수는 두 개의 인자를 받습니다. 첫 번째 인자로 0을 전달했고 커링으로 한 번 더 인자를 전달받습니다. 두 번째 인자는 괄호로 묶어 괄호 안에서 평가되는 값을 전달합니다.

❸ find 함수도 첫 번째 인자로 even이라는 짝수인지를 검사하는 (a -> Bool) 타입의 함수를, 두 번째 인자로 [1, 3, 5]를 전달받아 평가합니다. find even [1, 3, 5]의 결과는 Maybe 타입으로, 현재 리스트에 짝수가 없기 때문에 Nothing을 반환합니다. fromMaybe 함수는 Nothing일 경우 기본값으로 전달한 0을 반환합니다.

❹ 마지막으로 print 함수로 result 값을 출력합니다.

이 예제는 find 함수와 Maybe 타입을 사용하여 리스트에서 조건을 만족하는 요소를 찾고 이를 안전하게 처리하는 방법을 보여줍니다. find 함수는 (a -> Bool) 타입의 함수와 [a] 타입의 리스트를 받아 Maybe a 타입의 값을 반환하며 fromMaybe 함수는 Maybe 값을 처리하여 기본값을 제공하는 데 유용합니다.

프로그래밍 언어들은 reduce의 빈 컬렉션 처리나 find처럼 값이 없을 수 있는(옵셔널한) 상황에 대해 각기 다른 해법을 제안합니다. 예를 들어 하스켈은 선언적인 타입과 값으로 이런 상황을 명확히 표현하고 타입스크립트는 ?., !, ??와 같은 연산자를 통해 개발자에게 해결 방법을 제시합니다. 이처럼 다양한 언어들의 접근법을 비교해보면, 우리가 주로 사용하는 언어에서 제안하는 해법을 더욱 폭넓고 깊이 있는 관점에서 이해할 수 있습니다.

3.4.3 find 함수로 생각하는 지연 평가와 리스트 프로세싱

다시 타입스크립트로 돌아와 이터러블 프로토콜을 따르는 find 함수를 만들겠습니다.

코드 3-41 명령형 코드로 작성한 find 함수

```
function find<A>(f: (a: A) => boolean, iterable: Iterable<A>): A | undefined {
  const iterator = iterable[Symbol.iterator](); // ❶
  while (true) {
    const { value, done } = iterator.next(); // ❷
    if (done) break; // ❸
    if (f(value)) return value; // ❹
  }
  return undefined; // ❺
}

const result = find(a => a > 2, [1, 2, 3, 4]);
console.log(result);
// 3 ❻
```

find 함수는 주어진 iterable을 순회하며 f 조건을 만족하는 첫 번째 요소를 찾아 반환합니다. 만약 조건을 만족하는 요소가 없다면 undefined를 반환합니다. return undefined;를 생략해도 함수는 undefined를 반환합니다. 이 코드의 작동 방식은 다음과 같습니다.

❶ iterator 객체를 생성하여 iterable을 순회할 준비를 합니다.

❷ 무한 루프 while (true)를 사용하여 이터레이터의 next() 메서드를 호출합니다. next() 메서드가 반환한 객체에서 done과 value를 추출합니다.

❸ done이 true인 경우 순회를 종료합니다.

❹ f(value)가 true인 경우 해당 값을 반환합니다.

❺ 루프가 끝날 때까지 조건을 만족하는 값을 찾지 못하면 undefined를 반환합니다.

❻ result는 3입니다.

이제 find 함수를 명령형 방식이 아닌 함수형 방식으로 구현해보겠습니다. 기존에 작성했던 map, filter, take 등은 제너레이터를 활용한 명령형 코드이거나 이터레이터 객체가 다른 이터레이터 객체의 메서드를 호출하는 객체지향적 구조를 따릅니다. 꼬리 재귀 최적화가 지원된다면 이 함수들을 함수형 스타일로 작성할 수도 있겠지만 map, filter, take의 경우 오히려 명령형 코드가 더 이해하기 쉬운 결과물을 제공한다고 생각합니다.

그에 반해 find, every, some 함수는 이미 map, filter, take, reduce 같은 함수들이 마련되어 있다면 이들을 활용해 함수형 패러다임으로 구현할 수 있습니다. 이런 접근은 코드 이해도와 표현력을 높이는 데도 유리합니다.

우선 명령형 코드로 구현된 filter 함수와 [코드 3-41]에서 함수형으로 작성된 find 함수를 비교해보면서 두 방식의 차이점을 살펴보겠습니다.

코드 3-42 지연 평가를 지원하는 filter 함수

```
function* filter<A>(f: (a: A) => boolean, iterable: Iterable<A>): IterableIterator<A> {  // ❶
  const iterator = iterable[Symbol.iterator]();
  while (true) {
    const { value, done } = iterator.next();
    if (done) break;
    if (f(value)) yield value;  // ❷
  }
}
```

명령형 코드로 작성한 find 함수와 [코드 3-42]에 작성한 filter 함수를 비교하면 딱 두 군데만 다른데, 바로 *와 yield입니다.

❶ filter는 *가 붙은 제너레이터로 f(value)가 참일 때 yield로 결과를 반환하며 인자로 받은 이터레이터가 종료될 때까지 계속 순회할 수 있습니다.

❷ find는 일반 함수로 f(value)가 참일 때 return으로 결과를 반환하며 동시에 반복문과 함수를 종료합니다.

Array.prototype.filter처럼 지연 평가를 지원하지 않는 filter 함수는 배열의 모든 요소를 순회하여 참으로 평가되는 모든 요소를 담은 배열을 반환합니다. 하지만 지연 평가를 지원하는 filter는 filter의 결과인 이터레이터를 사용하는 곳에서 원하는 만큼만 실행시킬 수 있습니다. 즉 filter로 만들어진 이터레이터의 next()를 한 번만 평가한다면 이는 find와 동일한 로직과 효율을 가지게 됩니다. 한 번만 평가한다면 yield는 사실상 return과 같기 때문입니다.

다음은 find 함수를 함수형 방식으로 구현한 세 가지 코드입니다.

코드 3-43 함수형 코드로 작성한 find (1)

```
function find<A>(f: (a: A) => boolean, iterable: Iterable<A>): A | undefined {
  return filter(f, iterable).next().value;
  // 아래와 같이 구현할 수도 있습니다.
  // const [head] = filter(f, iterable);
  // return head;
}

// [const result: number | undefined]
const result = find(a => a > 2, [1, 2, 3, 4]);
console.log(result);
// 3

const isOdd = (a: number) => a % 2 === 1;

const result2 = find(isOdd, [2, 4, 6]);  // [const result2: number | undefined]
console.log(result2);
// undefined
```

첫 번째 함수형 구현 방식에서는 filter 함수를 사용하여 조건을 만족하는 요소들을 필터링할 준비를 합니다. 이후 반환된 이터레이터의 next()를 한 번만 실행하여 첫 번째 조건을 만족하는 요소를 찾는 즉시 filter의 반복문과 함수를 종료합니다.

주석의 구현 방식에서는 구조 분해 할당을 사용하여 첫 번째 요소를 반환합니다. 지연 평가를 지원하는 filter를 사용하며 [head] =는 이터러블 프로토콜에 기반하여 filter의 결과인 이터레이터의 next()를 한 번만 실행합니다. 따라서 [코드 3-41] 명령형 코드로 작성한 find 함수와 동일하게 효율적인 로직으로 동작합니다.

코드 3-44 함수형 코드로 작성한 find (2)

```
const head = <A>(
  iterable: Iterable<A>
): A | undefined => iterable[Symbol.iterator]().next().value;
// 아래와 같이 구현할 수도 있습니다.
// const head = <A>([a]: Iterable<A>): A | undefined => a;

const find = <A>(
  f: (a: A) => boolean,
  iterable: Iterable<A>
): A | undefined => head(filter(f, iterable));

// [const result: number | undefined]
const result = find(a => a > 2, [1, 2, 3, 4]);
console.log(result);
// 3

const isOdd = (a: number) => a % 2 === 1;

const result2 = find(isOdd, [2, 4, 6]); // [const result2: number | undefined]
console.log(result2);
// undefined
```

두 번째 방식은 head라는 헬퍼 함수를 추가로 정의하여 사용합니다. head 함수는 주어진 이터러블의 첫 번째 요소를 반환합니다. find 함수는 filter 함수를 사용하여 필터링할 준비를 한 후 head 함수로 첫 번째 요소를 반환합니다. 이 방식은 첫 번째 방식과 유사하지만 head라는 헬퍼 함수를 별도로 정의하여 코드의 모듈성을 높였습니다. head 함수를 정의함으로써 코드의 재사용성을 높이고 함수의 역할을 분명하게 분리한 점이 특징입니다.

코드 3-45 FxIterable 다시 보기

```
class FxIterable<A> {
  constructor(private iterable: Iterable<A>) {}

  // ... 메서드 생략 ...

  filter(f: (a: A) => boolean): FxIterable<A> {
    return fx(filter(f, this));
  }
```

```
  to<R>(converter: (iterable: Iterable<A>) => R): R {
    return converter(this.iterable);
  }
}
```

코드 3-46 함수형 코드로 작성한 find (3)

```
const find = <A>(f: (a: A) => boolean, iterable: Iterable<A>): A | undefined =>
  fx(iterable)
    .filter(f)
    .to(head);

// [const result: number | undefined]
const result = find(a => a > 2, [1, 2, 3, 4]);
console.log(result);
// 3

const isOdd = (a: number) => a % 2 === 1;

const result2 = find(isOdd, [2, 4, 6]);  // [const result2: number | undefined]
console.log(result2);
// undefined
```

세 번째 방식은 FxIterable 클래스를 사용하여 체이닝 방식으로 구현했습니다. fx 함수를 사용해 FxIterable 인스턴스를 생성하고 filter 메서드로 필터링을 준비한 후 to 메서드에 head를 전달하여 첫 번째 요소를 반환합니다.

위의 세 가지 방식 모두 [코드 3-41] 명령형 코드로 작성한 find 함수와 동일한 효율을 제공하면서도 코드가 간결합니다. 명령형 코드로 작성한 find 함수와 비교해보면 이들 세 가지 방식은 테스트해볼 필요도 없을 정도로 간결하고 잘 동작할 것이라는 확신을 빠르게 가질 수 있는 코드입니다.

3장을 시작하면서 이터레이터를 구현하는 다음 세 가지 방식이 서로 1:1:1로 대체 가능하다고 이야기했습니다.

- 명령형 방식(IP): 제너레이터를 통한 이터레이터 생성
- 객체지향적 방식(OOP): 이터레이터 객체 직접 구현
- 함수형 방식(FP): 리스트 프로세싱 함수 조합으로 이터레이터 생성

그리고 1.2절의 마지막 부분에서는 이터러블을 다루는 이터레이터를 객체지향으로도, 명령형으로도, 함수형으로도 구현해보며 이들이 서로 1:1:1로 호환되는 측면을 살펴보겠다고도 했습니다.

우리는 find와 같은 고차 함수를 명령형 접근 대신 리스트 프로세싱 함수들의 조합을 통해서도 동일한 동작을 하는 함수를 구현할 수 있음을 확인했습니다. 또한 이렇게 함수형으로 구현한 코드도 명령형 코드와 동일한 시간 복잡도를 가질 수 있음을 알았고 함수형 프로그래밍 패러다임이 find 함수를 만들 때 매우 편리하고 좋은 해결책임을 확인했습니다.

각 패러다임으로 작성한 코드는 서로를 완전히 대체할 수 있으며 필요하다면 섞어서 사용할 수도 있습니다. 멀티패러다임 언어를 사용하는 우리는 언제든지, 심지어 하나의 함수 안에서도 상황에 따라 가장 알맞은 패러다임을 선택하거나 조합하여 활용할 수 있습니다.

3.4.4 타입스크립트에서의 안전한 합성

앞에서 우리는 하스켈에서 find 함수와 Maybe 타입을 통해 안전하게 예외적인 상황을 처리하는 예시를 살펴봤습니다. 다음은 이를 타입스크립트에서 처리하는 방법입니다.

코드 3-47 안전한 합성을 위한 연산자 ? ?? !

```
const desserts = [
  { name: 'Chocolate', price: 5000 },
  { name: 'Latte', price: 3500 },
  { name: 'Coffee', price: 3000 }
];

// ❶ 옵셔널 체이닝 연산자(?.)를 통해 name 프로퍼티에 안전하게 접근
const dessert = find(({ price }) => price < 2000, desserts);
console.log(dessert?.name ?? 'T^T');
// T^T

// ❷ Non-null 단언 연산자(!)를 통해 무조건 찾을 상황을 의도하고 있다고 언어와 소통
const dessert2 = find(({ price }) => price < Infinity , desserts)!;
console.log(dessert2.name);
// Chocolate
```

❶ 옵셔널 체이닝 연산자(?.)를 통해 name 프로퍼티에 안전하게 접근

이 코드는 dessert 객체가 존재하지 않을 경우(find 함수가 undefined를 반환할 경우) 안전하게 접근하며 'T^T'를 출력합니다. 이는 옵셔널 체이닝 연산자(?.)와 Nullish 병합 연산자(??)를 사용하여 안전하게 값에 접근하고 기본값을 제공하는 방법입니다.

- dessert?.name에서 dessert가 undefined일 경우 undefined를 반환하고 그렇지 않으면 dessert.name을 반환합니다.
- 최종적으로 dessert?.name이 undefined일 경우 기본값 'T^T'를 반환하고 그렇지 않으면 dessert?.name의 값을 반환합니다.

dessert?.name과 같은 코드는 dessert를 찾지 못하는 상황이 있을 수 있음을 알고 있으며 undefined일 경우 'T^T'로 내체하는 것이 의도한 동작이라는 것을 표현합니다.

그렇다면 Non-null 단언 연산자로 소통하는 것은 어떤 의미일까요?

❷ Non-null 단언 연산자(!)를 통해 무조건 찾을 상황을 의도하고 있다고 언어와 소통

dessert2.name에서 만일 dessert2가 없는 상황이 있다면 이는 개발자가 프로그램 안에서 이런 상황이 연출되는 것을 의도한 바가 아니기 때문에, 이때는 에러가 숨지 않고 전파되어야 한다고 언어와 소통한 것입니다. 즉 dessert2가 존재하지 않는 상황을 에러로 간주하고 이를 탐지하기 위해 Non-null 단언 연산자 !를 사용하는 방법입니다.

타입스크립트는 비슷한 상황에서 안전한 합성을 위해 옵셔널 체이닝 연산자 ?.를 사용할 수 있습니다. 반대로 명시적으로 에러를 전파하기 위해 Non-null 단언 연산자 !를 사용할 수 있습니다.

❶번 방식(옵셔널 체이닝)을 사용하면 값이 실제로 없을 때도 런타임 에러 없이 undefined로 처리됩니다. 반면 ❷번 방식(Non-null 단언)은 값이 없는데도 존재한다고 단언하므로 실제로 값이 null이나 undefined라면 런타임 에러가 발생할 수 있습니다. 그렇다면 ❷번 방식은 피해야 하는 방법일까요? 또는 그저 컴파일을 통과하기 위해 사용하는 기법인 것일까요?

❷번 방식은 개발자가 '이 로직에서는 값이 반드시 존재하도록 설계했다'는 의도를 언어에 전달하는 수단입니다. 즉 '이곳에서는 null이나 undefined가 나타나지 않는 상황이며, 만약 실

제로 값이 없다면 그것은 설계가 어긋난 상황이므로 런타임 에러가 발생해야만 한다'는 의도를 표현하며 구현한 것입니다.

따라서 에러가 발생한다면 개발자는 !를 없애는 것이 아니라 런타임에서 값을 찾지 못하는 이유를 찾아 해결해야 합니다(예: API의 문제인지, DB에 값이 잘못 저장되는지, 어떤 경우에 DOM에 해당 엘리먼트가 없는 상황이 있는지 등).

타입스크립트는 이러한 연산자들과 함께 try...catch 구문을 통해 안전한 합성, 에러 전파, 정확한 에러 처리를 지원합니다. 또한 IDE는 타입 시스템을 바탕으로 '옵셔널 체이닝으로 안전하게 접근해야 하는지' 아니면 'Non-null 단언이 필요한 상황인지'를 파악하도록 돕습니다. 이런 기능들을 적절히 활용하면 런타임 에러가 될 수 있는 부분을 코드 작성 단계에서 미리 감지하고 개발자가 원하는 상황(안전한 합성 또는 예외 발생)에 맞춰 명확히 표현할 수 있습니다.

3.4.5 every 함수

이제 every 함수를 구현해보겠습니다. every 함수는 주어진 함수 f가 모든 요소에 대해 true를 반환하면 최종 결과로 true를, 그렇지 않으면 false를 반환해야 합니다.

먼저 every의 함수 시그니처는 다음과 같습니다. 위쪽 주석은 같은 동작을 하는 하스켈의 all 함수 시그니처입니다.

코드 3-48 every 함수 시그니처

```
// all :: (a -> Bool) -> [a] -> Bool
function every<A>(f: (a: A) => boolean, iterable: Iterable<A>): boolean {}
```

이번에도 명령형 코드 대신 함수형 방식이며 리스트 프로세싱 관점에서 문제를 해결해보겠습니다. 함수형 프로그래밍에서는 리스트를 단계별로 변환하며 최종 결과를 도출하는 방식으로 사고합니다.

다양한 방법이 있지만 여기서는 다음과 같은 전략을 세웠습니다. 먼저 리스트의 모든 요소를 boolean 값으로 변환한 뒤 이들을 && 연산자로 모두 연결하면 원하는 결과를 쉽게 얻을 수 있습니다.

코드 3-49 every 함수 구현 전략

```
// 1. [1, 3, 5]
// 2. [isOdd(1), isOdd(3), isOdd(5)]
// 3. (true && true && true)
```

every 함수를 구현하는 방법은 여러 가지가 있지만 여기서 제안한 방식은 거의 모든 언어에 적용할 수 있는 로직이라는 점이 매력적입니다. 이 접근 방식은 특정 언어나 자료구조에 특화된 메서드나 문법에 의존하지 않습니다. 대신 대부분 언어에서 지원하는 AND 연산자(&&)만 활용합니다. 이로써 언어에 종속되지 않고 간결하면서도 이해하기 쉬운 코드로 every 함수를 구현할 수 있습니다.

이제 이 계획을 코드로 옮겨보겠습니다. [코드 3-50]을 보면 [코드 3-49]의 계획이 정말 그대로 옮겨진 것을 확인할 수 있습니다.

코드 3-50 every 함수 구현

```
function every<A>(f: (a: A) => boolean, iterable: Iterable<A>): boolean {
  return fx(iterable)
    .map(f)  // ❶
    .reduce((a, b) => a && b, true);  // [a: boolean], [b: boolean]  ❷
}

console.log(every(isOdd, [1, 3, 5]));
// true
console.log(every(isOdd, [1, 2, 5]));
// false
```

every 함수는 map(f) 함수 그리고 reduce((a, b) => a && b, true) 함수를 체이닝으로 합성하여 만들었습니다.

❶ 첫 번째 map에는 every 함수가 받은 f를 그대로 전달합니다.

❷ reduce에서는 누적 함수 a && b를 통해 (boolean && boolean && boolean)과 같은 효과를 냅니다.

주로 reduce의 누적 함수로는 두 값을 더하거나(+) 빼거나(−) 병합하는({...a, ...b}, [...a, ...b]) 유형의 함수를 전달하지만 이번 상황에서는 두 값을 &&로 논리적 AND 연산을 통해 누적합니다. 이는 모든 요소가 조건을 만족하는지 확인하는 데 유용합니다. 이렇게 reduce는 마치 더하기나 빼기와 같은 어떠한 연산자로든 모든 요소를 누적할 수 있습니다.

추가로 "한 번의 reduce에서 f(b)와 같이 구현하지 않고 왜 map과 reduce로 나누어 순회하는거지?"라는 의문이 생길 수도 있습니다. 하지만 한 번의 reduce에서 f(b)처럼 실행하는 코드와 map과 reduce로 나누어서 실행하는 코드의 시간 복잡도는 동일합니다.

예를 들어 fx(list).reduce((a, b) => a && f(b), true)는 각 요소를 순회하며 f(b)를 바로 평가하므로 한 번의 순회로 O(n) 시간이 걸립니다. 한편 fx(list).map(f).reduce((a, b) => a && b, true)는 표면적으로는 'map 후 reduce'로 보이지만 지연 이터레이터의 특성상 각 요소가 map을 통과한 직후 즉시 reduce에 소비되므로 실제로는 한 번만 순회하면서 O(n) 시간이 걸립니다.

연관된 다른 케이스를 하나 더 살펴보면 지연 이터레이터가 아닌 일반 배열 array.map(f).reduce(...)를 사용할 때는 한 번 전부 map을 수행(새 배열 생성)한 뒤 다시 reduce를 수행하므로 배열을 두 번 순회합니다. 그래도 각각 O(n)씩 두 번이므로 최종 복잡도는 여전히 O(n)이지만 중간 배열을 만들지 않는 지연 이터레이터 방식이 메모리 면에서 더 효율적입니다.

함수형 프로그래밍에서는 이와 같이 합성하는 방법으로 간결성과 가독성을 높일 수 있습니다. 또한 비동기 프로그래밍에서 이점을 발휘할 수도 있으므로 이러한 방법을 추천합니다.

3.4.6 some 함수

some 함수도 비슷한 방식으로 구현해보겠습니다. some 함수는 주어진 함수 f가 하나라도 true를 반환하면 최종 결과로 true를, 모든 요소가 false를 반환하면 false를 반환해야 합니다.

some의 함수 시그니처는 다음과 같습니다. 위쪽 주석은 같은 동작을 하는 하스켈의 any 함수 시그니처입니다.

코드 3-51 some 함수 시그니처

```
// any :: (a -> Bool) -> [a] -> Bool
function some<A>(f: (a: A) => boolean, iterable: Iterable<A>): boolean {}
```

some도 every와 동일한 방식으로 계획하고자 합니다. 모든 값을 boolean으로 만든 후 모든

boolean 값들을 || 연산자로 묶는다면 원하는 결과를 얻을 수 있습니다. 이를 코드로 표현해 보겠습니다.

코드 3-52 some 함수 구현 전략

```
// [2, 3, 4]
// [isOdd(2), isOdd(3), isOdd(4)]
// (false || true || false)
```

앞서 이야기한 것처럼 some이나 every를 구현하는 방법은 많으며 더 간결한 방법도 있습니다. 예를 들어 참 여부를 체크하고 조건과 일치하는 값의 index를 구하여 -1과 비교하거나 길이가 하나인 배열을 만들어 length가 0인지 비교하는 방법도 있습니다. 그런데 이러한 방법은 고차 함수를 사용하더라도 약간 명령형 느낌이 남아 있습니다. 언어의 문법이나 표준 라이브러리에 의존적이기도 하고 length === 0과 같은 코드는 선언적이기보다는 '어떻게' 동작할 것인가를 구체적으로 작성하는 명령형 느낌의 코드입니다.

반면에 [코드 3-50]과 [코드 3-53] 같은 방법은 '모든 요소가 이 조건에 맞는지 검사한 후 모두 만족(true && true && false)하는지 확인'하는 함수라고 코드의 전체 문맥에 그대로 표현됩니다. '어떻게' 할 것인지보다는 '무엇'을 하고 있는지를 표현한 코드가 읽기도 좋고 의미도 잘 담아내며 나중에 다시 읽어도 쉽게 이해할 수 있습니다.

코드 3-53 some 함수 구현

```
function some<A>(f: (a: A) => boolean, iterable: Iterable<A>): boolean {
  return fx(iterable)
    .map(f)
    .reduce((a, b) => a || b, false);  // [a: boolean], [b: boolean]
}

console.log(some(isOdd, [2, 5, 6]));
// true
console.log(some(isOdd, [2, 4, 6]));
// false
```

reduce의 누적 함수로 a || b를 전달하여 (boolean || boolean || boolean)과 동일한 효과를 냈습니다.

3.4.7 지연 평가에 기반한 break 로직 끼워 넣기

사실 some과 every 두 함수 모두 결과를 만들기 위해 반드시 모든 요소를 순회할 필요는 없습니다. some은 true를 하나라도 만나면 결과를 true로 반환하면서 순회를 종료할 수 있고 every는 반대로 false를 하나라도 만나면 순회를 종료할 수 있습니다.

코드 3-54 효율 높인 some 함수

```
function some<A>(f: (a: A) => boolean, iterable: Iterable<A>): boolean {
  return fx(iterable)
    .map(f)
    .filter(a => a)
    .take(1)  // ❶
    .reduce((a, b) => a || b, false);  // [a: boolean], [b: boolean]  // ❷
}

console.log(some(isOdd, [2, 5, 6]));
// true
console.log(some(isOdd, [2, 4, 6]));
// false
```

앞서 구현한 some 함수에 .filter(a => a).take(1)을 추가하여 최적화했습니다.

이제 이 코드는 ❶ .filter(a => a).take(1)을 통해 true를 하나라도 만나면 더 이상 순회하지 않고 요소가 최대 하나인 이터레이터를 만들어 reduce에 전달합니다. ❷ 만일 true가 하나도 없다면 요소가 없는 이터레이터가 reduce에 전달됩니다. reduce는 요소가 없으면 기본값으로 받은 false를 반환하고 요소가 있으면 false || true로 한 번 누적하여 true를 반환합니다.

이제 some은 반복문을 if () break;로 종료한 것처럼 효율이 좋아졌습니다. every도 이와 같은 방법으로 최적화할 수 있습니다.

코드 3-55 효율 높인 every 함수

```
function every<A>(f: (a: A) => boolean, iterable: Iterable<A>): boolean {
  return fx(iterable)
    .map(f)
    .filter(a => !a)
    .take(1)  // ❶
    .reduce((a, b) => a && b, true);  // ❷ [a: boolean], [b: boolean]
}
```

```
console.log(every(isOdd, [1, 3, 5]));
// true
console.log(every(isOdd, [1, 2, 5]));
// false
```

이번에는 앞서 구현한 every 함수에 .filter(a => !a).take(1)을 추가하여 최적화했습니다.

이제 이 코드는 ❶ .filter(a => !a).take(1)을 통해 false를 하나라도 만나면 더 이상 순회하지 않고 요소가 최대 하나인 이터레이터를 만들어 reduce에 전달합니다. ❷ 만일 false가 하나도 없다면 요소가 없는 이터레이터가 reduce에 전달됩니다. reduce는 요소가 없으면 기본값으로 받은 true를 반환하고 요소가 있으면 true && false로 한 번 누적하여 false를 반환합니다.

이로써 find처럼 every와 some과 같은 함수도 명령형이 아닌 리스트 프로세싱 함수만을 합성하여 만들 수 있다는 것을 확인했습니다.

3.4.8 every와 some 함수의 공통 로직을 함수형으로 추상화하기

함수형 프로그래밍은 리스트, 코드, 함수를 값으로 다루므로 공통 로직을 분리하여 추상화하기 편리합니다. 앞에서 구현한 every와 some 함수는 거의 비슷한 코드 구조를 가지고 있습니다. 다음은 every와 some 함수의 코드 중복을 제거하는 함수형 패러다임의 해법입니다.

코드 3-56 accumulateWith 함수

```
function accumulateWith<A>(
  accumulator: (a: boolean, b: boolean) => boolean,
  acc: boolean,
  taking: (a: boolean) => boolean,
  f: (a: A) => boolean,
  iterable: Iterable<A>
): boolean {
  return fx(iterable)
    .map(f)
    .filter(taking)
    .take(1)
    .reduce(accumulator, acc);
```

```
}

function every<A>(f: (a: A) => boolean, iterable: Iterable<A>): boolean {
  return accumulateWith((a, b) => a && b, true, a => !a, f, iterable);
}

function some<A>(f: (a: A) => boolean, iterable: Iterable<A>): boolean {
  return accumulateWith((a, b) => a || b, false, a => a, f, iterable);
}

console.log(every(isOdd, [1, 3, 5]));
// true
console.log(every(isOdd, [1, 2, 5]));
// false

console.log(some(isOdd, [2, 5, 6]));
// true
console.log(some(isOdd, [2, 4, 6]));
// false
```

[코드 3-56]에서는 accumulateWith 함수를 사용하여 every와 some 함수의 공통 로직을 추상화했습니다. 서로 다른 로직을 인자로 전달하는데 특히 논리가 담긴 코드를 함수로 전달하여 조립하는 면이 특별합니다.

every와 some에 있던 fx(iterable).map(f).filter(a => !a).take(1).reduce((a, b) => a && b, true)와 같은 코드는 이미 함수들을 전달하는 형태로 되어 있습니다. 따라서 코드를 그대로 가져와 아주 간단한 수정만으로 추상화 작업을 마칠 수 있습니다. 중복 제거 과정에 대해 특별히 설명하지 않아도 될 만큼 쉽게 완료했습니다. 이처럼 함수형 프로그래밍은 리팩터링하기도 좋으며 유지보수성이 뛰어납니다.

3.4.9 concat으로 더하기

배열 메서드 concat은 여러 배열을 하나로 결합하는 데 사용됩니다. 예를 들어 arr.concat(arr2)는 배열 arr과 arr2를 결합한 새로운 배열을 반환하며 이 과정에서 원본 배열은 수정되지 않습니다. 하지만 concat 메서드는 모든 배열 요소를 즉시 평가하고 결합하여 새로운 배열을 생성하기 때문에 매우 큰 배열을 결합할 때 메모리 사용량이 증가할 수 있습니다.

반면 제너레이터를 사용해 concat을 구현하면 지연 평가를 통해 요소를 필요할 때마다 처리할 수 있어 메모리 효율성과 성능을 높일 수 있는 가능성을 제공합니다.

제너레이터로 concat 구현하기

제너레이터를 활용하면 다음과 같이 간결한 코드로 배열 혹은 이터러블을 결합할 수 있습니다.

코드 3-57 concat 함수

```
function* concat<T>(...iterables: Iterable<T>[]): IterableIterator<T> {
  for (const iterable of iterables) yield* iterable;
}

const arr = [1, 2, 3, 4];
const iter = concat(arr, [5]);
console.log([...iter]);
// [1, 2, 3, 4, 5]
```

concat 함수는 여러 이터러블을 인자로 받아 각 이터러블의 요소를 순차적으로 생성합니다. 이때 배열 전체를 한 번에 결합하는 대신 필요한 요소를 하나씩 순회하며 생성합니다. 즉 실제로 배열을 합치는 것이 아니라 순회를 이어서 수행하도록 합니다. 다음 예제에서 배열 메서드 concat과 제너레이터 concat의 차이를 확인해보겠습니다.

배열 메서드 concat과 제너레이터 concat의 차이

다음은 배열 메서드 concat과 제너레이터 concat을 비교한 코드입니다.

코드 3-58 concat 비교 코드

```
const arr = [1, 2, 3, 4, 5];

// 배열 concat을 사용한 예제
const arr2 = arr.concat([6, 7, 8, 9, 10]);
console.log(arr2);  // [1, 2, 3, 4, 5, 6, 7, 8, 9, 10]
let acc = 0;
for (const a of take(7, arr2)) {
  acc += a;
}
console.log(acc);  // 28
```

```
// 제너레이터 concat을 사용한 예제
const iter = concat(arr, [6, 7, 8, 9, 10]);
console.log(iter); // concat {<suspended>} (아무 일도 일어나지 않음)
let acc2 = 0;
for (const a of take(7, iter)) {
  acc2 += a;
}
console.log(acc2); // 28
```

예제에서 arr.concat([6, 7, 8, 9, 10])은 [1, 2, 3, 4, 5, 6, 7, 8, 9, 10]이라는 새로운 배열을 생성합니다. 반면 제너레이터 concat은 새로운 배열을 만들지 않고 결합된 요소를 하나씩 생성하여 처리합니다.

배열의 concat 메서드를 사용할 때 큰 크기의 배열이 복사될 경우 메모리 사용량이 증가합니다. 이는 새로 만들어진 배열이 모든 요소를 담을 커다란 인덱스 테이블을 생성하고 그 슬롯들을 전부 재할당해야 하기 때문입니다. 반면 제너레이터 concat은 값을 복사하지 않고 필요한 순간에만 값을 생성하여 효율적으로 작동합니다.

[코드 3-58]에서 배열의 concat 메서드를 사용할 때는 acc 값을 구하는 데만 목적이 있음에도 불구하고 arr2라는 새 배열을 만들게 됩니다. 반면에 제너레이터 concat을 사용한 예제에서는 배열이 복사되지 않고 필요한 연산만 수행하여 acc2를 계산합니다.

push 대신 concat을 사용하며 생각해보기

push는 배열 끝에 새로운 요소를 추가하는 메서드로 원본 배열을 변경합니다. 제너레이터 concat을 사용하면 원본 배열을 변경하지 않고도 같은 작업을 수행할 수 있으며 지연 평가를 활용해 더 효율적으로 처리할 수 있습니다.

코드 3-59 push 사용 예제

```
const arr = [1, 2, 3, 4, 5];

// push를 사용하여 요소를 추가하고 합계를 구하는 예제
arr.push(6, 7);
let acc1 = 0;
for (const a of arr) {
  acc1 += a;
```

```
}
console.log(acc1);  // 28
console.log(arr);  // [1, 2, 3, 4, 5, 6, 7]

// push로 추가한 요소를 다시 제거(원본 배열 복원)
arr.pop();
arr.pop();

// push를 사용하여 요소를 추가한 후 다시 합계를 구하는 예제
arr.push(8, 9);
let acc2 = 0;
for (const a of arr) {
  acc2 += a;
}
console.log(acc2);  // 32
console.log(arr);  // [1, 2, 3, 4, 5, 8, 9]

// push로 추가한 요소를 다시 제거(원본 배열 복원)
arr.pop();
arr.pop();
```

코드 3-59a concat 사용 예제

```
const arr = [1, 2, 3, 4, 5];

// 제너레이터 concat으로 순회를 이어서 할 이터레이터를 만들고 합계를 구하는 예제
const iter1 = concat(arr, [6, 7]);
let acc3 = 0;
for (const a of iter1) {
  acc3 += a;
}
console.log(acc3);  // 28
console.log(arr);  // [1, 2, 3, 4, 5];

// 제너레이터 concat으로 다른 요소를 더해 다시 합계를 구하는 예제
const iter2 = concat(arr, [8, 9]);
let acc4 = 0;
for (const a of iter2) {
  acc4 += a;
}
console.log(acc4);  // 32
console.log(arr);  // [1, 2, 3, 4, 5]
```

제너레이터 concat은 원본 배열을 변경하지 않고 필요한 시점에만 요소를 생성합니다. 이 방식은 프로그램에서 원본 배열을 여러 번 사용해야 하는 상황에 특히 유용합니다. 반면 배열의 concat 메서드는 새로운 배열을 생성하여 메모리에 할당하므로 배열의 크기가 커질수록 메모리 사용량이 증가할 수 있습니다. 제너레이터 concat은 메모리에 새로운 배열을 할당하지 않고 순차적으로 값을 생성하기 때문에 메모리 사용을 최소화할 수 있습니다.

따라서 제너레이터 concat은 메모리 효율성과 프로그램의 유연성을 제공하는 좋은 대안입니다. 물론 모든 상황에서 제너레이터 concat을 사용해야 하는 것은 아니며 push가 더 적합한 경우도 있습니다. 상황에 맞게 적절한 방법을 선택하는 것이 중요합니다.

unshift 대신 concat을 사용하며 생각해보기

unshift는 배열의 앞부분에 새로운 요소를 추가하는 메서드로 원본 배열을 변경합니다. 제너레이터 concat을 사용하면 원본 배열을 변경하지 않고 필요한 요소를 앞에 추가하는 작업을 효율적으로 처리할 수 있습니다.

코드 3-60 unshift를 사용하여 요소를 앞에 추가하고 문자열로 합치는 예제

```
const arr = ['2', '3', '4', '5'];
arr.unshift('1');
console.log(arr);  // ['1', '2', '3', '4', '5']
let result1 = '';
for (const str of arr) {
  result1 += str;
}
console.log(result1);  // '12345'
```

unshift 메서드는 배열의 앞부분에 요소를 추가할 때 기존 모든 요소들의 인덱스를 하나씩 뒤로 이동시켜야 합니다. 이에 따라 배열의 크기가 클수록 성능 부하가 발생할 수 있습니다. 예를 들어 배열에 100개의 요소가 있다면 새로운 요소를 앞에 추가할 때마다 100개의 요소를 모두 이동시켜야 합니다. 따라서 큰 배열일수록 시간 복잡도가 증가하게 됩니다.

코드 3-60a 제너레이터 concat으로 요소를 앞에 추가하고 문자열로 합치는 예제

```
const arr = ['2', '3', '4', '5'];
const iter = concat(['1'], arr);
console.log(arr);  // ['2', '3', '4', '5']
```

```
let result2 = '';
for (const str of iter) {
  result2 += str;
}
console.log(result2); // '12345'
```

반면 제너레이터 concat을 사용하면 이러한 인덱스 이동이 필요하지 않습니다. 대신 새로운 요소를 앞에 연결하는 방식으로 순차적으로 생성하므로 메모리와 성능 면에서 효율적입니다.

take와 함께 사용하기

unshift 대신 concat을 사용하고 take로 필요한 개수만 가져온다면 전체 배열을 조작할 필요 없이 필요한 요소만 처리할 수 있습니다.

코드 3-61 take와 concat

```
const arr1 = [1, 2, 3, 4, 5];
const arr2 = [6, 7, 8, 9, 10];
const iter = take(3, concat(arr1, arr2));
console.log([...iter]); // [1, 2, 3]
```

이 방법을 사용하면 필요한 요소만 처리할 수 있어 효율적입니다. 위 상황에서는 arr2는 순회하지도 않고 종료되므로 concat을 하지 않은 것이나 다름 없습니다.

some과 함께 사용하기

unshift 대신 concat을 사용하고 some으로 조건을 만족하는 요소를 찾을 때 제너레이터를 사용하면 필요한 만큼만 요소를 생성하고 처리할 수 있어 효율적입니다. some 함수는 조건을 만족하는 첫 번째 요소를 찾은 후 즉시 순회를 중지하므로 불필요한 계산을 하지 않게 됩니다.

코드 3-62 some과 concat

```
const arr = [3, 4, 5];
console.log(some(n => n < 3, arr));
// false

const iter = concat([1, 2], arr);
console.log(some(n => n < 3, iter));
// true
```

지금까지 지연 평가를 활용한 concat의 여러 사례를 살펴보았습니다. 특히 값 변화를 직접적으로 적용하는 대신 지연 평가를 통해 리스트를 처리하는 방법을 확인할 수 있었습니다. 이러한 접근 방식으로 프로세싱을 효율적이고 유연하게 할 수 있으며 다양한 아이디어를 떠올릴 수 있습니다.

코드 : 객체 : 함수 = Generator : Iterator : LISP = IP : OOP : FP

3장에서는 '코드 : 객체 : 함수 = Generator : Iterator : LISP = IP : OOP : FP'라는 관점을 중심으로 LISP과 여러 현대 언어들이 제안하는 다양한 패러다임과 기법, 하스켈을 통한 영감, 지연 평가의 실제 실행과 응용, 타입스크립트에서의 안전한 합성과 에러 처리 방식 등을 다뤘습니다.

또한 함수형 코드 구현과 리팩터링을 통해 명령형 코드를 대체하는 리스트 프로세싱 개념과 값 변화를 대체하는 아이디어를 살펴보며 다양한 패러다임 간의 연결 고리와 상호 보완 관계를 확인했습니다.

멀티패러다임 언어에서는 하나의 함수 안에서도 필요한 패러다임을 적절히 조합할 수 있습니다. 상황에 맞는 패러다임을 선택하거나 조합하여 활용하는 것은 더 나은 문제 해결에 기여합니다.

3.5 요약 정리

코드:객체:함수 = Generator:Iterator:LISP = IP:OOP:FP

코드, 객체, 함수는 각각 제너레이터, 이터레이터, LISP와 유사한 관계를 가집니다. 이터레이터는 반복자 패턴의 구현체로 컬렉션의 값을 일반화된 패턴으로 순회하는 객체입니다. 이터레이터는 지연성을 가지며 평가한 만큼만 실행하고 일시 정지하는 특성이 있어 무한히 소비할 수 있는 이터레이터를 만들 수 있습니다. 이를 통해 명령형, 객체지향적, 함수형 접근 방식 모두를 통합하는 강력한 프로그래밍 모델을 만들 수 있습니다.

코드가 곧 데이터: 로직이 담긴 리스트

LISP의 철학은 코드와 데이터의 경계가 없는 프로그래밍 언어의 특징을 반영합니다. LISP의 S-표현식을 통해 로직이 리스트 형태로 표현되며 이로써 코드의 유연성과 확장성을 높일 수 있습니다. 코드가 데이터이고 데이터가 코드인 LISP의 개념은 현대 프로그래밍 언어에 적용할 수 있습니다. LISP의 메타프로그래밍 능력은 코드와 데이터를 동일하게 취급하여 동적으로 생성하고 조작할 수 있게 합니다. 이를 통해 프로그래머는 더 유연하고 강력한 프로그램을 작성할 수 있습니다.

하스켈에서 배우기

하스켈은 순수 함수형 프로그래밍 언어로 순수 함수와 함수 합성, 커링, 지연 평가, 강력한 타입 시스템 등의 개념을 제공합니다. 하스켈을 통해 함수형 프로그래밍의 이점을 이해하고 현대 프로그래밍 언어에 적용하는 방법을 배울 수 있습니다. 하스켈의 함수 시그니처와 패턴 매칭을 통한 강력한 타입 안전성 덕분에 코드의 안정성과 가독성을 높일 수 있습니다. 하스켈의 타입 시스템은 매우 강력하며 타입 추론을 통해 명시적인 타입 선언 없이도 안전한 코드를 작성할 수 있습니다.

지연 평가 자세히 살펴보기

지연 평가는 필요한 시점까지 계산을 미루는 전략으로 프로그램의 성능을 최적화할 수 있습니다. 지연 평가의 실제 구현과 응용 사례를 통해 효율적인 코드를 작성할 수 있습니다. 지연 평가는 성능 최적화와 자원 절약에 중요한 개념으로 이를 통해 더 나은 프로그램을 작성할 수 있습니다. 또한 지연 평가는 특히 대규모 데이터 처리와 복잡한 계산에서 유용하며 필요할 때만 계산을 수행하여 불필요한 자원 낭비를 줄일 수 있습니다.

Generator:Iterator:LISP – 지연 평가와 안전한 합성

리스트 프로세싱 함수의 조합만으로도 find, every, some과 같은 고차 함수를 구현할 수 있습니다. 타입스크립트에서는 옵셔널 체이닝 연산자(?.)와 Non-null 단언 연산자(!)를 사용하여 안전하게 값을 합성하고 언어와 소통할 수 있습니다. 또한 리스트 프로세싱으로 구현한 함수는 지연 평가로 효율적으로 동작할 수 있으며 쉽게 공통 로직을 추상화하여 중복을 제거할 수 있습니다.

4장

비동기 프로그래밍

비동기 프로그래밍은 특정 작업이 완료될 때까지 기다리지 않고 다른 작업을 계속 수행하는 프로그래밍 방식입니다. 따라서 프로그램이 동시에 여러 작업을 수행할 수 있어 효율성을 높입니다. 자바스크립트를 사용하는 환경에서는 주로 IO 작업에 활용됩니다. 브라우저는 비동기 패러다임을 기반으로 긴 IO 작업 동안에도 UI의 반응성을 유지합니다. 프런트엔드 개발에서는 주로 API 통신과 애니메이션 시점 핸들링 등에 사용되며 백엔드 프로그래밍에서는 파일 시스템, 데이터베이스 및 쿼리 핸들링, 각종 네트워크 통신 등에 사용됩니다. 또한 AWS, 애저, GCP 등 클라우드 서비스 제공업체들의 서버와 스토리지 등의 리소스를 제어할 때도 사용됩니다.

자바스크립트가 실행되는 환경에서는 대부분 싱글 스레드 기반의 비동기 IO를 통해 프로그램의 동시 실행을 제어합니다. 예를 들어 Node.js는 싱글 스레드로 동작하지만 비동기 IO를 통해 외부 자원에게 병렬 작업을 맡기고 실행 순서를 제어합니다. 따라서 프로그래머는 비동기적으로 일어나는 작업의 실행 순서를 정확하게 제어할 수 있어야 합니다. 때로는 순차적으로 실행되도록, 때로는 병렬적으로 실행되도록, 다시 한 자리로 돌아와 데이터를 파싱하고 조합하면서 계획된 대로 로직이 잘 동작하도록 구현해야 합니다.

이 장에서는 Promise를 값으로 다루고 반복자 패턴과 조합하여 비동기 실행 순서를 제어하는 방법을 배웁니다. 또한 비동기와 동시성 제어에 강점을 보이는 함수형 패러다임과 타입 시스템을 적용하여 비동기 프로그래밍의 안전성과 가독성을 높이는 방법을 살펴봅니다.

이후 이번 장에서 다룬 개념을 토대로 6장에서는 객체지향 패러다임을 섞은 멀티패러다임적인 비동기 핸들링을 탐구하고 다양한 비동기 패턴과 기법을 통해 더 나은 프로그램을 작성하는 방법을 알아보겠습니다.

4.1 값으로 다루는 비동기

Promise는 비동기 작업의 결과를 값으로 다룰 수 있게 하는 객체이자 규약입니다. 반복자 패턴의 구현체인 이터레이터가 그랬던 것처럼 많은 프로그래밍 언어들이 Promise와 동일한 기능을 제공합니다. 한편으로 Promise는 비동기 상황을 타입 수준에서 다룰 수 있게 합니다. 타입 시스템을 통해 컴파일 타임에 안전한 합성이 가능해지고 런타임에서는 다양한 비동기 상황을 보다 효과적으로 제어할 수 있습니다. 이러한 Promise를 반복자 패턴과 조합하면 매우 강력한 비동기 프로그래밍 모델을 만들 수 있습니다. 이 절에서는 특히 리스트 프로세싱과 함께 사용해 복잡한 비동기 로직을 손쉽고 안전하게 제어하는 방법을 탐구합니다.

4.1.1 Promise

Promise는 비동기 작업의 성공 또는 실패를 처리하는 데 사용하는 객체입니다. 비동기를 다루는 표준화된 값과 규약은 개발자와 언어가 이를 정확하고 안전하게 다룰 수 있게 합니다. Promise는 비동기 작업의 완료 여부와 관계없이 즉시 객체를 생성하여 값으로 다룰 수 있게 하고 비동기 작업의 결과가 필요한 시점에 꺼내보거나 에러를 처리할 수 있도록 합니다.

Promise는 생성 즉시 대기pending 상태로 시작하고 작업이 성공하면 이행fulfilled 상태로, 실패하면 거부rejected 상태로 전환됩니다. Promise는 여러 Promise를 조합(합성)하여 순차적으로 실행하거나 동시 실행하도록 제어할 수 있으며 async/await 등과 함께 동작하여 비동기 로직을 간단하게 표현할 수도 있습니다.

Promise 연관 기능과 도입 시점

Promise는 ES6이 도입되기 이전 2010~2013년 사이부터 많은 개발자들이 서드파티에서 직접 구현하여 미리 사용하고 있었습니다. 대표적인 라이브러리로는 Q, Bluebird, When.js 등이 있었으며 보다 쉽게 비동기 프로그래밍을 할 수 있도록 도와주었고 개발자들 사이에서 널리 사용되었습니다. 그러다 2015년 ES6에서 Promise가 표준화되면서 자바스크립트에서 비동기 프로그래밍을 위한 일관된 방법이 제공되었습니다. 따라서 서드파티 라이브러리 없이도 표준 라이브러리만으로 비동기 작업을 쉽게 처리할 수 있게 되었습니다.

ECMAScript 2017부터는 async/await가 도입되어 Promise를 더욱 간결하고 직관적으로 사용할 수 있게 되었고 ECMAScript 2018부터는 AsyncGenerator와 AsyncIterator가 도입되어 비동기 작업을 더욱 유연하게 처리할 수 있게 되었습니다. 이 같은 기술들은 모두 Promise에 기반하고 있습니다.

Promise와 관련된 기술과 도입 시점을 살펴보면 다음과 같습니다.

ECMAScript 2015(ES6)

- Promise: 비동기 작업의 성공 또는 실패를 처리하는 객체입니다.
- Promise.all: 병렬로 실행된 모든 Promise가 완료될 때까지 기다립니다. 모든 Promise가 완료되면 결과를 배열로 반환합니다.
- Promise.race: 병렬로 실행된 여러 Promise 중 가장 먼저 완료된 Promise의 결과나 에러를 반환합니다.
- Promise.resolve: 기존 값을 Promise로 변환하거나 이미 Promise인 값을 그대로 반환합니다.
- Promise.reject: 실패한 이유와 함께 거부된 Promise를 반환합니다.

ECMAScript 2017(ES8)

- async/await: 비동기 함수를 정의하고 Promise의 결과를 기다릴 수 있는 구문입니다. 비동기 코드를 더 간결하고 읽기 쉽게 만듭니다.

ECMAScript 2018(ES9)

- promise.finally: Promise가 완료되면(성공 또는 실패와 관계없이) 항상 실행되는 콜백을 지정합니다.
- for await...of: 비동기 이터러블 객체를 반복할 수 있는 구문입니다. async 이터러블 객체의 값을 비동기적으로 처리할 수 있습니다.
- AsyncIterator: 비동기 이터레이션을 지원하는 인터페이스입니다. for await...of 구문을 사용하여 비동기 이터레이션을 수행할 수 있습니다.
- AsyncGenerator: 비동기 작업을 수행하면서 값을 생성할 수 있는 비동기 제너레이터 함수입니다. async와 function* 키워드를 함께 사용하여 정의됩니다.

ECMAScript 2020(ES11)

- Promise.allSettled: 여러 Promise를 병렬로 실행하고 모든 Promise가 완료될 때까지 기다립니다. 각 Promise의 결과(성공 또는 실패)를 객체 형태로 반환합니다.

ECMAScript 2021(ES12)

- Promise.any: 여러 Promise 중 가장 먼저 이행된 Promise의 값을 반환합니다. 모든 Promise가 거부된 경우 거부된 모든 이유를 포함하는 단일 에러를 반환합니다.

ECMAScript 2022(ES13)

- Array.fromAsync: 비동기 이터러블을 처리하여 배열을 생성할 수 있게 해줍니다.

이처럼 Promise를 포함한 비동기 프로그래밍 기술이 ECMAScript에서 지속적으로 발전되고 보강되는 이유는 이것이 자바스크립트에서의 IO를 다루는 핵심 기술이기 때문입니다. Promise를 잘 다루는 것은 자바스크립트에서 IO 작업을 효과적으로 처리하는 데 중요한 요소이며 특히 현업에서 매우 중요한 영역입니다.

이제부터 이러한 Promise를 다양한 방법으로 다루는 코드들을 살펴보겠습니다.

Promise를 반환하는 delay 함수

delay 함수는 time만큼 대기한 후 value로 받은 값을 반환하는 Promise를 생성하여 즉시 반환하는 함수입니다.

코드 4-1 delay 함수

```
function delay<T>(time: number, value: T): Promise<T> {
  return new Promise((resolve) => setTimeout(() => resolve(value), time));
}
```

- delay 함수는 제네릭 함수로 정의되어 반환할 값의 타입을 T로 지정합니다.
- Promise 객체를 생성하여 반환합니다. Promise 객체는 resolve 함수를 인수로 받습니다.
- time은 밀리초 단위이며 setTimeout의 두 번째 인자인 timeout으로 사용됩니다.
- setTimeout 함수는 주어진 시간(time)만큼 대기한 후 resolve 함수를 호출하여 value를 반환합니다.

사실 setTimeout 함수는 첫 번째 인자로 전달된 콜백 함수를 실행할 때 세 번째 인자부터 시작해서 전달된 값들을 콜백 함수의 인자로 전달하므로 [코드 4-2]와 같이 간결하게 변경할 수 있습니다.

코드 4-2 간결한 버전의 delay 함수

```
function delay<T>(time: number, value: T): Promise<T> {
  return new Promise((resolve) => setTimeout(resolve, time, value));
}
```

다음은 delay 함수의 반환값인 Promise를 다루는 예제입니다.

코드 4-3 then으로 합성

```
function test() {
  console.time('test'); // 코드 실행 시간 측정 시작

  delay(1000, "Hello, world!").then((result) => { // [result: string]
    console.log(result); // 1초 후에 "Hello, world!" 출력
  }).then(() => {
    return delay(2000, 40);
  }).then((result) => { // [result: number]
    console.log(result); // 2초 후에 40 출력

    console.timeEnd('test'); // 코드 실행 시간 측정 종료 및 출력: 약 3000ms
  });
}

test();
// Hello, world!
// 40
// test: 3002.367ms
```

[코드 4-3]에서는 then 메서드를 사용하여 Promise를 체이닝합니다. delay 함수로 1초 후에 Hello, world!를 출력하고 그 후 다시 delay 함수를 호출하여 2초 후에 40을 출력합니다. console.time과 console.timeEnd를 사용하여 전체 실행 시간을 측정합니다.

코드 4-4 async/await (ES8)

```
async function test2() {
  console.time('test2'); // 코드 실행 시간 측정 시작

  const result1 = await delay(1000, "Hello, world!"); // [result1: string]
  console.log(result1); // 1초 후에 "Hello, world!" 출력

  const result2 = await delay(2000, 40); // [result2: number]
```

```
  console.log(result2); // 2초 후에 40 출력

  console.timeEnd('test2'); // 코드 실행 시간 측정 종료 및 출력: 약 3000ms
}

await test2();
// Hello, world!
// 40
// test2: 3002.519ms
```

[코드 4-4]에서는 async/await를 사용하여 비동기 작업을 더 직관적이고 간결하게 처리합니다. delay 함수로 1초 후에 Hello, world!를 출력하고 그 후 다시 delay 함수를 호출하여 2초 후에 40을 출력합니다.

4.1.2 new Promise( )를 직접 사용해본 적 있는가

면접 자리에서 저는 종종 다음과 같은 질문을 드리곤 합니다.

- 실제 업무에서 new Promise()를 직접 사용해본 경험이 있나요?
- 학습이나 실습 과정에서 또는 팀원들과 함께 작업할 때 실제 서비스 코드에서 new Promise()를 활용한 사례가 있나요?
- Promise 인스턴스를 인자로 받아 처리하는 함수를 구현해본 적이 있나요?
- Promise.all이나 Promise.race를 사용해본 경험은 있나요?

이러한 질문은 비동기 프로그래밍의 기본기나 다양한 응용 사례에 대해 이야기를 나눌 좋은 계기가 됩니다. 예를 들어 ES6 이전이나 도입 초기 단계에는 비동기 프로그래밍을 어떻게 다루었는지, 기존 라이브러리나 헬퍼 함수에만 의존하지 않고 비동기 흐름 제어를 한층 더 능숙하게 구현하기 위해 어떤 접근을 시도했는지 등, 서로의 경험과 생각을 자유롭게 교환하며 유용한 인사이트를 공유할 수 있습니다.

코드 4-5 new Promise(ES6 혹은 그 이전)

```
function handleConcurrentTasks<T>(): Promise<T[]> {
  return new Promise((resolve, reject) => {
    // ...
  });
}
```

물론 요즘 들어 new Promise()를 직접 작성하는 일이 많지는 않습니다. Promise가 처음 도입되었을 당시에는 공식 Web API나 Node.js 그리고 다양한 서드파티 라이브러리에서 아직 콜백 기반의 비동기 제어 방식을 사용하는 경우가 많았습니다. 이때는 콜백 함수를 자주 Promise 형태로 감싸야 했기 때문에 new Promise()를 직접 작성할 필요가 컸습니다.

그러나 최근에는 Web API와 Node.js를 비롯한 대부분의 서드파티 라이브러리에서 이미 Promise 기반의 인터페이스를 제공하고 있습니다. 또한 async/await의 도입 덕분에 코드에서 직접 new Promise()를 호출하는 일이 더욱 드물어졌습니다. 사실상 일반적인 IO 작업이나 데이터 로드 과정에서 직접 Promise 객체를 만들 일은 거의 사라졌다고 해도 과언이 아닙니다.

그렇다면 정말 new Promise()를 사용할 일이 전혀 없을까요? 만약 Promise.all이나 Promise.race와 달리 기존에 제공되지 않는 고유한 방식의 병렬 실행 제어 함수를 구현해야 한다면 new Promise() 또는 이와 유사한 기법을 통해 Promise를 직접 생성하고 제어하는 로직이 필요할 수 있습니다. 이는 단순히 주어진 라이브러리나 헬퍼 함수를 활용하는 것을 넘어 비동기 프로그래밍에서 발생하는 특정 문제를 자체 알고리즘으로 풀어내거나 병렬성과 동시성을 효율적으로 관리하는 재사용 가능한 함수를 만들어 사용하는 경험을 의미합니다.

정리하자면 new Promise()를 많이 다뤄봤다는 것은 주어진 환경을 소비하는 수준을 넘어 비동기 제어에 관한 깊이 있는 이해와 문제 해결 능력을 갖추고 있는지를 평가하는 척도가 될 수 있습니다.

다음은 이러한 능력과 경험이 요구되는 작업의 몇 가지 예입니다.

- Promise.all과 다르게 동시 실행 개수를 제한하는 병렬적 함수 구현
- 더 나은 UI 반응성을 위한 애니메이션과 데이터 요청의 동시성 핸들링
- 서버사이드에서 데이터 가져오기, 저장하기, 렌더링 최적화
- 배치 작업 및 CronJob과 같은 정기 작업을 스케줄링하고 병렬 처리를 통한 작업 효율 최적화
- Node.js에서 파일을 스트림으로 읽고 스트림으로 쓰면서 제너레이터를 결합하여 사용
- 데이터베이스를 핸들링하는 재사용 가능한 함수 라이브러리 구현

이러한 작업들은 수준 높은 비동기 프로그래밍 지식과 경험을 요구합니다. 이때 new Promise()나 그와 유사한 기법을 사용하여 동시성 제어를 해야 하는 경우가 많습니다.

4.1.3 Promise.race

Promise.race는 병렬로 실행된 여러 Promise 중 가장 먼저 완료된 Promise의 결과나 에러를 반환합니다.

코드 4-5 Promise.race (ES6)

```
const promise1 = new Promise((resolve) => setTimeout(resolve, 500, 'one'));

const promise2 = new Promise((resolve) => setTimeout(resolve, 100, 'two'));

await Promise.race([promise1, promise2]).then((value) => {
  console.log(value);  // "two"가 출력됩니다. (먼저 완료된 Promise)
});
```

이와 같이 동작하는 Promise.race를 실무에서는 어떤 상황에 사용할 수 있을까요? 다음 글을 읽기 전에 먼저 충분히 생각해본 다음 진행하기 바랍니다.

4.1.4 IO 작업에 타임아웃 설정하기

친구 목록을 가져오는 /friends API의 응답이 5초 이상 지연되었을 때 '현재 네트워크 환경이 좋지 않습니다.'와 같은 메시지를 출력하고자 한다면 Promise.race를 활용하면 좋습니다.

코드 4-6 Promise.race로 타임아웃 제어하기

```
function getRandomValue<T>(a: T, b: T): T {
   // 0 또는 1 중 하나를 무작위로 뽑은 뒤, 그 값에 따라 a 또는 b를 반환합니다.
   const randomIndex = Math.floor(Math.random() * 2);
   return randomIndex === 0 ? a : b;
}

type User = {
  name: string;
};

function getFriends(): Promise<User[]> {
  // return fetch('/friends').then(res => res.json());와 유사한 역할을 하는 함수의 임시 구현
  return delay(
```

```
    getRandomValue(60, 6_000),  // 0.06초 or 6초
    [{ name: 'Marty' }, { name: 'Michael' }, { name: 'Sarah' }]
  );
}

const result = await Promise.race([
  getFriends(),
  delay(5000, 'timeout')  // 5초
]);

if (result === 'timeout') {
  console.log("현재 네트워크 환경이 좋지 않습니다.");
} else {
  const friends = result as User[];
  console.log("친구 목록 렌더링: ", friends.map(({ name }) => `<li>${name}</li>`));
}
```

[코드 4-6]과 같은 방법은 좋은 해결책이 됩니다. 물론 최근에는 AbortController[1]가 추가되어 fetch와 함께 사용할 수 있지만 Promise.race를 활용한 방법처럼 기본기와 응용력이 뛰어나면 fetch 외의 다양한 상황에서도 비동기 작업을 효과적으로 처리할 수 있습니다.

[코드 4-6]은 Promise.race의 사용법과 응용법을 전달하려는 목적으로 비교적 간단히 작성했습니다. 실제로는 Promise.race에 시간이 지나면 에러를 전파하는 Promise를 전달하거나 Timeout과 같은 타입을 정의하여 타입 좁히기가 동작하도록 구성하면 좋습니다.

4.1.5 응답 속도에 따라 다른 전략으로 UI 렌더링하기

이번에는 채팅방에 '친구 초대하기'라는 버튼이 있고 버튼을 누를 때 친구 목록을 가져오는 창을 렌더링한다고 가정해봅시다. 만일 친구 목록을 가져오는 /friends API의 응답이 100ms 내로 완료되면 즉시 친구 목록 창을 렌더링하고 그보다 오래 걸리면 로딩 표시를 띄운 후 응답이 완료되었을 때 렌더링하도록 만들고자 합니다. 이럴 때 Promise.race를 활용하면 이 같은 사용자 경험을 더욱 쉽게 구현할 수 있습니다.

1 AbortController는 비동기 작업을 취소할 수 있도록 도와주는 웹 API로 주로 fetch 요청에 제한 시간을 설정하거나 중단하는 데 사용됩니다.

코드 4-7 응답 속도에 따라 UI 제어하기

```
function toggleLoadingIndicator(show: boolean): void {  // ❶
  if (show) {
    console.log("append loading...");
  } else {
    console.log("remove loading...");
  }
}

async function renderFriendsPicker(): Promise<void> {
  const friendsPromise = getFriends();  // ❷

  const result = await Promise.race([  // ❸
    friendsPromise,
    delay(100, 'isSlow')
  ]);

  if (result === 'isSlow') {  // ❹
    toggleLoadingIndicator(true);
    await friendsPromise;
    toggleLoadingIndicator(false);
  }

  const friends = await friendsPromise;
  console.log("친구 목록 렌더링: ", friends.map(({ name }) => `<li>${name}</li>`));  // ❺
}

await renderFriendsPicker();
// 빠른 응답 시 (랜덤)
// 0.06초 뒤
// 친구 목록 렌더링: <li>Marty</li><li>Michael</li><li>Sarah</li>

await renderFriendsPicker();
// 느린 응답 시 (랜덤)
// append loading...
// 6초 뒤
// remove loading...
// 친구 목록 렌더링: <li>Marty</li><li>Michael</li><li>Sarah</li>
```

코드를 자세히 살펴보면 다음과 같습니다.

❶ toggleLoadingIndicator 함수는 로딩 표시를 보이거나 숨기는 역할을 합니다.

❷ renderFriendsPicker 함수가 실행되면 친구 목록을 가져오는 getFriends의 결과를 friendsPromise에 저장해둡니다.

❸ 그리고 Promise.race에게 friendsPromise와 100ms의 지연 후 'isSlow' 문자열을 반환하는 delay 함수의 결과인 Promise 객체를 전달합니다.

❹ Promise.race에서 먼저 완료된 Promise가 result에 저장됩니다. 만일 result가 'isSlow'라면 로딩 표시를 켜고 await friendsPromise를 통해 친구 목록이 로드될 때까지 대기합니다. 이후 친구 목록이 로드되면 로딩 표시를 끄고 마지막으로 친구 목록을 출력합니다.

❺ 아니라면 즉시 친구 목록을 출력합니다.

이처럼 Promise를 변수에 담거나 Promise.race 같은 함수에 전달하거나 원할 때 꺼내서 사용하는 등 원하는 실행 타이밍에 맞게 대기를 거는 방식으로 Promise를 값으로 다룰 수 있습니다. 또한 Promise를 값으로 다룰 수 있어서 Promise.race와 같은 함수를 만들 수 있으며 필요한 비동기 로직을 만들어 재사용할 수 있습니다.

연습 문제

구현과 응용력을 한층 향상시킬 수 있는 연습 문제를 준비해보았습니다. [코드 4-7]에서 한 단계 더 발전시켜 사용자 경험을 더욱 개선하기 위한 화면 렌더링 로직을 구현해봅시다.

1. 빠른 응답(100ms 내 완료)
API 응답이 100ms 내로 이루어지면 초기에는 친구 목록 화면을 아래쪽부터 먼저 렌더링한 뒤 아래에서 위로 올라오는 애니메이션을 통해 화면에 표시하세요.

2. 지연된 응답(100ms 이상 소요)
API 응답이 100ms 이상 걸릴 경우 우선 제목과 로딩 표시만을 갖춘 친구 목록 창을 애니메이션으로 띄웁니다. 이후 응답이 완료되면 친구 목록을 렌더링하세요.
만일 애니메이션 진행 중에 응답이 완료된다면 즉시 그리지 말고 애니메이션이 모두 종료된 뒤에 친구 목록을 렌더링합니다. UI가 끊기지 않고 부드럽게 전환되도록 처리하세요.

이번 과제는 Promise를 보다 세밀하게 제어하는 방식을 연습하는 좋은 기회입니다. UI 렌더링 타이밍을 조절하면서 어떻게 하면 사용자 경험을 최대한 매끄럽게 만들 수 있을지 고민하고 구현해볼 수 있습니다.

4.1.6 Promise.all

Promise.all은 주어진 모든 Promise가 이행될 때까지 기다렸다가 모든 결과를 배열로 반환하는 함수입니다. 만약 주어진 Promise 중 하나라도 거부reject되면 Promise.all은 즉시 거부되고 거부 이유를 반환합니다. Promise.all은 여러 비동기 작업을 병렬로 실행하고 모든 작업이 완료될 때까지 기다릴 때 유용합니다.

코드 4-8 Promise.all(ES6)

```
type File = {
  name: string;
  body: string;
  size: number;
};

function getFile(name: string, size = 1000): Promise<File> {
  return delay(size, { name, body: '...', size });
}

const files = await Promise.all([
  getFile('img.png', 500),
  getFile('book.pdf', 1000),
  getFile('index.html', 1500)
]);

console.log(files);
// 약 1,500ms 뒤:
// [
//   { name: 'img.png', body: '...', size: 500 },
//   { name: 'book.pdf', body: '...', size: 1000 },
//   { name: 'index.html', body: '...', size: 1500 }
// ]
```

getFile 함수는 size만큼 시간이 걸리는 비동기 함수이며 size의 기본값은 1000으로 설정되어 있습니다. 이 함수는 파일을 비동기적으로 가져오는 것을 표현합니다. [코드 4-9]에서는 Promise.all을 통해 모든 파일을 불러올 때까지 기다립니다. getFile이 세 번 호출될 때 총실행 시간은 3000ms 정도지만 병렬로 실행되기 때문에 가장 오래 걸리는 Promise의 실행 시간인 1500ms 후에 결과가 완성됩니다. 이를 통해 파일 목록이 배열로 반환됩니다.

만일 Promise.all에 거부된 Promise가 포함된다면 어떻게 동작할까요?

코드 4-9 Promise.all 시도 실패 예제

```
try {
  const files = await Promise.all([
    getFile('img.png'),  // 기본 size: 1000, delay: 1000ms
    getFile('book.pdf'),
    getFile('index.html'),
    delay(500, Promise.reject('파일 다운로드 실패'))
  ]);
  console.log(files);  // 이 줄은 실행되지 않습니다.
} catch (error) {
  // 약 500ms 뒤
  console.error(error);  // '파일 다운로드 실패'
}
```

[코드 4-9]에서 Promise.all은 네 개의 비동기 작업을 병렬로 처리합니다. 그중 delay(500, Promise.reject('파일 다운로드 실패'))는 500ms 후에 실패하는 Promise를 반환합니다. 따라서 Promise.all은 500ms 후에 catch 블록으로 이동합니다. Promise와 await를 함께 사용하면 비동기 작업의 에러를 try...catch문으로 처리할 수 있습니다.

4.1.7 Promise.allSettled

Promise.allSettled는 주어진 모든 Promise가 완료될 때까지 기다린 후 각 Promise의 성공 결과나 실패 결과를 객체로 담아 반환합니다. 이는 모든 Promise의 완료 상태를 확인하고 싶을 때 유용합니다.

코드 4-10 Promise.allSettled(ES11)

```
const files = await Promise.allSettled([
  getFile('img.png'),
  getFile('book.pdf'),
  getFile('index.html'),
  Promise.reject('파일 다운로드 실패')  // 즉시 실패
]);

console.log(files);
```

```
// 약 1000ms 뒤:
// [
//   { status: 'fulfilled', value: { name: 'img.png', body: '...', size: 1000 } },
//   { status: 'fulfilled', value: { name: 'book.pdf', body: '...', size: 1000 } },
//   { status: 'fulfilled', value: { name: 'index.html', body: '...', size: 1000 } },
//   { status: 'rejected', reason: '파일 다운로드 실패' }
// ]
```

[코드 4-10]은 모든 Promise의 완료 상태를 반환합니다. Promise.all과 달리 Promise.allSettled는 모든 Promise가 완료될 때까지 기다리며 성공과 실패를 구분하여 결과를 객체 형태로 반환합니다. 따라서 [코드 4-9]와 같은 상황에서 특정 Promise의 실패 여부와 상관없이 모든 Promise의 결과를 확인할 수 있습니다.

오해하지 말아야 할 것은 [코드 4-9]의 상황이 문제라서 이를 해결하기 위해 Promise.allSettled가 나온 것이 아니며 용도가 다르다는 점입니다. 에러가 전파되는 것을 원할 때는 여전히 Promise.all을 사용하는 것이 맞습니다.

그렇다면 ECMAScript 2020(ES11) 이전에는 이러한 상황을 어떻게 해결했을까요? 생각보다 매우 간단합니다. Promise를 값으로 잘 다룰 수 있다면 [코드 4-11]처럼 settlePromise 같은 간단한 함수를 만들어 map과 함께 사용하는 식으로 대체할 수 있습니다.

코드 4-11 settlePromise 함수

```
const settlePromise = <T>(promise: Promise<T>) =>  // ❶
  promise
    .then(value => ({ status: 'fulfilled', value }))  // ❷
    .catch(reason => ({ status: 'rejected', reason }));

const files = await Promise.all([
  getFile('img.png'),
  getFile('book.pdf'),
  getFile('index.html'),
  Promise.reject('파일 다운로드 실패')
].map(settlePromise));  // ❸

console.log(files);
// [
//   { status: 'fulfilled', value: { name: 'img.png', body: '...', size: 1000 } },
//   { status: 'fulfilled', value: { name: 'book.pdf', body: '...', size: 1000 } },
//   { status: 'fulfilled', value: { name: 'index.html', body: '...', size: 1000 } },
```

```
//   { status: 'rejected', reason: '파일 다운로드 실패' }
// ]
```

[코드 4-11]은 Promise를 함수형 고차 함수와 함께 값으로 다루는 예입니다.

❶ settlePromise는 promise를 인자로 받아 then과 catch를 사용해 각 Promise의 상태를 처리합니다. ❷ then 블록에서는 status: 'fulfilled'와 함께 value를 반환하고 catch 블록에서는 status: 'rejected'와 함께 reason을 반환합니다. ❸ map을 사용하여 각 Promise에 settlePromise 함수를 적용하고 Promise.all을 사용하여 모든 Promise가 완료될 때까지 기다립니다. 그러면 Promise.allSettled와 동일한 결과를 반환합니다.

4.1.8 Promise.any

Promise.race가 가장 먼저 완료된 Promise를 이행되든 거부되든 상관없이 즉시 그 결과나 에러를 반환한다면 Promise.any는 여러 Promise 중 가장 먼저 이행된 Promise의 값을 반환합니다. 단 모든 Promise가 거부된 경우에는 거부된 모든 이유를 포함하는 단일 에러를 반환합니다.

코드 4-12 Promise.any(ES12)

```
const files = await Promise.any([
  getFile('img.png', 1500),
  getFile('book.pdf', 700),
  getFile('index.html', 900),
  delay(100, Promise.reject('파일 다운로드 실패'))
]);

console.log(files);
// 약 700ms 후
// { name: 'book.pdf', body: '...', size: 700 }

const files2 = await Promise.any([
   delay(200, Promise.reject('파일 다운로드 실패')),
   delay(100, Promise.reject('파일 다운로드 실패'))
]);
// 약 200ms 후
// Uncaught (in promise) AggregateError: All promises were rejected
```

[코드 4-12]에서 Promise.any는 거부된 값이 있더라도 가장 먼저 이행된 Promise의 결괏값인 File을 반환합니다.

Promise.any가 도입되기 전인 2021년 이전에는 이와 동일한 비동기 제어 로직이 필요할 때 Promise.any와 같은 함수를 직접 구현하여 사용해야 했습니다. 이와 마찬가지로 앞으로도 ECMAScript 2022(ES13)까지 추가된 Promise 기반 헬퍼 함수들만으로 해결할 수 없는 비동기 제어 로직이 있다면 new Promise()를 직접 사용하거나 Promise를 값으로 다루면서 비동기 프로그래밍에 필요한 헬퍼 함수를 만들어야 합니다. Promise를 값으로 다루는 훈련을 많이 할수록 더욱 복잡한 비동기 작업도 효율적으로 관리할 수 있습니다.

이제 지금까지 알아본 Promise를 값으로 다루는 데 더해 Promise 값을 지연성을 사용하여 다루고 비동기 상황을 리스트 프로세싱으로 핸들링하는 사례를 탐구해보겠습니다.

4.2 지연성으로 다루는 비동기

지금까지 Promise를 통해 비동기 상황을 값으로 다루는 몇 가지 사례들을 확인했습니다. 또한 Promise의 공식적인 함수들인 all, race, allSettled, any와 같이 비동기 상황을 제어하는 헬퍼 함수들의 사용법과 내부 로직을 살펴봤습니다. 이 절에서는 Promise.all이나 Promise.race처럼 또 다른 비동기 상황을 다루는 재사용 가능한 함수를 만들면서 Promise를 값으로 다루는 사고를 좀 더 확장하고자 합니다. 또한 반복자 패턴, 지연 평가, 리스트 프로세싱과 함께 Promise를 다루는 방법과 그 이유에 대해 탐구해보겠습니다.

4.2.1 Promise 실행을 지연하려면

다음은 4.1절에서 다뤘던 코드입니다. 이 코드는 모든 Promise를 동시에 병렬로 실행한 후 모든 결과를 배열로 반환합니다.

코드 4-13 Promise.all로 모두 병렬로 실행하기

```
type File = {
  name: string;
  body: string;
  size: number;
};

function getFile(name: string, size = 1000): Promise<File> {
  return delay(size, { name, body: '...', size });
}

async function test() {
  const files: File[] = await Promise.all([
    getFile('img.png'),
    getFile('book.pdf'),
    getFile('index.html'),
```

```
    getFile('img.png'),
    getFile('book.pdf'),
    getFile('index.html'),
  ]);

  console.log(files);
}

await test();
// 약 1000ms 뒤:
// [
//   { name: 'img.png', body: '...', size: 1000 },
//   { name: 'book.pdf', body: '...', size: 1000 },
//   { name: 'index.html', body: '...', size: 1000 },
//   { name: 'img.png', body: '...', size: 1000 },
//   { name: 'book.pdf', body: '...', size: 1000 },
//   { name: 'index.html', body: '...', size: 1000 },
// ]
```

[코드 4-13]의 Promise.all에서는 6개의 Promise를 모두 한꺼번에 실행하고 있습니다. 그런데 만약 이와 같은 상황에서 부하를 조절하고 싶다면 어떻게 해야 할까요? 이를 테면 6개의 병렬적인 비동기 작업을 총 2번에 걸쳐 한 번에 3개씩 실행되도록 하는 새로운 병렬 실행 함수를 만들고 싶다고 합시다.

이번에는 비동기 작업을 나누어 실행하는 executeWithLimit(promises, limit) 함수를 만들어보겠습니다.

코드 4-14 executeWithLimit(promises, limit) 함수

```
async function executeWithLimit<T>(
  promises: Promise<T>[],
  limit: number
): Promise<T[]> {
  const result1 = await Promise.all([promises[0], promises[1], promises[2]]);
  const result2 = await Promise.all([promises[3], promises[4], promises[5]]);
  return [
    ...result1,
    ...result2
  ];
}
```

```
async function test() {
  const files: File[] = await executeWithLimit([
    getFile('img.png'),
    getFile('book.pdf'),
    getFile('index.html'),
    getFile('img.png'),
    getFile('book.pdf'),
    getFile('index.html'),
  ], 3);

  console.log(files);
}

await test();
// 약 1000ms 뒤:
// [
//   { name: 'img.png', body: '...', size: 1000 },
//   { name: 'book.pdf', body: '...', size: 1000 },
//   { name: 'index.html', body: '...', size: 1000 },
//   { name: 'img.png', body: '...', size: 1000 },
//   { name: 'book.pdf', body: '...', size: 1000 },
//   { name: 'index.html', body: '...', size: 1000 },
// ]
```

우선 [코드 4-14]와 같이 하드코딩된 예제를 먼저 작성하면서 구현 방향이 올바른지 점검해 보겠습니다. 그런데 2000ms 정도 소요될 거라는 기대와 달리 원하는 대로 동작하지 않는 것 같습니다. 분명히 동시에 3개의 Promise를 먼저 병렬로 실행한 후 기다렸다가 다음 3개의 Promise를 실행하도록 의도했습니다. 하지만 실제로는 약 1000ms 만에 모든 Promise가 완료되었고 Promise.all과 동일한 결과를 반환했습니다. 왜 이런 현상이 발생할까요?

Promise의 즉시 실행

Promise 객체는 생성되는 즉시 실행됩니다. 즉 getFile 함수가 호출되는 순간 이미 Promise가 시작됩니다. 따라서 3개씩 그룹화하여 Promise.all과 await로 대기하더라도 6개의 Promise는 모두 동시에 시작됩니다.

병렬 실행의 의미

Promise.all은 이미 실행된 모든 Promise를 받아 모두 완료될 때까지 대기했다가 각

Promise를 풀어낸 배열을 반환하는 함수일 뿐, Promise의 시작 자체를 제어하는 함수는 아닙니다. 두 번의 Promise.all 호출이 있더라도 각 그룹의 Promise는 이미 시작된 상태에서 대기하는 것이므로 전체 실행 시간에는 영향을 미치지 않습니다.

결국 3개씩 그룹화하여 병렬로 실행하는 것처럼 보이지만 실제로는 모든 Promise가 동시에 시작되기 때문에 전체 실행 시간은 1000ms가 됩니다. 이해를 돕기 위해 [코드 4-14a]에서는 getFile 함수 안에 로그를 출력하는 코드를 추가했습니다.

코드 4-14a getFile 함수에 로그 추가

```
function getFile(name: string, size = 1000): Promise<File> {
  console.log(`${name} 시작`); // 각 파일의 다운로드 시작 시 로그 출력
  return delay(size, { name, body: '...', size });
}

async function executeWithLimit<T>(
  promises: Promise<T>[],
  limit: number
): Promise<T[]> {
  const result1 = await Promise.all([promises[0], promises[1], promises[2]]);
  const result2 = await Promise.all([promises[3], promises[4], promises[5]]);
  return [
    ...result1,
    ...result2
  ];
}

async function test() {
  const promises = [
    getFile('1-img.png'),
    getFile('2-book.pdf'),
    getFile('3-index.html'),
    getFile('4-img2.png'),
    getFile('5-book.pdf'),
    getFile('6-index.html'),
  ];
  // 동시에 아래 6개 출력
  // 1-img.png 시작
  // 2-book.pdf 시작
  // 3-index.html 시작
  // 4-img2.png 시작
```

```
  // 5-book.pdf 시작
  // 6-index.html 시작

  const files: File[] = await executeWithLimit(promises, 3);

  console.log(files);
}

await test();
// 약 1000ms 뒤:
// [
//   { name: '1-img.png', body: '...', size: 1000 },
//   { name: '2-book.pdf', body: '...', size: 1000 },
//   ...
//   { name: '6-index.html', body: '...', size: 1000 },
// ]
```

getFile 함수 안에 로그 출력을 추가하고 executeWithLimit 함수에 전달할 Promise 배열을 이전 줄에서 생성하도록 변경하면 로그를 출력할 수 있습니다. executeWithLimit 함수가 비동기 상황을 제어하기 시작하기 전에 이미 모든 파일의 다운로드가 시작된 상태임을 확인할 수 있습니다.

이를 해결하려면 아직 Promise들이 실행되지 않은 상태에서 그룹을 나누고 각 그룹이 순차적으로 실행되도록 해야 합니다. 그러려면 Promise의 실행을 지연시키는 방법이 필요합니다.

이 상황에서 Promise가 아직 시작되지 않도록 변경하는 방법은 간단합니다. 단지 기호 몇 개만 추가하면 됩니다.

코드 4-15 executeWithLimit(fs, limit) 함수

```
async function executeWithLimit<T>(
  fs: (() => Promise<T>)[],
  limit: number
): Promise<T[]> {
  const result1 = await Promise.all([fs[0](), fs[1](), fs[2]()]);
  const result2 = await Promise.all([fs[3](), fs[4](), fs[5]()]);
  return [
    ...result1,
    ...result2
  ];
```

```
}

async function test() {
  const files: File[] = await executeWithLimit([
    () => getFile('1-img.png'),
    () => getFile('2-book.pdf'),
    () => getFile('3-index.html'),
    () => getFile('4-img2.png'),
    () => getFile('5-book.pdf'),
    () => getFile('6-index.html'),
  ], 3);

  console.log(files);
}

await test();
// 즉시 3개 출력:
// 1-img.png 시작
// 2-book.pdf 시작
// 3-index.html 시작

// 약 1000ms 뒤, 아래 3개 출력:
// 4-img2.png 시작
// 5-book.pdf 시작
// 6-index.html 시작

// 약 2000ms 뒤:
// [
//   { name: '1-img.png', body: '...', size: 1000 },
//   { name: '2-book.pdf', body: '...', size: 1000 },
//   { name: '3-index.html', body: '...', size: 1000 },
//   { name: '4-img.png', body: '...', size: 1000 },
//   { name: '5-book.pdf', body: '...', size: 1000 },
//   { name: '6-index.html', body: '...', size: 1000 },
// ]
```

이렇게 () =>와 ()를 추가하는 간단한 변경만으로 문제를 해결할 수 있습니다. 이렇게 하면 Promise가 즉시 실행되지 않습니다. Promise를 함수로 감싸서 필요할 때 실행되도록 실행을 지연한 것입니다. 이 예제에는 해당하지 않지만 클로저Closure를 통해 외부의 컨텍스트도 전달할 수 있습니다. 이처럼 함수와 Promise를 값으로 다룰 수 있는 특성은 개발자에게 많은 가능성을 열어줍니다.

4.2.2 챗GPT가 명령형으로 구현한 동시성 핸들링 함수

이번에는 챗GPT에게 executeWithLimit 구현을 맡겨봤습니다. 챗GPT 세션을 새로 만든 후 다음과 같이 요청하여 executeWithLimit 함수를 만들었습니다.

챗GPT에게 질문

fs를 limit개씩 나눈 다음 limit개씩 나누어 실행하는 함수로 만들어줘.

```
async function executeWithLimit(fs: (() => Promise)[], limit: number): Promise<T[]> {}
```

챗GPT의 답변

제시된 함수 서명을 따르는 executeWithLimit 함수를 작성해드리겠습니다. 이 함수는 주어진 비동기 함수 배열을 주어진 제한 개수로 나누어 순차적으로 실행합니다. 이를 통해 병렬로 실행할 작업의 수를 제한할 수 있습니다.

코드 4-16 챗GPT가 구현한 executeWithLimit

```
async function executeWithLimit<T>(
  fs: (() => Promise<T>)[],
  limit: number
): Promise<T[]> {
  // ❶
  const results: T[] = [];

  // ❷ 전체 배열을 순회하면서 limit 단위로 그룹화
  for (let i = 0; i < fs.length; i += limit) {
    const batchPromises: Promise<T>[] = [];

    // ❸ limit 단위로 그룹화된 작업을 생성
    for (let j = 0; j < limit && (i + j) < fs.length; j++) {
      batchPromises.push(fs[i + j]());
    }

    // ❹ 그룹화된 작업을 병렬로 실행하고 결과를 수집
    const batchResults = await Promise.all(batchPromises);
    results.push(...batchResults); // ❺

    // ❻ i += limit로 인덱스를 limit만큼 증가시켜 다음 그룹으로 이동
  }
```

```
  return results; // ❼
}

async function test() {
  const files: File[] = await executeWithLimit([
    () => getFile('1-img.png'),
    () => getFile('2-book.pdf'),
    () => getFile('3-index.html'),
    () => getFile('4-img2.png'),
    () => getFile('5-book.pdf'),
    () => getFile('6-index.html'),
    () => getFile('7-img.png'),
  ], 3);

  console.log(files);
}

await test();
// 즉시 3개 출력:
// 1-img.png 시작
// 2-book.pdf 시작
// 3-index.html 시작

// 약 1000ms 뒤, 아래 3개 출력:
// 4-img2.png 시작
// 5-book.pdf 시작
// 6-index.html 시작

// 약 2000ms 뒤, 아래 1개 출력:
// 7-img.png 시작

// 약 3000ms 뒤:
// [
//   { name: '1-img.png', body: '...', size: 1000 },
//   { name: '2-book.pdf', body: '...', size: 1000 },
//   { name: '3-index.html', body: '...', size: 1000 },
//   { name: '4-img2.png', body: '...', size: 1000 },
//   { name: '5-book.pdf', body: '...', size: 1000 },
//   { name: '6-index.html', body: '...', size: 1000 },
//   { name: '7-img.png', body: '...', size: 1000 },
// ]
```

이 코드는 다음과 같이 작동합니다.

❶ results 배열을 초기화하여 모든 함수의 결과를 저장합니다.

❷ for 루프는 fs 배열을 순회하며 limit 단위로 그룹을 만듭니다.

❸ 내부 for 루프는 현재 인덱스 i에서 시작하여 limit 개수만큼 작업을 선택하고 이를 batchPromises 배열에 추가합니다.

❹ Promise.all을 사용하여 현재 그룹의 함수들을 병렬로 실행하고 결과를 batchResults에 저장합니다.

❺ batchResults를 results 배열에 추가합니다.

❻ 외부 for 루프의 인덱스 i를 limit만큼 증가시켜 다음 그룹으로 이동합니다.

❼ 모든 작업이 완료되면 results 배열을 반환합니다.

챗GPT의 답변에 대한 소감

챗GPT는 executeWithLimit 함수를 잘 구현했습니다. 하지만 코드를 읽기가 상당히 어렵게 느껴집니다. 3개씩 안전하게 그룹화하기 위해 작성된 외부 for문과 내부 for문의 조건들이 꽤나 복잡하여 이해하기 어렵습니다. 다음 절에서는 앞서 함께 만들었던 함수형 고차 함수들을 활용하여 더 읽기 쉽고 유지보수하기 좋은 코드로 변경해보겠습니다.

4.2.3 함수형으로 구현한 동시성 핸들링 함수

3.4절에서 every와 some 함수의 구현을 계획했던 것처럼 executeWithLimit 함수의 구현을 리스트 프로세싱 관점으로 계획해보겠습니다.

- [() => P, () => P, () => P, () => P, …]
- [[() => P, () => P, () => P], …] → 3개씩 그룹화
- [[P, P, P], …] → 함수 실행
- [P<[T, T, T]>, …] → 3개씩 대기하도록 Promise.all로 감싸기
- P<[[T, T, T], …]]> → Promise.all들의 결과 꺼내기
- P<[T, T, T, T, …]> → 1차원 배열로 평탄화

chunk(size, iterable) 함수

우선 2개씩 그룹화하는 리스트 프로세싱 함수가 있다면 좋을 것 같습니다. chunk 함수는 주어

진 크기size로 이터러블iterable을 나누는 리스트 프로세싱 함수입니다. 이 함수는 이터레이터를 생성하고 각 청크를 반환합니다.

코드 4-17 chunk 함수

```
function* chunk<T>(size: number, iterable: Iterable<T>): IterableIterator<T[]> {  // ❶
  const iterator = iterable[Symbol.iterator]();
  while (true) {
    const arr = [
      ...take(size, {
        [Symbol.iterator]() {
          return iterator;
        },
      }),
    ];
    if (arr.length) yield arr;
    if (arr.length < size) break;  // ❷
  }
}

class FxIterable<A> {
  // ... 메서드 생략 ...

  chunk(size: number) {
    return fx(chunk(size, this));
  }
}

console.log([...chunk(2, [1, 2, 3, 4, 5])]);  // ❸
// [[1, 2], [3, 4], [5]]

fx([1, 2, 3, 4, 5])
  .chunk(2)
  .map(arr => arr.map(a => a * 10))  // [arr: number[]], [a: number] ❹
  .forEach(arr => console.log(arr));
// [10, 20]
// [30, 40]
// [50]
```

❶ chunk 함수는 이터러블을 이터레이터로 만들어 순회하면서 주어진 size만큼의 요소를 배열로 그룹화하여 반환한 다음 ❷ 더 이상 그룹화할 요소가 없으면 루프를 종료합니다.

❸ 첫 번째 실행에서는 배열을 크기가 2인 청크로 나누어 출력하고 ❹ 두 번째 실행에서는 chunk로 나눈 각 청크 배열의 요소에 * 10을 적용합니다.

chunk로 시작하여 executeWithLimit 구현 완료하기

이제 executeWithLimit 함수를 계획대로 리스트 프로세싱에 기반하여 구현하고 실행해보겠습니다. [코드 4-18]의 fromAsync는 ECMAScript에는 도입되었지만 아직 타입스크립트에는 도입되지 않은 Array.fromAsync의 핵심 기능을 구현한 함수입니다.

코드 4-18 executeWithLimit 함수

```
async function fromAsync<T>(
  iterable: Iterable<Promise<T>> | AsyncIterable<T>
): Promise<T[]> {
  const arr: T[] = [];
  for await (const a of iterable) {
    arr.push(a);
  }
  return arr;
}

const executeWithLimit = <T>(fs: (() => Promise<T>)[], limit: number): Promise<T[]> =>
  fx(fs)
    .chunk(limit)  // [[() => P<T>, () => P<T>, ...], ...] - 3개씩 그룹화
    .map(fs => fs.map(f => f()))  // [[P<T>, P<T>, P<T>], ...] - 비동기 함수 실행
    .map(ps => Promise.all(ps))  // [P<[T, T, T]>, ...] - 3개씩 대기하도록 Promise.all로 감싸기
    .to(fromAsync)  // P<[[T, T, T], ...] ]> - Promise.all들의 결과 꺼내기
    .then(arr => arr.flat());  // P<[T, T, T, T, ...]> - 1차원 배열로 평탄화

async function test() {
  const files: File[] = await executeWithLimit([
    () => getFile('1-img.png'),
    () => getFile('2-book.pdf'),
    () => getFile('3-index.html'),
    () => getFile('4-img2.png'),
    () => getFile('5-book.pdf'),
    () => getFile('6-index.html'),
    () => getFile('7-img.png'),
  ], 3);

  console.log(files);
```

```
}

await test();
// 콘솔 출력:
// [코드 4-16]과 같은 결과
```

예제를 실행하면 처음 3개의 파일 다운로드가 즉시 시작됩니다(1-img.png, 2-book.pdf, 3-index.html). 이어서 약 1000ms 후 다음 3개의 파일 다운로드가 시작되고(4-img2.png, 5-book.pdf, 6-index.html) 약 2000ms 후 마지막 파일 다운로드가 시작됩니다(7-img.png). 최종적으로 약 3000ms 후 모든 파일 다운로드가 완료되고 결과가 출력됩니다.

이로써 모든 결과가 정상적으로 동작하며 읽고 이해하기 좋은 코드로 변경되었습니다.

4.2.4 효과적인 비동기 핸들링으로 가는 계단 – 지연성

앞에서 [코드 4-18]을 통해 리스트 프로세싱과 지연성을 활용하여 비동기 작업을 처리하는 사례를 살펴봤습니다. [코드 4-16]과 [코드 4-18]은 동일하게 동작하고 동일한 시간 복잡도를 갖지만 [코드 4-16]보다 [코드 4-18]이 가독성과 유지보수성에서 더 뛰어납니다.

[코드 4-18]에는 i++나 j++와 같은 상태 변화, j < limit && (i + j) < fs.length와 같은 조건절이 없습니다. 또한 push(fs[i + j]())나 push(...batchResults)와 같은 명령형 표현 대신 fromAsync, arr.flat()과 같은 선언적 표현을 사용합니다.

[코드 4-16]과 같은 코드는 부분적으로 테스트하기 어렵습니다. 반면 [코드 4-18]은 리스트가 변하는 단계별로 이미 분리되어 있어 개별적으로 테스트하기 쉽습니다. 또한 비동기적인 상황에서도 코드 전체의 흐름이 의도한 대로 잘 동작할 것이라는 확신을 더 빨리 얻을 수 있습니다.

executeWithLimit 함수 구현의 핵심은 지연성입니다. 지연성은 효과적인 비동기 핸들링으로 나아가는 데 중요한 징검다리 역할을 합니다. 3.3절에서 배운 지연 평가의 실행 순서를 떠올리며 [코드 4-18]과 설명을 함께 살펴보기 바랍니다.

- executeWithLimit 함수는 Promise 실행을 지연한 함수를 인자로 받습니다.
- map(fs => fs.map(f => f()))는 executeWithLimit가 인자로 받은 모든 함수를 실행하는 것처럼 보이지만 이때 map은 Array의 map과 달리 지연 평가되는 map입니다.

- 따라서 fromAsync에서 하나의 요소를 꺼낼 때 해당 청크 안에 있는 함수들만 실행하고 그다음 번 map에서 Promise.all로 감쌉니다.
- fromAsync는 이 결과를 for await...of로 꺼내므로 Promise.all의 결과를 대기 후 꺼냅니다.
- 결과적으로 fromAsync는 지연된 비동기 작업을 순차적으로 평가하여 배열에 담아갑니다.
- 이는 **비동기 작업 평가가 지연된 로직이 담긴 리스트**를 fromAsync 이전에 만들어두었기 때문에 가능한 동작이자 코드 표현입니다.

지연성을 더욱 잘 활용한 함수 합성으로 코드를 더 간결하게 만들기

chunk와 map은 지연 평가되는 함수이므로 [코드 4-18]을 [코드 4-19]처럼 순서를 변경해 더 간결하게 작성할 수 있습니다.

코드 4-19 executeWithLimit 함수 순서 변경

```
const executeWithLimit = <T>(fs: (() => Promise<T>)[], limit: number): Promise<T[]> =>
  fx(fs)
    .map(f => f())  // [P<T>, P<T>, P<T>, ...] - 비동기 함수 지연 실행
    .chunk(limit)  // [[P<T>, P<T>, P<T>], ...] - 3개씩 그룹화
    .map(ps => Promise.all(ps))  // [P<[T, T, T]>, ...] - 3개씩 대기하도록 Promise.all로 감싸기
    .to(fromAsync)  // P<[[T, T, T], ...]> - Promise.all들의 결과 꺼내기
    .then(arr => arr.flat());  // P<[T, T, T, T, ...]> - 1차원 배열로 평탄화
```

map(f => f())가 어느 시점에 무엇에 의해 평가되는지 정확히 알고 있다면 f()가 실행되는 시점을 예측할 수 있습니다.

- fx(fs).map(f => f()).chunk(limit).map(ps => Promise.all(ps)) 코드 부분까지는 아무것도 실행되지 않습니다.
- fromAsync 내부의 for await...of 구문에서 이터레이터가 처음 소비될 때 3개의 f가 실행되고 그룹화되어 Promise.all에 전달됩니다.

[코드 4-18]과 비교해 [코드 4-19]는 지연성을 더욱 효과적으로 활용해 2차원 리스트를 전략적으로 처리하며 결과적으로 병렬적인 비동기 상황을 간결한 코드로 잘 처리하고 있습니다.

어떤 문제 상황에서는 new Promise()나 async/await를 사용하는 명령형 패러다임이 더 적합할 수 있습니다. 그러나 대부분의 비동기 상황에서는 지연성과 리스트 프로세싱을 활용하는 것이 더 효과적이고 안전하며 유리하고 적합합니다. 지연 평가와 리스트 프로세싱을 통해 Promise를 값으로 다루는 연습은 실제 현업에서 다양한 비동기 상황을 더욱 잘 핸들링할 수

있는 능력을 길러줍니다. 특히 백엔드 프로그래밍의 많은 상황에서 효과적인 해결책을 제시하는 도구가 될 것입니다.

지연 평가는 이처럼 언어의 중요한 요소입니다. 단순히 성능 개선이나 최적화를 위한 도구에 그치지 않습니다. 이터레이터와 전달받은 일급 함수를 원하는 시점에 평가하는 코드 패턴을 통해 로직을 재사용 가능한 형태로 만들 수 있습니다. 지연 평가와 일급 함수, 반복자 패턴을 활용한 리스트 프로세싱은 강력한 도구이자 언어적 표현입니다.

4.3 타입으로 다루는 비동기

이 절에서는 타입, 인터페이스, 규약을 기반으로 비동기를 다루는 패턴을 알아봅니다. 타입스크립트에서 비동기 프로그래밍의 가장 기반에 있는 값인 Promise도 타입이라고 볼 수 있습니다. 여기서 더 나아가 AsyncIterator, AsyncIterable이라는 타입이자 규약 그리고 이를 다루는 AsyncGenerator, 비동기 고차 함수 그리고 그것을 묶는 비동기 리스트 프로세싱 클래스의 조합과 설계를 통해 타입 시스템에 기반한 비동기 핸들링 패턴을 다룹니다.

이제 타입 시스템과 리스트 프로세싱에 기반한 비동기 프로그래밍에 대해 구체적으로 탐구해 보겠습니다.

4.3.1 AsyncIterator, AsyncIterable, AsyncGenerator 프로토콜

자바스크립트는 AsyncIterator, AsyncIterable, AsyncGenerator와 같은 프로토콜을 제공하여 비동기 작업의 순차적 처리를 지원합니다. 이들 프로토콜을 활용하면 비동기 작업을 더욱 효율적이고 유연하게 처리할 수 있으며 각 요소를 비동기적으로 생성하고 소비할 수 있습니다.

AsyncIterator, AsyncIterable 인터페이스

다음은 AsyncIterator, AsyncIterable, AsyncIterableIterator의 구조를 타입스크립트의 인터페이스 정의를 통해 표현한 코드[2]입니다.

코드 4-20 AsyncIterator, AsyncIterable, AsyncIterableIterator

```
interface IteratorYieldResult<T> {  // ❶
  done?: false;
  value: T;
```

2 타입스크립트에 내장된 AsyncIterator의 인터페이스도 return?()이나 throw?() 등의 메서드가 있어 조금 더 복잡하지만 이 책에서 전달하고자 하는 내용에 초첨을 맞추고자 간결하게 작성했습니다.

```
}

interface IteratorReturnResult {  // ❷
  done: true;
  value: undefined;
}

interface AsyncIterator<T> {  // ❸
  next(): Promise<IteratorYieldResult<T> | IteratorReturnResult>;
}

interface AsyncIterable<T> {  // ❹
  [Symbol.asyncIterator](): AsyncIterator<T>;
}

interface AsyncIterableIterator<T> extends AsyncIterator<T> {  // ❺
  [Symbol.asyncIterator](): AsyncIterableIterator<T>;
}
```

❶ IteratorYieldResult〈T〉

done이 false인 경우와 value가 T 타입인 값을 나타냅니다. 여기서 이 인터페이스는 AsyncIterator가 아직 완료되지 않았음을 의미합니다.

❷ IteratorReturnResult

done이 true이고 value가 undefined인 값을 나타냅니다. 여기서 이 인터페이스는 AsyncIterator가 완료되었음을 의미합니다.

❸ AsyncIterator〈T〉

Promise를 반환하는 next 메서드를 가진 인터페이스입니다. 이 Promise는 IteratorYieldResult〈T〉 또는 IteratorReturnResult 중 하나를 반환합니다. 이는 비동기적으로 다음 값을 반환하기 위해 사용됩니다.

❹ AsyncIterable〈T〉

AsyncIterator〈T〉를 반환하는 Symbol.asyncIterator 메서드를 가진 인터페이스입니다. 이 인터페이스를 구현함으로써 객체가 비동기적으로 반복될 수 있음을 나타냅니다.

❺ AsyncIterableIterator〈T〉

AsyncIterator〈T〉를 상속받아 Symbol.asyncIterator 메서드를 추가로 구현한 인터페이스입니다. 이 인터페이스는 비동기적으로 반복 가능한 반복자를 나타내며 반복자 자체가 AsyncIterable입니다.

타입스크립트에서 정의한 이 인터페이스들은 자바스크립트의 비동기 이터레이터와 이터러블을 명확하게 표현하고 타입 안전하게 만듭니다. Iterable을 for...of 구문으로 순회할 수 있는 것처럼 AsyncIterable은 for await...of 구문을 사용하여 AsyncIterable 객체를 비동기적으로 반복할 수 있습니다.

[코드 4-20]은 이번 장의 핵심 내용을 간결하게 전달하기 위해 일부러 축약된 형태를 사용했습니다. 실제 에디터에서 이대로 작성하면 중복 타입 선언이나 추론 오류가 발생합니다. 타입스크립트에서 공식적으로 제공하는 Iterator 인터페이스는 lib.es2018.asynciterable.d.ts 파일에서 확인할 수 있습니다.

AsyncGenerator 기본 문법

[코드 4-21]은 AsyncGenerator의 기본 문법과 특징을 직접 확인할 수 있는 예제입니다. AsyncGenerator는 비동기적으로 값을 생성하고 순차적으로 처리하는 기능을 제공합니다. stringsAsyncTest 함수는 비동기적으로 문자열을 생성하는 AsyncGenerator입니다.

코드 4-21 stringsAsyncTest 함수

```
async function* stringsAsyncTest(): AsyncIterableIterator<string> {
  yield delay(1000, 'a');

  const b = await delay(500, 'b') + 'c';  // AsyncGenerator는 await를 사용할 수 있습니다.

  yield b;
}

async function test() {
  const asyncIterator: AsyncIterableIterator<string> = stringsAsyncTest();
  const result1 = await asyncIterator.next();
  console.log(result1.value);  // 약 1000ms 뒤: a

  const result2 = await asyncIterator.next();
  console.log(result2.value);  // 다시 500ms 뒤: bc

  const { done } = await asyncIterator.next();
  console.log(done);  // true
}

await test();
```

stringsAsyncTest 함수는 delay 함수를 이용해 일정 시간 후에 값을 반환하도록 구현했습니다. 첫 번째 yield delay(1000, 'a')는 1000ms 후에 'a'를 반환합니다. const b = await delay(500, 'b') + 'c'는 500ms 후에 'b'를 받아 'c'를 더한 값을 b에 할당합니다. 두 번째 yield b는 'bc'를 반환합니다.

test 함수는 stringsAsyncTest 함수로부터 AsyncIterableIterator⟨string⟩을 생성합니다. result1 = await asyncIterator.next()의 결과는 Promise이며 await로 결과를 기다리면 { value, done }이 반환됩니다. 첫 번째 yield는 결과를 기다린 후 약 1000ms 후에 'a'를 반환합니다. result2 = await asyncIterator.next()는 두 번째 yield 결과를 기다린 후 다시 500ms 후에 'bc'를 반환합니다. 마지막 next() 호출에서 done이 true임을 확인하여 반복이 완료되었음을 알립니다.

toAsync 함수

toAsync 함수는 동기적인 Iterable 또는 Promise가 포함된 Iterable을 받아 비동기적으로 처리할 수 있는 AsyncIterable로 변환합니다. 이를 두 가지 방식으로 구현해보겠습니다. 첫 번째는 AsyncIterator를 직접 구현하는 방식이고 두 번째는 AsyncGenerator를 사용하는 방식입니다.

코드 4-22 function toAsync()

```
function toAsync<T>(iterable: Iterable<T | Promise<T>>): AsyncIterable<Awaited<T>> {
  return {
    [Symbol.asyncIterator](): AsyncIterator<Awaited<T>> {
      const iterator = iterable[Symbol.iterator]();
      return {
        async next() {
          const { done, value } = iterator.next();
          return done ? { done, value } : { done, value: await value };
        }
      };
    }
  };
}

async function test() {
  const asyncIterable = toAsync([1]);
  const asyncIterator = asyncIterable[Symbol.asyncIterator]();
  await asyncIterator.next().then(({ value }) => console.log(value));
  // 1

  const asyncIterable2 = toAsync([Promise.resolve(2)]);
  const asyncIterator2 = asyncIterable2[Symbol.asyncIterator]();
  await asyncIterator2.next().then(({ value }) => console.log(value));
```

```
  // 2
}

await test();
```

toAsync 함수는 동기적인 값 T 또는 Promise⟨T⟩가 포함된 Iterable을 인자로 받습니다. 반환값은 AsyncIterable⟨Awaited⟨T⟩⟩입니다. 함수 내부에서 Symbol.asyncIterator 메서드를 구현하여 비동기 반복자를 반환합니다. 비동기 반복자의 next() 메서드는 내부 iterator의 next 메서드를 호출하여 값을 가져옵니다. 만약 done이 true면 반복이 완료된 상태로 { done, value }를 반환하고 done이 false면 value를 await하여 완료된 값을 반환합니다.

test 함수의 첫 번째 예제에서는 toAsync 함수에 [1]이라는 동기적인 값을 가진 배열을 전달합니다. asyncIterator.next()를 호출하면 즉시 { done: false, value: 1 }을 반환합니다. 결과적으로 콘솔에 1이 출력됩니다.

두 번째 예제에서는 toAsync 함수에 [Promise.resolve(2)]라는 Promise를 가진 배열을 전달합니다. asyncIterator.next()를 호출하면 Promise가 완료될 때까지 대기한 후 { done: false, value: 2 }를 반환합니다. 결과적으로 콘솔에 2가 출력됩니다.

다음은 같은 함수를 AsyncGenerator를 사용하여 구현한 코드입니다.

코드 4-23 async function* toAsync()

```
async function* toAsync<T>(
  iterable: Iterable<T | Promise<T>>
): AsyncIterableIterator<Awaited<T>> {
  for await (const value of iterable) {
    yield value;
  }
}

async function test() {
  const asyncIterable = toAsync([1]);
  const asyncIterator = asyncIterable[Symbol.asyncIterator]();
  await asyncIterator.next().then(({ value }) => console.log(value));
  // 1

  const asyncIterable2 = toAsync([Promise.resolve(2)]);
  const asyncIterator2 = asyncIterable2[Symbol.asyncIterator]();
```

```
  await asyncIterator2.next().then(({ value }) => console.log(value));
  // 2
}

await test();
```

[코드 4-23]의 test 함수 동작과 결과는 [코드 4-22]의 test 함수와 동일합니다.

toAsync의 경우 AsyncGenerator를 사용하는 방식이 더 간편하고 코드도 짧으며 직관적입니다. 이 문제에서는 객체지향, 명령형, 함수형 패러다임 중 명령형이 가장 적합한 방법이라고 할 수 있습니다. 이처럼 각 문제에 적합한 패러다임을 선택하는 것은 더 나은 코드 작성과 높은 유지보수성을 제공합니다.

toAsync 함수의 결과는 for await...of 구문과 함께 사용할 수 있습니다.

코드 4-24 for await...of 구문과 함께 사용

```
async function test() {
  // ❶
  for await (const a of toAsync([1, 2])) {
    console.log(a);
  }
  // 1
  // 2

  // ❷
  for await (const a of toAsync([Promise.resolve(1), Promise.resolve(2)])) {
    console.log(a);
  }
  // 1
  // 2

  // ❸ for await...of는 Iterable<A>도 순회할 수 있습니다.
  for await (const a of [1, 2]) {
    console.log(a);
  }
  // 1
  // 2

  // ❹ for await...of는 사실 Iterable<Promise<A>>도 순회할 수 있습니다.
  for await (const a of [Promise.resolve(1), Promise.resolve(2)]) {
```

```
    console.log(a);
  }
  // 1
  // 2
}

await test();
```

toAsync 함수의 필요성이 지금은 와닿지 않을 수 있습니다. 특히 [코드 4-24]의 세 번째(❸)와 네 번째(❹) 예제가 잘 동작하는 것을 보면 더욱 그렇습니다. 그러나 앞으로 toAsync 함수는 점점 **타입으로 다루는 비동기 코드**에서 중요한 역할을 합니다.

미리 얘기하자면 toAsync 함수는 일반 Iterable을 AsyncIterable로 변환하여 실제 런타임에서 값을 처리할 뿐만 아니라 컴파일 타임에 타입이 변경되는 것을 선언합니다. toAsync 함수를 실행함으로써 앞으로 비동기적으로 값을 다룰 것임을 컴파일 타임에 선언하는 효과가 있으며 다양한 코드에서 이에 대해 추론이 가능해집니다. 이러한 특징이 비동기 프로그래밍에서 어떻게 활용되는지 이후 내용에서 확인해보겠습니다.

4.3.2 AsyncIterable을 다루는 고차 함수

이번에는 AsyncIterable을 다루는 고차 함수를 만들어보겠습니다. AsyncIterable를 다루는 고차 함수는 비동기 작업을 효율적으로 처리하는 데 유용합니다. 여기에서는 AsyncIterableIterator를 직접 구현하는 mapAsync와 AsyncGenerator를 활용하는 filterAsync를 살펴보면서 비동기 작업을 다루는 고차 함수를 만드는 패턴을 탐구합니다.

AsyncIterator를 직접 구현한 mapAsync 함수

mapSync 함수는 [코드 1-39]에서 구현한 코드에 타입을 적용하고 함수명을 변경한 버전입니다. mapSync 함수는 Iterable을 다루고 mapAsync 함수는 AsyncIterable을 다룹니다. 다음 예제를 통해 mapSync 함수와 비교하면서 mapAsync 함수의 동작을 이해해보겠습니다.

코드 4-25 mapSync와 mapAsync 함수

```
function mapSync<A, B>(
  f: (a: A) => B,
  iterable: Iterable<A>
): IterableIterator<B> {
  const iterator = iterable[Symbol.iterator]();
  return {
    next() {
      const { done, value } = iterator.next();
      return done
        ? { done, value }
        : { done, value: f(value) };  // [value: B], [const value: A]
    },
    [Symbol.iterator]() {
      return this;
    }
  };
}

function mapAsync<A, B>(
  f: (a: A) => B,
  asyncIterable: AsyncIterable<A>
): AsyncIterableIterator<Awaited<B>> {
  const asyncIterator = asyncIterable[Symbol.asyncIterator]();
  return {
    async next() {
      const { done, value } = await asyncIterator.next();
      return done
        ? { done, value }
        : { done, value: await f(value) };  // [value: Awaited<B>] [value: A]
    },
    [Symbol.asyncIterator]() {
      return this;
    }
  };
}

async function* strings(): AsyncIterableIterator<string> {
  yield delay(500, 'a');
  yield delay(200, 'b');
}

const mapped = mapAsync(a => a.toUpperCase(), strings());  // [a: string]
```

```
for await (const a of mapped) {
  console.log(a);  // [const a: string]
}
// 500ms 뒤: A
// 다시 200ms 뒤: B
```

mapAsync 함수는 비동기적으로 값을 처리하는 AsyncIterable을 다루기 위해 Async IterableIterator를 직접 구현한 함수이며 시그니처는 다음과 같습니다.

- f: A 타입의 입력값을 B로 변환하는 함수입니다. 여기서 B는 Promise일 수도 있습니다.
- asyncIterable: 비동기적으로 반복 가능한 객체입니다.
- AsyncIterableIterator<Awaited<B>>: Awaited<B>는 만일 B가 Promise였다면 결과를 꺼낸 값의 타입을 말합니다.

함수 구현은 다음과 같습니다.

- mapAsync 함수 내부를 살펴보면 먼저 asyncIterable의 Symbol.asyncIterator 메서드를 호출하여 asyncIterator를 생성합니다.
- next() 메서드는 asyncIterator.next()를 호출하여 다음 값을 비동기적으로 가져옵니다.
- await로 결과를 기다린 후 완료 상태(done)와 값(value)을 얻습니다.
- done이 true인 경우 반복이 완료된 상태로 { done, value }를 그대로 반환합니다.
- done이 false인 경우 f(value)를 호출하여 값을 변환하고 변환된 값을 await로 기다린 후 { done, value: await f(value) }를 반환합니다.
- 또한 AsyncIterable임을 나타내기 위해 Symbol.asyncIterator 메서드를 구현합니다. 이를 통해 for await...of 루프 등에서 사용될 수 있습니다.

사실상 mapSync와 mapAsync 함수는 코드와 값이 흐르는 방식이 완전히 동일합니다. 다만 mapAsync 함수는 mapSync와 유사한 방식으로 작동하면서 비동기 이터러블을 다룰 수 있도록 설계되었습니다. 이를 통해 비동기적으로 값을 변환하고 처리할 수 있으며 여러 비동기 코드에서 반복 작업을 mapSync와 동일한 방법으로 수행할 수 있습니다.

mapAsync를 AsyncGenerator로 구현하기

다음은 mapAsync를 AsyncGenerator로 구현한 코드입니다. 제너레이터를 사용하면 다음과 같이 간결하게 구현할 수 있습니다.

코드 4-26 async function* mapAsync()

```
async function* mapAsync<A, B>(
  f: (a: A) => B,
  asyncIterable: AsyncIterable<A>
): AsyncIterableIterator<Awaited<B>> {
  for await (const value of asyncIterable) {
    yield f(value);
  }
}
```

이 코드는 정확히 [코드 4-25]의 mapAsync와 동일하게 동작하여 AsyncIterableIterator〈Awaited〈B〉〉를 반환합니다. AsyncGenerator를 사용하여 비동기 이터러블의 각 요소에 함수 f를 적용한 결과를 비동기적으로 반환합니다. for await...of 루프를 통해 asyncIterable의 각 값을 순회하며 f를 적용해 변환된 값을 yield를 통해 Awaited〈B〉 타입으로 반환합니다.

NOTE

처음부터 mapAsync를 제너레이터로만 구현할 수도 있지만 제너레이터를 작성할 때는 항상 코드가 이터레이터로 변환되는 것, yield가 next()의 value가 되는 것, return;이 { done: true }가 되는 것을 떠올리며 작성할 수 있어야 합니다. 여기서는 이를 연습할 수 있도록 두 가지 방식의 구현을 함께 제공했습니다.

toAsync 함수와 함께 사용하기

구현한 mapAsync 함수를 실행하기 위해서는 AsyncIterable을 전달해야 하므로 AsyncGenerator를 사용해야 합니다. 간단한 값으로 테스트하고 싶어도 mapAsync 함수는 AsyncIterable만 받기 때문에 toAsync 함수를 함께 사용하면 좋습니다.

코드 4-27 toAsync와 mapAsync 함수

```
async function* numbers(): AsyncIterableIterator<number> {
  yield 1;
  yield 2;
}

for await (const a of mapAsync(a => a * 2, numbers())) {
  console.log(a);
}
// 2
// 4
```

```
for await (const a of mapAsync(a => a * 2, toAsync([1, 2]))) {
  console.log(a);
}
// 2
// 4

for await (const a of mapAsync(a => delay(100, a * 2), toAsync([1, 2]))) {
  console.log(a);
}
// 100ms 뒤: 2
// 다시 100ms 뒤: 4
```

AsyncGenerator로 만든 filterAsync 함수

이번에는 AsyncGenerator를 활용하여 filterAsync 함수를 만들어보겠습니다. 역시 filterSync 함수와 비교하며 살펴보겠습니다.

코드 4-28 filterSync와 filterAsync 함수

```
function* filterSync<A>(
  f: (a: A) => boolean,
  iterable: Iterable<A>
): IterableIterator<A> {
  for (const value of iterable) {
    if (f(value)) {
      yield value;
    }
  }
}

async function* filterAsync<A>(
  f: (a: A) => boolean | Promise<boolean>,
  asyncIterable: AsyncIterable<A>
): AsyncIterableIterator<A> {
  for await (const value of asyncIterable) {
    if (await f(value)) {
      yield value;
    }
  }
}
```

```
for await (const a of filterAsync(a => a % 2 === 1, toAsync([1, 2, 3]))) {
  console.log(a);
}
// 1
// 3

for await (const a of filterAsync(a => delay(100, a % 2 === 1), toAsync([1, 2, 3]))) {
  console.log(a);
}
// 100ms 뒤: 1
// 다시 200ms 뒤: 3
```

filterAsync 함수는 비동기적으로 필터링을 수행하는 함수로 AsyncIterable 객체를 받아 조건 함수 f를 만족하는 값만 yield로 반환합니다. for await...of 루프를 통해 asyncIterable의 값을 순회하고 각 값에 대해 조건 함수 f를 호출합니다. await를 통해 비동기적으로 true인지 확인하고 조건을 만족할 때만 yield로 값을 반환합니다.

첫 번째 예제에서는 toAsync([1, 2, 3])을 통해 [1, 2, 3] 배열을 비동기적으로 순회할 수 있는 AsyncIterable로 변환합니다. 각 값에 대해 조건 함수 a => a % 2 === 1을 적용하여 홀수만 필터링하고 결과적으로 1과 3이 출력됩니다.

두 번째 예제는 비동기적인 조건 함수를 사용합니다. delay(100, a % 2 === 1) 함수를 통해 각 값에 대해 100ms 지연 후 조건을 확인합니다. 각 조건을 비동기적으로 확인한 후 홀수만 필터링하고 결과적으로 1이 100ms 후에, 3이 200ms 후에 출력됩니다.

4.3.3 동기와 비동기를 동시에 지원하는 함수로 만드는 규약 – toAsync

앞서 toAsync 함수가 '**타입으로 다루는 비동기**에서 매우 중요한 역할을 할 것'이며 '런타임에서 일반 Iterable을 AsyncIterable로 변환'하고 toAsync 함수를 실행하는 것을 통해 '앞으로 비동기적으로 값을 다룰 것임을 컴파일 타임에 선언하는 효과'가 있다고 했습니다.

toAsync 함수의 시그니처는 <T>(iterable: Iterable<T | Promise<T>>) => AsyncIterable<T>로서 일반 Iterable<T> 또는 Promise 값들로 구성된 Iterable<Promise<T>>를 AsyncIterable<T>로 변환하는 함수입니다. 결과적으로 AsyncIterable<T>를 만드는 함수입니다.

동기와 비동기를 모두 지원하는 map 함수

앞서 함께 만들었던 mapSync는 Iterable〈A〉를 인자로 받고 mapAsync는 AsyncIterable〈A〉를 인자로 받습니다.

```
type MapSync = <A, B>(
  f: (a: A) => B,
  iterable: Iterable<A>
) => IterableIterator<B>;

type MapAsync = <A, B>(
  f: (a: A) => B,
  asyncIterable: AsyncIterable<A>
) => AsyncIterableIterator<Awaited<B>>;
```

타입스크립트에서는 인자 타입에 따라 함수 오버로드를 통해 하나의 함수로 두 가지 이상의 역할을 수행할 수 있습니다. 이를 통해 컴파일 타임에 코드에서 어떤 함수를 선택해 실행하는지를 타입 추론을 통해 명확히 처리할 수 있습니다.

예를 들어 mapSync와 mapAsync처럼 두 함수의 시그니처와 목적, 내부 동작과 흐름이 일맥상통한다면 두 개의 함수를 하나의 함수로 통합할 수 있습니다. 이렇게 하면 더 높은 다형성을 가지며 범용적이면서도 간결하고 안전한 코드를 작성할 수 있습니다.

코드 4-29 map에 타입 기반의 함수 오버로드 적용

```
function isIterable<T = unknown>(a: Iterable<T> | unknown): a is Iterable<T> {
  return typeof a?.[Symbol.iterator] === "function";
}

function map<A, B>(
  f: (a: A) => B,
  iterable: Iterable<A>
): IterableIterator<B>;
function map<A, B>(
  f: (a: A) => B,
  asyncIterable: AsyncIterable<A>
): AsyncIterableIterator<Awaited<B>>;
function map<A, B>(
  f: (a: A) => B,
  iterable: Iterable<A> | AsyncIterable<A>
): IterableIterator<B> | AsyncIterableIterator<Awaited<B>> {
```

```
  return isIterable(iterable)
    ? mapSync(f, iterable)    // [iterable: Iterable<A>]
    : mapAsync(f, iterable);  // [iterable: AsyncIterable<A>]
}
```

isIterable 함수는 주어진 값이 이터러블인지 검사하며 코드의 타입 안정성을 높입니다.

- 타입 가드(a is Iterable〈T〉)를 사용하여 이 함수가 true를 반환하는 경우 타입스크립트 컴파일러는 a가 Iterable〈T〉임을 알게 됩니다.
- 옵셔널 체이닝(?.)을 사용하여 a가 null 또는 undefined가 아닌 경우에만 Symbol.iterator 속성에 접근하고 함수인지 검사합니다.

map 함수는 mapSync와 mapAsync의 시그니처를 함수 오버로드로 적용하고 하나의 함수로 통합하여 구현합니다. 이때 첫 번째 시그니처는 동기 이터러블을 처리합니다.

- 인자 1 : 함수 f는 Iterable〈A〉의 각 요소를 B로 변환합니다.
- 인자 2 : iterable은 Iterable〈A〉 타입의 동기 이터러블입니다.
- 반환값: IterableIterator〈B〉 타입의 이터러블 이터레이터를 반환합니다.

두 번째 시그니처는 비동기 이터러블을 처리합니다.

- 인자 1 : 함수 f는 AsyncIterable〈A〉의 각 요소를 B로 변환한 후 Awaited〈B〉와 같이 await로 결괏값을 꺼낼 예정입니다.
- 인자 2 : asyncIterable은 AsyncIterable〈A〉 타입의 비동기 이터러블입니다.
- 반환값: AsyncIterableIterator〈Awaited〈B〉〉 타입의 비동기 이터러블 이터레이터를 반환합니다.

map 함수는 실제 구현으로 두 가지 시그니처를 통합합니다.

- isIterable(iterable)을 통해 iterable의 타입을 검사합니다.
- true인 경우 동기 이터러블로 간주하고 mapSync(f, iterable)을 실행합니다.
- false인 경우 비동기 이터러블로 간주하고 mapAsync(f, iterable)을 실행합니다.
- 이때 주석에서 언급한 대로 타입 좁히기가 잘 처리되어 각 함수에 값을 안전하게 전달할 수 있습니다.

다음은 타입스크립트에서 map 함수가 타입 시스템에 따라 동기 및 비동기 이터러블을 처리하는 예제입니다. 각 코드 줄은 map 함수의 다양한 사용 예이며 각 경우에 타입 추론이 의도대로 동작하는 것을 확인할 수 있습니다.

코드 4-30 동기와 비동기를 함께 지원하는 map의 컴파일 타임

```
const iter1: IterableIterator<string> = map(
  (a: number) => a.toFixed(),
  [1, 2]
);

const iter2: IterableIterator<Promise<string>> = map(
  (a: number) => Promise.resolve(a.toFixed()),
  [1, 2]
);

const iter3: AsyncIterableIterator<string> = map(
  (a: number) => a.toFixed(),
  toAsync([1, 2])
);

const iter4: AsyncIterableIterator<string> = map(
  (a: number) => Promise.resolve(a.toFixed()),
  toAsync([1, 2])
);

const iter5: AsyncIterableIterator<string> = map(
  (a: number) => a.toFixed(),
  toAsync([Promise.resolve(1), Promise.resolve(2)])
);

const iter6: AsyncIterableIterator<string> = map(
  (a: number) => Promise.resolve(a.toFixed()),
  toAsync([Promise.resolve(1), Promise.resolve(2)])
);
```

iter1과 iter2의 경우 map은 mapSync로 동작하며 보조 함수의 반환값이 요소인 Iterable Iterator〈string〉을 반환합니다. 따라서 iter2의 타입은 IterableIterator〈Promise〈string〉〉으로 처리됩니다.

iter3부터 iter6에서 map은 mapAsync로 동작하며 AsyncIterableIterator〈string〉으로 추론됩니다. mapAsync로 동작한 모든 보조 함수의 a는 Promise〈number〉가 풀린 후 a: number로 추론되어 전달되는 것을 확인할 수 있습니다.

위 6가지 사례 모두 런타임의 동작과 컴파일 타임의 타입 검사가 의도한 대로 잘 동작합니다.

이 코드에서는 타입스크립트의 타입 시스템 중 함수 오버로드와 타입 추론을 적극 활용하고 있습니다. iter2와 iter3부터 iter6까지의 차이점은 toAsync 함수로 두 번째 인자의 타입을 비동기 이터러블로 명확히 한다는 점입니다. 이는 타입 시스템을 통해 함수의 동작이 동기적일지 비동기적일지를 결정하며 컴파일의 보증도 받고 있는 모습을 보여줍니다.

지금까지 비동기를 타입으로 다루는 것이 무엇을 의미하는지, 그 개념이 무엇인지를 전달하고자 몇 가지 사례를 알아봤습니다. 앞으로 또 다른 예제를 살펴보면서 타입에 기반하여 비동기 상황을 컨트롤하는 방법을 더욱 깊이 있게 탐구해보겠습니다.

코드 4-31 동기와 비동기를 함께 지원하는 map의 런타임

```
async function test() {
  // ❶ 동기적 배열 처리: mapSync
  console.log([...map(a => a * 10, [1, 2])]);
  // [10, 20]

  // ❷ 비동기 이터러블 처리: mapAsync
  for await (const a of map(a => delay(100, a * 10), toAsync([1, 2]))) {
    console.log(a);
  }
  // 100ms 뒤: 10
  // 다시 100ms 뒤: 20

  // ❸ 비동기 이터러블을 배열로 변환: mapAsync + fromAsync
  console.log(
    await fromAsync(map(a => delay(100, a * 10), toAsync([1, 2])))
  );
  // 200ms 뒤: [10, 20]

  // ❹ 동기 배열을 비동기적으로 처리: mapSync + Promise.all
  console.log(
    await Promise.all(map(a => delay(100, a * 10), [1, 2]))
  );
  // 100ms 뒤: [10, 20]
}

await test();
```

❶ **동기적 배열 처리: mapSync**

동기 배열 [1, 2]를 mapSync를 통해 각 요소에 a * 10 연산을 적용하고 결과를 출력합니다. mapSync는 동기 이터레이터를 반환하므로 [10, 20]이라는 결과를 즉시 얻을 수 있습니다.

❷ **비동기 이터러블 처리: mapAsync**

toAsync를 사용해 비동기 이터러블을 생성하고 각 요소에 delay(100, a * 10)을 적용하여 mapAsync로 처리합니다. for await...of 루프는 각 요소를 순회하면서 100ms마다 10과 20을 순차적으로 출력합니다.

❸ **비동기 이터러블을 배열로 변환: mapAsync + fromAsync**

mapAsync로 변환된 비동기 이터러블을 fromAsync를 사용하여 배열로 변환합니다. 이 과정에서 모든 요소가 처리된 후 [10, 20]이 200ms 뒤에 출력됩니다.

❹ **동기 배열을 비동기적으로 처리: mapSync + Promise.all**

동기 배열 [1, 2]를 mapSync로 처리하여 각 요소에 delay(100, a * 10)을 적용하고 Promise.all을 사용하여 모든 비동기 작업이 완료될 때까지 기다립니다. 이로 인해 100ms 뒤에 [10, 20]이 출력됩니다.

이 예제를 통해 map 함수가 동기 및 비동기 이터러블을 모두 효과적으로 처리할 수 있음을 확인할 수 있습니다. 특히 ❹번에서는 Promise.all을 사용해 비동기 작업을 병렬로 처리할 수 있음을 보여줍니다. 이처럼 의도적으로 비동기 작업을 순차적으로 제어하지 않고 병렬 헬퍼 함수인 Promise.all에게 작업을 위임하는 선택을 할 수도 있습니다. mapSync와 mapAsync는 각각 적절한 상황에 사용되며 이를 통해 동기와 비동기 상황을 유연하게 처리할 수 있습니다.

동기와 비동기를 모두 지원하는 filter 함수

코드 4-32 filter에 타입 기반의 함수 오버로드 적용

```
function filter<A>(
  f: (a: A) => boolean,
  iterable: Iterable<A>
): IterableIterator<A>;
function filter<A>(
  f: (a: A) => boolean | Promise<boolean>,
  asyncIterable: AsyncIterable<A>
): AsyncIterableIterator<A>;
function filter<A>(
  f: (a: A) => boolean | Promise<boolean>,
  iterable: Iterable<A> | AsyncIterable<A>
): IterableIterator<A> | AsyncIterableIterator<A> {
  return isIterable(iterable)
    ? filterSync(f as (a: A) => boolean, iterable)
```

```
    : filterAsync(f, iterable);
}
```

동기와 비동기를 모두 지원하는 map 함수의 구현과 동일한 패턴으로 filter 함수도 구현했습니다. filter 함수는 동기와 비동기 이터러블을 모두 지원합니다. iterable이 Iterable인 경우 타입 가드에 의해 타입 좁히기가 이뤄져 filterSync에 적절한 타입으로 전달됩니다. 반면에 함수 f는 별도의 타입 검증을 하지 않았으므로 f가 (a: A) => boolean 타입임을 명시하기 위해 as 키워드를 사용했습니다.

다음은 타입스크립트에서 filter 함수가 타입 시스템에 따라 동기 및 비동기 이터러블을 처리하는 예제입니다.

코드 4-33 동기와 비동기를 함께 지원하는 filter의 컴파일 타임

```
// ❶ 동기적 필터링: filterSync로 매칭
const iter1: IterableIterator<number> = filter(
  (a: number) => a % 2 === 1,
  [1, 2]
);

// ❷ 함수 매칭 실패
// Error TS2769: No overload matches this call.
const iter2 = filter(
  (a: number) => Promise.resolve(a % 2 === 1),  // Error
  [1, 2] // Iterable을 받은 경우는 위 함수가 boolean을 반환하는 함수여야 함
);

// ❸ 비동기 이터러블 필터링: filterAsync로 매칭
const iter3: AsyncIterableIterator<number> = filter(
  (a: number) => a % 2 === 1,
  toAsync([1, 2])
);

// ❹ 비동기 이터러블을 비동기 보조 함수로 필터링: filterAsync로 매칭
const iter4: AsyncIterableIterator<number> = filter(
  (a: number) => Promise.resolve(a % 2 === 1),
  toAsync([1, 2])
);
```

각 경우에 대해 타입스크립트의 타입 시스템이 어떻게 작동하는지 알아보면 다음과 같습니다.

❶ 동기적 필터링: filterSync로 매칭

filter 함수가 동기 이터러블 [1, 2]와 동기 조건 함수 (a: number) => a % 2 === 1을 인수로 받습니다. 이 경우 filter 함수는 인자로 Iterable<number>를 받기 때문에 filterSync로 함수가 매칭되며 결과는 IterableIterator<number> 타입으로 의도대로 잘 처리됩니다.

❷ 함수 매칭 실패

filter 함수가 동기 이터러블 [1, 2]와 비동기 조건 함수 (a: number) => Promise.resolve(a % 2 === 1)을 인수로 받습니다. 동기 이터러블을 사용할 때는 조건 함수가 boolean을 반환해야 하므로 Promise<boolean>을 반환하는 조건 함수는 타입 오류를 발생시킵니다. 이로 인해 타입스크립트는 올바른 오버로드를 찾을 수 없어 Error TS2769가 발생합니다. 이는 의도한 결과입니다.

Promise.resolve(true)와 Promise.resolve(false) 모두 객체이고 객체는 참 같은 값[Truthy]으로 평가되므로 결과를 꺼내보지 않고는 제대로 평가할 수 없습니다. 따라서 비동기 함수를 보조 함수로 사용할 때는 filterAsync로 매칭할 수 있도록 명시적으로 AsyncIterable을 받도록 했습니다.

여기서 이터러블의 타입을 filterSync로 동작할지 filterAsync로 동작할지의 기준으로 삼은 이유는 Iterable과 AsyncIterable의 경우 런타임에서도 타입 검사를 통해 즉시 어떤 타입인지 구분할 수 있기 때문입니다. 요소를 순회하기 전부터 어떤 타입인지 알 수 있어 값을 평가하기 이전에 미리 순회 전략을 선택하는 데 적합합니다. 반면 런타임에서 보조 함수는 실행해보기 전에 비동기 함수인지 아닌지를 검사할 방법이 없습니다.

❸ 비동기 이터러블 필터링: filterAsync로 매칭

filter 함수가 비동기 이터러블 toAsync([1, 2])와 동기 조건 함수 (a: number) => a % 2 === 1을 인수로 받습니다. 이 경우 filter 함수는 filterAsync를 호출하여 비동기적으로 필터링을 수행하며 결과는 AsyncIterableIterator<number> 타입으로 올바르게 처리됩니다.

❹ 비동기 이터러블을 비동기 보조 함수로 필터링: filterAsync로 매칭

filter 함수가 비동기 이터러블 toAsync([1, 2])와 비동기 조건 함수 (a: number) => Promise.resolve(a % 2 === 1)을 인수로 받습니다. 이 경우 filter 함수는 filterAsync를 호출하여 비동기적으로 필터링을 수행하며 비동기 함수의 Promise 결과를 풀어낸 후 조건을 검사합니다. 결과는 AsyncIterableIterator<number> 타입으로 올바르게 처리됩니다.

이 예제는 타입 시스템을 이용해 동기와 비동기 상황을 올바르게 다룰 수 있음을 보여줍니다. 특히 함수 오버로드를 사용하여 동기 및 비동기 이터러블을 처리하는 방식에 따라 올바른 필터링 함수를 선택합니다. 또한 타입스크립트는 잘못된 인수 조합에 대해 컴파일 타임에 오류를 발생시켜 안전한 코드를 작성할 수 있도록 도와줍니다. 이 코드 패턴들은 코드가 실행되기 이전인 컴파일 타임에 비동기 상황을 정확히 제어하는 방법을 제시합니다.

코드 4-34 동기와 비동기를 함께 지원하는 filter의 런타임

```
const isOdd = (a: number) => a % 2 === 1;

async function test() {
  // ❶ filterSync -> mapSync로 동작
  console.log([...
    map(a => a * 10,
      filter(isOdd,
        naturals(4)))
  ]);
  // [10, 30]

  // ❷ toAsync -> filterAsync -> mapAsync로 동작
  const iter2: AsyncIterableIterator<string> =
    map(a => a.toFixed(2),
      filter(a => delay(100, isOdd(a)),
        toAsync(naturals(4))));

  for await (const a of iter2) {
    console.log(a);
  }
  console.log('end');
  // 100ms 뒤: 1.00
  // 다시 200ms 뒤: 3.00
  // 다시 100ms 뒤: end

  // ❸ filter -> toAsync -> mapAsync로 동작
  console.log(
    await fromAsync(
      map(a => delay(100, a * 10),
        toAsync(
          filter(isOdd,
            naturals(4)))))
  );
  // 200ms 뒤: [10, 30]
}

await test();
```

❶ **filterSync → mapSync로 동작**

filter 함수가 동기 이터러블 naturals(4)와 동기 조건 함수 isOdd를 인자로 받습니다. 이 경우 filter 함수는 filterSync로 동작합니다. 이어서 map 함수가 각 요소에 대해 a * 10을 적용하여 [10, 30]이 출력됩니다.

❷ toAsync → filterAsync → mapAsync로 동작

filter 함수가 비동기 이터러블 toAsync(naturals(4))와 비동기 조건 함수 a => delay(100, isOdd(a))를 인자로 받습니다. 이 경우 filter 함수는 filterAsync로 동작하며 각 요소를 100ms 지연 후 isOdd 함수로 평가합니다.

필터링된 1과 3에 대해 map 함수가 각 요소에 a.toFixed(2)를 적용함으로써 "1.00", "3.00" 형태의 결과가 출력됩니다.

❸ filter → toAsync → mapAsync로 동작

filter 함수가 동기 이터러블 naturals(4)와 동기 조건 함수 isOdd를 인자로 받습니다. 필터링된 1과 3을 toAsync를 활용해 AsyncIterable로 변환하여 mapAsync로 선택되도록 한 후 각 요소에 delay(100, a * 10)을 적용합니다.

fromAsync 함수를 통해 AsyncIterableIterator<number>의 요소를 꺼내 Promise<number[]> 타입의 배열로 변환하여 [10, 30]이 출력됩니다.

이 예제는 런타임에서 IterableIterator, AsyncIterator, Promise 그리고 for await...of 등이 어떤 규약으로 실행되고 동작하는지 잘 보여줍니다. 지금까지 내용과 예제를 통해 toAsync, map, filter가 컴파일 타임에 동기/비동기 타입을 어떻게 처리하는지, 런타임에 비동기 작업을 어떻게 수행하는지 정확히 이해했다면 언어가 제안하는 비동기 프로그래밍에 대해 한 단계 더 깊이 들어간 것입니다.

자바스크립트와 타입스크립트는 AsyncIterableIterator와 IterableIterator라는 값과 프로토콜을 제공하고 있습니다. 이터레이터는 반복자 패턴을 따르며 지연 평가되는 순회 가능한 객체입니다. 지연 평가되는 IterableIterator와 AsyncIterableIterator는 결국 리스트 프로세싱을 위한 기반입니다. 언어는 우리에게 비동기 프로그래밍 방법으로 코드를 값으로 다루고 로직을 리스트로 사고하며 작업을 리스트로 관리하라고 제안하고 있습니다.

4.3.4 타입 시스템 + 비동기 함수형 함수 + 클래스

타입 시스템과 비동기 함수형 함수, 클래스를 결합하면 비동기 작업을 더욱 구조화하여 일관성 있게 관리할 수 있습니다. 타입스크립트와 같은 언어는 강력한 타입 시스템을 제공하므로 비동기 작업의 인터페이스와 규약을 정의하고 구현할 수 있습니다. 이를 통해 각 비동기 작업의 특성과 장점을 유지하면서도 공통된 인터페이스를 통해 일관된 방식으로 상호작용할 수 있습니다.

이번에는 기존 개념들에 클래스를 활용한 기법을 더한 비동기 프로그래밍 패턴을 살펴보고 실제로 적용할 수 있는 예제를 통해 유용성을 확인해보겠습니다.

FxIterable과 FxAsyncIterable

앞에서 mapSync와 mapAsync 함수 중 어떤 함수를 선택하고 동작하게 할 것인지를 정하는 함수로 toAsync 함수를 사용하는 패턴을 확인했습니다. 클래스 활용을 더한 방법에서는 toAsync 메서드를 통해 FxIterable 타입을 FxAsyncIterable로 변환하며 이어주는데 같은 함수로 같은 문제를 해결하지만 약간 다르게 표현합니다. 가끔은 이런 작은 차이가 개발자에게 더 나은 생산성이나 영감을 제공할 수 있습니다.

[코드 4-35]는 4.3절에서 다룬 함수들로만 구현한 FxIterable과 FxAsyncIterable입니다. 함수 오버로드를 적극 활용하여 간결하게 표현하고자 했으며 FxIterable은 [Symbol.iterator]() {...}를, FxAsyncIterable은 [Symbol.asyncIterator]() {...}를 구현하여 map과 같은 함수 구현에서 인자로 this를 전달하는 방식으로 더욱 간결하게 표현했습니다.

코드 4-35 FxIterable과 FxAsyncIterable

```
function fx<A>(iterable: Iterable<A>): FxIterable<A>;
function fx<A>(asyncIterable: AsyncIterable<A>): FxAsyncIterable<A>;
function fx<A>(
  iterable: Iterable<A> | AsyncIterable<A>
): FxIterable<A> | FxAsyncIterable<A> {
  return isIterable(iterable)
    ? new FxIterable(iterable)
    : new FxAsyncIterable(iterable);
}

class FxIterable<A> implements Iterable<A> {
  constructor(private iterable: Iterable<A>) {}

  [Symbol.iterator]() {
    return this.iterable[Symbol.iterator]();
  }

  map<B>(f: (a: A) => B): FxIterable<B> {
    return fx(map(f, this));
  }
```

```typescript
  filter(f: (a: A) => boolean): FxIterable<A> {
    return fx(filter(f, this));
  }

  toArray(): A[] {
    return [...this];
  }

  toAsync(): FxAsyncIterable<Awaited<A>> {
    return fx(toAsync(this));
  }
}

class FxAsyncIterable<A> implements AsyncIterable<A> {
  constructor(private asyncIterable: AsyncIterable<A>) {}

  [Symbol.asyncIterator]() {
    return this.asyncIterable[Symbol.asyncIterator]();
  }

  map<B>(f: (a: A) => B): FxAsyncIterable<Awaited<B>> {
    return fx(map(f, this));
  }

  filter(f: (a: A) => boolean | Promise<boolean>): FxAsyncIterable<A> {
    return fx(filter(f, this));
  }

  toArray(): Promise<A[]> {
    return fromAsync(this);
  }
}
```

implements를 이용하면 타입스크립트로부터 인터페이스를 만족시키는 데 필요한 구현이 완료되었는지 컴파일 타임에 가이드를 받을 수 있습니다. 이를 통해 인터페이스를 정확히 구현하고 누락된 부분이나 잘못 구현된 부분을 컴파일 타임에 발견할 수 있습니다.

이를 [코드 4-36]처럼 타입스크립트에게 타입 추론을 모두 위임하는 방식으로 더욱 간결하게 작성할 수도 있습니다.

코드 4-36 타입스크립트에게 추론을 위임한 FxIterable과 FxAsyncIterable

```
class FxIterable<A> {
  constructor(private iterable: Iterable<A>) {}

  [Symbol.iterator]() {
    return this.iterable[Symbol.iterator]();
  }

  map<B>(f: (a: A) => B) {
    return fx(map(f, this));
  }

  filter(f: (a: A) => boolean) {
    return fx(filter(f, this));
  }

  toArray() {
    return [...this];
  }

  toAsync() {
    return fx(toAsync(this));
  }
}

class FxAsyncIterable<A> {
  constructor(private asyncIterable: AsyncIterable<A>) {}

  [Symbol.asyncIterator]() {
    return this.asyncIterable[Symbol.asyncIterator]();
  }

  map<B>(f: (a: A) => B) {
    return fx(map(f, this));
  }

  filter(f: (a: A) => boolean | Promise<boolean>) {
    return fx(filter(f, this));
  }

  toArray() {
    return fromAsync(this);
  }
}
```

위 클래스를 활용하여 [코드 4-34]의 예제를 다시 작성해보겠습니다.

코드 4-37 FxIterable, FxAsyncIterable로 다시 작성

```
async function test() {
  // ❶ filterSync -> mapSync로 동작
  console.log(
    fx(naturals(4))
      .filter(isOdd)
      .map(a => a * 10)
      .toArray()
  );
  // [10, 30]

  // ❷ toAsync -> filterAsync -> mapAsync로 동작
  const iter2 = fx(naturals(4))
    .toAsync()
    .filter(a => delay(100, isOdd(a)))
    .map(a => a.toFixed(2));

  for await (const a of iter2) {
    console.log(a);
  }
  console.log('end');
  // 100ms 뒤: 1.00
  // 다시 200ms 뒤: 3.00
  // 다시 100ms 뒤: end

  // ❸ filter -> toAsync -> mapAsync로 동작
  console.log(
    await fx(naturals(4))
      .filter(isOdd)
      .toAsync()
      .map(a => delay(100, a * 10))
      .toArray()
  );
  // 200ms 뒤: [10, 30]
}

await test();
```

❶ filterSync → mapSync로 동작

fx(naturals(4))를 통해 FxIterable 인스턴스를 생성하고 동기 필터링과 매핑을 수행한 후 배열로 변환하

여 [10, 30]이 출력됩니다.

❷ toAsync → filterAsync → mapAsync로 동작

fx(naturals(4))로 생성된 FxIterable을, toAsync를 실행하여 FxAsyncIterable로 변환한 후 비동기 필터링과 매핑을 수행하여 "1.00", "3.00"이 출력됩니다.

❸ filter → toAsync → mapAsync로 동작

동기 필터링 후 toAsync를 실행하여 FxAsyncIterable로 변환한 후 매핑을 수행한 결과를 배열로 변환하여 [10, 30]이 출력됩니다.

이 예제는 동기 및 비동기 작업을 효과적으로 관리할 수 있는 타입스크립트의 타입 시스템과 함수형 프로그래밍 기법을 결합한 클래스를 사용하여 간결하고 일관된 방식으로 비동기 작업을 처리하는 방법을 보여줍니다. toAsync 메서드는 FxIterable의 메서드 체인을 FxAsyncIterable의 메서드 체인으로 연결하여 동기와 비동기 작업을 자연스럽게 결합할 수 있게 합니다.

타입 시스템을 활용한 비동기 로직 검증

[코드 4-33]의 함수 매칭 실패 사례에서 확인한 것처럼 클래스 조합 사례에서도 타입 시스템을 통해 비동기 작업 로직을 컴파일 타임에 미리 검증할 수 있습니다. 이를 통해 코드의 안정성을 높이고 런타임 오류를 줄일 수 있습니다. 다음은 toAsync를 사용하지 않을 때 타입 오류가 발생하는 예입니다.

코드 4-38 컴파일 타임에 비동기 로직 검증

```
async function test() {
  // toAsync를 사용하지 않고 비동기 필터링과 매핑을 시도
  const iter2 = fx(naturals(4))
    .filter(a => delay(100, isOdd(a)))  // 타입 오류 발생 (TS2322)
    .map(a => a.toFixed());

  // TS2322: Type Promise<boolean> is not assignable to type boolean
}

await test();
```

이 코드는 toAsync를 사용하지 않아서 타입스크립트가 FxIterable에서 비동기 함수 filter를 사용하려고 할 때 타입 에러가 발생합니다.

ECMAScript는 Iterable과 AsyncIterable을 용도에 적합하게 구분하여 설계하였고 타입스크립트는 이 구조를 활용하여 강력한 타입 검사를 제공합니다. 이러한 언어 설계와 기능 덕분에 우리는 더욱 안전하고 효율적인 비동기 프로그래밍 패턴을 설계할 수 있습니다. 이러한 타입 시스템의 강력함을 활용하면 비동기 로직이 올바르게 작성되었는지, 잠재적인 오류가 없는지 컴파일 타임에 확인하고 런타임 오류를 크게 줄일 수 있습니다.

동기와 비동기를 모두 지원하는 reduce 함수

map과 filter는 모두 이터러블을 반환하는 함수입니다. map은 Iterable〈A〉를 Iterable〈B〉로 변환하거나 AsyncIterable〈A〉를 AsyncIterable〈B〉로 변환합니다. filter는 Iterable〈A〉나 AsyncIterable〈A〉를 받아 조건에 맞는 요소만 남긴 Iterable〈A〉 또는 AsyncIterable〈A〉를 반환합니다.

반면에 reduce는 최종 결과를 만들어내는 함수입니다. 프로그램의 결론은 결국 배열 상태로 끝나지는 않습니다. 이를테면 배열을 통해 HTML 문자열을 생성하여 렌더링하거나 배열 요소를 합산한 값을 구하게 됩니다. 배열 형태로 데이터베이스에 저장한다 하더라도 이기종 시스템 간 통신에서는 결국 직렬화된 문자열로 변환되어 전송됩니다.

map과 filter가 메모리 내에서 이터러블을 유지하면서 값을 변형해 나간다면 reduce는 이터러블을 순회하며 누적된 값을 생성하는 과정에서 이터러블을 해체하고 최종적인 값을 만듭니다. 즉 reduce는 이터러블을 통해 내부의 값을 결합하고 최종적으로 메모리에서 이터러블과 그 내부의 값을 제거하는 역할을 합니다.

정리하면 reduce는 Iterable〈A〉를 받아 순회하면서 누적된 값을 합산해 Acc를 만들거나 AsyncIterable〈A〉를 받아 Promise〈Acc〉를 반환하는 함수입니다. 다음은 reduce의 함수 시그니처와 구현 예입니다.

코드 4-39 reduce 함수

```
function reduce<A, Acc>(
  f: (acc: Acc, a: A) => Acc, acc: Acc, iterable: Iterable<A>
): Acc;
function reduce<A, Acc>(
  f: (acc: Acc, a: A) => Acc | Promise<Acc>, acc: Acc, asyncIterable: AsyncIterable<A>
): Promise<Acc>;
```

```
function reduce<A, Acc>(
  f: any, acc: Acc, iterable: Iterable<A> | AsyncIterable<A>
): Acc | Promise<Acc> {
  return isIterable(iterable)
    ? reduceSync(f, acc, iterable)
    : reduceAsync(f, acc, iterable);
}

function reduceSync<A, Acc>(
  f: (acc: Acc, a: A) => Acc, acc: Acc, iterable: Iterable<A>
): Acc {
  for (const a of iterable) {
    acc = f(acc, a);
  }
  return acc;
}

async function reduceAsync<A, Acc>(
  f: (acc: Acc, a: A) => Acc | Promise<Acc>, acc: Acc, asyncIterable: AsyncIterable<A>
): Promise<Acc> {
  for await (const a of asyncIterable) {
    acc = await f(acc, a);
  }
  return acc;
}
```

[코드 4-39]에서는 동기와 비동기 이터러블을 모두 처리할 수 있는 reduce 함수를 구현했습니다. reduce 함수는 Iterable〈A〉 또는 AsyncIterable〈A〉를 순회하며 누적된 값을 반환하는 방식으로 동작합니다. 이때 동기와 비동기 이터러블 모두에 대응하기 위해 함수 오버로드를 사용하고 있습니다.

reduce 함수 시그니처

reduce 함수는 두 가지 방식으로 오버로드되어 동기와 비동기 이터러블일 때 각각 다른 타입을 반환합니다. 동기 이터러블 Iterable〈A〉 타입이 들어오면 acc와 동일한 Acc를 반환하고 비동기 이터러블 AsyncIterable〈A〉가 들어오면 Promise로 감싼 Promise〈Acc〉를 반환합니다.

reduce 함수 구현

reduce 함수 내부에서는 전달된 이터러블이 동기인지 비동기인지를 판별합니다. 동기일 경우 reduceSync, 비동기일 경우 reduceAsync를 호출합니다. isIterable(iterable) 함수를 사용해 이터러블이 동기인지 확인하며 이를 통해 적절한 처리 방식을 선택합니다.

reduceSync는 동기 이터러블을 처리하는 함수로 for...of문을 통해 이터러블을 순회하며 각 요소에 대해 누적 함수 f를 적용하여 acc를 갱신합니다. 모든 요소를 처리한 후 최종 누적값을 반환합니다.

reduceAsync는 비동기 이터러블을 처리하는 함수로 for await...of문을 통해 이터러블을 비동기적으로 순회하며 각 요소에 대해 f를 적용합니다. 이때 f가 비동기 작업을 포함할 수 있으므로 await로 결괏값을 기다려서 누적값을 갱신하고 최종 누적값을 Promise<Acc>로 반환합니다.

reduce 함수는 받은 Iterable 혹은 AsyncIterable의 내부 요소를 하나씩 평가하며 순회합니다. 비동기 상황에서도 요소를 순차적으로 하나씩 추출하기 때문에 이터레이터를 통한 지연 평가의 이점을 살린 로직을 작성할 수 있도록 합니다. 비동기 상황에서도 이터레이터를 연속적으로 가공함으로써 선언적으로 로직을 작성할 수 있게 되며 reduce는 합을 맞추어 하나씩 평가하고 하나의 Promise<Acc>의 값으로 누적합니다.

지연 평가는 지연 평가될 이터레이터를 잘 만드는 것도 중요하지만 최종적으로 평가하는 곳에서 알맞게 평가하는 것을 통해 완성됩니다.

코드 4-40 FxIterable/FxAsyncIterable에 reduce 적용

```
class FxIterable<A> {
  // ... 메서드 생략 ...
  reduce<Acc>(f: (acc: Acc, a: A) => Acc, acc: Acc) {
    return reduce(f, acc, this);
  }
}

class FxAsyncIterable<A> {
  // ... 메서드 생략 ...
  reduce<Acc>(f: (acc: Acc, a: A) => Acc | Promise<Acc>, acc: Acc) {
    return reduce(f, acc, this);
```

```
  }
}

const result: number =
  fx(naturals(4))
    .filter(isOdd)
    .map(a => a * 10)
    .reduce((acc, a) => acc + a, 0);

const resultPromise: Promise<number> =
  fx(naturals(4))
    .filter(isOdd)
    .map(a => delay(100, a * 10))
    .toAsync()
    .reduce((acc, a) => acc + a, 0);

console.log(
  result,
  await resultPromise
);
// 40 40
```

[코드 4-40]에서는 FxIterable과 FxAsyncIterable 클래스에 reduce 함수를 적용하여 동기 및 비동기 이터러블을 대상으로 값의 누적 작업을 처리하는 패턴을 보여줍니다. 이를 통해 filter, map 같은 메서드와 함께 reduce를 체이닝하여 사용할 수 있습니다.

FxIterable과 FxAsyncIterable에 reduce 메서드를 통합함으로써 동기와 비동기 이터러블을 대상으로 일관성 있는 인터페이스와 체이닝 패턴을 구현할 수 있습니다. 이 패턴은 선언적 코드 스타일을 지원하고 동기 및 비동기 처리를 유연하게 조합할 수 있게 하며 코드의 가독성과 유지보수성을 크게 향상시킵니다.

또한 타입 시스템에 기반한 비동기 프로그래밍은 단순히 타입 안정성을 제공하는 것을 넘어 비동기 로직의 설계와 구현에서 더 나은 구조와 강력한 패턴을 적용할 수 있는 가능성을 열어줍니다.

4.4 비동기 에러 핸들링

비동기 프로그래밍에서 에러를 효과적으로 처리하는 것은 필수입니다. 비동기 로직의 특성상 에러가 발생했을 때 코드가 어디서 실행되고 있는지 명확하게 파악하기 어려울 수 있습니다. 따라서 에러 처리가 적절하지 않으면 성능 문제와 부수 효과, 디버깅의 어려움이 발생합니다. 특히 네트워크 요청, 파일 읽기/쓰기, 데이터베이스 연동과 같이 외부 시스템과 상호작용하는 작업은 에러 가능성이 높으므로 이를 효율적으로 핸들링하는 방법이 중요합니다.

이 절에서는 비동기 에러 핸들링의 기본 원칙과 구체적인 코드 예제를 통해 잘못된 구현에서 발생할 수 있는 문제점과 이를 개선하는 방법을 살펴보겠습니다.

4.4.1 여러 이미지를 불러와서 높이 구하기

예를 들어 여러 이미지 URL을 받아 각 이미지의 높이를 계산하고 총합을 구한다고 가정해봅시다. [코드 4-41]은 URL의 이미지를 비동기적으로 불러오는 함수입니다.

코드 4-41 loadImage 함수

```
function loadImage(url: string): Promise<HTMLImageElement> {
  return new Promise((resolve, reject) => {
    const image = new Image();
    image.src = url;
    image.onload = function() {
      resolve(image);
    }
    image.onerror = function() {
      reject(new Error(`load error : ${url}`));
    }
  });
}
```

loadImage 함수는 URL을 받아 Promise를 반환합니다. 이미지가 성공적으로 로드되면 resolve가 호출되고 로드 중 에러가 발생하면 reject가 호출됩니다. 이 함수를 활용하면 이미지 로드 작업의 결과를 Promise로 처리할 수 있습니다.

[코드 4-42]는 이미지 URL 목록(urls)을 받아 이미지의 총높이를 계산하는 함수입니다.

코드 4-42 calcTotalHeight 함수

```
async function calcTotalHeight(urls: string[]) {
  try {
    const totalHeight = await urls
      .map(async (url) => {
        const img = await loadImage(url);
        return img.height;
      })
      .reduce(
        async (a, b) => await a + await b,
        Promise.resolve(0)
      );
    return totalHeight;
  } catch (e) {
    console.error('Error: ', e);
  }
}

console.log(await calcTotalHeight(urls));
// 585
console.log(await calcTotalHeight(urls2)); // Error: load error..
// undefined
```

calcTotalHeight 함수는 urls의 각 URL에 대해 이미지를 비동기적으로 로드하고 높이를 계산한 후 총합을 반환합니다. 에러가 발생할 경우 try/catch 블록에서 처리하며 에러 내용을 로그로 남깁니다.

[코드 4-42]는 마치 잘 동작하는 듯해 보이지만 사실은 다음과 같은 문제가 있습니다.

- 불필요한 부하: 에러가 발생해도 나머지 URL에 대해 이미지 다운로드를 모두 시도합니다. 예를 들어 두 번째 URL에서 에러가 발생해도 세 번째, 네 번째 URL에 계속 요청이 진행됩니다.
- 부수 효과: 위 상황은 단순히 GET 요청이지만 [코드 4-42]와 같은 방식으로 POST나 데이터베이스의 INSERT와 같은 API를 제어한다면 불필요한 요청으로 부수 효과가 발생하게 됩니다.

[코드 4-42]는 동기적으로 동작하는 Array 메서드를 활용하면서 비동기 작업이 수행되도록 작성했습니다. 하지만 Promise와 비동기 상황을 깊게 이해하고 설계한 코드라고 보기는 어렵습니다. 비동기 로직의 본질적인 흐름과 에러 처리를 충분히 고려하지 않아 불필요한 요청이 발생하거나 작업 흐름이 비효율적으로 진행될 가능성이 있으며 에러가 감춰지고 있습니다.

4.4.2 개선된 비동기 로직

이제 비동기 로직을 개선하여 에러가 발생하면 즉시 요청을 멈추고 추가적인 부하를 방지하는 코드를 작성해보겠습니다.

코드 4-43 calcTotalHeight2 함수

```
async function calcTotalHeight2(urls: string[]) {
  try {
    const totalHeight = await fx(urls)
      .toAsync()
      .map(loadImage)
      .map(img => img.height)
      .reduce((a, b) => a + b, 0);
    return totalHeight;
  } catch (e) {
    console.error('error: ', e);
  }
}

console.log(await calcTotalHeight2(urls));
// 585
console.log(await calcTotalHeight2(urls2)); // Error: load error..
// loadImage 두 번만 시도: undefined
```

[코드 4-43]은 첫 번째 URL에서 에러가 발생하면 나머지 URL 요청을 멈추고 즉시 에러를 처리합니다. Promise와 AsyncIterator를 안전하게 제어하고 의도대로 정확하게 동작하면서도 가독성이 높습니다.

비동기 프로그래밍에서 효율적이고 견고한 코드를 작성하는 핵심은 Promise와 동기-비동기 상황에 대해 정확하게 이해하는 것입니다. 특히 비동기 작업이 점점 복잡해지는 현대 애플리케이션 환경에서는 반드시 코드 흐름과 에러 처리를 명확하게 설계해야 합니다.

이 과정에서 AsyncIterator와 같은 자바스크립트의 강력한 비동기 프로토콜을 활용하면 함수형 프로그래밍의 선언적 스타일과 지연 평가를 결합하여 더욱 유연하고 유지보수성이 높은 코드를 작성할 수 있습니다. 이러한 방식은 단순히 코드를 동작하게 만드는 것을 넘어 명확하고 일관성 있는 로직을 통해 개발자의 생산성과 사용자 경험 모두를 향상시키는 데 기여합니다.

4.4.3 에러가 제대로 발생되도록 하는 것이 핵심

비동기 프로그래밍에서 가장 중요한 것은 단순히 에러를 핸들링하는 것이 아니라 에러가 제대로 발생되도록 설계하는 것입니다. 에러가 발생해야 할 상황에서 이를 적절히 발생시키는 것은 코드의 신뢰성과 유지보수성을 높이는 핵심 원칙입니다.

먼저 [코드 4-44]처럼 에러를 발생시키는 책임을 함수 내부에 두지 않고 호출하는 쪽에서 처리할 수 있게 설계합니다. 그러면 코드의 순수성을 유지하면서도 더 나은 에러 핸들링을 할 수 있습니다.

코드 4-44 getTotalHeight 함수

```
const getTotalHeight = (urls: string[]) =>
  fx(toAsync(urls))
    .map(loadImage)
    .map(img => img.height)
    .reduce((a, b) => a + b, 0);
```

[코드 4-44]에서는 이미지 URL을 받아 총높이를 계산하며 내부에서 에러를 처리하지 않습니다. 대신 호출하는 곳에서 에러를 감지하고 처리하게 합니다. 따라서 에러 핸들링 코드를 의도적으로 제외했습니다. 그런데 이렇게 접근하는 것이 왜 더 좋은 방법일까요?

코드 4-45 사용하는 곳에서 에러 핸들링

```
try {
  const height = await getTotalHeight(urls);
  // ...
} catch (e) {
  console.error(e);
}
```

```
// or
async function myFunction(urls: string[]) {
  try {
    return await getTotalHeight(urls);
  } catch {
    return 0;
  }
}

console.log(await myFunction(urls));
console.log(await myFunction(urls2));
```

이러한 접근 방식은 순수 함수를 작성하는 데 유리하며 부수 효과를 관리하기도 용이합니다. 에러 핸들링은 에러가 발생하는 맥락에 가깝게 작성해야 가장 효과적입니다. 예를 들어 네트워크 요청이나 파일 입출력 같은 부수 효과를 발생시키는 코드 근처에서 에러 핸들링을 집중적으로 수행하는 것이 좋습니다.

또한 에러를 호출하는 쪽에서 처리하도록 하면 각 호출자가 자신에게 필요한 방식으로 에러를 핸들링할 수 있는 유연성을 가질 수 있습니다. 예를 들어 특정 호출자는 단순히 에러를 로깅만 할 수 있고 다른 호출자는 사용자에게 에러 메시지를 표시하거나 자동 복구 로직을 추가하거나 0과 같은 기본값을 반환할 수도 있습니다. 이러한 유연성은 코드의 재사용성과 유지보수성을 크게 향상시킵니다.

또한 이러한 방식은 에러를 감추지 않습니다. 에러를 감추는 것은 문제의 원인을 파악하기 어렵게 하고 예기치 못한 동작을 유발할 가능성이 큽니다. 반면 에러를 명확히 발생시키고 이를 호출자에게 위임하면 문제를 조기에 탐지하고 적절히 대응할 수 있습니다.

결과적으로 에러를 내부에서 처리하지 않고 호출자에게 위임함으로써 코드의 책임을 명확히 분리하고 다양한 상황에 적합한 에러 처리 방식을 지원할 수 있습니다. 이는 단순히 코드를 깨끗하게 유지하는 것 이상의 가치를 제공합니다.

에러가 제대로 발생되도록 설계하기

Promise, async/await, try/catch를 정확히 이해하고 활용하기

비동기 작업을 수행할 때 Promise와 async/await를 적절히 사용하여 에러가 명확히 드러나도록 작성합니다. try/catch 구문을 활용하면 호출자에게 에러를 명확히 전달할 수 있습니다.

에러를 숨기지 않고 명확히 드러내기

불필요하게 에러를 처리하려고 하거나 지나치게 복잡한 에러 핸들링 코드를 작성하면 오히려 에러가 숨겨질 가능성이 높습니다. 에러를 감추기보다는 발생하도록 두고 이를 상위 레벨에서 처리하거나 로깅 도구를 통해 모니터링하는 것이 좋습니다.

순수 함수는 에러를 발생시키도록 설계

순수 함수는 부수 효과를 가지지 않으므로 에러를 발생시키고 이를 상위 호출자에게 위임하는 방식이 바람직합니다. 순수 함수 내부에서 에러를 처리하려고 시도하면 함수의 목적이 흐려질 수 있습니다.

제너레이터/이터레이터/이터러블을 활용한 선언적 프로그래밍

제너레이터와 이터러블을 활용하면 코드의 표현력을 높이는 동시에 비동기 작업에서 에러 핸들링을 보다 직관적이고 명확하게 설계할 수 있습니다. 예를 들어 비동기 이터러블을 통해 에러 발생 시점을 제어하고 에러가 전파되는 흐름을 선언적으로 표현할 수 있습니다.

에러 핸들링 코드는 부수 효과 코드 근처에 작성

네트워크 요청, 파일 입출력, 데이터베이스 쿼리와 같은 부수 효과를 발생시키는 코드 근처에서 에러를 처리해야 에러의 원인과 해결 방안을 명확히 할 수 있습니다. 부수 효과와 무관한 영역에서 에러를 처리하려고 하면 디버깅과 유지보수가 어려워집니다.

Sentry.io와 같은 에러 로깅 서비스 활용

에러 핸들링의 한계를 보완하기 위해 Sentry.io와 같은 에러 로깅 서비스를 활용하면 에러가 발생하는 모든 상황을 실시간으로 모니터링할 수 있습니다. 이를 활용하면 발생한 에러를 놓치지 않고 프로덕션 환경에서도 문제를 빠르게 파악하고 대응할 수 있습니다. 이때도 에러가 숨겨지지 않고 제대로 발생되도록 코드가 설계되어 있어야 합니다. 그래야만 이러한 도구를 통해 모든 에러를 효과적으로 관리할 수 있습니다.

4.4.4 안정적인 소프트웨어와 비동기 프로그래밍

이제 비동기 프로그래밍을 더 깊이 이해하게 되었습니다. 4장에서 다룬 이러한 기술들은 1장 ~ 3장의 내용에 기반합니다. 값을 통해 비동기 작업을 다루고, 지연성을 활용하여 비동기 상황을 제어하는 다양한 로직을 가독성 좋은 코드로 구현하며, 타입 시스템으로 컴파일 타임에 비동기 상황을 미리 검증하는 기법들을 익혔습니다. 이러한 기술들은 단순히 비동기 작업을 처리하는 것을 넘어 코드의 가독성과 유지보수성을 높이고 복잡한 비동기 로직을 간결하고 정확하게 구현하는 데 큰 도움이 됩니다.

비동기 프로그래밍의 궁극적인 목표는 시스템 자원을 최적화하고 사용자 경험을 향상시키며 안정적이고 효율적인 소프트웨어를 만드는 것입니다. 이제 우리는 이러한 목표를 달성하기 위한 강력한 도구들을 손에 넣었습니다. 또한 지금까지 현대 프로그래밍 언어를 멀티패러다임 언어의 관점에서 다시 바라보고 깊이 있게 다루며 기본기를 단단히 다졌습니다. 이제 5장부터는 보다 실무에 가까운 코드 사례를 통해 멀티패러다임 프로그래밍에 대해 계속해서 생각을 확장해 나가겠습니다.

4.5 요약 정리

비동기 프로그래밍의 중요성

비동기 프로그래밍은 현대 소프트웨어 개발에서 필수적인 기술입니다. 비동기 처리를 통해 애플리케이션의 성능과 응답성을 높일 수 있으며 특히 I/O 작업이나 네트워크 요청과 같은 시간 소모적인 작업에서 큰 이점을 제공합니다.

값으로 다루는 비동기

비동기 프로그래밍에서 Promise는 단순한 비동기 작업의 결과뿐만 아니라 값으로 다뤄질 수 있습니다. 이를 통해 여러 비동기 작업을 조합하고 제어할 수 있습니다. Promise.all, Promise.race와 같은 함수들은 복합적인 비동기 작업의 결과를 한 번에 처리할 수 있게 도와줍니다. 이러한 패러다임을 통해 비동기 작업의 흐름을 더 명확하게 이해하고 관리할 수 있습니다.

지연성으로 다루는 비동기

지연성은 비동기 작업을 효율적으로 처리하는 데 중요한 역할을 합니다. 리스트 프로세싱을 통해 map, filter와 같은 고차 함수들을 사용하여 비동기 작업을 체계적으로 처리할 수 있습니다. 지연 평가를 통해 비동기 작업을 미뤄둔 후 원하는 로직에 맞춰 평가하는 방식으로 효율적으로 비동기 작업을 핸들링할 수 있습니다. 이를 통해 executeWithLimit와 같은 병렬 로직을 가진 함수를 더욱 쉽고 안전하게 만들 수 있습니다. 또한 비동기 이터레이터인 AsyncIterableIterator를 사용하여 비동기 작업을 순차적으로 처리할 수 있습니다.

타입으로 다루는 비동기

타입스크립트의 타입 시스템은 비동기 함수형 프로그래밍을 구현하는 강력한 도구를 제공합니다. 타입 시스템을 통해 비동기 작업의 인터페이스와 규약을 정의하여 비동기 작업의 안정성과 가독성을 높일 수 있습니다. FxIterable과 FxAsyncIterable 클래스는 반복자 패턴을 확장하여 동기 및 비동기 작업을 일관된 방식으로 처리할 수 있게 합니다. 이를 통해 동기와 비동기 작업을 혼합하여 사용할 수 있으며 공통된 인터페이스로 작업을 관리할 수 있습니다.

비동기 에러 핸들링

비동기 에러 핸들링의 핵심은 에러가 제대로 발생되도록 설계하는 것입니다. 순수 함수에서는 에러를 발생시키고 호출자에게 위임하는 것이 바람직하며 부수 효과를 발생시키는 코드 근처에서 에러를 처리해야 원인과 해결 방안을 명확히 할 수 있습니다. 에러를 불필요하게 숨기기보다는 명확히 드러내어 호출자가 상황에 맞는 방식으로 핸들링할 수 있도록 해야 합니다. 따라서 Promise, async/await, try/catch와 같은 비동기 로직의 도구를 정확히 이해하고 활용하는 것이 중요합니다.

5장

실전 함수형 프로그래밍

함수형 프로그래밍은 단순히 개념이나 추상적인 아이디어가 아닙니다. 현실 세계의 데이터와 문제를 해결할 때 오히려 훨씬 실용적이며 개발자와 서비스에 실질적인 가치를 제공합니다.

리스트 프로세싱은 함수형 프로그래밍의 핵심 도구 중 하나로 데이터를 필터링하고 변환하며 이를 바탕으로 원하는 결과를 만들어내는 과정을 간결하고 명확하게 설계할 수 있도록 돕습니다. 이 장에서는 단순히 수열을 다루던 함수형 코드가 현실 세계의 문제를 얼마나 잘 다루는지 그리고 우리가 매일 접하는 다양한 문제에 얼마나 폭넓게 활용될 수 있는지 탐구합니다.

또한 함수형 프로그래밍을 실제 백엔드 프로그래밍에 적용하여 실질적인 문제를 해결하는 방법을 다룹니다. 특히 데이터 처리와 비동기 작업, 병렬성, 시스템 제약 조건 같은 현실적인 문제를 함수형 스타일로 접근하는 방법을 탐구합니다. 리스트 프로세싱에 기반한 백엔드 프로그래밍이 현대적인 백엔드 환경에서 어떻게 더 높은 신뢰성과 확장성을 확보하는지 어떤 실질적인 도움을 주는지도 알아봅니다.

이제 함수형 프로그래밍의 실전 활용 사례를 통해 그동안 탐구했던 개념과 아이디어가 현실 문제를 얼마나 효과적으로 해결할 수 있는지 함께 살펴보겠습니다.

5.1 실전 데이터 다루기

그동안 이 책에서는 일부 예제를 제외하고 대부분 수열을 중심으로 다뤄왔습니다. 이는 함수형 프로그래밍의 기본 개념과 활용 방법을 익히는 데는 효과적이지만 실전에서 데이터 처리에 어떻게 적용할지 와닿지 않았을 수도 있습니다. 이번 절에서는 이런 의문을 해소하기 위해 실전에서 자주 접하는 데이터 구조를 다루며 함수형 프로그래밍의 응용력을 높여보겠습니다.

5.1.1 2차원 배열에서 숫자 다루기

우선 한 번 더 수열을 다뤄보겠습니다. 함수형 프로그래밍의 기본 개념을 다시 상기하는 동시에 데이터를 다루는 흐름에 익숙해지는 데 도움이 될 것입니다. 다음은 간단한 2차원 배열에서 홀수의 제곱을 모두 더하는 코드입니다.

코드 5-1 홀수의 제곱을 모두 더하기

```
const numbers = [
  [1, 2],
  [3, 4, 5],
  [6, 7, 8],
  [9, 10]
];

const oddSquareSum = numbers
  .flat()  // 2차원 배열을 1차원 배열로 펼침
  .filter(a => a % 2 === 1)  // 홀수만 필터링
  .map(a => a * a)  // 제곱
  .reduce((a, b) => a + b, 0);  // 합산

console.log(oddSquareSum);  // 165
```

[코드 5-1]에서는 flat으로 중첩된 배열을 펼치고 filter로 홀수를 골라낸 뒤 map으로 제곱한 값을 reduce로 모두 더했습니다. 결과는 165로 나왔습니다.

5.1.2 농구팀 데이터 다루기

이번에는 실무에서 사용할 만한 데이터를 다뤄보겠습니다. 플레이어와 팀이라는 구조로 데이터를 구성했으며 각 팀에는 여러 플레이어가 소속되어 있습니다. 이런 데이터는 농구 게임 통계나 스포츠 관련 애플리케이션에서 선수들의 성적이나 기록을 보여주는 데 자주 사용합니다.

[코드 5-2]와 같은 데이터에서 30점 이상 득점한 선수들의 점수 총합을 구하려면 어떻게 해야 할까요?

코드 5-2 30점 이상 득점자의 점수 총합

```
type Player = {
  name: string;
  score: number;
};

type Team = {
  name: string;
  players: Player[];
};

const teams: Team[] = [
  {
    name: 'Bears', players: [
      { name: 'Luka', score: 32 },
      { name: 'Anthony', score: 28 },
      { name: 'Kevin', score: 15 },
      { name: 'Jaylen', score: 14 },
    ]
  },
  {
    name: 'Lions', players: [
      { name: 'Stephen', score: 37 },
      { name: 'Zach', score: 20 },
      { name: 'Nikola', score: 19 },
      { name: 'Austin', score: 22 },
```

```
    ]
  },
  {
    name: 'Wolves', players: [
      { name: 'Jayson', score: 32 },
      { name: 'Klay', score: 37 },
      { name: 'Andrew', score: 15 },
      { name: 'Patrick', score: 14 },
    ]
  },
  {
    name: 'Tigers', players: [
      { name: 'DeMar', score: 37 },
      { name: 'Marcus', score: 21 },
      { name: 'Al', score: 19 },
      { name: 'Dennis', score: 22 },
    ]
  },
];

const totalHighScorers = teams
  .map(team => team.players)  // 팀 객체 구조를 선수들의 2차원 배열로 변환
  .flat()  // 1차원 배열로 펼침
  .filter(player => player.score >= 30)  // 30점 이상 득점한 선수만 필터링
  .map(player => player.score)  // 점수로 변환
  .reduce((a, b) => a + b, 0);  // 합산

console.log(totalHighScorers);  // 175
```

지금까지 수열을 다뤘던 예제들과 비교해보면 이번 코드도 구조가 거의 동일하다는 것을 알 수 있습니다. 기존에 명령형 스타일로 작성하던 코드를 map, filter, flat, reduce 같은 함수형 메서드를 활용해 간결하게 구현했습니다.

함수형 프로그래밍에서는 team.players나 player.score처럼 객체와 배열이 중첩된 데이터 구조에서도 간단한 보조 함수를 통해 데이터를 변환하고 처리할 수 있습니다. 따라서 2차원 배열의 숫자를 다루던 방식과 동일한 패턴으로 복잡한 데이터 구조를 효율적으로 처리할 수 있습니다. 이는 함수형 프로그래밍에서 다형성을 효과적으로 활용한 사례라 할 수 있습니다.

map과 flat을 함께 사용한 코드는 **flatMap**으로 대체할 수 있습니다. flatMap은 map을 수행한 후 flat까지 한 번에 처리하는 메서드입니다.

코드 5-3 map을 수행하고 flat을 처리하는 flatMap

```
const totalHighScorers2 = teams
  .flatMap(team => team.players)  // 모든 팀의 선수 배열을 펼침
  .filter(player => player.score >= 30)  // 30점 이상 득점한 선수만 필터링
  .map(player => player.score)  // 점수로 변환
  .reduce((a, b) => a + b, 0);  // 합산

console.log(totalHighScorers2);  // 175
```

앞에서 다뤘던 2차원 배열 예제와 농구팀 데이터 예제를 비교해보겠습니다.

코드 5-4 2차원 배열 다루기와 농구팀 데이터 다루기 비교

```
const oddSquareSum = numbers
  .flat()  // 2차원 배열을 1차원 배열로 펼침
  .filter(a => a % 2 === 1)  // 홀수만 필터링
  .map(a => a * a)  // 제곱
  .reduce((a, b) => a + b, 0);  // 합산

const totalHighScorers = teams
  .flatMap(team => team.players)  // 모든 팀의 선수 배열을 펼침
  .filter(player => player.score >= 30)  // 30점 이상 득점한 선수만 필터링
  .map(player => player.score)  // 점수로 변환
  .reduce((a, b) => a + b, 0);  // 합산
```

두 코드는 서로 다른 데이터를 다루고 있지만 구조적으로 완전히 동일한 방식으로 작성되었습니다. 함수형 프로그래밍에서는 데이터를 다루는 일반적인 패턴을 제공함으로써 이를 다양한 데이터 형태에 쉽게 적용할 수 있습니다. 데이터를 다루는 방식이 단순히 수열이든 객체 배열이든 동일한 로직으로 처리할 수 있다는 점은 코드의 간결함과 유지보수성을 높여줍니다.

5.1.3 커머스 데이터 다루기

쇼핑몰이나 커머스 서비스에서는 장바구니 데이터를 처리하는 일이 흔합니다. 예를 들어 선택된 상품의 전체 수량이나 가격을 계산하는 작업은 자주 발생합니다. 이번에는 장바구니 데이터를 다루는 코드를 함수형 프로그래밍을 활용하여 간결하고 읽기 쉬운 코드로 작성해보겠습니다.

코드 5-5 장바구니에 담긴 상품의 전체 수량과 가격 계산

```
type Product = {
  name: string;
  price: number;
  quantity: number;
  selected: boolean;
};

const products: Product[] = [
  {
    name: '티셔츠',
    price: 10000,
    quantity: 1,
    selected: true,
  },
  {
    name: '셔츠',
    price: 30000,
    quantity: 2,
    selected: false,
  },
  {
    name: '바지',
    price: 15000,
    quantity: 2,
    selected: true,
  }
];

const sumSelectedQuantities = (products: Product[]) =>
  products.reduce((total, prd) => {
    if (prd.selected) {  // 선택된 상품의 수량 합산하기
      return total + prd.quantity;
    } else {
      return total;
    }
  }, 0);

const calcSelectedPrices = (products: Product[]) =>
  products.reduce((total, prd) => {
    if (prd.selected) {  // 선택된 상품의 가격 합산하기
      return total + prd.price * prd.quantity;
    } else {
```

```
    return total;
  }
}, 0);

console.log(sumSelectedQuantities(products));  // 선택된 상품의 총 수량: 3
console.log(calcSelectedPrices(products)); // 선택된 상품의 총 가격: 40000
```

[코드 5-5]는 reduce를 사용하여 선택된 상품의 전체 수량과 가격을 계산합니다. 반복문과 누적 변수(for + i++)를 사용하는 방식이 아닌 reduce를 사용해 비교적 간결해지긴 했지만 여전히 if-else문과 모든 로직을 reduce 내부에 몰아넣으면서 코드가 복잡하고 읽기 어렵습니다. 다음과 같이 작성하면 보다 간결하게 코드를 변경할 수 있습니다.

코드 5-6 복잡한 reduce 하나보다 map, filter, reduce로 나누기

```
const sumSelectedQuantities = (products: Product[]) =>
  products
    .filter(prd => prd.selected)  // 선택된 상품만 필터링
    .map(prd => prd.quantity)  // 수량만 추출
    .reduce((a, b) => a + b, 0);  // 합산

const calcSelectedPrices = (products: Product[]) =>
  products
    .filter(prd => prd.selected)  // 선택된 상품만 필터링
    .map(prd => prd.price * prd.quantity)  // 총가격 계산
    .reduce((a, b) => a + b, 0);  // 합산

console.log(sumSelectedQuantities(products));  // 선택된 상품의 총수량: 3
console.log(calcSelectedPrices(products));  // 선택된 상품의 총가격: 40000
```

filter, map, reduce로 역할을 명확히 분리하면 코드의 가독성이 크게 향상됩니다. 각 단계에서 어떤 작업이 수행되는지 명확히 드러나기 때문에 이해하기 쉽습니다. 또한 로직이 단계별로 나뉘어 특정 부분을 수정하거나 추가하기 편리하고 유지보수성이 높아집니다. filter나 map 단계를 별도의 함수로 추출하면 다른 작업에서도 재사용할 수 있습니다. 마지막으로 각 단계별로 데이터를 확인하기 쉬워 디버깅이 더 쉬우며 오류를 찾고 해결하는 데 드는 노력이 줄어듭니다.

이처럼 복잡한 reduce를 단순화하고 역할을 나누면 더 직관적이고 명료한 코드를 작성할 수 있어 유지보수와 확장에 유리한 구조를 만들 수 있습니다.

5.1.4 커머스 데이터 다루기 2

현실적인 커머스 환경에서는 장바구니 데이터가 단순히 상품명, 가격, 수량으로만 구성되지 않습니다. 예를 들어 의류 상품의 경우 사이즈나 색상 옵션이 추가될 수 있으며 옵션마다 가격이나 수량이 달라질 수 있습니다. 이번에는 옵션이 포함된 더 복잡한 장바구니 데이터를 처리할 때 함수형 프로그래밍을 활용해 이를 간결하고 직관적으로 다루는 방법을 소개합니다.

코드 5-7 옵션이 추가된 장바구니 데이터 구조

```
type Option = {
  name: string;
  price: number;
  quantity: number;
};

type Product = {
  name: string;
  price: number;
  selected: boolean;
  options: Option[];
};

const products: Product[] = [
  {
    name: '티셔츠',
    price: 10000,
    selected: true,
    options: [
      { name: 'L', price: 0, quantity: 3 },
      { name: 'XL', price: 1000, quantity: 2 },
      { name: '2XL', price: 3000, quantity: 2 },
    ]
  },
  {
    name: '셔츠',
    price: 30000,
    selected: false,
    options: [
      { name: 'L', price: 0, quantity: 2 },
      { name: 'XL', price: 1000, quantity: 5 },
      { name: '2XL', price: 3000, quantity: 4 },
    ]
```

```
  },
  {
    name: '바지',
    price: 15000,
    selected: true,
    options: [
      { name: 'XL', price: 500, quantity: 3 },
      { name: '2XL', price: 3000, quantity: 5 },
    ]
  }
];
```

이 데이터 구조에는 각 상품에 옵션 배열이 추가되었습니다. 각 옵션에는 name, price, quantity 속성이 포함되어 있으며 상품의 기본 가격(price)에 옵션의 추가 가격(price)을 더해 최종 가격을 계산해야 합니다.

데이터 구조가 더 복잡해졌지만 함수형 프로그래밍을 통해 동일한 접근 방식으로 처리할 수 있습니다. [코드 5-8]은 선택된 상품의 전체 수량과 가격을 계산하는 예입니다.

코드 5-8 옵션 데이터를 포함한 전체 수량과 가격 계산

```
const sumSelectedQuantities2 = (products: Product[]) =>
  products
    .filter(prd => prd.selected) // 선택된 상품만 필터링
    .map(prd => prd.options) // 각 상품의 옵션 배열로 변환
    .flat() // 옵션 배열을 펼쳐 1차원 배열로 변환
    .map(opt => opt.quantity) // 각 옵션의 수량 추출
    .reduce((a, b) => a + b, 0); // 총합 계산

const calcSelectedPrices2 = (products: Product[]) =>
  products
    .filter(prd => prd.selected) // 선택된 상품만 필터링
    .map(prd => prd.options.map(
      opt => (prd.price + opt.price) * opt.quantity // 옵션별 최종 가격 계산
    ))
    .flat() // 모든 옵션의 가격 배열을 펼침
    .reduce((a, b) => a + b, 0); // 총합 계산

console.log(sumSelectedQuantities2(products)); // 선택된 상품의 총수량: 15
console.log(calcSelectedPrices2(products)); // 선택된 상품의 총가격: 214500
```

[코드 5-8]은 복잡한 데이터 구조를 간결하게 처리합니다. 옵션 데이터가 추가되어 데이터 구조가 복잡해졌음에도 filter, map, flat, reduce의 조합을 통해 간단하고 일관된 방식으로 데이터를 처리할 수 있습니다. 이는 함수형 프로그래밍의 강점 중 하나인 일관성과 재사용성을 잘 보여줍니다.

또한 가독성과 유지보수성을 유지했습니다. filter로 선택된 상품만 분리하고 map으로 각 상품의 옵션 데이터를 변환한 뒤 flat으로 중첩된 배열을 펼치는 순차적인 작업 흐름은 읽기 쉽고 이해하기 쉽습니다. 또한 코드가 명확하게 나뉘어 특정 단계의 수정이나 추가 작업이 간편합니다. 옵션별로 최종 가격을 계산하는 코드도 분리되어 개별 계산 로직을 독립적으로 테스트하거나 수정하기가 쉽습니다.

이를 다음과 같이 flatMap으로 변경할 수도 있습니다.

코드 5-9 flatMap으로 변경

```
const sumSelectedQuantities2 = (products: Product[]) =>
  products
    .filter(prd => prd.selected)
    .flatMap(prd => prd.options)  // 각 상품의 옵션 배열들을 1차원 배열로 변환
    .map(opt => opt.quantity)
    .reduce((a, b) => a + b, 0);
```

결과적으로 이러한 코드는 [코드 5-4]에서 다룬 수열 데이터나 농구팀 데이터를 처리했던 코드와 구조적으로 유사합니다. 이처럼 함수형 프로그래밍에서는 다양한 데이터 구조를 처리할 때 일관적이고 유연성을 가진 해법을 제공합니다.

다음의 [코드 5-10]에서는 서로 다른 데이터 구조를 처리하는 두 함수인 calcSelectedPrices와 calcSelectedPrices2를 좀 더 비슷한 구조로 정리하여 일관성을 높였습니다.

코드 5-10 비슷한 구조를 가진 코드로 정리

```
const calcProductPrice = (prd: Product) => prd.price * prd.quantity;

const calcSelectedPrices = (products: Product[]) =>
  products
    .filter(prd => prd.selected)
    .map(calcProductPrice)
    .reduce((a, b) => a + b, 0);
```

```
const calcProductOptionPrices = (prd: Product) =>
  prd.options.map(opt => (prd.price + opt.price) * opt.quantity);

const calcSelectedPrices2 = (products: Product[]) =>
  products
    .filter(prd => prd.selected)
    .flatMap(calcProductOptionPrices)
    .reduce((a, b) => a + b, 0);
```

calcProductOptionPrices 함수로 상품들의 가격을 계산하는 로직을 분리하고 함수명으로 의도를 드러냈습니다. 비교적 복잡한 표현을 가진 계산식을 이름을 가진 함수로 변경하여 코드의 가독성과 명확성이 향상되었습니다. 또한 가격 계산 로직이 함수로 추출됨으로써 새로운 조건이나 계산 방식이 필요할 경우 해당 함수만 수정하면 되므로 유지보수성이 높아졌습니다. 동일한 계산 로직을 다른 곳에서도 재사용할 수 있어 재사용성 또한 향상되었습니다.

calcSelectedPrices에서 calcSelectedPrices2로 변화하는 사례는 리스트 프로세싱의 유연함을 보여줍니다. 즉 데이터 구조가 복잡해지고 기능이 확장되었을 때 리스트 중심 사고를 통해 문제를 구조적으로 단순화하고 중첩된 데이터를 펼쳐(flat) 간단하게 처리합니다.

장바구니에 담긴 전체 가격과 선택된 상품의 총 가격을 동시에 계산하려면 다음과 같이 간결하게 코드를 재구성할 수 있습니다.

코드 5-11 전체 가격과 선택된 상품 가격 계산

```
const calcProductOptionPrices = (prd: Product) =>
  prd.options.map(opt => (prd.price + opt.price) * opt.quantity);

const calcTotalPrice = (products: Product[]) =>
  products
    .flatMap(calcProductOptionPrices)
    .reduce((a, b) => a + b, 0);

const calcSelectedPrices2 = (products: Product[]) => calcTotalPrice(
  products.filter(prd => prd.selected)
);

console.log(calcTotalPrice(products)); // 모든 상품 총가격: 561500
console.log(calcSelectedPrices2(products)); // 선택된 상품의 총가격: 214500
```

이제 calcTotalPrice를 사용하여 장바구니에 담긴 전체 가격도 간편하게 계산할 수 있습니다. 또한 calcSelectedPrices2 함수는 선택된 상품만 필터링한 뒤 calcTotalPrice를 호출하도록 변경되어 리스트 프로세싱의 재사용성과 조합성을 효과적으로 활용한 예입니다.

그렇다면 [코드 5-11]을 명령형 코드로 작성하면 어떤 모습일까요?

코드 5-12 명령형 코드로 작성

```
function calcTotalPrice(products: Product[]): number {
  let totalPrice = 0;

  for (let i = 0; i < products.length; i++) {
    const product = products[i];
    for (let j = 0; j < product.options.length; j++) {
      const option = product.options[j];
      totalPrice += (product.price + option.price) * option.quantity;
    }
  }

  return totalPrice;
}

function calcSelectedPrices2(products: Product[]): number {
  const selectedProducts: Product[] = [];
  for (let i = 0; i < products.length; i++) {
    if (products[i].selected) {
      selectedProducts.push(products[i]);
    }
  }

  // calcTotalPrice 재사용
  return calcTotalPrice(selectedProducts);
}
```

[코드 5-12]는 명령형 코드의 몇 가지 단점을 보여줍니다. 첫 번째로 가독성이 저하됩니다. 반복문과 조건문으로 구성된 로직은 각 단계의 작업 의도를 빠르게 파악하기 어렵게 만들어 가독성을 저하시킵니다. 예를 들어 calcSelectedPrices2 함수는 중첩된 for 루프와 조건문으로 인해 작업의 핵심 목적이 명확히 드러나지 않습니다.

두 번째로 유지보수성이 부족합니다. 로직이 하나의 흐름으로 연결되어 특정 부분을 수정하거나 확장하려면 전체 코드를 다시 읽고 이해해야 합니다. 특히 새로운 조건이나 계산 방식이 추가되면 코드를 전반적으로 재검토해야 합니다.

세 번째로 코드가 문장으로 구성되어 조합성과 가독성이 떨어지며 불필요한 코드 중복이 발생합니다. 반복적인 순회와 임시 변수 선언, 값 변경 등이 하나의 긴 흐름으로 이어지면서 작업의 의도가 분산되고 중복된 코드를 피하기 어렵게 만듭니다. 또한 각 작업이 명확히 분리되어 있지 않아 특정 작업을 독립적으로 실행하거나 테스트하기 어렵습니다. 개별 작업을 검증하려면 전체 함수의 흐름을 따라가며 중간에 로그를 추가하거나 코드를 임시로 수정해야 하는 번거로움이 생깁니다. 이러한 문제는 코드의 유지보수성과 테스트 효율성을 저하시킵니다.

5.1.5 일관된 접근 방식으로 문제 해결하기

지금까지 함수형 프로그래밍을 활용하여 다양한 데이터 구조를 처리하는 방법을 살펴보았습니다. 2차원 배열의 간단한 수열에서 시작하여 농구팀 데이터, 장바구니 데이터와 같은 실전 데이터 구조를 다루며 map, filter, reduce와 같은 함수형 메서드가 얼마나 강력하고 일관된 접근 방식을 제공하는지 확인할 수 있었습니다. 이러한 함수형 프로그래밍의 이점을 정리하면 다음과 같습니다.

- 일관성: 다양한 데이터 구조에 동일한 패턴으로 적용할 수 있어 코드가 예측 가능하고 읽기 쉬워집니다.
- 가독성: 로직을 분리해 작성함으로써 각 작업의 역할이 명확히 드러나며 가독성을 크게 향상시킬 수 있습니다.
- 재사용성: filter, map, reduce 단계를 독립적으로 작성하면 다른 데이터 처리 작업에서도 재사용할 수 있습니다.
- 유지보수성: 단계별로 코드를 수정하거나 확장하기 쉽습니다.
- 디버깅 용이성: 각 단계의 중간 데이터를 쉽게 확인할 수 있어 오류를 빠르게 찾아낼 수 있습니다.

함수형 프로그래밍 혹은 리스트 프로세싱은 단순히 코드 스타일을 바꾸는 것이 아니라 복잡한 로직을 더 간단하고 명확하게 설계하는 도구를 제공합니다. 따라서 코드의 품질과 생산성을 동시에 높일 수 있습니다.

5.2 더 많은 문제에 적용하기

이 절에서는 함수형 프로그래밍을 더 넓은 문제 범위로 적용하려 할 때 알아두면 좋은 여러 함수를 다룹니다. 이를 효과적으로 살펴보고자 타입스크립트 기반의 뛰어난 함수형 프로그래밍 라이브러리인 FxTS를 활용하겠습니다.

FxTS는 Iterable/AsyncIterable 프로토콜에 기반한 다양한 리스트 프로세싱 함수 세트와 타입 추론, 비동기/병렬/동시성 프로그래밍을 강력하게 지원하여 실제 업무 환경에서 유용하게 활용할 수 있습니다. 또한 자바스크립트와 타입스크립트의 본질을 유지하면서도 언어의 규약에 충실하게 설계되어 언어적 특성과 자연스럽게 조화를 이루며 언어의 발전과도 함께 사용할 수 있는 유연함을 갖추고 있습니다.

NOTE

이 오픈소스 프로젝트는 조현우 님이 주도해 개발한 것으로 탄탄한 기본기와 프로그래밍 언어 전반에 대한 깊은 통찰을 바탕으로 설계된 고수준의 함수형 라이브러리입니다. 네이버와 네이버페이 등에서 풍부한 경험을 쌓은 뒤 현재는 마플코퍼레이션에서 테크 리드로 활약 중인 조현우 님은 제게도 많은 배움을 주는 존경하는 동료이자 훌륭한 개발자입니다. 이 책을 통해 FxTS를 소개할 수 있게 되어 기쁘게 생각합니다.

이제 함수형 프로그래밍을 더 다양한 문제에 적용할 수 있게 돕는 몇 가지 핵심 함수를 살펴보고 이를 실무에서 어떻게 활용할 수 있을지 구체적인 사례를 통해 알아보겠습니다.

5.2.1 pipe 함수

pipe는 여러 함수를 연속적으로 적용하여 값을 처리하는 함수입니다. pipe는 주로 두 개 이상의 함수를 합성하고 코드의 표현력을 높이기 위해 사용합니다.

함수를 합성하는 함수 pipe

pipe 함수에는 첫 번째 인자로는 초깃값을, 두 번째 인자부터는 적용할 함수들을 전달합니다. pipe는 첫 번째 인자를 초기 누적값으로 사용하며 나머지 함수들을 순차적으로 적용하여 최종 결과를 도출합니다.

코드 5-13 pipe를 사용한 함수의 연속 적용

```
import { pipe } from "@fxts/core";

const result = pipe(
  10,
  a => a + 4,  // a = 10
  a => a / 2,  // a = 14
);

console.log(result);  // 7
```

[코드 5-13]은 a에 4를 더하는 함수와 그 결과를 받아 2로 나누는 함수가 순차적으로 실행되어 7을 반환합니다.

pipe의 로직은 reduce라고 표현할 수 있습니다. pipe는 reduce를 활용해 여러 함수를 이터러블로 다루며 각 함수의 결과를 다음 함수에 연속적으로 전달하여 최종 결과를 생성합니다. 이를 통해 함수들을 값으로 다루어 데이터 흐름을 왼쪽에서 오른쪽으로, 위에서 아래로 명확하게 표현할 수 있습니다.

커링과 함께 사용하기

pipe는 커링을 지원하는 함수와 결합될 때 커링의 장점을 살려주는 표현력을 제공하며 강력한 타입 추론을 제공합니다.

코드 5-14 커링이 적용된 add 함수

```
// 인자를 하나씩 평가하도록 구현된 add 함수
const add = (a: number) => (b: number) => a + b;  // ❶

const result = add(10)(5);  // ❷
console.log(result);  // 15

const add10 = add(10);  // 인자가 a만 적용된 상태의 함수
```

```
console.log(add10(5));  // 15

const result2: number = pipe(  // ❸
  5,
  add(10),
  add(5),
);
console.log(result2);  // 20
```

❶ add 함수는 커링이 적용된 함수로, 첫 번째 인자 a를 적용한 후 반환된 함수에 두 번째 인자 b를 적용하여 최종 결과를 계산합니다. ❷ add(10)은 a 값이 10으로 고정된 함수를 반환합니다. 반환된 함수에 b 값을 전달하면 a + b의 결과를 계산합니다.

여기에 ❸ pipe를 사용하면 이렇게 커링된 함수들을 연결하여 자연스럽고 읽기 쉬운 코드로 작성할 수 있습니다. pipe를 통해 add(10)과 add(5)를 순차적으로 적용하면 5에 10을 더하고 그 결과에 다시 5를 더하여 최종 결과를 계산합니다.

FxTS의 리스트 프로세싱 함수들은 커링을 지원하면서도 pipe 함수를 통해 타입 추론을 제공합니다.

코드 5-15 pipe와 map, filter, forEach

```
import { pipe, map, filter, forEach } from "@fxts/core";

pipe(
  ['1', '2', '3', '4', '5'],
  map(a => parseInt(a)),  // [a: string]
  filter(a => a % 2 === 1),  // [a: number]
  forEach(console.log),
);
// 1
// 3
// 5
```

이 코드는 pipe를 사용해 문자열 배열의 요소를 숫자로 변환하고(map) 홀수만 필터링하여(filter) 각각의 값을 출력하는(forEach) 과정을 보여줍니다. 결과적으로 1, 3, 5가 출력됩니다. pipe를 통해 데이터 흐름이 위에서 아래로 자연스럽게 이어지며 타입 추론 덕분에 코드 작성를 작성하기 편리합니다.

pipe는 체이닝보다 유연한 코드 구성을 제공합니다. 체이닝은 주로 클래스의 메서드를 통해 확장되지만 pipe는 라이브러리가 제공하지 않는 함수나 사용자 정의 로직을 자유롭게 조합할 수 있어 함수형 프로그래밍의 적용 범위를 효과적으로 확장할 수 있습니다.

코드 5-16 pipe에 console.log 사용하기

```
import { pipe, map, filter, reduce } from "@fxts/core";

pipe(
  ['1', '2', '3', '4', '5'],
  map(a => parseInt(a)),  // [a: string]
  filter(a => a % 2 === 1),  // [a: number]
  reduce((a, b) => a + b),
  console.log,
);
// 9
```

[코드 5-16]에서는 문자열 배열을 숫자로 변환하고(map) 홀수만 필터링하여(filter) 합산한 후(reduce) 최종 결과를 출력합니다(console.log). console.log는 pipe 함수가 구현된 라이브러리에서 제공하는 함수가 아니지만 자연스럽게 조합해 사용되었습니다. 이처럼 pipe는 라이브러리와 무관한 일반 함수도 유연하게 통합할 수 있습니다.

pipe를 사용하면 함수의 실행 순서를 더욱 읽기 쉽고 명확하게 표현할 수 있습니다. 예를 들어 [코드 5-11]에서 calcSelectedPrices2와 같은 함수를 pipe를 활용해 재구성하면 다음과 같이 간결하고 직관적으로 작성할 수 있습니다.

코드 5-17 pipe를 활용한 calcSelectedPrices2

```
// 기존 코드
const calcSelectedPrices2 = (products: Product[]) => calcTotalPrice(
  products.filter(prd => prd.selected)
);

// pipe를 활용한 합성
const calcSelectedPrices3 = (products: Product[]) => pipe(
  products.filter(prd => prd.selected),
  calcTotalPrice,
);
```

선택된 상품을 필터링한 뒤 calcTotalPrice를 실행하는 작업 흐름이 pipe를 통해 더욱 명확하게 표현됩니다. 함수의 실행 순서가 코드의 읽기 순서와 일치하므로 작업 의도와 데이터 흐름을 직관적으로 파악할 수 있습니다. pipe를 사용하면 가독성이 향상되고 각 단계를 독립적으로 수정하거나 조합하기도 쉽습니다.

5.2.2 pipe와 비동기 함수 합성

pipe를 활용하면 동기 함수와 비동기 함수를 자연스럽게 결합하여 선언적으로 작업 흐름을 표현할 수 있습니다.

코드 5-18 비동기 함수 합성

```
import { pipe, delay } from "@fxts/core";

const result = await pipe(
  Promise.resolve(5),  // 초기 비동기 값
  a => a + 10,  // 동기 함수: a는 5, [a: aumber]로 추론
  async a => {  // 비동기 함수: a는 15, [a: aumber]로 추론
    await delay(1000);  // 1초 대기
    return a * 2;
  },
  a => a - 5,  // 동기 함수: a는 30
);

console.log(result);  // 결과: 25
```

pipe를 활용하여 동기 함수와 비동기 함수를 조합한 작업 흐름을 선언적으로 표현했습니다. 이 코드에서는 초기 비동기 값 5에 10을 더한 뒤 1초 대기와 함께 값을 2배로 만들고 최종적으로 5를 빼는 과정을 수행합니다.

pipe는 비동기 함수의 결과(Promise)를 자동으로 처리하여 다음 함수의 인자로 전달하며 각 단계에서 정확한 타입 추론을 제공합니다. 이를 통해 코드의 명확성과 가독성을 높이고 동기와 비동기 작업을 자연스럽게 연결할 수 있습니다.

pipe는 4장에서 다룬 설계에서처럼 AsyncIterable을 처리하는 함수와도 자연스럽게 합성할 수 있습니다.

코드 5-19 비동기 리스트 프로세싱과 합성

```
import { pipe, toAsync, map, filter, toArray, fx } from "@fxts/core";

const arr = [1, 2, 3, 4, 5];

// pipeline
const result2 = await pipe(
  arr,
  toAsync,
  map(a => Promise.resolve(a + 10)),  // Promise<number>를 반환해도
  filter(a => a % 2 === 0),  // filter의 a는 Promise가 벗겨진 11, 12, 13 ...
  toArray,
  arr => arr.reverse(),
);

console.log(result2);  // [result2: number[]]
// [14, 12]

// chaining
const result3 = await fx(arr)
  .toAsync()
  .map(a => Promise.resolve(a + 10))
  .filter(a => a % 2 === 0)
  .toArray()
  .then(arr => arr.reverse());

console.log(result3);  // [result3: number[]]
// [14, 12]
```

이처럼 pipe는 동기 함수, 비동기 함수, 동기/비동기 이터러블 기반의 리스트 프로세싱, 커링된 함수 그리고 라이브러리 외부의 일반 함수 등과 자연스럽게 조합됩니다. 또한 최종적으로 Promise로 결과를 반환하므로 await를 통해 평가할 수 있으며 자바스크립트의 에러 핸들링 메커니즘과도 완벽히 통합됩니다. 이러한 특성은 함수형 프로그래밍의 적용 범위를 넓히고 복잡한 작업 흐름을 선언적으로 표현하는 데 크게 기여합니다.

5.2.3 zip 함수

프로그래밍을 하다보면 i++처럼 증가하는 인덱스를 사용해야 하는 상황이 있습니다. 다음 코

드에서는 keys와 values 배열의 각 인덱스를 활용해 객체를 생성하고 있습니다. 이때 i++를 사용해 keys[i]와 values[i]를 순서대로 연결하고 있습니다.

코드 5-20 keys와 values로 object 만들기

```
const keys = ['name', 'job', 'location'];
const values = ['Marty', 'Programmer', 'New York'];

const obj = {};
for (let i = 0; i < keys.length; i++) {
  obj[keys[i]] = values[i];
}

console.log(obj);
// { name: 'Marty', job: 'Programmer', location: 'New York' }
```

이와 같이 두 배열의 결합이 필요한 작업에서는 인덱스를 증가시키며 매핑 작업을 수행해야 합니다. 이때 keys와 values를 미리 entries 형태로 만들어 둔다면 문제를 훨씬 간단하게 해결할 수 있습니다.

코드 5-21 entries로 object 만들기

```
const entries = [
  ['name', 'Marty'],
  ['job', 'Programmer'],
  ['location', 'New York']
];

const obj = {};
for (const [key, value] of entries) {
  obj[key] = value;
}
console.log(obj);
// { name: 'Marty', job: 'Programmer', location: 'New York' }

// 또는
const obj2 = Object.fromEntries(entries);
console.log(obj2);
// { name: 'Marty', job: 'Programmer', location: 'New York' }
```

[코드 5-21]에서는 키와 값을 쌍으로 묶은 배열로 시작합니다. 그렇게 되면 for...of문으로 더

간결하게 이미 매핑된 각 키와 값을 순회하면서 객체를 생성하거나 Object.fromEntries 헬퍼 함수를 사용해 같은 작업을 수행할 수 있습니다.

만약 keys와 values를 entries로 결합해주는 함수가 있다면 i++와 같은 인덱스를 직접 사용하지 않고도 데이터 구조를 명확하게 다루며 더 가독성 높은 코드를 작성할 수 있을 것입니다.

zip 함수는 keys와 values 같은 두 배열을 결합하여 entries 형태의 이터러블을 생성하는 함수입니다. 이를 활용하면 두 배열의 인덱스를 직접 다룰 필요 없이 각 요소를 손쉽게 결합할 수 있습니다.

코드 5-22 zip(keys, values)

```
import { zip } from "@fxts/core";

const keys = ['name', 'job', 'location'];
const values = ['Marty', 'Programmer', 'New York'];

const iterator = zip(keys, values);
console.log(iterator.next()); // { done: false, value: [ 'name', 'Marty' ] }
console.log(iterator.next()); // { done: false, value: [ 'job', 'Programmer' ] }
console.log(iterator.next()); // { done: false, value: [ 'location', 'New York' ] }
console.log(iterator.next()); // { done: true, value: undefined }

const obj = Object.fromEntries(zip(keys, values));
console.log(obj);
// { name: 'Marty', job: 'Programmer', location: 'New York' }
```

zip 함수는 두 배열을 결합하여 entries와 동일한 이터레이터를 생성합니다. iterator는 next() 메서드를 통해 [key, value]를 한 쌍씩 반환합니다. 모든 요소를 순회하면 done: true와 함께 순회가 종료됩니다.

이러한 방식으로 keys와 values를 결합한 후 Object.fromEntries를 사용하면 결합된 이터러블을 손쉽게 객체로 변환할 수 있습니다. 따라서 배열을 직접 순회하거나 인덱스를 관리할 필요 없이 간단하고 직관적으로 데이터를 다룰 수 있습니다.

코드 5-23 pipe와 함께 사용

```
pipe(
  zip(keys, values),
```

```
  Object.fromEntries,
  console.log,
);
// { name: 'Marty', job: 'Programmer', location: 'New York' }

pipe(
  values,
  zip(keys), // 커링
  Object.fromEntries,
  console.log,
);
// { name: 'Marty', job: 'Programmer', location: 'New York' }
```

zip으로 두 배열을 결합하고 결과를 Object.fromEntries로 변환한 뒤 출력하는 과정을 pipe로 작성하면 더욱 간결하고 읽기 쉽습니다.

함수형 스타일에서는 반복문이나 인덱스 증가와 같은 명령형 코드를 사용하는 대신 데이터 흐름과 변환 과정을 명확하게 표현하는 선언적인 접근 방식을 선호합니다. zip 함수는 이런 문제를 리스트 프로세싱으로 해결하는 데 유용한 도구 중 하나입니다.

5.2.4 인덱스가 값으로 필요할 때

증가하는 인덱스가 필요한 대부분의 상황은 zip을 사용해 선언적으로 해결할 수 있습니다. 하지만 코드에서 실제로 i++ 같은 증가하는 값이 필요한 경우라면 어떻게 해야 할까요?

코드 5-24 숫자 배열과 zip 사용

```
const strings = ['a', 'b', 'c', 'd'];
const iter = zip([0, 1, 2, 3], strings);
console.log(iter.next());  // {done:false, value: [0, 'a']}
console.log(iter.next());  // {done:false, value: [1, 'b']}
console.log(iter.next());  // {done:false, value: [2, 'c']}
console.log(iter.next());  // {done:false, value: [3, 'd']}
console.log(iter.next());  // {done:true, value: undefined}
```

[코드 5-24]에서는 두 개의 배열 [0, 1, 2, 3]과 ['a', 'b', 'c', 'd']를 zip 함수로 결합하여 새로운 이터러블을 생성합니다. 이 이터러블의 next() 메서드를 호출할 때마다 두 배열의 같은 인덱

스에 위치한 요소가 [0, 'a'], [1, 'b']와 같은 형태로 묶여 반환됩니다. 모든 요소를 순회한 후에는 done: true와 함께 순회가 종료됩니다.

[코드 5-24]에서는 숫자 배열 [0, 1, 2, 3]을 미리 정의했지만 가변적인 strings 배열의 길이에 맞춰 동적으로 숫자를 생성해야 하는 상황도 있을 수 있습니다. 이럴 때는 **range 함수**를 활용하여 문제를 선언적으로 해결할 수 있습니다.

코드 5-25 range 함수로 동적인 숫자 생성

```
import { range, zip } from "@fxts/core";

const iter = range(3);
console.log(iter.next());  // { done: false, value: 0 }
console.log(iter.next());  // { done: false, value: 1 }
console.log(iter.next());  // { done: false, value: 2 }
console.log(iter.next());  // { done: true, value: undefined }

const strings = ['a', 'b', 'c', 'd', 'e'];
const iter2 = zip(range(Infinity), strings);
for (const a of iter2) {
  console.log(a);
}
// [0, 'a']
// [1, 'b']
// [2, 'c']
// [3, 'd']
// [4, 'e']
```

range 함수는 원하는 길이의 숫자 이터러블을 생성합니다. 예를 들어 range(3)은 [0, 1, 2]를 생성하며 range(Infinity)는 무한 이터레이터를 생성합니다.

zip(range(Infinity), strings)는 range에서 생성한 무한 이터레이터와 strings 배열을 결합합니다. 따라서 strings가 끝날 때까지 인덱스와 문자열을 묶어 반환합니다. 이렇게 하면 배열의 길이에 관계없이 동적인 숫자 시퀀스를 처리할 수 있습니다.

이처럼 zip과 range를 함께 사용하면 배열의 길이에 관계없이 유연하게 인덱스를 생성하고 매핑할 수 있습니다. 이 방식를 활용하면 반복문이나 명령형 코드를 사용하는 대신 선언적으로 문제를 해결하며 코드의 가독성과 유연성을 크게 높일 수 있습니다.

5.2.5 콜라츠 추측 – 1이 될 때까지 세기

프로그램의 결과가 증가된 인덱스인 경우 실제로 인덱스 값을 계산하는 로직이 필수입니다. 이는 반복 작업을 수행하면서 작업 횟수를 추적해야 하는 문제에서 자주 발생합니다. 예를 들어 카운팅을 수행하는 문제를 생각해볼 수 있습니다.

카운팅 문제는 특정 조건에 따라 반복 작업을 수행하고 작업이 종료될 때까지 반복 횟수를 반환하는 방식으로 해결합니다. 이런 문제를 함수형 스타일로 해결하려면 인덱스를 직접 다루는 대신 이를 추적하고 계산할 수 있는 선언적인 접근 방식이 필요합니다.

이번에는 간단한 코딩 테스트 문제를 리스트 프로세싱 도구인 zip과 range를 활용해 해결하는 사례를 살펴보겠습니다.

콜라츠 추측이란?

콜라츠 추측Collatz Conjecture은 1937년 독일 수학자 로타르 콜라츠Lothar Collatz가 제안한 수학적 추측으로 모든 양의 정수에 대해 다음과 같은 규칙을 적용할 때 항상 1로 수렴한다는 내용입니다. 콜라츠 추측은 단순한 규칙과 흥미로운 반복 구조 덕분에 알고리즘의 설계와 분석, 프로그래밍 학습 등 다양한 분야에서 자주 활용됩니다.

규칙

1. 주어진 수가 짝수라면 그 수를 2로 나눈다.

2. 주어진 수가 홀수라면 그 수에 3을 곱하고 1을 더한다.

3. 이 과정을 반복한다.

동작 예시

1. 입력: 6 – 6은 짝수 → 6 ÷ 2 = 3 – 3은 홀수 → 3 × 3 + 1 = 10 – 10은 짝수 → 10 ÷ 2 = 5 – 5는 홀수 → 5 × 3 + 1 = 16 – 16은 짝수 → 8 → 4 → 2 → 1 – 결과: 1에 도달

2. 입력: 11 – 11은 홀수 → 34 → 17 → 52 → 26 → 13 → 40 → 20 → 10 → 5 → 16 → 8 → 4 → 2 → 1 – 결과: 1에 도달

리스트 프로세싱으로 콜라츠 추측 풀기

여기서 해결하려는 문제는 특정 수에서 시작하여 콜라츠 추측을 적용할 때 작업이 몇 번 수행되는지를 반환하는 것입니다.

코드 5-26 collatzCount 함수

```
import { range, pipe, zip, find, head } from "@fxts/core";

// 숫자가 start부터 증가되는 이터레이터를 만드는 재사용 가능한 함수
const count = (start = 1) => range(start, Infinity);

// 초깃값과 함수를 받아 무한히 반복하여 적용하는 재사용 가능한 함수
function* repeatApply<A>(f: (acc: A) => A, acc: A) {
  while (true) yield acc = f(acc);
}

const nextCollatzValue = (num: number) =>
  num % 2 === 0  // 짝수이면
    ? num / 2
    : num * 3 + 1;

const collatzCount = (num: number) => pipe(
  zip(
    count(),  // ❶ 카운트 이터레이터
    repeatApply(nextCollatzValue, num),  // ❷ 콜라츠 작업을 무한 반복 적용
  ),  // ❸ zip으로 작업 결과에 카운팅 숫자 추가([cnt, val])
  find(([cnt, val]) => val === 1),  // ❹ 결과가 1이 될 때까지 이터레이터를 소비
  collatz => collatz!,  // ❺ !로 단언(콜라츠 추측은 참일 것)
  head,  // ❻ [cnt, val] 중 cnt를 반환
);

console.log(collatzCount(1));  // 3
console.log(collatzCount(4));  // 2
console.log(collatzCount(5));  // 5
```

[코드 5-26]은 주석에 작성한 것처럼 다음과 같은 흐름으로 작동합니다.

❶ 카운트 생성

count() 함수는 range(1, Infinity)를 이용해 1부터 무한대까지 증가하는 숫자 이터레이터를 생성하고 각 콜라츠 작업이 몇 번째 수행인지 추적하는 역할을 합니다.

❷ 콜라츠 작업 반복

repeatApply(nextCollatzValue, num)은 짝수면 2로 나누고 홀수면 3을 곱한 뒤 1을 더하는 콜라츠 규칙을 무한히 반복 적용해 각 중간 결과를 순차적으로 만들어냅니다.

❸ 카운트와 결과 매핑

zip(count(), repeatApply(nextCollatzValue, num))으로 각 단계의 '회차(cnt)'와 '콜라츠 결과'를 [cnt, val] 형태로 묶어줍니다.

❹ 결과가 1이 되는 시점 찾기

find(([, val]) => val === 1)을 통해 결과가 1이 되는 순간(즉 콜라츠 과정이 1에 도달하는 첫 번째 지점)을 찾아 반환합니다.

❺ collatz!로 단언

콜라츠 추측이 참이라면 결국 1에 도달하므로 find가 undefined를 반환하지 않을 것이라고 가정하고 ! 연산자를 사용합니다.

❻ 카운트 추출

collatz는 [cnt, val] 튜플이므로 head로 카운트(cnt)만 추출하여 최종 결과로 반환합니다.

zip은 커링을 지원하기 때문에 다음과 같은 방식으로 코드를 파이프라인으로 표현할 수도 있습니다.

코드 5-27 zip을 커링으로 사용하기

```
const collatzCount = (num: number) => pipe(
  repeatApply(nextCollatzValue, num), // 콜라츠 작업을 무한 반복 적용
  zip(count()),  // zip(count(), collatzVals)로 카운팅 추가
  find(([, val]) => val === 1),  // 결과가 1이 될 때까지 이터레이터를 소비
  collatz => collatz!,  // !로 단언 (콜라츠 추측은 참일 것)
  head,  // [cnt, val] 중 cnt를 반환
);
```

[코드 5-27]은 문제 정의와 코드 흐름이 매우 유사하게 구성되어 있습니다.

짝수라면 a / 2, 홀수라면 a * 3 + 1을 반환하는 작업(nextCollatzValue)을 반복하며(repeatApply) 카운팅하고(zip(count())) 결괏값이 처음 1이 되는 순간(val === 1)을 찾아(find) 그때의 카운트를 반환합니다.

이처럼 코드는 '콜라츠 작업을 1이 될 때까지 수행하고 횟수를 반환한다'는 문제 정의를 거의 그대로 표현하고 있습니다. 또한 시간 복잡도 측면에서도 효율적으로 작성되었습니다. 이 코드

가 효율적이고 명확한 이유는 지연 평가되는 이터레이터를 find로 필요한 만큼만 소비하여 처리하기 때문입니다. 이는 리스트 프로세싱의 선언적 접근 방식을 잘 활용한 예입니다.

검증하기

collatzCount 함수를 검증하고 테스트할 필요성은 어느 정도일까요? 우선 [코드 5-27]의 다음과 같은 모든 구성 요소는 개별적으로 테스트와 검증이 가능합니다. 이는 함수형 프로그래밍과 리스트 프로세싱의 가장 큰 장점 중 하나로 각 함수가 하는 일이 단순하기 때문에 구현과 테스트가 모두 용이합니다.

- repeatApply
- nextCollatzValue
- count
- zip
- find
- ([, val]) => val === 1
- collatz => collatz!
- head

만일 위 함수들이 각각 정상적으로 동작하는 것이 검증되었다면 이들 함수의 조합인 collatzCount가 실패할 가능성은 매우 낮습니다. collatzCount는 이들 함수를 순차적으로 조합하여 구성된 하나의 표현식이며 별도의 상태 변화나 추가적인 조건문(if-else) 등이 없습니다.

따라서 각 함수가 올바르게 작동하고 이 함수들이 논리적으로 정확히 조합되어 있다면 collatzCount도 기대한 대로 동작할 것이라는 신뢰를 빠르게 가질 수 있습니다. 이렇게 코드 동작에 대한 신뢰를 빠르게 확보할 수 있다는 점은 **개발 생산성**을 크게 향상시키는 중요한 요소입니다.

결과적으로 이 예제는 콜라츠 추측 문제를 단순하고 명확하게 해결하며 함수형 프로그래밍이 제공하는 선언적이고 표현력 높은 접근 방식의 장점을 잘 보여줍니다. 더불어 함수형 프로그래밍의 안전성과 신뢰성을 바탕으로 복잡한 문제를 효과적으로 다룰 수 있음을 강조합니다.

5.2.6 break를 대신하는 take, takeWhile, takeUntilInclusive

break는 명령형 코드에서 문장 사이에 들어가 반복문의 불필요한 반복을 줄이고 시간 복잡도를 낮추며 효율을 높이기 위해 사용됩니다. 함수형 프로그래밍에서도 이와 비슷한 역할을 하는 take, find, some, every, head 등의 함수들이 존재합니다.

특히 find, some, every와 같은 함수들은 take로 대표할 수 있는 로직을 가지며 특정 조건에 도달하면 더 이상 이터레이터를 소비하지 않도록 설계되어 시간 복잡도를 줄이는 데 중요한 역할을 합니다. 이러한 함수들을 제대로 구현하지 않았다면 시간 복잡도는 최악의 경우 O(n)이 될 수 있습니다. 하지만 take(n)을 적절히 활용하여 구현했다면 조건이 일찍 만족되는 경우 O(k)로 줄어듭니다(k는 조건이 충족된 지점까지의 요소 개수). 이는 평균적으로 이터레이터를 완전히 소비하지 않기 때문에 명령형 코드에서 반복문에 break를 사용하는 것과 동일한 최적화를 제공합니다.

결론적으로 take는 지연 평가된 이터레이터에서 소비할 최대 개수를 지정하여 결과를 제한하는 함수입니다. 즉 take는 숫자를 기반으로 시간 복잡도를 줄이는 함수라고 설명할 수 있습니다.

그런데 숫자가 아닌 조건을 기반으로 멈추고 싶다면 어떻게 해야 할까요? 이런 경우를 위해 takeWhile과 takeUntilInclusive 같은 함수들이 존재합니다. 이 함수들은 숫자가 아니라 특정 조건에 따라 이터레이터를 중단하도록 설계되어 있습니다.

takeWhile과 takeUntilInclusive

takeWhile과 takeUntilInclusive는 모두 이터레이터의 소비를 제어하는 함수로 특정 조건에 따라 소비를 중단합니다. 그렇지만 소비된 요소의 개수와 처리 방식에는 차이가 있습니다.

코드 5-28 takeWhile, takeUntilInclusive 실행 결과

```
import { fx } from "@fxts/core";

fx([1, 2, 3, 0, 0, 0, 5, 6])
  .takeWhile(a => {
    console.log('takeWhile:', a, a >= 1);
    return a >= 1;
  })
```

```
  .forEach(a => console.log(a));

// 출력
// takeWhile: 1 true
// forEach: 1
// takeWhile: 2 true
// forEach: 2
// takeWhile: 3 true
// forEach: 3
// takeWhile: 0 false

fx([0, 10, 1, 3, 5, 0, 4, 2])
  .takeUntilInclusive(a => {
    console.log('takeUntilInclusive:', a, a === 5);
    return a === 5;
  })
  .forEach(a => console.log(a));

// 출력
// takeUntilInclusive: 0 false
// forEach: 0
// takeUntilInclusive: 10 false
// forEach: 10
// takeUntilInclusive: 1 false
// forEach: 1
// takeUntilInclusive: 3 false
// forEach: 3
// takeUntilInclusive: 5 true
// forEach: 5
```

takeWhile과 takeUntilInclusive의 차이

이터레이터가 소비된 개수를 관점으로 설명하면 다음과 같습니다.

- takeWhile: 조건이 false가 되는 첫 번째 요소(0)를 평가한 후 소비를 중단합니다. 소비된 요소 개수는 (1, 2, 3, 0) 4개이며 결괏값은 [1, 2, 3]입니다.
- takeUntilInclusive: 조건이 true가 되는 첫 번째 요소(5)까지 소비한 뒤 중단합니다. 소비된 요소 개수는 (0, 10, 1, 3, 5) 5개이며 결괏값은 [0, 10, 1, 3, 5]입니다.

약간 다른 관점에서 보면 다음과 같이 설명할 수 있습니다.

- takeWhile: 조건이 true일 동안의 요소를 반환하며 조건이 처음으로 false가 되는 순간 평가를 멈추고 소비를 중단합니다. 단 조건을 평가하기 위해 false로 판정된 첫 번째 값은 소비됩니다.
- takeUntilInclusive: 조건이 true가 되는 순간 해당 값을 포함해 반환하며 소비를 중단합니다. 이후의 요소는 조건의 만족 여부와 관계없이 추가로 소비되지 않습니다.

takeWhile과 takeUntilInclusive 간의 차이가 중요한 이유

takeWhile

조건이 복잡하거나 평가 비용이 높은 경우 조건이 false로 판정된 첫 번째 값까지 소비가 이루어지므로 추가 소비가 발생할 수 있습니다. 이럴 때는 takeUntilInclusive가 더 적합할 수 있습니다. 그러나 takeWhile은 조건이 true인 구간까지만 결과에 포함되므로 특정 조건을 만족하는 데이터만 정확히 추출해야 할 때 유용합니다.

결과적으로 takeWhile은 조건에 맞는 결과물을 엄격하게 추려내야 할 때 적합합니다. 예를 들어 데이터가 특정 조건을 만족하는 구간까지만 유효하며 조건에 맞지 않는 이후의 데이터는 결과에 포함되지 않아야 하는 경우에 효과적입니다.

takeUntilInclusive

조건이 true가 되는 순간 해당 값까지 소비하고 이후를 중단하므로 조건 평가 비용이 높거나 앞서 만들어진 이터레이터의 소비 비용이 큰 경우 더 효율적입니다. 특정 조건을 만족하는 순간 작업을 중단해야 하거나 추가 소비를 줄여야 하는 상황에서 적합합니다.

결과적으로 takeUntilInclusive는 조건을 만족하는 시점에 초점을 맞추며 소비 중단을 통한 효율성이 중요한 경우에 적합합니다. 예를 들어 특정 값을 만나는 즉시 작업을 멈춰야 하거나 추가적인 평가를 줄이는 것이 중요한 문제에서 활용할 수 있습니다.

정리하자면 takeWhile은 결과물의 완전성을 보장하는 데 초점을 맞추며 조건을 만족하는 구간만 추출하는 데 유용합니다. 반면 takeUntilInclusive는 조건 만족과 소비 중단의 효율성에 초점을 맞추며 특정 조건에 도달하는 순간 작업을 멈추는 데 유용합니다.

함께 살펴본 take, takeWhile, takeUntilInclusive는 단순히 앞에서 몇 개의 결과를 추출하기 위한 유틸리티 함수가 아닙니다. 이 함수들은 지연 평가되는 이터레이터의 소비 전략을 제어함으로써, 리스트 프로세싱 과정에서 선언적인 코드를 유지하면서도 높은 효율을 달성하게 해주는 핵심 도구입니다. 지연된 이터레이터가 프로그램이 처리해야 할 태스크라면 이 함수들은 해당 태스크를 언제까지, 어떤 조건에서, 얼마나 수행할지를 효과적으로 제어할 수 있도록 돕습니다.

5.2.7 함수의 조합으로 만들어내는 로직

이 절에서는 pipe, zip, range, take, takeWhile, takeUntilInclusive 그리고 이들을 보조하는 다양한 함수를 탐구했습니다. 처음에는 명령형으로만 해결할 수 있을 것 같던 문제들 역시 리스트 프로세싱을 통해 선언적이고 유연하게 접근할 수 있음을 확인할 수 있었습니다. 이 함수들은 코드의 가독성과 확장성을 높이는 강력한 도구이며 복잡한 문제를 더 간결하게 해결할 수 있는 가능성을 열어줍니다.

다음 절에서는 백엔드 프로그래밍에서 실제로 활용할 수 있는 작은 단위의 스케줄러와 같은 서비스를 개발해봅니다. 그러면서 이번 절에서 다룬 개념들을 실전 문제로 확장하고 응용하는 방법을 살펴보겠습니다.

5.3 백엔드 비동기 프로그래밍

이 절에서는 백엔드 프로그래밍에서 자주 직면하는 문제를 함수형 스타일과 리스트 프로세싱을 활용해 해결해보겠습니다. 백엔드 프로그래밍 예로는 특정 시간에 반복적으로 실행되는 스케줄러 작업과 같은 프로그램을 작성합니다.

백엔드 환경에서는 비동기적 상황이 빈번히 발생하며 자원을 효율적으로 활용하거나 병렬성을 통해 작업 시간을 단축하는 것이 중요합니다. 그러한 문제를 해결하기 위한 실용적인 사례로 결제 내역 동기화 스케줄러를 만들어보겠습니다.

5.3.1 커머스 플랫폼의 결제 프로세스 문제

결제 과정은 일반적으로 다음과 같은 흐름으로 진행됩니다. 고객이 결제 버튼을 누르면 결제 대행사Payment Gateway(이후 PG사)의 결제 창이 열리고 결제 성공 시 결과가 PG사로부터 우리 커머스 플랫폼으로 전달됩니다. 이후 커머스 플랫폼은 전달받은 결제 결과를 토대로 주문 데이터를 생성하거나 결제 완료 상태로 갱신합니다.

하지만 이 과정에서 네트워크 장애, 브라우저 종료, 서버 장애 등 다양한 이유 때문에 결제 성공 알림이 커머스 플랫폼에 정상적으로 전달되지 못하는 상황이 발생할 수 있습니다. 이로 인해 고객이 결제가 완료되었음에도 불구하고 주문이 생성되지 않는 데이터 불일치 문제가 생깁니다.

이를 해결하려면 주기적으로 'PG사의 결제 데이터를 조회하여 우리 커머스 플랫폼의 데이터와 대조하는 작업'이 필요합니다. 이 작업에는 누락된 주문을 확인하고 자동으로 처리하거나 누락된 결제를 환불하는 프로세스가 포함됩니다. 이러한 동기화 작업은 데이터 불일치를 해결하고 고객의 결제 및 주문 문제를 예방하며 전반적인 고객 경험을 개선하는 데 중요한 역할을 합니다.

5.3.2 결제 내역 동기화 스케줄러 만들기

결제 상태 동기화로 누락된 상황을 처리하는 반복 실행 스케줄러를 구현하는 방법을 살펴보겠습니다. 이를 통해 결제 데이터를 주기적으로 조회하고 누락된 데이터를 확인하며 자동으로 환불 프로세스를 실행하는 방식을 다뤄보겠습니다.

결제 서비스(PG사) SDK

다음은 결제 서비스(PG사)가 제공하는 가상의 SDK입니다. 이 SDK는 결제 데이터 조회와 결제 취소 기능을 제공합니다.

코드 5-29 PG사 SDK

```
function delay<T>(time: number): Promise<undefined>;
function delay<T>(time: number, value: T): Promise<T>;
function delay<T>(time: number, value?: T): Promise<T | undefined> {
  return new Promise((resolve) => {
    setTimeout(() => resolve(value), time);
  });
}

type Payment = {
  pg_uid: string;
  store_order_id: number;
  amount: number;
};

const pgDataPaymentsPages: Payment[][] = [
  [
    { pg_uid: 'PG11', store_order_id: 1, amount: 15000 },
    { pg_uid: 'PG12', store_order_id: 2, amount: 25000 },
    { pg_uid: 'PG13', store_order_id: 3, amount: 10000 }
  ],
  [
    { pg_uid: 'PG14', store_order_id: 4, amount: 25000 },
    { pg_uid: 'PG15', store_order_id: 5, amount: 45000 },
    { pg_uid: 'PG16', store_order_id: 6, amount: 15000 }
  ],
  [
    { pg_uid: 'PG17', store_order_id: 7, amount: 20000 },
    { pg_uid: 'PG18', store_order_id: 8, amount: 30000 }
```

```
  ],
];

// Payment Gateway API
const PgApi = {
  /**
   * 특정 시간 동안의 모든 결제 내역 조회(편의상 시간 범위를 지정하는 인자는 생략)
   * @param page 조회할 페이지 번호
   */
  async getPayments(page: number) {
    console.log(`결제 내역 요청: https://pg.com/payments?page=${page}`);
    await delay(500);

    const payments = pgDataPaymentsPages[page - 1] ?? [];
    console.log(
      `${payments.length}개: ${payments.map(p => p.pg_uid).join(', ') || '-'}`
    );

    return payments;
  },

  /**
   * 결제 취소 및 환불
   * @param pg_uid 취소할 결제 ID
   */
  async cancelPayment(pg_uid: string) {
    console.log(`취소 요청: ${pg_uid}`);
    await delay(300);
    return {
      code: 200,
      message: `${pg_uid}: 취소 및 환불 완료`,
      pg_uid,
    };
  }
};
```

각 구성 요소를 살펴보면 다음과 같습니다.

❶ delay 함수: 비동기 작업을 시뮬레이션하기 위해 사용됩니다.

❷ Payment 인터페이스: pg_uid는 결제 서비스(PG사)측의 고유한 결제 ID이고 store_order_id는 우리 커머스 플랫폼의 주문 데이터베이스에 기록된 주문번호입니다.

❸ PgApi.getPayments: 특정 시간 동안에 결제된 모든 내역을 반환하며 결과는 여러 페이지일 수도 있습니

다. page 번호를 받아 해당 페이지의 결제 데이터를 반환합니다. 각 페이지에는 최대 3개의 결제 항목이 포함되며 요청한 페이지에 데이터가 없는 경우 빈 배열을 반환합니다(시뮬레이션하는 예제이므로 편의상 시간을 지정하는 인자를 생략했습니다).

❹ PgApi.cancelPayment: 결제 ID를 받아 PG사에 기록된 결제를 취소하고 환불합니다.

우리 커머스 플랫폼의 StoreDB

다음은 우리 커머스 플랫폼의 주문 데이터를 조회할 수 있는 가상의 StoreDB입니다. 이 데이터베이스는 주문 ID를 기반으로 데이터를 조회하고 조건에 따라 필요한 주문 정보만 반환하는 역할을 수행합니다.

코드 5-30 StoreDB

```
type Order = {
  id: number;
  amount: number;
  is_paid: boolean;
};

const StoreDB = {
  async getOrders(ids: number[]): Promise<Order[]> {
    console.log(`SELECT * FROM orders WHERE IN (${ids}) AND is_paid = true;`);
    await delay(100);
    return [
      { id: 1, amount: 15000, is_paid: true },
      { id: 3, amount: 10000, is_paid: true },
      { id: 5, amount: 45000, is_paid: true },
      { id: 7, amount: 20000, is_paid: true },
      { id: 8, amount: 30000, is_paid: true },
    ];
  }
};
```

StoreDB의 getOrders 함수는 결제 완료된 주문 데이터를 필터링하여 반환하는 데이터베이스 역할을 시뮬레이션합니다. 이 함수는 전달받은 ids를 기반으로 데이터베이스에서 주문을 조회하며 결제가 완료된 주문만 결과로 반환합니다.

또한 쿼리 실행 시간은 delay(100)을 사용하여 비동기 작업을 시뮬레이션합니다. 반환된 데이터는 PG사의 결제 내역과 비교합니다. 결제는 완료되었지만 우리 커머스 플랫폼의 '주문 상태가 결제 완료로 처리되지 않은 결제 내역을 식별'하고 필요 시 결제를 취소, 환불 처리하는 데 활용됩니다.

결제 동기화 작업 구현하기

이제 결제 내역 동기화 작업을 수행하는 핵심 로직을 구현해보겠습니다. 다음 함수에는 구현하려는 작업의 주요 단계와 간단한 설명이 주석으로 포함되어 있습니다.

코드 5-31 syncPayments 핵심 로직

```
async function syncPayments() {
  // 1. PG사의 결제 내역(payments) 가져오기
  // 페이지 단위로 데이터를 요청하여,
  // 결제 데이터가 있는 모든 페이지를 불러와 하나로 합칩니다.

  // 2. PG사 결제 내역과 일치하는 커머스 플랫폼의 주문 데이터를 조회

  // 3. 누락된 결제 취소 및 환불 처리
  // 주문 내역과 매칭되지 않은 PG사 결제를 추려내어,
  // 해당 결제 ID(pg_uid)를 취소 API를 통해 처리합니다.
}

async function main() {
  await syncPayments();
}
```

PG사의 결제 내역(payments) 가져오기

이제 주석을 따라 하나씩 구현해보겠습니다. 먼저 PG사의 결제 내역을 가져와야 합니다. 결제 내역은 PgApi.getPayments를 호출하여 가져옵니다. 해당 API의 스펙을 다시 살펴보면 다음과 같습니다.

- **PgApi.getPayments**: 특정 시간 동안에 결제된 모든 내역을 반환하며 결과는 여러 페이지일 수도 있습니다. page 번호를 받아 해당 페이지의 결제 데이터를 반환하며 각 페이지에는 최대 3개의 결제 항목이 포함되고 요청한 페이지에 데이터가 없는 경우 빈 배열을 반환합니다.

로직의 시작 단계에서는 요청해야 할 페이지의 수를 미리 알 수 없습니다. 따라서 결제 데이터를 요청하고 반환된 항목이 있을 때까지는 다음 페이지를 계속 요청해야 합니다. 이러한 작업을 리스트 프로세싱 관점에서 어떻게 표현할 수 있을까요?

우선 언제 끝날지 모르는 일을 리스트로 표현한다면 무한 이터러블(range(Infinity))입니다.

코드 5-32 결제 내역 가져오기

```
import { fx, range } from "@fxts/core";

async function syncPayments() {
  // 1. PG사의 결제 내역(payments) 가져오기
  // 페이지 단위로 데이터를 요청하여,
  // 결제 데이터가 있는 모든 페이지를 불러와 하나로 합칩니다.

  const payments =
    fx(range(1, Infinity))  // ❶ 언제 끝날지 모르는 작업 목록
      .map(page => [page, page, page])  // ❷ 1 => [1, 1, 1] (임시로 최대 3개의 값을 표현)
      .take(5)  // ❸ 5번 만에 끝났다고 가정 (임시)
      .toArray();  // ❹ 이터러블을 Array로 변환

  console.log(payments);
  // [[1, 1, 1], [2, 2, 2], [3, 3, 3], [4, 4, 4], [5, 5, 5]]
}
```

[코드 5-32]는 'PG사의 결제 내역을 페이지 단위로 가져오는 작업'을 리스트 프로세싱 관점에서 표현한 예제입니다.

- ❶ range(1, Infinity): 언제 끝날지 모를 반복 작업을 무한 이터러블로 표현합니다. 이터레이터를 소비할 때마다 1부터 시작하여 1씩 증가한 값을 제공하며 각 숫자는 페이지 번호를 나타냅니다.
- ❷ map(page => [page, page, page]: 각 페이지 번호를 받아 [1, 1, 1]과 같은 배열로 변환합니다. 실제로는 API 호출 결과를 여기에 매핑할 예정입니다.
- ❸ take(5): 예제에서는 임의로 5번 만에 작업이 끝난다고 가정했습니다. 반환된 데이터가 없을 때 중단하도록 로직을 확장할 예정입니다. 단계적으로 검증하며 코드를 완성할 수 있습니다.
- ❹ toArray(): 이터러블을 평가하여 2차원 배열 형태로 변환합니다. 결과로 페이지 데이터를 담은 배열의 배열이 도출됩니다.

이 코드는 무한 이터러블을 활용해 반복 작업을 선언적으로 표현합니다. 이러한 방식은 로직의 전체 구조를 명확히 한 뒤 점진적으로 세부 로직을 추가하며 검증할 수 있는 유연성을 제공합니다.

코드 5-33 flat으로 펼치기

```
import { fx, range } from "@fxts/core";

async function syncPayments() {
  // 1. PG사의 결제 내역(payments) 가져오기
  // 페이지 단위로 데이터를 요청하여,
  // 결제 데이터가 있는 모든 페이지를 불러와 하나로 합칩니다.

  const payments =
    fx(range(1, Infinity)) // 언제 끝날지 모르는 작업 목록
      .map(page => [page, page, page])  // 1 => [1, 1, 1] (임시로 최대 3개의 값을 표현)
      .take(5)  // 5번 만에 끝났다고 가정 (임시)
      .flat()  // * 2차원 이터레이터를 1차원 이터레이터로 변경
      .toArray();  // 이터러블을 Array로 변환

  console.log(payments);
  // [1, 1, 1, 2, 2, 2, 3, 3, 3, 4, 4, 4, 5, 5, 5]
}
```

원하는 최종 결과가 하나로 합쳐진 결제 내역이기 때문에 flat을 추가하여 결과를 1차원 배열로 변경했습니다.

이제 다음은 비동기 핸들링이 가능하도록 toAsync() 활용해 내부에서 사용하는 이터레이터를 AsyncIterator로 변경하고 map의 보조 함수를 PgApi.getPayments로 변경해보겠습니다.

코드 5-34 PgApi.getPayments 적용

```
import { fx, range } from "@fxts/core";

async function syncPayments() {
  // 1. PG사의 결제 내역(payments) 가져오기
  // 페이지 단위로 데이터를 요청하여,
  // 결제 데이터가 있는 모든 페이지를 불러와 하나로 합칩니다.

  const payments = await  // * await로 Promise 풀기
    fx(range(1, Infinity))  // 언제 끝날지 모르는 작업 목록
      .toAsync()  // * 비동기 작업으로 변환
      .map(page => PgApi.getPayments(page))  // * 결제 내역 가져오기 API 요청
      .take(5)  // 5번 만에 끝났다고 가정 (임시)
      .flat()  // 2차원 이터레이터를 1차원 이터레이터로 변경
      .toArray();  // 이터러블을 Array로 변환
```

```
  console.log(payments);
  // 결제 내역 요청: https://pg.com/payments?page=1
  // 3개: PG11, PG12, PG13
  // 결제 내역 요청: https://pg.com/payments?page=2
  // 3개: PG14, PG15, PG16
  // 결제 내역 요청: https://pg.com/payments?page=3
  // 2개: PG17, PG18
  // 결제 내역 요청: https://pg.com/payments?page=4
  // 0개: -
  // 결제 내역 요청: https://pg.com/payments?page=5
  // 0개: -
  // [
  //   { pg_uid: 'PG11', store_order_id: 1, amount: 15000 },
  //   { pg_uid: 'PG12', store_order_id: 2, amount: 25000 },
  //   { pg_uid: 'PG13', store_order_id: 3, amount: 10000 }
  //   { pg_uid: 'PG14', store_order_id: 4, amount: 25000 },
  //   { pg_uid: 'PG15', store_order_id: 5, amount: 45000 },
  //   { pg_uid: 'PG16', store_order_id: 6, amount: 15000 }
  //   { pg_uid: 'PG17', store_order_id: 7, amount: 20000 },
  //   { pg_uid: 'PG18', store_order_id: 8, amount: 30000 }
  // ] (총 8개)
}
```

결제 내역을 가져오는 API를 총 5번 호출하여 각 호출에서 3개, 3개, 2개의 결제 내역을 받아 하나로 합쳤습니다. 현재는 임시로 take(5)를 사용하고 있어 네 번째와 다섯 번째 요청에서는 데이터가 없는 불필요한 호출이 발생합니다. 또한 결제 내역이 15개를 초과하는 경우 일부 데이터를 누락하게 됩니다.

이를 개선하기 위해 다음 단계에서는 **takeWhile**을 활용해 데이터가 존재하는 동안에만 요청을 반복하도록 수정하겠습니다.

코드 5-35 takeWhile 적용

```
import { fx, range } from "@fxts/core";

async function syncPayments() {
  // 1. PG사의 결제 내역(payments) 가져오기
  // 페이지 단위로 데이터를 요청하여,
  // 결제 데이터가 있는 모든 페이지를 불러와 하나로 합칩니다.

  const payments = await  // await로 Promise 풀기
```

```
    fx(range(1, Infinity)) // 언제 끝날지 모르는 작업 목록
      .toAsync() // 비동기 작업으로 변환
      .map(page => PgApi.getPayments(page)) // 결제 내역 가져오기 API 요청
      .takeWhile(({length}) => length > 0) // * payments.length가 있으면 가져오고 없으면 멈춤
      .flat() // 2차원 이터레이터를 1차원 이터레이터로 변경
      .toArray(); // 이터러블을 Array로 변환

  console.log(payments);
  // 결제 내역 요청: https://pg.com/payments?page=1
  // 3개: PG11, PG12, PG13
  // 결제 내역 요청: https://pg.com/payments?page=2
  // 3개: PG14, PG15, PG16
  // 결제 내역 요청: https://pg.com/payments?page=3
  // 2개: PG17, PG18
  // 결제 내역 요청: https://pg.com/payments?page=4
  // 0개: -
  // [
  //   { pg_uid: 'PG11', store_order_id: 1, amount: 15000 },
  //   ... 생략 ...
  //   { pg_uid: 'PG18', store_order_id: 8, amount: 30000 }
  // ] (총 8개)

}
```

takeWhile을 사용하여 length > 0 조건을 설정한 결과 API 요청이 4번 시도되었습니다. 이는 5.2절에서 살펴본 것처럼 takeWhile이 조건이 참일 때까지 작업을 소비하며 처음으로 조건이 거짓이 되는 시점까지 작업을 시도하기 때문입니다. 이로 인해 데이터가 없는 페이지에서도 한 번 더 작업이 발생하게 됩니다.

이와 같은 상황이라면 takeWhile보다는 takeUntilInclusive로 변경하면 더욱 효율적인 코드로 구성할 수 있습니다.

코드 5-36 takeUntilInclusive 적용

```
import { fx, range } from "@fxts/core";

async function syncPayments() {
  // 1. PG사의 결제 내역(payments) 가져오기
  // 페이지 단위로 데이터를 요청하여,
  // 결제 데이터가 있는 모든 페이지를 불러와 하나로 합칩니다.
```

```
  const payments = await  // await로 Promise 풀기
    fx(range(1, Infinity))  // 언제 끝날지 모르는 작업 목록
      .toAsync()  // 비동기 작업으로 변환
      .map(page => PgApi.getPayments(page))  // 결제 내역 가져오기 API 요청
      .takeUntilInclusive(({length}) => length < 3)  // * 처음으로 3보다 적을 때 즉시 멈춤
      .flat()  // 2차원 이터레이터를 1차원 이터레이터로 변경
      .toArray();  // 이터러블을 Array로 변환

  console.log(payments);
  // 결제 내역 요청: https://pg.com/payments?page=1
  // 3개: PG11, PG12, PG13
  // 결제 내역 요청: https://pg.com/payments?page=2
  // 3개: PG14, PG15, PG16
  // 결제 내역 요청: https://pg.com/payments?page=3
  // 2개: PG17, PG18
  // [
  //   { pg_uid: 'PG11', store_order_id: 1, amount: 15000 },
  //   ... 생략 ...
  //   { pg_uid: 'PG18', store_order_id: 8, amount: 30000 }
  // ] (총 8개)
}
```

[코드 5-36]은 **takeUntilInclusive**를 사용하여 더욱 효율적인 코드로 개선되었습니다. 한 페이지에서 가져오는 최대 결제 내역 개수가 3개이므로 length < 3이라는 조건을 사용했습니다. 따라서 처음으로 3보다 적은 데이터가 반환될 때까지만 데이터를 가져오고 즉시 멈추도록 작성되었습니다.

takeUntilInclusive는 처음으로 조건이 만족되는 순간까지 데이터를 가져오며 조건 충족 시 작업을 즉시 중단합니다. 이를 통해 불필요한 데이터 소비를 방지하고 API 호출의 효율성을 높일 수 있습니다.

이제 특정 시간 동안의 모든 결제 내역을 효율적으로 가져오는 코드를 완성했습니다. 다음 단계에서는 이 데이터를 기반으로 누락된 주문을 확인하고 자동으로 환불하는 프로세스를 구현해보겠습니다.

커머스 플랫폼의 주문 데이터와 매칭

PG사의 결제 내역과 우리 커머스 플랫폼의 주문 데이터를 비교하여 누락된 데이터를 확인해

봅시다. PG사 결제 내역(payments)의 각 결제별로 커머스 플랫폼의 주문서 ID를 추출하고 이를 기반으로 해당 주문 데이터를 조회해야 합니다.

코드 5-37 매칭되는 주문 내역 조회

```
import { fx, range } from "@fxts/core";

async function syncPayments() {
  // 1. PG사의 결제 내역(payments) 가져오기
  // 페이지 단위로 데이터를 요청하여,
  // 결제 데이터가 있는 모든 페이지를 불러와 하나로 합칩니다.

  const payments = await
    fx(range(1, Infinity))
      .toAsync()
      .map(page => PgApi.getPayments(page))
      .takeUntilInclusive(({length}) => length < 3)
      .flat()
      .toArray();

  // 2. PG사 결제 내역과 일치하는 커머스 플랫폼의 주문 데이터를 조회

  const orders = await StoreDB.getOrders(
    payments.map(p => p.store_order_id)
  );
  // [
  //   { id: 1, amount: 15000, is_paid: true },
  //   { id: 3, amount: 10000, is_paid: true },
  //   { id: 5, amount: 45000, is_paid: true },
  //   { id: 7, amount: 20000, is_paid: true },
  //   { id: 8, amount: 30000, is_paid: true },
  // ]

  // ...
}
```

먼저 payments는 PG사에서 조회한 모든 결제 데이터를 포함하며 각 결제 데이터는 store_order_id를 포함합니다. store_order_id는 커머스 플랫폼의 주문 데이터와 매칭할 수 있는 키로 사용됩니다.

payments.map(p => p.store_order_id)를 통해 결제 데이터에서 모든 주문서 ID를 추출

한 후 이를 StoreDB.getOrders 함수에 전달하면 커머스 플랫폼의 데이터베이스에서 결제 완료로 처리된 상태의 주문 목록(orders)이 조회됩니다.

이 과정의 결과로 orders에는 결제가 정상적으로 처리되어 커머스 플랫폼에서 주문 상태가 결제 완료로 표시된 주문 목록이 포함됩니다. 기대하는 이상적인 결과는 payments와 동일한 수의 orders가 반환되어 모든 결제가 주문 데이터와 1:1로 매칭되는 것입니다.

그러나 만일 orders의 개수가 payments보다 적다면 이는 결제는 성공했지만 커머스 플랫폼에서 주문이 생성되지 않았거나 결제 완료 상태로 갱신되지 않은 경우를 의미합니다. 이러한 데이터 불일치가 발견되면 누락된 결제 항목에 대해 결제 취소 및 환불 프로세스를 진행해야 합니다.

누락된 결제 취소 및 환불 처리

위 시뮬레이션의 경우 payments는 총 8건의 결제 데이터를 포함하고 있지만 orders에는 결제 완료로 처리된 주문이 총 5건만 조회되었습니다. 이는 결제는 성공했으나 커머스 플랫폼의 주문 데이터베이스에서 3건의 주문이 누락되었음을 의미합니다. 따라서 3개의 결제 항목에 대해 결제 취소 및 환불을 진행하려 합니다.

코드 5-37a 매칭되는 주문 내역 조회

```
import { fx, range } from "@fxts/core";

async function syncPayments() {
  // ... 생략 ...

  // 2. PG사 결제 내역과 일치하는 커머스 플랫폼의 주문 데이터를 조회

  const orders = await StoreDB.getOrders(
    payments.map(p => p.store_order_id)
  );
  // [
  //   { id: 1, amount: 15000, is_paid: true },
  //   { id: 3, amount: 10000, is_paid: true },
  //   { id: 5, amount: 45000, is_paid: true },
  //   { id: 7, amount: 20000, is_paid: true },
  //   { id: 8, amount: 30000, is_paid: true },
  // ]
```

```
  // 3. 누락된 결제 취소 및 환불 처리
  // 주문 내역과 매칭되지 않은 PG사 결제를 추려내어,
  // 해당 결제 ID(pg_uid)를 취소 API를 통해 처리합니다.

  await fx(payments)
    .toAsync()
    .reject(p => orders.some(order => order.id === p.store_order_id))  // 누락된 것만 남김
    .forEach(async p => {
      const { message } = await PgApi.cancelPayment(p.pg_uid);  // 결제 취소 및 환불 실행
      console.log(message);
    });
  // PG12: 취소 및 환불 완료
  // PG14: 취소 및 환불 완료
  // PG16: 취소 및 환불 완료
}
```

[코드 5-37a]에서는 payments에 포함된 결제 데이터와 orders에 포함된 주문 데이터를 비교하여 누락된 결제를 식별하고 해당 결제에 대해 취소 및 환불을 처리합니다.

먼저 reject 함수를 사용하여 payments 데이터 중 orders에 포함되지 않은 항목만 추출합니다. 여기서 orders.some(order => order.id === p.store_order_id)는 orders 배열을 순회하며 현재 payment의 store_order_id와 일치하는 order가 있는지 확인합니다. 조건이 true로 평가된 p는 제거되며 결과적으로 orders에 존재하는 정상적인 결제 내역을 제외하고 payments에서 주문이 누락된 항목만 추려냅니다.

이후 추출된 누락된 결제 데이터를 forEach을 사용해 비동기적으로 모두 소비하며 각 결제 항목에 대해 PgApi.cancelPayment를 호출합니다. PgApi.cancelPayment는 결제 취소 및 환불 작업을 수행하는 API로 처리된 결제 항목을 PG사에 전달하여 결제를 취소하고 환불을 진행합니다. 그리고 환불 작업의 결과 메시지를 출력합니다. 이를 통해 처리된 결제 항목이 정상적으로 환불되었는지 확인할 수 있습니다.

이 코드는 누락된 결제 데이터를 효율적으로 식별하고 처리하여 데이터 불일치로 인해 발생할 수 있는 문제를 효과적으로 해결합니다.

5.3.3 해시 기반 접근으로 시간 복잡도 최적화

기존 코드는 reject 단계에서 orders.some으로 orders 배열을 순회하며 결제 데이터와 주문 데이터를 매칭했습니다. 그러나 이 접근 방식은 최악의 경우 O(n * m)의 시간 복잡도를 가질 수 있습니다. 여기서 n은 payments의 길이, m은 orders의 길이를 나타냅니다.

이를 개선하기 위해 orders를 해시 구조로 변환하여 특정 order_id의 존재 여부를 O(1)로 확인할 수 있도록 최적화했습니다. 해시 구조를 사용하면 각 store_order_id를 빠르게 조회할 수 있으므로 전체 시간 복잡도를 효과적으로 줄일 수 있습니다.

코드 5-38 해시로 변경하여 조회하기

```
const ordersById = Object.fromEntries(  // 키-값 배열을 객체로 변환하여 해시 구조 생성
  map(order => [order.id, true], orders)  // orders 배열을 키-값 배열 형태로 변환
);
// { 1: true, 3: true, 5: true, 7: true, 8: true }

await fx(payments)
  .toAsync()
  .reject(p => ordersById[p.store_order_id])  // O(1)로 매칭된 결제 내역 제거
  .forEach(async p => {
    const { message } = await PgApi.cancelPayment(p.pg_uid);
    console.log(message);
  });
```

먼저 ordersById를 생성합니다. orders 배열을 순회하면서 각 order.id를 키로, true를 값으로 하는 키-값 배열을 만든 뒤 Object.fromEntries를 이용해 해시 구조인 ordersById를 완성합니다. 이렇게 생성된 ordersById를 통해 특정 store_order_id의 존재 여부를 ordersById[p.store_order_id]로 O(1) 시간 복잡도로 확인할 수 있습니다.

또한 reject를 최적화합니다. 기존에는 orders.some으로 배열을 순회하며 조건을 확인했지만 이제는 해시 구조를 사용하여 ordersById[p.store_order_id]로 매칭 여부를 빠르게 확인합니다.

또는 선호도에 따라 Map과 같은 내장 객체를 만들어서 활용해도 좋습니다.

코드 5-39 Map으로 변경하여 조회하기

```
const ordersMapById = new Map(
  map(order => [order.id, true], orders)
);

await fx(payments)
  .toAsync()
  .reject(p => ordersMapById.has(p.store_order_id))  // Map의 has 메서드 실행
  .forEach(async p => {
    const { message } = await PgApi.cancelPayment(p.pg_uid);
    console.log(message);
  });
```

[코드 5-39]는 기존 객체를 사용하는 대신 자바스크립트의 내장 객체인 Map을 활용해 효율적으로 데이터를 조회하는 방법을 구현한 예제입니다. map(order => [order.id, true])를 통해 orders 배열을 Map의 생성자로 전달할 수 있는 키-값 배열 형태로 변환합니다. 이를 기반으로 new Map 객체를 생성하며 이제 특정 store_order_id가 orders에 존재하는지 여부를 Map의 has 메서드를 통해 O(1) 시간 복잡도로 확인할 수 있습니다.

대규모 데이터셋의 경우 일반 Array의 map보다 이터레이터를 활용한 map이 메모리 효율 면에서 유리합니다. Map의 생성자는 배열뿐 아니라 이터러블도 받을 수 있어 지연된 결과를 전달해 값 복사를 최소화할 수 있습니다. 추가로 대규모 데이터셋일수록 일반적으로 Object보다 Map을 사용하는 것이 성능 면에서 더 효율적입니다.

리스트 프로세싱에 익숙해지면 데이터 구조 변형이 쉬워지고 이와 같은 최적화를 쉽게 구현할 수 있습니다. 이러한 최적화는 대규모 데이터셋에서도 효율적인 처리를 가능하게 하며 데이터의 구조와 요구사항에 따라 적합한 방식으로 로직을 설계하는 데 큰 도움이 됩니다.

5.3.4 안정적인 비동기 작업 간격 유지

이제 syncPayments를 일정한 시간 간격으로 반복 실행하도록 구현해야 합니다. 스케줄러를 만들어야 한다면 어떻게 접근해야 할까요? 반복 작업을 처리하기 위해 스케줄러 관련 외부 라이브러리의 도입을 검토해야 할까요? 만약 리스트 프로세싱과 비동기 작업 핸들링에 익숙하다면 이를 활용하여 시간 간격을 다루는 반복 작업도 간단하게 처리할 수 있습니다.

[코드 5-40]은 리스트 프로세싱을 사용하여 비동기 작업을 안정적으로 제어하는 예제입니다.

코드 5-40 안정적인 비동기 반복

```
async function runScheduler() {
  await fx(range(Infinity))
    .toAsync()
    .forEach(() => Promise.all([
      syncPayments(),
      delay(10000)
    ]));
}
```

이 코드는 syncPayments를 10초 간격으로 안정적으로 반복 실행합니다. 주요 동작을 살펴보면 다음과 같습니다.

❶ range(Infinity)를 활용한 무한 이터러블

언제 끝날지 모르는 반복 작업을 무한 이터러블로 표현합니다. 이 반복 작업은 toAsync()를 통해 비동기적으로 전환됩니다.

❷ forEach를 사용한 반복 실행

forEach를 활용하여 이터러블의 각 항목(여기서는 무한 반복)을 순회하며 작업을 실행합니다. Promise.all을 사용해 비동기 작업을 그룹화하고 병렬로 처리합니다.

❸ Promise.all로 동시 실행

syncPayments()는 결제 데이터 동기화를 수행하며 이 작업이 완료되는 데 걸리는 시간은 가변적입니다. delay(10000)은 10초를 기다리게 하는 코드이며 Promise.all은 두 작업이 모두 완료될 때까지 대기합니다.

❹ 안정적인 간격 유지

syncPayments가 10초보다 오래 걸리면 delay(10000)이 이미 완료되어 syncPayments의 실행 시간이 작업 간격을 결정합니다. 반대로 syncPayments가 10초보다 적게 걸리면 delay(10000)으로 인해 충분히 대기한 후에 반복 작업이 실행됩니다. PgApi.getPayments와 PgApi.cancelPayment 코드 내부의 delay 시간을 변경하면서 확인할 수 있습니다. 이러한 동작은 외부 API 호출 등의 부하를 조절하고 작업 간 간격을 안정적으로 유지하도록 보장합니다.

리스트 프로세싱을 활용하여 시간 간격을 효과적으로 유지하며 반복 작업을 수행하는 문제를 깔끔하게 해결했습니다. 이러한 기법은 외부 API 호출 빈도를 조절하거나 제공된 요청 제한rate limit 정책을 준수하는 데 매우 유용합니다. 리스트 프로세싱은 데이터 동기화, 크롤러, API 호출 등과 같은 백엔드 작업에서도 안정성과 효율성, 유지보수성, 가독성을 보장합니다.

특히 이 예제에서는 **Promise.all**을 효과적으로 활용했습니다. Promise.all은 비동기 로직을 선언적으로 다룰 수 있게 돕는 강력한 도구입니다. 이를 통해 작업 간 상호 독립성을 유지하며 병렬로 실행할 수 있습니다. 또한 Promise.all은 복잡한 비동기 로직을 간단하고 명확하게 표현해 문제 해결 과정을 훨씬 직관적으로 만듭니다.

Promise.all의 완료 로직과 Promise.race의 완료 로직은 마치 Math.max와 Math.min의 결과를 받는 것처럼 직관적입니다. 이러한 선언적 접근 방식은 복잡한 비동기 작업을 효과적으로 관리하고 코드를 간결하면서도 이해하기 쉽게 만듭니다.

5.3.5 최대 요청 크기 제한을 효과적으로 처리하기

현대의 백엔드 시스템은 외부 API, 데이터베이스 또는 마이크로서비스 간의 통신에서 특정 요청 크기에 제한을 두는 경우가 많습니다. 이러한 제한은 안정적인 서비스 운영을 위한 필수 조건이지만 이를 제대로 처리하지 못하면 서비스 중단이나 예기치 않은 에러로 이어질 수 있습니다.

예를 들어 StoreDB.getOrders 함수가 한 번에 처리할 수 있는 요청 크기를 5개로 제한한다면 어떻게 이 제한을 안전하게 관리할 수 있을까요? 제한 조건을 시뮬레이션하고 리스트 프로세싱을 활용해 문제를 해결하는 방법을 나타내면 다음과 같습니다.

코드 5-41 요청 제한 처리 추가

```
const StoreDB = {
  async getOrders(ids: number[]): Promise<Order[]> {
    if (ids.length > 5) {
      throw new Error(`ID 개수 초과: 최대 5개까지 요청할 수 있습니다. (전달된 개수: ${ids.
length})`);
    }
    console.log(`SELECT * FROM orders WHERE IN (${ids}) AND is_paid = true;`);
    await delay(100);
    return [
      { id: 1, amount: 15000, is_paid: true },
      { id: 3, amount: 10000, is_paid: true },
      { id: 5, amount: 45000, is_paid: true },
      { id: 7, amount: 20000, is_paid: true },
      { id: 8, amount: 30000, is_paid: true },
```

```
    ];
  }
};
```

[코드 5-41]은 요청된 ids 배열의 길이를 확인하여 5개를 초과하면 에러를 던지도록 설계되었습니다. 따라서 [코드 5-42]처럼 payments 배열에서 모든 store_order_id를 전달하면 요청 크기 초과로 인해 에러가 발생하게 됩니다.

코드 5-42 문제 상황: 에러 발생 코드

```
const orders = await StoreDB.getOrders(
  payments.map(p => p.store_order_id)
);

// Error: ID 개수 초과: 최대 5개까지 요청할 수 있습니다. (전달된 개수: 8)
```

이 코드는 8개의 store_order_id를 한 번에 전달하려 하기 때문에 제한된 요청 크기를 초과하게 됩니다. 이를 해결하려면 요청을 적절히 분할하여 제한을 준수하도록 설계해야 합니다.

이런 상황에서 코드를 얼마나 고쳐야 할까요? 리스트 프로세싱을 활용하면 간단히 프로세싱 단계를 추가함으로써 요청 로직을 세밀하게 제어할 수 있습니다.

다음 코드에서는 **chunk**를 활용해 요청을 5개씩 분할하여 안전하고 효율적으로 데이터를 조회합니다.

코드 5-43 요청을 안전하게 분할하기: chunk와 flatMap

```
const orders = await
  fx(payments)
    .map(p => p.store_order_id)  // ❶
    .chunk(5)  // ❷
    .toAsync()  // ❸
    .flatMap(StoreDB.getOrders)  // ❹
    .toArray();  // ❺
```

[코드 5-43]에서는 chunk와 flatMap을 적절히 사용하여 요청 크기 제한을 처리합니다.

❶ Map 함수로 각 payment 객체에서 store_order_id를 추출하여 쿼리 요청에 필요한 ID 배열을 생성합니다. 그런 다음 ❷ chunk(5)를 사용해 ID 배열을 5개씩 묶어 요청 제한을 충

족하도록 분할합니다. 이 과정에서 요청 그룹은 각각 최대 5개의 ID를 포함하게 됩니다. 이어서 ❸ toAsync()를 호출하여 동기 이터러블을 비동기 이터러블로 변환합니다. 이를 통해 비동기 작업을 리스트 프로세싱으로 처리할 수 있습니다. ❹ flatMap은 분할된 ID 그룹을 StoreDB.getOrders로 전달하여 처리합니다. 이후 각 그룹의 결과를 평탄화하여 최종 결과를 하나의 배열로 병합합니다. 처리된 모든 결과는 ❺ toArray()를 사용해 하나의 배열로 반환합니다.

이 코드는 ID의 개수 제한을 준수하면서도 데이터를 효율적으로 조회할 수 있도록 설계되었습니다. 요청은 항상 5개 이하로 나뉘며 제한된 개수를 초과하는 요청은 발생하지 않습니다. 결과적으로 예상치 못한 에러를 방지하고 안정적으로 데이터를 조회할 수 있습니다.

이와 같은 제한을 고려하지 않은 코드는 백엔드 작업에서 예상치 못한 에러를 유발할 수 있습니다. 우리의 코드에는 종종 이러한 제한을 간과한 부분들이 숨어 있을 수 있으며 이러한 문제는 라이브 환경에서 안정성을 저해할 가능성이 있습니다.

AWS SDK의 일부 API는 요청 크기나 반복 호출 수에 제한을 둡니다. 예를 들어 AWS DynamoDB의 BatchGetItem API는 최대 100개의 키(Keys) 개수 제한이 있습니다.

이와 유사한 크기 제한은 결제 대행사의 API나 MSA Microservices Architecture 서비스 코드에서도 자주 나타납니다. 이러한 제한을 적절히 처리하는 것은 안정적이고 효율적인 백엔드 시스템 구축에 필수적인 요소입니다.

5.3.6 사전 카운트로 효율 높이기

PgApi와 같은 서비스나 SDK를 설계할 때 페이지 수 page count 를 사전에 확인할 수 있는 기능을 제공하면 효율성을 크게 향상시킬 수 있습니다. 데이터를 먼저 요청한 뒤 takeWhile이나 takeUntilInclusive로 확인하는 방식 대신 필요한 요청 횟수를 미리 예측하여 정확하고 효율적으로 처리할 수 있습니다. 또한 총 페이지 수를 확인하는 작업은 결제 내역을 실제로 조회하는 것보다 훨씬 가벼운 데이터베이스 작업이므로 시스템 자원을 더욱 효율적으로 사용할 수 있습니다.

나아가 결제 내역 요청의 필요성을 사전에 판단하여 요청 자체를 생략할 수 있어 불필요한 작업을 방지할 수도 있습니다. 이러한 설계는 서비스 제공자(PG사)와 이용자(커머스 플랫폼)

간의 상호 최적화를 가능하게 하여 시스템 전반의 성능을 개선하는 데 기여합니다.

[코드 5-44]는 PgApi에 페이지 카운트를 빠르게 반환하는 API를 추가한 예제입니다. 이 API는 결제 데이터를 실제로 조회하기 전에 총 페이지 수를 미리 확인하는 기능을 제공합니다.

코드 5-44 페이지 카운트 API 추가

```
// Payment Gateway API
const PgApi = {
  /**
   * 특정 시간 동안의 총 페이지 수 반환 (편의상 시간 범위를 지정하는 인자는 생략)
   * @returns 총 페이지 수
   */
  async getPageCount() {
    console.log('페이지 카운트 요청: https://pg.com/payments/page-count');
    await delay(50);  // 데이터베이스에서 간단한 카운트 작업을 시뮬레이션
    return pgDataPaymentsPages.length;  // 결제 내역이 저장된 총 페이지 수 반환
  },

  /**
   * 특정 시간 동안의 모든 결제 내역 조회 (편의상 시간 범위를 지정하는 인자는 생략)
   * @param page 조회할 페이지 번호
   */
  async getPayments(page: number) {
    console.log(`결제 내역 요청: https://pg.com/payments?page=${page}`);
    await delay(500);

    const payments = pgDataPaymentsPages[page - 1] ?? [];
    console.log(
      `${payments.length}개: ${payments.map(p => p.pg_uid).join(', ') || '-'}`
    );

    return payments;
  },
  // ... 생략 ...
}
```

getPageCount를 사용하면 getPayments 요청 횟수를 정확히 설정할 수 있어 불필요한 호출을 방지할 수 있습니다. 페이지 카운트는 결제 데이터 전체를 조회하지 않고도 총량을 파악하므로 상대적으로 가벼운 데이터베이스 작업으로 비용을 절감할 수 있습니다.

이제 페이지 카운트 API를 활용하여 전체 결제 데이터를 효율적으로 조회하는 코드를 작성하면 다음과 같습니다.

코드 5-45 매칭되는 주문 내역 조회

```
async function syncPayments() {
  // 1. PG사의 결제 내역(payments) 가져오기

  // 기존 코드
  // const payments = await
  //   fx(range(1, Infinity)) // * Infinity를 totalPages+1로 변경하고
  //     .toAsync()
  //     .map(page => PgApi.getPayments(page))
  //     .takeUntilInclusive(({length}) => length < 3) // * takeUntilInclusive 제거하기
  //     .flat()
  //     .toArray();

  // 변경한 코드
  const totalPages = await PgApi.getPageCount();

  const payments = await
    fx(range(1, totalPages + 1))
      .toAsync()
      .map(page => PgApi.getPayments(page))
      .flat()
      .toArray();

  // ... 생략 ...
}
```

이 코드는 PgApi.getPageCount를 사용하여 총 페이지 수를 사전에 확인하여 무한 이터레이터 range(1, Infinity) 대신 range(1, totalPages + 1)을 사용하여 정확히 필요한 만큼만 결제 데이터를 요청하도록 변경된 예제입니다.

총 페이지 수를 알기 때문에 결과를 확인하며 중단하는 takeUntilInclusive와 같은 추가 조건이 더 이상 필요하지 않습니다. range(1, totalPages + 1)만으로도 정확한 요청 횟수를 보장하기 때문입니다.

예를 들어 totalPages가 2인 경우 range(1, 3)이 생성됩니다. 이는 페이지 1과 2를 요청하도록 하며 정확히 두 번의 PgApi.getPayments 호출이 이루어집니다.

반면 totalPages가 0인 경우 range(1, 1)이 생성되어 빈 이터레이터가 만들어집니다. 이 경우 이터레이터를 소비하더라도 PgApi.getPayments는 한 번도 호출되지 않으며 결과적으로 payments는 빈 배열이 됩니다. 이렇게 데이터 요청이 전혀 이루어지지 않는 효율적인 동작을 보장합니다.

5.3.7 병렬성으로 효율 높이기

앞서 살펴본 바와 같이 효율적인 카운트 API를 통해 결제 내역 API 호출을 생략할 수 있는 상황을 만들었습니다. 이번에는 사전 카운트 정보를 활용해 추가로 효율성을 도입할 수 있는 방법을 살펴봅니다. 총 몇 페이지를 요청해야 하는지 알면 모든 페이지를 반드시 순차적으로 요청할 필요가 없습니다. 병렬 처리를 활용하여 요청 시간을 단축할 수 있습니다.

이를 syncPayments 예제에 적용하기 앞서 concurrent 메서드의 사용법을 알아보겠습니다. 다음은 순차적으로 비동기 이터레이터를 소비하는 코드입니다.

코드 5-46 순차 실행

```
await fx([1, 2, 3, 4, 5, 6])
  .toAsync()
  .map((a) => delay(1000, a))
  .toArray();
// 6 seconds

// evaluation
//          ┌─────┐   ┌─────┐   ┌─────┐   ┌─────┐   ┌─────┐   ┌─────┐
//          │  1  │───│  2  │───│  3  │───│  4  │───│  5  │───│  6  │
//          └──┬──┘   └──┬──┘   └──┬──┘   └──┬──┘   └──┬──┘   └──┬──┘
//     map     │         │         │         │         │         │
//            (1)       (2)       (3)       (4)       (5)       (6)
//             │         │         │         │         │         │
//             ▼         ▼         ▼         ▼         ▼         ▼
```

이를 다음과 같이 concurrent라는 메서드를 추가하여 코드를 병렬로 실행할 수 있습니다. concurrent를 실행하면 인자로 전달받은 수만큼 동시에 이터레이터를 소비합니다.

코드 5-47 concurrent 메서드 추가

```
await fx([1, 2, 3, 4, 5, 6])
  .toAsync()
  .map((a) => delay(1000, a))
  .concurrent(2)
  .toArray();
// 3 seconds

// evaluation
//              ┌───┐  ┌───┐  ┌───┐  ┌───┐  ┌───┐  ┌───┐
//              │ 1 │──│ 2 │──│ 3 │──│ 4 │──│ 5 │──│ 6 │
//              └─┬─┘  └─┬─┘  └─┬─┘  └─┬─┘  └─┬─┘  └─┬─┘
//      map       │      │      │      │      │      │
// concurrent(2) (1)    (1)    (2)    (2)    (3)    (3)
//                │      │      │      │      │      │
//                ▼      ▼      ▼      ▼      ▼      ▼

await fx([1, 2, 3, 4, 5, 6])
  .toAsync()
  .map((a) => delay(1000, a))
  .concurrent(4)
  .toArray();
// 2 seconds

// evaluation
//              ┌───┐  ┌───┐  ┌───┐  ┌───┐  ┌───┐  ┌───┐
//              │ 1 │──│ 2 │──│ 3 │──│ 4 │──│ 5 │──│ 6 │
//              └─┬─┘  └─┬─┘  └─┬─┘  └─┬─┘  └─┬─┘  └─┬─┘
//      map       │      │      │      │      │      │
// concurrent(4) (1)    (1)    (1)    (1)    (2)    (2)
//                │      │      │      │      │      │
//                ▼      ▼      ▼      ▼      ▼      ▼
```

여기서 우리는 총 몇 페이지를 요청해야 하는지 사전에 알 수 있습니다. 따라서 concurrent를 활용하여 기존 syncPayments를 간단히 수정함으로써 병렬성을 적용하여 효율을 높일 수 있습니다.

코드 5-48 병렬 요청

```
async function syncPayments() {
  // 1. PG사의 결제 내역(payments) 가져오기
```

```
  const totalPages = await PgApi.getPageCount(); // 3
  // (50ms 정도 소요)

  const payments = await
    fx(range(1, totalPages + 1))
      .toAsync()
      .map(page => PgApi.getPayments(page))
      .concurrent(totalPages)  // * totalPages 개수만큼 동시에 병렬로 요청
      .flat()
      .toArray();
  // 총 3번의 getPayments를 모두 동시에 요청
  // (500ms 정도 소요)

  // ... 생략 ...
}
```

[코드 5-48]에서는 concurrent(totalPages)를 사용하여 결제 데이터 요청을 병렬로 처리합니다. totalPages 값만큼의 페이지를 동시에 요청하므로 순차 처리보다 요청 시간이 대폭 단축됩니다.

이전 [코드 5-36]에서는 getPayments를 3번 순차적으로 수행하여 총 1500ms가 소요되었고 [코드 5-48]에서는 50ms가 소요되는 getPageCount 1회 그리고 getPayments 3회를 동시에 병렬로 실행하여 약 550ms 정도가 소요됩니다.

순차 처리에서는 각 페이지 데이터를 순서대로 요청하고 대기해야 하므로 응답 시간의 합이 전체 작업 시간에 직접적인 영향을 미칩니다. 병렬 처리는 모든 페이지를 동시에 요청하므로 작업 시간은 가장 오래 걸리는 요청의 응답 시간으로 제한됩니다.

많은 페이지를 처리해야 할 때 병렬 처리는 작업 속도를 크게 향상시킬 수 있습니다. 이를 통해 네트워크 대기 시간을 최소화하고 시스템 리소스를 효과적으로 활용할 수 있습니다.

추가로 병렬 요청이 가능한지 여부는 대상 API의 제한(예: 요청 제한)에 따라 달라질 수 있습니다. 만일 요청 제한에 의해 동시에 최대 2개의 요청 정도로 제한해야 한다면 concurrent(2)를 전달하여 다음과 같이 동작하도록 설정할 수 있습니다.

코드 5-49 병렬 크기 제한

```
async function syncPayments() {
  // 1. PG사의 결제 내역(payments) 가져오기

  const totalPages = await PgApi.getPageCount(); // 3
  // (50ms 정도 소요)

  const RATE_LIMIT = 2;

  const payments = await
    fx(range(1, totalPages + 1))
      .toAsync()
      .map(page => PgApi.getPayments(page))
      .concurrent(RATE_LIMIT) // * 항상 최대 2개씩 동시 요청
      .flat()
      .toArray();
  // 총 3번의 getPayments 요청을 최대 2개씩 동시에 요청
  // (1000ms 정도 소요)

  // ... 생략 ...
}
```

[코드 5-49]는 병렬성을 적용한 효율과 최대 동시 요청을 제한하는 안정성을 모두 만족합니다. 이와 같은 기법을 통해 대량의 데이터를 처리할 때 작업 속도를 극대화하는 동시에 외부 API의 요청 제한을 준수하여 시스템의 안정성을 보장할 수 있습니다.

5.3.8 리스트 프로세싱 기반 비동기/동시성 프로그래밍

지금까지 백엔드 프로그래밍에서 자주 직면하는 문제를 해결하기 위한 리스트 프로세싱의 여러 접근 방식을 살펴보았습니다.

먼저 데이터 불일치와 같은 실질적인 문제를 해결하기 위해 결제 내역 동기화 스케줄러를 구현하는 과정을 배웠습니다. 이를 통해 효율적이고 신뢰할 수 있는 데이터 동기화 방법을 탐구했습니다.

또한 해시 기반 접근을 사용하여 시간 복잡도를 최적화하는 방법을 다루었으며 데이터 매칭 작업에서 효율성을 높이는 기법을 소개했습니다. 이를 통해 대규모 데이터셋에서도 성능을 보장할 수 있는 설계 방식을 알아봤습니다.

안정적인 비동기 작업 간격 유지를 통해 외부 API 호출과 같은 작업에서 작업 간의 간격을 안정적으로 유지하며 시스템 부하를 관리하는 방법을 익혔습니다. 이를 통해 비동기 로직을 직관적으로 관리하고 선언적으로 표현하는 중요성을 강조했습니다.

최대 요청 크기 제한을 효과적으로 처리하는 방법은 실무에서 자주 발생하는 요청 제한 문제를 안전하게 해결하는 기법입니다. 리스트 프로세싱을 활용해 요청 크기를 조정하며 효율성을 높이는 접근 방법으로 실전적인 도구로서의 가치를 강조했습니다.

이어서 사전 카운트 API를 사용해 전체 페이지 수를 미리 파악하고 이를 기반으로 불필요한 요청을 줄이며 효율성을 극대화할 수 있는 설계를 논의했습니다. 마지막으로 병렬 요청을 활용해 대기 시간을 줄이고 작업 속도를 최적화하는 방법을 살펴보았습니다.

이러한 기법들은 현대적인 백엔드 시스템 설계에서 신뢰성과 확장성을 확보하는 데 중요한 역할을 합니다. 무엇보다 이러한 문제를 리스트 프로세싱으로 해결하는 방식은 단순히 성능과 로직을 효율적으로 만드는 데 그치지 않고 복잡한 문제를 선언적이고 구조적으로 접근할 수 있는 강력한 도구를 제공합니다. 이러한 접근 방식은 가독성 높은 코드 작성과 유지보수성 향상, 시스템 자원 최적화, 개발 생산성 등 다방면에서 실질적인 이점을 가져옵니다.

개인적인 경험에 비춰볼 때 백엔드 프로그래밍을 명령형 방식으로 접근할 때보다 리스트 프로세싱을 활용할 때의 이점이 훨씬 크다는 것을 꾸준히 경험하고 있습니다. 특히 팀 단위로 리스트 프로세싱을 익히면 생산성과 안정성이 크게 향상됩니다. 데이터 흐름을 선언적으로 제어하면서 비동기 처리와 병렬성 같은 복잡한 문제를 자연스럽게 해결할 수 있다는 점에서 리스트 프로세싱은 단순한 프로그래밍 기법을 넘어 생산성과 안정성을 동시에 실현할 수 있는 핵심적인 접근 방식이라고 확신합니다.

5.4 리스트 프로세싱 패턴화

지금까지 다양한 문제를 해결하며 리스트 프로세싱의 실질적 이점을 경험했습니다. 특히 리스트 프로세싱은 복잡한 문제를 간단하고 선언적으로 표현할 수 있는 강력한 도구입니다. 더욱 흥미로운 점은 이러한 문제들이 공통된 접근 방식을 공유하고 있다는 사실입니다. 이를 통해 우리는 리스트 프로세싱의 접근 방식을 체계적으로 패턴화할 수 있습니다.

이 절에서는 독자 여러분이 리스트 프로세싱의 다양한 조합을 좀 더 구조적으로 이해할 수 있도록 패턴화된 몇 가지 사례를 소개합니다. 이는 기존의 널리 알려진 접근 방식과 제가 자주 사용하는 기법 및 패턴을 재조직하여 문제 해결 과정에서 반복적으로 활용할 수 있도록 정리한 것입니다. 이번 절의 내용은 특정 이론서나 표준에서 비롯된 것이 아니라 리스트 프로세싱을 더욱 쉽게 활용할 수 있도록 돕기 위한 실용적인 제안입니다. 이를 통해 독자 여러분이 리스트 프로세싱 기법을 더욱 잘 기억하고 필요할 때 효과적으로 활용할 수 있기를 바랍니다.

5.4.1 변형–누적 패턴

변형–누적map-reduce 패턴은 리스트 프로세싱에서 가장 널리 사용되는 패턴 중 하나입니다. 초기 이터러블을 map으로 변형한 뒤 reduce로 누적하여 최종 결과를 도출하는 방식입니다. 이 패턴은 프로그램의 결과물이 단일 값일 때 주로 사용하며 배열이 아닌 객체, 숫자, 문자열 등으로 데이터를 변환하는 데 적합합니다. 데이터 집계나 변환, 누적 작업에 매우 유용하며 다양한 문제를 단순하고 선언적으로 해결할 수 있습니다.

상품의 총수량

[코드 5-50]에서는 변형–누적 패턴으로 상품 목록에서 각 상품의 수량을 추출(변형)한 뒤 이를 누적하여 전체 수량을 계산합니다.

코드 5-50 상품의 총수량

```
const totalQuantity = products =>
  products
    .map((product) => product.quantity)
    .reduce((a, b) => a + b, 0);
```

reduce의 보조 함수는 데이터를 어떻게 누적할지를 정의합니다. 이 함수는 단순히 숫자를 더하는 데 그치지 않고 문자열, 객체, 배열, 심지어는 커스텀 데이터 타입을 포함한 모든 구조를 결합하거나 변형할 수 있는 강력한 도구입니다.

Query String을 객체로 변환하기

다음은 변형-누적 패턴을 사용하여 Query String을 객체로 변환하는 예제입니다. Query String은 &로 구분된 키-값 쌍의 문자열 데이터로 이를 객체로 변환하면 각 키와 값이 속성으로 매핑됩니다.

코드 5-51 Query String to Object

```
const queryString = "name=Marty%20Yoo&age=41&city=Seoul";

const queryObject = queryString
  .split("&")
  .map((param) => param.split("="))
  .map(entry => entry.map(decodeURIComponent))
  .map(([key, val]) => ({ [key]: val }))
  .reduce((a, b) => Object.assign(a, b), {});

console.log(queryObject);
// {name: "Marty Yoo", age: "41", city: "Seoul"}
```

객체를 Query String으로 변환하기

다음은 변형-누적 패턴을 사용하여 객체의 키-값 쌍을 Query String으로 변환하는 예제입니다. 이 패턴에서 map은 데이터를 변형하며 reduce는 각 요소를 순회하여 최종 결과를 누적합니다. 객체의 키-값 쌍은 Query String 형태로 직렬화됩니다.

코드 5-52 Object to Query String

```
const params = { name: "Marty Yoo", age: "41", city: "Seoul" };

const queryString =
  Object.entries(params)
    .map(entry => entry.map(encodeURIComponent))
    .map(([key, value]) => `${key}=${value}`)
    .reduce((a, b) => `${a}&${b}`);

console.log(queryString);
// "name=Marty%20Yoo&age=41&city=Seoul"
```

join은 배열을 문자열로 변환할 때 사용하며 배열의 값들을 더하면서 그 사이에 separator를 삽입합니다. 본질적으로 join은 reduce로 구현할 수 있는 동작을 추상화한 함수입니다. [코드 5-52]에 join을 적용하면 다음과 같습니다.

코드 5-53 Object to Query String 2

```
const queryString2 =
  Object.entries(params)
    .map(entry => entry.map(encodeURIComponent))
    .map((entry) => entry.join('='))
    .join('&');

console.log(queryString2);
// "name=Marty%20Yoo&age=41&city=Seoul"
```

커링과 파이프를 이용하면 동일한 코드를 좀 더 간결하게 표현할 수 있습니다.

코드 5-54 Object to Query String 3

```
const queryString3 = pipe(
  Object.entries(params),
  map(map(encodeURIComponent)),
  map(join('=')),
  join('&'),
);

console.log(queryString3);
// "name=Marty%20Yoo&age=41&city=Seoul"
```

이 외에도 5.1절에서 다뤘던 수열, 점수, 수량, 가격의 합산 예제에서도 변형-누적 패턴이 사용되었습니다. 그리고 사실은 5.3절에서 해시로 데이터를 변환했던 코드나 여러 번의 API 요청 후 Promise가 담긴 이터러블을 배열로 변환했던 코드 또한 변형-누적 패턴입니다. Object.fromEntries나 Array.fromAsync와 같은 헬퍼 함수 역시 본질적으로 reduce로 구현할 수 있는 동작을 추상화한 함수이기 때문입니다.

변형-누적 패턴은 데이터를 변형한 후 누적하여 최종 결과를 생성하는 가장 기본적이면서도 강력한 리스트 프로세싱 패턴입니다. 단순한 숫자 합산에서부터 문자열 직렬화, 객체 변환 등 다양한 문제를 효과적으로 해결할 수 있는 유연한 접근 방식을 제공합니다.

추가로 [코드 5-54]에 작성된 map(map(f))와 같은 형태의 코드는 다양한 상황에서 유용하게 활용할 수 있습니다(자세한 내용은 이어서 다룹니다).

5.4.2 중첩-변형 패턴

중첩-변형[nested-map] 패턴은 리스트 프로세싱에서 중첩된 데이터 구조를 처리하거나 데이터의 계층을 따라 각 수준에서 변형을 수행할 때 사용하는 패턴입니다. 이 패턴은 map(map(f))처럼 map 안에서 다시 map을 호출하여 외부 컬렉션의 각 요소를 처리하면서 내부적으로 또 다른 변형을 수행하는 경우에 적합합니다.

중첩-변형 패턴은 특히 트리 구조나 2차원 배열 등 계층적인 데이터를 변형하거나 처리할 때 매우 유용합니다.

트리 구조 변형

중첩-변형 패턴은 트리 구조의 데이터를 순회하며 각 노드와 하위 노드를 변형할 때도 유용합니다.

코드 5-55 tree 노드 변형

```
const tree = [
  { id: 1, children: [{ id: 2 }, { id: 3 }] },
  { id: 4, children: [{ id: 5 }] },
];
```

```
const transformedTree = tree.map(({ id, children }) => ({
  name: `parent-${id}`,
  children: children.map(child => ({ name: `child-${child.id}` })),
}));

console.log(transformedTree);
// 결과
// [
//   { name: "parent-1", children: [ { name: "child-2" }, { name: "child-3" } ] },
//   { name: "parent-4", children: [ { name: "child-5" } ] }
// ]
```

달력 그리기(2차원 배열 join)

다음은 2차원 배열을 처리하는 리스트 프로세싱의 다양한 패턴을 보여주는 예제입니다. 특히 데이터를 생성하고 가공한 후 적절히 변환하여 직관적으로 출력하는 과정에 중점을 둡니다. 달력 데이터를 생성하고 출력하기 위해 range, flat, chunk, map, join 등의 리스트 프로세싱 기법이 활용되었습니다.

코드 5-56 달력 생성

```
import { pipe, flat, range, chunk, toArray, map, join } from "@fxts/core";

const getMonthEndDates = (monthEnd: Date) =>
  monthEnd.getDay() === 6
    ? []
    : range(
      monthEnd.getDate() - monthEnd.getDay(),
      monthEnd.getDate() + 1,
    );

const generateCalendar = (prevMonthEnd: Date, currentMonthEnd: Date) =>
  pipe(
    flat([
      getMonthEndDates(prevMonthEnd),  // range(29, 31) 9월 29일 ~ 30일
      range(1, currentMonthEnd.getDate() + 1),  // range(1, 32) 10월 1 ~ 31일
      range(1, 6 - currentMonthEnd.getDay() + 1)  // range(1, 3) 11월 1 ~ 2일
    ]),
    chunk(7),
    toArray,
  );
```

```
const formatCalendar = (calendarWeeks: number[][]) =>
  pipe(
    calendarWeeks,
    map(map(day => (day < 10 ? ` ${day}` : `${day}`))),
    map(join(' ')),
    join('\n'),
  );

const renderCalendar = (year: number, month: number) =>
  pipe(
    generateCalendar(
      new Date(year, month - 1, 0),  // 지난달 마지막 날
      new Date(year, month, 0)  // 이번 달 마지막 날
    ),
    formatCalendar,
    console.log
  );

renderCalendar(2024, 10);
// 결과 (2024년 10월):
// 29 30  1  2  3  4  5
//  6  7  8  9 10 11 12
// 13 14 15 16 17 18 19
// 20 21 22 23 24 25 26
// 27 28 29 30 31  1  2
```

❶ renderCalendar 함수

자바스크립트의 new Date 특성

자바스크립트에서 new Date(year, month, day)의 month는 0(January)부터 11(December)까지의 값을 갖습니다. month 값에 1을 더한 후 날짜를 0으로 설정하면 해당 월의 마지막 날을 반환합니다. 예를 들면 new Date(2024, 9, 0)은 9월의 마지막 날인 9월 30일을 반환합니다.

달력 생성과 변환

generateCalendar는 지난달, 이번 달, 다음 달의 필요한 날짜 데이터를 생성하여 주 단위로 나눕니다. formatCalendar는 숫자로 이루어진 2차원 배열을 문자열로 변환하여 가독성을 높입니다.

합성과 재사용성

renderCalendar는 generateCalendar와 formatCalendar를 합성하여 최종적으로 달력을 생성하고 출력합니다. formatCalendar만 다른 함수로 변경하면 HTML이나 CSV 등 다양한 출력 형태로 확장할 수 있습니다.

❷ generateCalendar 함수

generateCalendar 함수는 특정 연도와 월의 달력을 생성하여 주 단위(2차원 배열)로 반환합니다. getDate는 Date 객체의 날짜(일)를 반환하고 getDay는 Date 객체의 요일을 반환합니다. getDay의 반환값은 0(일요일)부터 6(토요일)까지의 숫자입니다.

지난달 날짜는 getMonthEndDates로 계산합니다. range를 사용해 지난달의 마지막 며칠을 포함합니다. monthEnd.getDate()는 30(9월의 마지막 날)이고 monthEnd.getDay()는 1(9월 30일은 월요일)이므로 시작값은 30 − 1 = 29, 종룟값은 30 + 1 = 31입니다. 따라서 range(29, 31)의 결과로 [29, 30](9월의 마지막 주)이 출력됩니다. 만약 monthEnd.getDay()가 토요일(6)이면 빈 배열을 전달하여 달력에 출력되지 않도록 합니다. 참고로 [1, 2, 3]을 얻으려면 range(1, 4)를 실행해야합니다.

이번 달 날짜를 계산할 때는 range를 사용해 이번 달의 1일부터 마지막 날까지 생성합니다. currentMonthEnd.getDate()는 31(10월의 마지막 날)이므로 시작값은 1 종룟값은 31 + 1 = 32입니다. range(1, 32)의 결과로 [1, 2, …, 31](10월)이 구해집니다.

다음 달 날짜는 range를 사용해 이번 달 마지막 요일 이후 남은 날짜를 채웁니다. currentMonthEnd.getDay()는 4(10월 31일은 목요일)이고 필요한 날짜 수는 6 − 4 = 2개이므로 range(1, 2 + 1)의 결과로 [1, 2](11월의 첫 주)를 얻습니다. 만약 이번 달 마지막 날이 토요일이면 6 − 6 + 1 = 1이 되고 range(1, 1)은 빈 배열이므로 출력되지 않습니다.

앞서 구한 range 3개의 결과는 다음과 같습니다.

- 지난달 날짜: [29, 30]
- 이번 달 날짜: [1, 2 ... 31]
- 다음 달 날짜: [1, 2]

이 데이터는 주 단위로 나뉘어 있지 않으므로 flat([r1, r2, r3])을 사용해 1차원 이터레이터로 평탄화한 후 chunk(7)을 사용해 데이터를 다시 7일 단위로 나누어 주 단위 배열을 생성합니다.

❸ formatCalendar 함수

formatCalendar 함수는 생성된 주 단위의 배열을 가독성 높은 문자열로 변환하여 출력합니다. 날짜 포매팅은 map(map(day => (day < 10 ? ` ${day}` : `${day}`)))를 사용해 한 자리 숫자 앞에 공백을 추가합니다. map(join(' '))으로 각 주 단위를 공백으로 연결된 문자열로 변환하고(내부 배열 변환) join('\n')으로 각 주 단위를 줄바꿈(\n)으로 연결해 최종 달력을 만듭니다.

지금까지 2차원 배열을 처리하여 각 레벨에서 변형과 누적을 수행하는 패턴을 확인했습니다. 여기서 사용된 핵심 패턴을 정리하면 다음과 같습니다.

평탄화 후 재분할

chunk(7, flat([range(), range(), range()]))는 날짜 범위들을 평탄화한 후 7일 단위로 재분할하여 주 단위 데이터를 생성합니다.

2차원 데이터 중첩 변형

map(map(...))에서는 중첩된 데이터를 처리하며 각 단계를 변형합니다.

레벨 간 데이터 누적

map(join(' '))으로 내부 배열(주 단위 데이터)을 공백으로 연결된 문자열로 변환합니다. join('\n')으로 주 단위 문자열을 줄바꿈(\n)으로 연결하여 최종 달력 형식을 완성합니다.

달력 예제는 리스트 프로세싱의 특징인 간결하고 읽기 쉬운 코드와 구조화된 패턴의 조화를 잘 보여주는 사례입니다. 만약 이 코드를 명령형으로 작성한다면 각 단계마다 다수의 for문과 중첩된 for문, 복잡한 조건식이 필요합니다. 또한 여러 임시 변수를 선언하고 array.push와 같은 메서드를 반복적으로 호출하여 값을 누적하는 방식으로 작성해야 합니다. 이러한 방식은 코드의 길이를 늘리고 가독성과 유지보수성을 저하시키며 코드의 의도를 명확히 전달하기 어렵게 만듭니다.

반면에 리스트 프로세싱을 활용하면 데이터의 흐름을 선언적으로 표현하여 어떤 데이터가 어떤 방식으로 처리되는지를 한눈에 파악할 수 있으며 재사용 가능한 패턴과 구조를 활용할 수 있습니다.

5.4.3 반복자-효과 패턴

반복자-효과Iterator-forEach 패턴은 리스트 프로세싱에서 이터레이터를 만들어둔 후 지연 평가를 통해 데이터를 소비하며 부수적인 효과(forEach)를 발생시키는 패턴입니다. 이 패턴은 주로 데이터를 변형하거나 가져온 후 하나씩 소비하면서 특정 작업(예: 로깅, 출력, 네트워크 요청 등)을 수행할 때 사용됩니다. 이 패턴의 결과로 최종 데이터는 생성되지 않으며 작업 자체가 목적이 되는 경우에 적합합니다.

콘솔 출력으로 로그 남기기

다음은 반복자-효과 패턴을 사용하여 숫자 배열을 2배로 변환한 후 각 값을 콘솔에 출력하는 예제입니다.

코드 5-57 변형된 데이터 로그 출력

```
fx(range(5))
  .map(x => x * 2)
  .forEach(x => console.log(`Processed: ${x}`));
```

결제 동기화 스케줄러 코드

5.3절에서 사용했던 안정적으로 비동기 반복을 제어하는 코드도 반복자-효과 패턴입니다.

코드 5-58 안정적인 비동기 반복(코드 5-40에서 가져옴)

```
async function main() {
  await fx(range(Infinity))
    .toAsync()
    .forEach(() => Promise.all([
      syncPayments(),
      delay(10000)
    ]));
}
```

결제 취소와 반복 실행 코드 역시 반복자-효과 패턴입니다. 결제 취소가 필요한 결제 아이템 목록을 소비하며 결제 취소 API를 실행합니다.

코드 5-59 결제 취소(코드 5-39에서 가져옴)

```
await fx(payments)
  .toAsync()
  .reject(p => ordersMapById.has(p.store_order_id))
  .forEach(async p => {
    const { message } = await PgApi.cancelPayment(p.pg_uid);
    console.log(message);
  });
```

부수 효과를 격리하는 forEach

forEach는 반환값이 없는 메서드로 명시적으로 부수 효과를 수반하는 동작을 수행하기 위해 설계되었습니다. 이는 주어진 콜백 함수를 배열의 각 요소에 대해 호출하지만 호출 결과를 반환하지 않습니다. 대신 코드의 의도를 명확히 전달하며 데이터의 변형과 부수 효과를 분리하는 데 기여합니다.

이처럼 부수 효과를 격리하는 설계 방식은 코드의 유지보수성을 높이는 데 중요한 역할을 합니다. 데이터 변형과 부수 효과를 분리하면 특정 코드 블록에서 어떤 변화가 일어나는지 예측 가능해지므로 문제 발생 시 디버깅이 용이해집니다. 예를 들어 데이터의 순수한 변환은 map, filter, reduce와 같은 메서드에서 처리되고 DOM 삭제, 파일 저장, 로그 작성, API 호출 등의 부수 효과는 forEach 내에서 처리됩니다.

때로는 부수적인 효과를 일으키면서도 실행 결과를 반환해야 하는 경우가 있습니다. 이때는 mapEffect와 같은 함수명을 사용하여 map과 유사하게 동작하지만 부수 효과를 포함한 동작임을 명확히 표현할 수 있습니다. 이렇게 하면 코드를 간결하게 유지하면서도 의도를 명확히 전달할 수 있습니다.

코드 5-59a 결제 취소

```
await fx(payments)
  .toAsync()
  .reject(p => ordersMapById.has(p.store_order_id))
  .mapEffect(p => PgApi.cancelPayment(p.pg_uid))
  .forEach(res => console.log(res.message));
```

이렇게 구분하면 코드의 모듈성과 재사용성이 향상되며 함수형 프로그래밍의 중요한 철학인 순수 함수와 부수 효과의 격리를 실현하는 데 도움이 됩니다. forEach나 mapEffect 같은 함수는 부수 효과를 의도적으로 허용하면서도 부수 효과가 필요한 구간을 명확히 구분하도록 돕는 유용한 도구입니다.

5.4.4 필터-중단 패턴

필터-중단filter-take 패턴은 리스트 프로세싱에서 데이터를 조건에 따라 필터링한(filter) 후 일부 데이터만 선택하여(take) 소비하는 패턴입니다. 이 패턴은 대규모 데이터에서 특정 조건을 만족하는 일부 데이터만 빠르게 추출해야 할 때 유용합니다. 데이터를 필요한 만큼만 처리하고 조건을 만족한 시점 이후의 데이터는 처리하지 않아도 되기 때문에 성능상 효율적입니다.

find, some, every 함수

3.4절에서 살펴본 것처럼 find, every, some과 같은 함수는 filter와 take를 활용해 명령형 방식 없이도 효율적으로 구현할 수 있습니다.

여기서는 filter와 take 패턴의 아이디어를 보다 명확히 전달하기 위해 3.4절의 내용과 약간 다르게 작성했습니다.

코드 5-60 find, some, every 함수

```
const find = <A>(f: (a: A) => boolean, iterable: Iterable<A>) =>
  pipe(
    iterable,
    filter(f),
    take(1),
    ([found]) => found as A | undefined
  );

const some = <A>(f: (a: A) => boolean, iterable: Iterable<A>) =>
  pipe(
    iterable,
    filter(f),
    take(1),
    ([...arr]) => arr.length === 1,
```

```
  );

const every = <A>(f: (a: A) => boolean, iterable: Iterable<A>) =>
  pipe(
    iterable,
    reject(f),
    take(1),
    ([...arr]) => arr.length === 0,
  );
```

find는 조건을 만족하는 첫 번째 요소를 반환하며 조건을 만족하는 요소가 없으면 undefined를 반환합니다. 작동 방식은 filter로 조건에 맞는 요소를 추출하고 take(1)을 사용해 조건을 만족하는 첫 번째 요소를 가져옵니다. 이후 구조 분해를 통해 해당 요소를 반환합니다.

some은 조건을 만족하는 요소가 하나라도 있으면 true를 반환하며 없으면 false를 반환합니다. 작동 방식은 먼저 filter로 조건에 맞는 요소를 추출한 뒤 take(1)을 사용해 조건을 만족하는 첫 번째 요소를 확인합니다. 마지막으로 구조 분해를 통해 반환된 배열의 길이가 1인지 확인하여 결과를 반환합니다.

every는 모든 요소가 조건을 만족하면 true를 반환하며 그렇지 않으면 false를 반환합니다. 작동 방식은 reject로 조건을 만족하지 않는 요소를 필터링한 후 take(1)을 사용해 조건을 만족하지 않는 첫 번째 요소를 확인합니다. 반환된 배열의 길이가 0이면 모든 요소가 조건을 만족한 것으로 간주하여 true를 반환합니다.

5.4.5 무한-중단 패턴

무한-중단range-take 패턴은 끝이 없는 데이터 스트림에서 필요한 만큼만 데이터를 추출하기 위한 패턴입니다. range를 사용해 무한히 증가하는 숫자나 특정 규칙을 따르는 데이터를 생성하고 take를 이용해 원하는 개수만큼 데이터를 추출합니다. 이 패턴은 특히 데이터가 정해진 개수보다 더 많을 때 효율적입니다. 명령형 스타일로 비유하자면 while-break 구조와 유사한 역할을 합니다.

콜라츠 추측 풀기

5.2절의 콜라츠 추측 풀기도 무한-중단 패턴의 전형적인 예제입니다.

코드 5-61 collatzCount 함수(코드 5-26 ~ 5-27에서 가져옴)

```
const nextCollatzValue = (num: number) =>
  num % 2 === 0  // 짝수이면
    ? num / 2
    : num * 3 + 1;

const collatzCount = (num: number) => pipe(
  repeatApply(nextCollatzValue, num),  // 콜라츠 작업을 무한 반복 적용
  zip(range(1, Infinity)),  // zip으로 무한 카운터 결합
  find(([, val]) => val === 1),  // 결과가 1이 될 때까지 이터레이터를 소비
  collatz => collatz!,
  head,  // [cnt, val] 중 cnt를 반환
);

console.log(collatzCount(4));  // 2
```

여기서는 repeatApply, range(1, Infinity)와 같은 무한 반복되는 이터레이터를 생성하여 find를 사용해 원하는 조건에서 작업을 중단합니다. 이 과정에서 사용된 find 함수는 take로 구현할 수 있는 함수입니다.

결제 내역이 있을 때까지 가져오기

5.3절에서 살펴봤던 남아 있는 데이터가 있을 때까지 요청을 반복하는 작업도 무한-중단 패턴의 한 예입니다. range를 사용해 무한히 증가하는 페이지 번호를 생성하고 takeUntilInclusive를 이용해 조건에 따라 요청을 중단합니다.

코드 5-62 무한 페이지를 takeUntilInclusive로 중단(코드 5-36에서 가져옴)

```
const payments = await
  fx(range(1, Infinity))  // 언제 끝날지 모르는 작업 목록
    .toAsync()
    .map(page => PgApi.getPayments(page))  // 결제 내역 가져오기 API 요청
    .takeUntilInclusive(({length}) => length < 3)  // 처음으로 3보다 적을 때까지만 가져오고
즉시 멈춤
    .flat()
    .toArray();
```

5.4.6 분할–평탄 패턴

분할–평탄chunk-flat 패턴은 데이터를 일정 크기로 분할한 뒤 다시 평탄화하여(flat) 원하는 형태로 변환하는 리스트 프로세싱 기법입니다. 이 패턴은 데이터의 구성을 조정하거나 대규모 데이터를 일정한 단위로 처리한 뒤 결과를 합칠 때 유용합니다. 예를 들어 요청 크기 제한이 있는 API 호출이나 페이지 단위로 데이터를 처리할 때 이 패턴을 적용할 수 있습니다.

API 요청 제한에 적용하기

다음 예제에서는 chunk를 사용하여 요청을 5개씩 분할하고 각 그룹을 StoreDB.getOrders를 통해 처리한 뒤 flat을 사용해 평탄화하여 최종 결과를 하나의 배열로 반환합니다. 이를 통해 대규모 데이터를 효율적으로 처리하고 제한 조건을 준수할 수 있습니다.

코드 5-63 요청 크기 제한 적용(코드 5-43에서 가져옴)

```
const orders = await
  fx(payments)
    .map(p => p.store_order_id)
    .chunk(5)  // 요청을 5개씩 분할
    .toAsync()
    .map(StoreDB.getOrders)
    .flat()  // 평탄화
    .toArray();
```

[코드 5-63]의 map(StoreDB.getOrders).flat()은 다음에 설명하는 변형과 평탄화를 조합한 변형–평탄 패턴이기도 합니다.

5.4.7 변형–평탄 패턴

변형–평탄map-flat 패턴은 데이터를 변형한(map) 뒤 결과를 평탄화하여(flat) 하나의 연속된 데이터 흐름으로 만드는 리스트 프로세싱 기법입니다. 이 패턴은 중첩된 데이터를 단일 수준으로 펼치거나 각 요소를 변형하여 새 데이터를 생성하고 이를 하나의 구조로 병합할 때 유용합니다.

댓글과 답글 하나로 병합하기

[코드 5-64]는 댓글과 답글을 변형하여 병합한 뒤 flat을 사용해 단일 배열로 평탄화합니다.

코드 5-64 댓글과 답글 평탄화

```
const comments = [
  {
    id: 1, text: "First comment", replies: [
      { id: 11, text: "Reply 1-1" }
    ]
  },
  {
    id: 2, text: "Second comment", replies: []
  },
  {
    id: 3, text: "Third comment", replies: [
      { id: 31, text: "Reply 3-1" },
      { id: 32, text: "Reply 3-2" }
    ]
  }
];

// 각 댓글과 답글을 배열로 병합 후, 평탄화하여 단일 배열 생성
fx(comments)
  .map(({ id, text, replies }) => [{ id, text }, ...replies])
  .flat()
  .forEach(console.log);

// [
//   { id: 1, text: "First comment" },
//   { id: 11, text: "Reply 1-1" },
//   { id: 2, text: "Second comment" },
//   { id: 3, text: "Third comment" },
//   { id: 31, text: "Reply 3-1" },
//   { id: 32, text: "Reply 3-2" }
// ]
```

이렇게 데이터를 만들고 나면 댓글과 답글을 동일한 수준에서 처리할 수 있게 됩니다.

중첩된 데이터 구조에서 평탄화하여 합산하기

[코드 5-65]는 5.1절에서 작성했던 코드입니다. map(f).flat()은 매우 자주 사용되는 패턴으로 이를 간결하게 처리하기 위해 flatMap과 같은 함수를 제공하기도 합니다.

코드 5-65 데이터 다루기(5.1절에서 가져옴)

```
const totalHighScorers = teams
  .flatMap(team => team.players) // 팀 객체 구조를 선수들의 2차원 배열로 변형 후 평탄화
  .map(player => player.score)
  .reduce((a, b) => a + b, 0);

const totalQuantity = products
  .flatMap(prd => prd.options) // 각 상품의 옵션 배열들을 1차원 배열로 변형 후 평탄화
  .map(opt => opt.quantity)
  .reduce((a, b) => a + b, 0);
```

5.4.8 결합-누적 패턴

결합-누적zip-reduce 패턴은 여러 이터러블을 결합한(zip) 후 이를 순회하며 최종 결과를 누적하는(reduce) 패턴입니다.

keys와 values로 객체 만들기

zip을 사용해 두 배열(keys와 values)을 결합하고 각 쌍을 객체의 키와 값으로 변환하여 하나의 객체로 누적합니다.

코드 5-66 zip((keys, values)) (코드 5-23에서 가져옴)

```
const keys = ['name', 'job', 'location'];
const values = ['Marty', 'Programmer', 'New York'];

const object =
  fx(zip(keys, values))
    .map(([key, val]) => ({ [key]: val }))
    .reduce((a, b) => Object.assign(a, b), {});

// { name: 'Marty', job: 'Programmer', location: 'New York' }
```

리스트에 고유 ID 부여하기

[코드 5-67]은 range(Infinity)와 zip을 사용해 리스트의 각 요소에 고유 ID를 부여하는 예제입니다. toArray는 이터러블을 순회하며 배열로 변환하는 함수로 본질적으로 reduce와 유사한 동작을 수행합니다. 따라서 이 코드 역시 결합-누적 패턴의 일종으로 볼 수 있습니다.

코드 5-67 리스트에 고유 ID 부여

```
const items = ["Apple", "Banana", "Cherry"];

const itemsWithIds = pipe(
  zip(range(Infinity), items),
  map(([id, item]) => ({ id, item })),
  toArray
);

console.log(itemsWithIds);

// [
//   { id: 0, item: "Apple" },
//   { id: 1, item: "Banana" },
//   { id: 2, item: "Cherry" },
// ]
```

5.4.9 해시-매치 패턴

해시-매치hash-match 패턴은 리스트 프로세싱에서 데이터를 효율적으로 구성하거나 조회하기 위해 해시 구조(키-값 맵)를 생성하는 데 사용됩니다. 데이터를 키로 매핑하거나 그룹화, 카운팅, 변환 등의 작업에 활용하며 indexBy, groupBy와 같은 작업이 이에 해당합니다. 참고로 indexBy와 groupBy 역시 본질적으로 reduce를 활용해 구현합니다.

이 패턴은 특정 데이터에 빠르게 접근하거나 데이터를 재구성해야 할 때 특히 유용합니다. 해시 기반 구조를 생성하면 O(n) 복잡도로 특정 작업을 처리할 수 있어 성능적인 이점도 제공합니다.

posts와 users를 매칭하기

다음 예제는 posts와 users를 매칭하여 각 게시물에 작성자 정보를 추가하는 작업입니다. users 데이터를 **indexBy**를 사용해 해시 구조로 변환한 후 posts와 효율적으로 매칭합니다.

코드 5-68 posts와 users 매칭

```
const users = [
  { id: 1, name: "Alice" },
  { id: 2, name: "Bob" },
];

const posts = [
  { id: 1, title: "FP", user_id: 1 },
  { id: 2, title: "OOP", user_id: 2 },
  { id: 3, title: "MPP", user_id: 2 },
];

const usersById = indexBy(user => user.id, users);

const postsWithUsers = posts.map(post => ({
  ...post,
  user: usersById[post.user_id],
}));

console.log(postsWithUsers);
// [
//   { id: 1, title: "FP", user_id: 1, user: { id: 1, name: "Alice" } },
//   { id: 2, title: "OOP", user_id: 2, user: { id: 2, name: "Bob" } },
//   { id: 3, title: "MPP", user_id: 2, user: { id: 2, name: "Bob" } },
// ]
```

indexBy 함수는 특정 키를 기준으로 이터러블 데이터를 해시 구조(객체)로 변환하는 데 사용됩니다. 주어진 이터러블의 각 요소에 보조 함수를 적용하여 키 값을 추출하고 해당 키를 객체의 속성으로 설정합니다. 이 과정에서 보조 함수는 반드시 고유한 키 값을 반환하도록 구성해야 합니다.

[코드 5-68]에서는 indexBy를 사용하여 user.id를 객체의 키로 설정하고 각 user 객체를 해당 키의 값으로 설정했습니다. 이렇게 생성된 usersById를 통해 각 게시물(post)을 작성한 user들을 효율적으로 조회하고 연결할 수 있습니다.

posts와 comments를 매칭하기

다음 예제는 posts와 comments를 매칭하여 각 게시물에 연결된 댓글을 추가합니다. **groupBy**를 사용해 comments를 post_id로 그룹화한 후 posts와 효율적으로 매칭합니다.

코드 5-69 posts와 comments 매칭

```
const comments = [
  { id: 1, text: "Great post!", post_id: 1 },
  { id: 2, text: "Very informative.", post_id: 1 },
  { id: 3, text: "Thanks for sharing!", post_id: 2 },
];

const commentsByPostId = groupBy(comment => comment.post_id, comments);

const postsWithComments = posts.map(post => ({
  ...post,
  comments: commentsByPostId[post.id] || [],
}));

console.log(postsWithComments);
// [
//   {
//     id: 1, title: "FP", user_id: 1, comments: [
//       { id: 1, text: "Great post!", post_id: 1 },
//       { id: 2, text: "Very informative.", post_id: 1 }
//     ]
//   },
//   {
//     id: 2, title: "OOP", user_id: 2, comments: [
//       { id: 3, text: "Thanks for sharing!", post_id: 2 }
//     ]
//   },
//   { id: 3, title: "MPP", user_id: 2, comments: [] },
// ]
```

groupBy 함수는 이터러블 데이터를 특정 키를 기준으로 그룹화하여 해시 구조(객체)로 변환하는 데 사용됩니다. 주어진 이터러블의 각 요소에 보조 함수를 적용하여 키 값을 추출하고 동일한 키를 가진 요소들을 배열로 묶어 해당 키의 값으로 설정합니다.

[코드 5-69]에서는 groupBy를 사용하여 comment.post_id를 키로 설정하고 각 댓글(comment)을 해당 키의 값으로 배열로 그룹화했습니다. 이렇게 생성된 commentsByPostId를 통해 각 게시물(post)에 연결된 댓글들을 효율적으로 조회하고 추가할 수 있습니다.

5.4.10 리스트 프로세싱 함수 유형별 개념 정리

마무리하며 리스트 프로세싱 함수를 다음과 같은 관점으로 분류해보고자 합니다. 이를 기억해두면 리스트 프로세싱 파이프라인을 설계할 때 '어떤 시점에 변환이 이뤄지는지', '어디서 데이터를 실제로 소비하는지' 그리고 '최종 결과를 어떻게 산출하는지' 등을 체계적으로 파악하여 더 효율적이고 가독성 높은 코드를 작성할 수 있습니다.

지연 중간 연산

- 결과가 실제로 필요할 때까지 연산을 미루며 이 단계만으로는 최종 결과가 나오지 않습니다.
- 예시 함수: map, filter, zip 등

단축(short-circuit) 중간 연산

- 특정 조건이 충족되면 그 시점에서 더 이상 데이터를 읽지 않아 불필요한 연산을 건너뜁니다.
- 예시 함수: take, takeWhile, takeUntilInclusive 등

터미널 연산(terminal operation)

- 실제 이터러블을 전부(또는 조건부로) 소비하여 최종 결과(누적값/특정 요소)를 만들어냅니다. 한번 연산을 호출하면 지연이 해제되고 실제 순회가 일어납니다.
- 예시 함수: find, every, some, reduce 등

폴드/리듀스(fold/reduce) 연산

- 터미널 연산 중에서도 시퀀스 전체를 하나의 값으로 누적하여 반환하는 연산을 가리킵니다.
- 예시 함수: reduce, groupBy, indexBy 등. Promise.all이나 Array.fromAsync 같은 함수도 포함

부수 효과(side effect)

- 출력/로그/파일 쓰기 등 외부 상태를 변화시키는 연산입니다. 보통 내부 콜백에서 '무언가를 실행'하고 끝내는 형태를 띱니다.
- 예시 함수: forEach 등

이 절에서 소개한 다양한 리스트 프로세싱 패턴은 여러 문제를 해결하기 위한 강력하고 실용적인 도구입니다. 각각의 패턴은 독립적으로도 유용하지만 상황에 따라 조합함으로써 복잡한 문제를 효과적으로 해결할 수 있는 유연성을 제공합니다. 이러한 패턴을 익히고 활용하면 코드의 동작을 예측하고 설명하기가 쉬워지고 단위별 테스트와 재사용이 가능해지며 더 나아가 생산적이고 유지보수 가능한 개발 환경을 구축할 수 있습니다. 리스트 프로세싱은 우리가 직면하는 문제를 보다 명확하고 실수 없이 해결할 수 있도록 돕는 훌륭한 도구입니다.

5.5 요약 정리

실전 데이터 다루기

함수형 프로그래밍은 다양한 데이터 구조에 동일한 패턴을 적용함으로써 코드의 일관성과 예측 가능성을 높이는 강력한 도구입니다. filter, map, reduce 등으로 작업을 명확히 분리하여 각 단계의 역할을 드러내고 이를 통해 가독성을 크게 향상시킵니다. 데이터 처리의 각 단계를 독립적으로 작성함으로써 코드의 재사용성을 높이고 새로운 조건 추가나 로직 수정 시에도 개별 단계만 손쉽게 수정할 수 있어 유지보수성이 강화됩니다.

또한 중간 데이터를 단계별로 확인할 수 있어 디버깅이 용이하며 복잡한 로직을 간결하고 명확하게 설계할 수 있도록 돕습니다. 이러한 접근 방식은 코드 품질과 생산성을 동시에 높이며 직관적이고 효율적인 문제 해결을 가능하게 합니다.

더 많은 문제에 적용하기

pipe, zip, range, takeWhile, takeUntilInclusive 등과 같은 함수들은 함수형 프로그래밍을 다양한 명령형 문제에 효과적으로 적용할 수 있도록 확장하는 데 중요한 역할을 합니다.

pipe는 여러 함수를 연결하여 작업 흐름을 선언적으로 표현하는 강력한 도구로 코드의 가독성과 표현력을 동시에 높입니다. zip과 range는 데이터를 결합하거나 동적인 숫자 시퀀스를 생성하는 데 유용하며 반복문과 인덱스 같은 명령형 코드 패턴을 대체할 수 있습니다.

take, takeWhile, takeUntilInclusive와 같은 함수들은 단순히 데이터를 일부 추출하는 유틸리티가 아니라 반복 작업의 실행 범위를 결정하고 제어하는 강력한 도구입니다. 이 함수들은 조건에 따라 이터레이터의 소비를 효율적으로 관리하며 불필요한 계산을 줄여 작업을 최적화합니다.

다양한 리스트 프로세싱 함수를 효과적으로 활용하고 적절히 조합하면 복잡한 문제도 단순하고 직관적으로 해결할 수 있는 강력한 수단이 됩니다.

백엔드 비동기 프로그래밍

함수형 프로그래밍과 리스트 프로세싱은 백엔드 비동기 프로그래밍에서 마주치는 복잡한 문제를 효과적으로 해결합니다. 스케줄러 설계, 데이터 불일치 문제 해결, 효율적인 데이터 매칭, 비동기 작업 간격 유지, 부하 관리, 요청 크기 제한, 병렬성 제어와 같은 현실적인 백엔드 과제를 구조적으로 다룰 수 있습니다.

이 접근 방식은 단순히 문제 해결에 그치지 않고 코드를 선언적이고 명확하게 표현할 수 있는 강력한 도구를 제공합니다. 이를 통해 코드의 가독성과 유지보수성을 높이고 시스템 자원을 최적화하며 개발 생산성을 크게 향상시킬 수 있습니다. 리스트 프로세싱 기법은 현대적인 백엔드 시스템에서 신뢰성과 확장성을 확보하는 핵심적인 방법으로 자리 잡고 있습니다.

리스트 프로세싱 패턴화

리스트 프로세싱은 복잡한 문제를 간단하고 선언적으로 표현할 수 있는 강력한 도구입니다. 리스트 프로세싱으로 자주 사용되는 기법을 패턴화하고 재조합하여 응용력을 높이면, 코드의 예측 가능성과 테스트 용이성을 높이고 재사용성을 강화하며 궁극적으로 생산성을 극대화하는 개발 환경을 구축할 수 있습니다. 리스트 프로세싱은 우리의 문제를 구조화하고 이를 더 명확하고 간결하게 해결할 수 있는 능력을 제공합니다.

6장

멀티패러다임 프로그래밍

현대 프로그래밍 언어는 대부분 멀티패러다임 언어가 되었습니다. 이제 함수형, 객체지향, 명령형과 같이 다양한 패러다임을 상황에 따라 선택하고 결합하는 멀티패러다임적 접근이 가능합니다. 문제 유형은 다양하므로 개발자는 특정 패러다임에 얽매일 필요가 없습니다. 이러한 자유로운 접근법은 단순히 코드 스타일을 다양화하는 데 그치지 않고 복잡한 데이터 구조와 다양한 실무 상황을 더 높은 가독성, 유지보수성, 확장성을 갖춘 코드로 해결하는 실용적인 전략을 제시합니다.

이러한 멀티패러다임적 관점은 그저 '다양한 기능이 제공된다'는 수준을 넘어 우리가 문제를 바라보는 방식 자체를 바꿉니다. 함수형 패러다임은 고차 함수와 리스트 프로세싱으로 데이터 변환을 우아하게 처리하고 객체지향 패러다임은 복잡한 계층 구조나 상태를 명확하게 표현하는 데 도움을 줍니다. 명령형 패러다임은 흐름 제어와 직관성을 제공하여 이해를 돕습니다. 이처럼 각 패러다임의 강점을 상황에 맞춰 적절히 활용하면 문제 해결 과정이 한층 유연해지며 코드 구조 역시 목적에 맞게 자연스럽게 정돈됩니다.

이 장에서는 언어가 제공하는 다양한 기능을 전략적으로 조합하여 복잡한 동시성 제어와 중첩된 템플릿 처리, 안정적인 백엔드 환경 구성 등 까다로운 문제를 우아하고 직관적인 코드로 해결하는 방법을 알아봅니다. 함수형, 객체지향, 명령형 패러다임이 조화롭게 어우러져 어떻게 더 많은 문제를 효과적이고 합리적인 방식으로 다룰 수 있는지 탐구해보겠습니다.

6.1 HTML 템플릿 엔진 만들기

6.1.1 Tagged Templates

Tagged Templates는 템플릿 리터럴을 보다 유연하게 활용할 수 있게 하는 강력한 도구입니다. 일반 템플릿 리터럴과는 달리 Tagged Templates는 사용자 정의 함수를 통해 템플릿 문자열과 삽입된 값을 처리할 수 있습니다. 이를 통해 문자열을 조작하거나 특수한 출력을 생성하는 등의 다양한 작업을 수행할 수 있습니다.

코드 6-1 Tagged Templates 사용법

```
function upper(strs: TemplateStringsArray, ...vals: string[]) {  // ❶
  console.log(strs);  // ["a: ", ", b: ", "."]  // ❷
  console.log(vals);  // ["a", "b"]  // ❷
  return strs[0]
    + vals[0].toUpperCase()
    + strs[1]
    + vals[1].toUpperCase()
    + strs[2];
}

const a = 'a';
const b = 'b';

const result = upper`a: ${a}, b: ${b}.`;  // ❶
console.log(result);  // a: A, b: B.
```

먼저 ❶ upper 함수를 upper`a: ${a}, b: ${b}.`와 같이 평가하면 upper 함수가 실행되며 템플릿 리터럴에서 문자열과 동적으로 삽입된 값을 분리하여 문자열 배열(strs)과 값 배열(vals)을 인자로 전달합니다. ❷ 템플릿 리터럴은 고정 문자열과 동적 값의 경계를 기준으로 분리되며 vals에는 ${ }로 삽입된 값들이 포함되고 각 값의 앞뒤 문자열이 strs에 포함됩니다.

strs의 크기는 항상 vals의 크기보다 하나 더 큽니다. 템플릿 리터럴을 a: ${a}, b: ${b}로 변경

하여 마지막 .을 제거해도 strs는 ["a: ", ", b: ", " "]가 됩니다. 템플릿 리터럴은 반드시 마지막 고정 문자열(비어 있을 수도 있음)을 포함하므로 strs.length는 항상 vals.length + 1입니다. 또한 템플릿 리터럴을 `${a}${b}`와 같이 변경하더라도 strs는 [" ", " ", " "], vals는 ["a", "b"]가 되어 여전히 strs가 vals보다 하나 큰 상태를 유지합니다.

strs와 vals로부터 각각 동일한 인덱스를 기반으로 앞에서부터 순서대로 하나씩 가져와 문자열을 조합합니다. 이 과정에서 vals의 값을 가로채어 대문자로 변형한 후 최종 결과 문자열에 포함합니다.

Tagged Templates 기법을 활용하면 템플릿 리터럴을 분리하여 문자열을 유연하게 처리할 수 있습니다. 이 기법은 문자열 조작과 다국어 지원, 보안 검사(예: SQL 인젝션 방지, XSS 방지를 위한 이스케이프 처리)와 같은 다양한 작업에 활용할 수 있습니다.

6.1.2 리스트 프로세싱으로 구현하기

이번에는 Tagged Templates를 활용하여 HTML 템플릿 엔진을 만들어보겠습니다. [코드 6-2]에서는 템플릿 리터럴에서 전달된 strs(고정 문자열 배열)와 vals(삽입된 값 배열)의 길이를 맞춘 후 zip 함수로 두 배열을 결합해 튜플을 반환하는 이터레이터를 생성합니다.

코드 6-2 html 함수

```
import { pipe, zip, toArray } from "@fxts/core";

function html(strs: TemplateStringsArray, ...vals: string[]) {
  vals.push(''); // strs의 길이에 맞추기 위해 빈 문자열을 추가
  return pipe(
    zip(strs, vals), // strs와 vals를 순서대로 결합하여 튜플 이터레이터를 생성
    toArray // 튜플 이터레이터를 평가하여 배열로 반환
  );
}

const a = 'A',
  b = 'B',
  c = 'C';

const result = html`<b>${a}</b><i>${b}</i><em>${c}</em>`;
```

```
console.log(result);
// [["<b>", "A"], ["</b><i>", "B"], ["</i><em>", "C"], ["</em>", ""]]
```

이번에는 결합-누적zip-reduce 패턴에 flat을 추가하여 튜플을 반환하는 이터레이터를 평탄화한 뒤 reduce를 사용해 하나의 문자열로 누적하는 방식을 구현해보겠습니다.

코드 6-3 zip-flat-reduce로 구현

```
import { pipe, zip, flat, reduce } from "@fxts/core";  // ❶

function html(strs: TemplateStringsArray, ...vals: string[]) {
  vals.push('');  // strs의 길이에 맞추기 위해 빈 문자열을 추가
  return pipe(
    vals,  // 커링을 활용해 zip(strs)(vals)로 실행되도록 변경
    zip(strs),  // strs와 vals를 순서대로 결합하여 튜플 이터레이터를 생성
    flat,  // ❷
    reduce((a, b) => a + b),  // ❸
  );
}

const a = 'A',
  b = 'B',
  c = 'C';

const result = html`<b>${a}</b><i>${b}</i><em>${c}</em>`;

console.log(result);
// <b>A</b><i>B</i><em>C</em> ❹
```

❶ zip을 사용하여 strs와 vals를 결합하여 [str, val] 형태의 튜플 이터레이터를 생성합니다. 커링을 지원하는 zip을 이용해 pipe(vals, zip(strs))로 변경했으며 이는 zip(strs, vals)와 같습니다.

❷ flat을 사용하여 튜플 이터레이터를 단일 값 이터레이터로 변환합니다. [[str1, val1], [str2, val2]] 형태의 구조가 [str1, val1, str2, val2]로 평탄화됩니다.

❸ reduce를 사용하여 평탄화된 이터레이터의 모든 값을 누적하여 하나의 문자열로 만듭니다.

❹ 최종 결과로 HTML 문자열(<b>A</b><i>B</i><em>C</em>)이 출력됩니다.

6.1.3 push를 concat으로

[코드 6-3]에서는 vals의 길이를 맞추기 위해 push를 사용했습니다. 하지만 3.4절에서 살펴보았듯이 이 문제는 concat을 활용해 해결할 수도 있습니다.

push는 기존 배열을 변경하지만 concat은 기존 배열을 변경하지 않고 지연 평가되는 이터레이터를 반환하므로 부수 효과 없이 동일한 결과를 얻을 수 있습니다. 또한 필요한 시점에 값을 꺼내면서 추가된 하나의 값에 대해서만 한 번 더 순회하기 때문에 시간 복잡도 면에서도 push와 사실상 차이가 없습니다. 전체 배열을 새로 만들거나 모든 값을 재할당하지 않으므로 메모리 사용 측면에서도 별다른 추가 부하가 없습니다.

코드 6-4 concat과 화살표 함수를 통한 간결화

```
import { pipe, zip, flat, reduce, concat } from "@fxts/core";

// 하나의 표현식으로 구성된 html 함수(화살표 함수)
const html = (strs: TemplateStringsArray, ...vals: string[]) =>
  pipe(
    concat(vals, ['']),  // push 대신 concat으로 길이 맞추기
    zip(strs),
    flat,
    reduce((a, b) => a + b)
  );

const a = 'A',
  b = 'B',
  c = 'C';

const result = html`<b>${a}</b><i>${b}</i><em>${c}</em>`;
console.log(result);
// <b>A</b><i>B</i><em>C</em>
```

[코드 6-4]와 같이 concat을 통해 vals와 ['']를 지연적으로 연결하면 push 없이도 strs.length에 맞춰 길이를 조정할 수 있습니다. 물론 이 상황에서는 vals가 매번 새로 만들어지는 배열이므로 push('')를 사용하더라도 외부 상태를 변경하는 부수 효과로 볼 필요는 없습니다. 그러나 코드가 복잡해지고 문장이 많아질수록 concat 같은 아이디어를 활용하면 유용합니다.

이번 변경에서 주목해야 할 이점은 부수 효과의 감소보다는 표현식만으로 코드를 조합할 수 있게 되었다는 점입니다. html 함수를 화살표 함수로 간결하게 작성할 수 있으며 결과적으로 코

드가 점차 함수형 스타일을 띠게 됩니다. 이러한 변화는 추후 코드의 재사용성과 확장성을 높이는 데도 도움이 됩니다.

표현식만으로 코드를 구성하면 이후 문장에 의한 값 변형이나 참조 가능성이 사라집니다. 그 결과로 예측 가능성과 안정성이 향상되고 특정 표현식의 결과를 고립해 테스트하고 검증하기 쉬워집니다. 이러한 제약 조건은 더욱 신뢰할 수 있는 코드를 만드는 데 기여합니다.

[코드 6-4a]는 concat 대신 append 함수를 사용하여 html 함수를 구현한 예입니다.

코드 6-4a concat을 비슷한 함수인 append로 변경

```
import { pipe, zip, flat, reduce, append } from "@fxts/core";

const html = (strs: TemplateStringsArray, ...vals: string[]) =>
  pipe(
    vals,
    append(''),  // vals 뒤에 ''을 append한 새로운 이터레이터를 만듦
    zip(strs),  // zip(strs, appendedVals)와 동일
    flat,
    reduce((a, b) => a + b)
  );
```

append 함수는 concat과 유사한 기능을 하며 마찬가지로 지연 평가를 지원하므로 필요한 시점에만 요소를 생성합니다. 또한 append라는 직관적인 함수명과 커링을 활용하면 코드가 더 선언적이고 직관적인 형태로 표현되어 함수형 프로그래밍의 특성과 장점을 더욱 살릴 수 있습니다.

6.1.4 XSS 공격 방지

XSS^Cross Site Scripting^는 웹 페이지에 악성 스크립트를 삽입하여 해당 페이지를 보는 다른 사용자에게 피해를 주는 공격 기법입니다. 예를 들어 사용자 입력을 그대로 HTML에 삽입하면 〈script〉 태그 등을 통해 공격자가 임의의 자바스크립트 코드를 실행할 수 있습니다. 이를 방지하려면 입력된 값 중 HTML 문법으로 해석될 수 있는 문자를 안전한 형태로 변환^escape^하는 작업이 필요합니다. 이렇게 변환된 HTML은 브라우저가 단순한 문자 데이터로 처리하므로 스크립트 코드가 동작할 수 없어 XSS 공격을 예방할 수 있습니다.

다음은 escapeHtml.ts 파일의 예제 코드입니다. 이 코드는 HTML에서 특별한 의미를 갖는 문자들(&, 〈, 〉, ", ', `)을 대응되는 HTML 엔티티(&, <, >, ", ', `)로 치환하는 escapeHtml 함수를 제공합니다. 이를 통해 사용자 입력을 안전하게 HTML에 포함할 수 있습니다.

코드 6-5 escapeHtml.ts

```
const escapeMap = {
  '&': '&amp;',
  '<': '&lt;',
  '>': '&gt;',
  '"': '&quot;',
  "'": '&#x27;',
  '`': '&#x60;',
};

const source = '(?:' + Object.keys(escapeMap).join('|') + ')';
const testRegexp = RegExp(source);
const replaceRegexp = RegExp(source, 'g');

function escapeHtml(val: unknown): string {
  const string = `${val}`;
  return testRegexp.test(string)
    ? string.replace(replaceRegexp, (match) => escapeMap[match])
    : string;
}

export { escapeHtml };
```

[코드 6-5]에서는 escapeMap을 이용해 특별한 의미의 문자를 대응되는 HTML 엔티티로 치환하는 정규식을 생성합니다. 이후 입력 문자열을 검사하여 필요한 경우에만 변환을 수행합니다. 반환된 문자열은 HTML 구조에 삽입하더라도 안전하게 렌더링되며 잠재적인 XSS 공격을 예방할 수 있습니다.

다음은 escapeHtml 함수를 테스트하는 예입니다.

코드 6-6 escapeHtml 테스트

```
import { escapeHtml } from './escapeHtml';
```

```
console.log(escapeHtml('<script>alert("XSS")</script>'));
// &lt;script&gt;alert(&quot;XSS&quot;)&lt;/script&gt;

console.log(escapeHtml('Hello & Welcome! "Have" a nice day <3'));
// Hello &amp; Welcome! &quot;Have&quot; a nice day &lt;3
```

출력 결과를 보면 꺾쇠괄호인 〈나〉와 같은 문자들이 엔티티로 변환되어 브라우저에서 스크립트로 해석되지 않음을 확인할 수 있습니다.

이제 html 함수가 생성하는 문자열에 포함될 vals를 escapeHtml로 변환하여 XSS 공격을 예방할 수 있습니다. 이는 map 함수를 사용하여 vals의 각 값에 escapeHtml 함수를 적용하면 됩니다.

코드 6-7 html에 escapeHtml 적용

```
import { pipe, zip, flat, reduce, append, map } from "@fxts/core";
import { escapeHtml } from "./escapeHtml";

const html = (strs: TemplateStringsArray, ...vals: unknown[]) =>
  pipe(
    vals,
    map(escapeHtml), // vals의 각 값에 escapeHtml 적용 (XSS 예방)
    append(''),
    zip(strs),
    flat,
    reduce((a, b) => a + b)
  );

const a = '<script>alert("XSS")</script>';
const b = 'Hello & Welcome!';

console.log(html`
  <ul>
    <li>${a}</li>
    <li>${b}</li>
  </ul>
`);
// <ul>
//   <li>&lt;script&gt;alert(&quot;XSS&quot;)&lt;/script&gt;</li>
//   <li>Hello &amp; Welcome!</li>
// </ul>
```

출력 결과를 보면 <script> 태그와 큰따옴표 등이 HTML 엔티티로 변환되어 있습니다. 브라우저는 이를 단순한 문자 데이터로 처리하므로 악성 스크립트가 실행되지 않고 안전하게 렌더링됩니다.

참고로 vals의 타입을 string[ ]에서 unknown[ ]으로 변경한 이유는 escapeHtml이 unknown 타입의 인자를 받아 문자열로 변환하는 기능을 갖췄기 때문입니다. 이로써 html 함수는 단순히 문자열에만 국한되지 않고 문자로 변환 가능한 다양한 타입의 값을 처리할 수 있으며 결과적으로 더욱 범용적인 형태로 발전했습니다.

6.1.5 중첩 데이터 처리로 컴포넌트 방식 개발 지원하기

[코드 6-8]은 하나의 템플릿(html) 안에 또 다른 컴포넌트(menuHtml)를 호출하는 예제입니다. 이런 방식으로 코드를 컴포넌트 단위로 분리하면 확실히 관리나 재사용성 측면에서 이점이 있습니다. 하지만 이 코드에서는 menuHtml 함수가 반환하는 HTML 조각조차 html 함수에 의해 일반 문자열로 인식되어 이스케이프 처리되고 있습니다.

코드 6-8 컴포넌트로 분리된 HTML이 모두 이스케이프 처리되는 문제

```
type Menu = {
  name: string;
  price: number;
};

const menuHtml = ({ name, price }: Menu) => html`<li>${name} (${price})</li>`;

const menu: Menu = { name: 'Choco Latte & Cookie', price: 8000 };

const a = '<script>alert("XSS")</script>';
const b = 'Hello & Welcome!';

const result = html`
  <ul>
    <li>${a}</li>
    <li>${b}</li>
    ${menuHtml(menu)}
    ${html`<li>${html`<b>3단계 중첩</b>`}</li>`}
```

```
  </ul>
`;

console.log(result);
// 현재 출력:
// <ul>
//   <li>&lt;script&gt;alert(&quot;XSS&quot;)&lt;/script&gt;</li>
//   <li>Hello &amp; Welcome!</li>
//   &lt;li&gt;Choco Latte &amp; Cookie (8000)&lt;/li&gt;
//   &lt;li&gt;&lt;b&gt;3단계 중첩&lt;/b&gt;&lt;/li&gt;
// </ul>
//
// 원하는 결과(컴포넌트로 분리한 HTML이 이스케이프되지 않기를 기대):
// <ul>
//   <li>&lt;script&gt;alert(&quot;XSS&quot;)&lt;/script&gt;</li>
//   <li>Hello &amp; Welcome!</li>
//   <li>Choco Latte &amp; Cookie (8000)</li>
//   <li><b>3단계 중첩</b></li>
// </ul>
```

이 예제에서 menuHtml은 <li>Choco Latte & Cookie (8000)</li> 형태를 기대합니다. 하지만 html 함수는 menuHtml을 통해 반환된 HTML을 단순 문자열로 간주하고 이스케이프 처리를 적용해 버렸습니다. 그 결과 원래 의도했던 <li>...</li> 태그가 문자 데이터로 렌더링되어 컴포넌트로 분리하는 방식의 개발이 불가능한 상황입니다.

이는 html 함수가 입력받은 모든 값을 잠재적인 XSS 공격 벡터로 보고 기본적으로 이스케이프 처리하기 때문입니다. 현재 구조에서는 '이 값은 이미 안전하게 처리된 HTML이므로 이스케이프하지 않아도 된다'는 정보를 전달할 방법이 없습니다.

그렇다면 어떻게 해야 컴포넌트로 분리한 함수에서 반환한 HTML을 이스케이프하지 않고 그대로 적용할 수 있을까요? 또 이 문제를 해결할 때 단순히 한 번의 중첩만 고려하는 것이 아니라 <b>3단계 중첩</b>와 같이 여러 번 중첩된 상황까지 포괄적으로 처리해야 합니다.

다음 절에서는 이러한 문제를 근본적으로 해결할 수 있는 아이디어를 살펴보며 html 함수를 컴포넌트 방식 개발에 더욱 적합한 형태로 발전시켜보겠습니다.

6.1.6 구조의 문제는 객체지향으로, 로직의 문제는 함수형으로 해결하기

지금까지 html 함수는 문자열 템플릿을 받아 문자열을 반환하는 간단한 형태였습니다. 그러나 중첩된 HTML 구조나 컴포넌트 방식 개발을 지원하는 과정에서 다음과 같은 문제에 부딪혔습니다.

- **계층적 구조**
  HTML 구문을 중첩된 컴포넌트 형태로 표현하려 할 때 단순한 문자열 결합만으로는 의도한 출력 결과를 관리하기가 어렵습니다.
- **선택적 이스케이프**
  모든 값을 이스케이프 처리해야 하는 것은 아니며 경우에 따라 특정 값은 이스케이프 처리하지 않고 그대로 활용해야 하는 상황이 생깁니다.

이처럼 중첩된 구조와 선택적 변환 로직이 결합된 문제는 단순하지 않습니다. 특히 중첩 깊이가 2번인지, 3번인지 또는 그 이상인지와 상관없이, 데이터의 최심부까지 모두 순회하는 재귀적 접근이 필요합니다. 이를 즉흥적으로 if문이나 while문을 추가하는 식으로 해결하려 하면 코드가 금세 복잡해지고 유지보수하기 어려워집니다.

그렇다면 어떻게 접근하는 것이 가장 좋을까요? 먼저 기존 html 함수가 Html 클래스를 반환하도록 변경해보겠습니다.

코드 6-9 Html의 인스턴스 반환

```
const html = (strs: TemplateStringsArray, ...vals: unknown[]) => new Html(strs, vals);
```

먼저 html 함수에서 strs와 vals를 Html 클래스의 생성자로 전달하도록 변경했습니다. 이로써 html 함수는 이제 Html 클래스의 인스턴스를 반환하게 됩니다.

다음으로 Html 클래스를 정의하겠습니다. 이전 html 함수에서 사용했던 map, append, zip, flat, reduce 로직은 그대로 유지하되 기존에 map(escapeHtml)로 처리하던 부분을 map(val => this.escape(val))로 변경했습니다. escape 메서드는 val이 Html 인스턴스인지 일반 값인지 구분한 뒤 필요할 경우 재귀적으로 처리하므로 중첩된 구조에서도 올바르게 문자열을 변환할 수 있습니다.

코드 6-10 Html 클래스

```
class Html {
  constructor(
    private strs: TemplateStringsArray,
    private vals: unknown[]
  ) {}

  private escape(val: unknown) {
    return val instanceof Html
      ? val.toHtml()  // Html 인스턴스라면 재귀적으로 toHtml() 호출
      : escapeHtml(val);  // 일반 값이라면 escapeHtml 처리
  }

  toHtml() {
    return pipe(
      this.vals,
      map(val => this.escape(val)),
      append(''),
      zip(this.strs),
      flat,
      reduce((a, b) => a + b)
    );
  }
}
```

여기서 toHtml()은 구조(클래스)와 로직(함수형 처리)의 결합을 잘 보여줍니다. 구조(클래스) 자체는 데이터(strs, vals)를 들고 있고 로직(함수형 파이프라인)은 이 데이터를 어떻게 이스케이프하고 결합할지 결정합니다. 또한 escape() 메서드를 통해 Html 인스턴스일 경우 재귀적으로 toHtml()를 호출함으로써 여러 단계 중첩된 HTML 구조를 문제없이 풀어낼 수 있습니다.

이제 준비가 끝났으니 실행하고 살펴보겠습니다.

코드 6-11 중첩 문제를 해결한 html 함수

```
const a = '<script>alert("XSS")</script>';
const b = 'Hello & Welcome!';
const menu: Menu = { name: 'Choco Latte & Cookie', price: 8000 };

const result = html`
  <ul>
```

```
    <li>${a}</li>
    <li>${b}</li>
    ${menuHtml(menu)}
    ${html`<li>${html`<b>3단계 중첩</b>`}</li>`}
  </ul>
`;

console.log(result.toHtml());
// <ul>
//   <li>&lt;script&gt;alert(&quot;XSS&quot;)&lt;/script&gt;</li>
//   <li>Hello &amp; Welcome!</li>
//   <li>Choco Latte &amp; Cookie (8000)</li>
//   <li><b>3단계 중첩</b></li>
// </ul>
```

출력 결과를 보면 단순히 한 단계 중첩 문제가 해결된 것뿐만 아니라 <b>3단계 중첩</b>와 같은 여러 단계의 중첩 문제도 재귀적으로 잘 처리된 것을 확인할 수 있습니다. 즉 구조적으로는 Html 클래스를 통한 객체지향적 접근으로 중첩 관계를 명확히 했고 로직으로는 함수형 파이프라인을 통해 안정적이고 예측 가능한 이스케이프 처리와 문자열 결합을 구현했습니다.

실무에서 다루는 데이터 구조는 흔히 객체와 배열이 중첩되고 또 중첩되며 특정 부분만 변환하거나 조합하는 일이 잦습니다. 이번 예제에서 적용한 패턴은 HTML 템플릿 엔진뿐만 아니라 CSV나 JSON 데이터를 가공하거나 복잡한 계층 구조를 갖는 테이블 렌더링 로직 등에도 유용하게 적용할 수 있습니다.

이번 문제를 해결하면서 우리는 '구조 문제는 객체지향(OOP)으로 로직 문제는 함수형(FP)으로 해결하라'는 방법론을 익혔습니다. 중첩 구조와 같은 계층적인 문제는 클래스를 이용해 구조적으로 명확히 표현하고 이스케이프 처리나 문자열 결합 로직은 함수형 패러다임을 활용해 순수하고 예측 가능한 방식으로 구현하는 것입니다. 이처럼 구조(객체지향)와 로직(함수형)을 적절히 조합하는 접근은 복잡한 문제를 단순하고 예측 가능한 방식으로 해결할 수 있게 해주며 더욱 확장성 있고 유지보수하기 쉬운 코드를 작성하는 데 기여합니다.

6.1.7 배열로부터 html 문자열 만들기

지금까지는 키-값 구조의 중첩 데이터나 단일 값 중심으로 html 템플릿 엔진을 다뤘습니다.

하지만 실제 상황에서는 배열 형태의 데이터도 자주 등장합니다. 예를 들어 여러 메뉴를 한 번에 렌더링해야 하는 경우가 대표적입니다.

다음 [코드 6-12]에서는 메뉴 배열을 받아 <ul> 안에 <li>로 렌더링을 시도합니다.

코드 6-12 메뉴 목록 그리기

```
type Menu = {
  name: string;
  price: number;
};

const menuHtml = ({ name, price }: Menu) => html`<li>${name} (${price})</li>`;

const menus: Menu[] = [
  { name: '아메리카노', price: 4500 },
  { name: '카푸치노', price: 5000 },
  { name: '라떼 & 쿠키 세트', price: 8000 },
];

const menuBoardHtml = (menus: Menu[]) => html`
  <div>
    <h1>메뉴 목록</h1>
    <ul>
      ${menus.map(menuHtml).reduce((acc, a) => acc + a.toHtml(), '')}
    </ul>
  </div>
`;

console.log(menuBoardHtml(menus).toHtml());
// <div>
//   <h1>메뉴 목록</h1>
//   <ul>
//     &lt;li&gt;아메리카노 (4500)&lt;/li&gt;
//     &lt;li&gt;카푸치노 (5000)&lt;/li&gt;
//     &lt;li&gt;라떼 &amp; 쿠키 세트 (8000)&lt;/li&gt;
//   </ul>
// </div>
```

[코드 6-12]에서는 menus.map(menuHtml).reduce((acc, a) => acc + a.toHtml(), '')로 이미 <li>...</li> 형태의 순수 HTML 문자열을 만든 뒤 이를 다시 상위 html 템플릿에 삽입

하려 하고 있습니다. 문제는 html 템플릿 엔진이 인자로 주어진 값을 '안전하지 않은 데이터'로 간주하고 기본적으로 이스케이프 처리한다는 점에 있습니다.

❶ **toHtml() 결과는 단순 문자열**

a.toHtml()은 HTML 태그가 포함된 순수 문자열을 반환합니다. 이 문자열은 상위 html 템플릿 함수에 전달되며 상위 html은 이 값을 일반 문자열로 인식하고 <, > 같은 문자를 이스케이프 처리합니다. 결국 <li> 태그가 <li>로 변환되는 상황이 반복됩니다.

❷ **안전한 데이터와 일반 문자열의 구분 부재**

현재 구조에서는 '이 값은 이미 안전하게 처리된 HTML'이라는 정보를 상위 html 함수에 전달할 방법이 없습니다. html 함수는 단순히 모든 입력을 '이스케이프 대상'으로 보기 때문에 어느 시점에서든 문자열 형태로 합쳐진 결과는 다시 이스케이프 대상이 되고 맙니다.

단순히 .reduce()를 통해 문자열을 합치는 방식만으로는 '이미 안전한 HTML'과 '이스케이프 처리해야 할 값'을 구분하기 어렵습니다. 이런 접근으로는 '이미 안전한 HTML'이라는 정보를 상위 레벨로 전달하거나 이스케이프 로직이 이를 인지하게 만들 수 없습니다.

6.1.8 객체를 함수형으로 더하기

함수형 프로그래밍에 대한 통찰을 바탕으로 하면 이 문제를 새로운 관점에서 접근할 수 있습니다. 단순히 문자열을 합치는 대신 다수의 Html 인스턴스를 하나의 Html 인스턴스로 누적한다면 어떨까요? 사실 [코드 6-11]에서 이미 이러한 해법의 실마리를 발견할 수 있습니다.

[코드 6-12a]는 문자열로 합치지 않고 Html 인스턴스 자체를 reduce 과정에서 결합하는 아이디어를 보여줍니다.

코드 6-12a reduce로 Html 인스턴스 합치기

```
const menuBoardHtml2 = (menus: Menu[]) => html`
  <div>
    <h1>메뉴 목록</h1>
    <ul>
      ${menus.map(menuHtml).reduce((a, b) => html`${a}${b}`)}
    </ul>
  </div>
`;

console.log(menuBoardHtml2(menus).toHtml());
```

```
// <div>
//   <h1>메뉴 목록</h1>
//   <ul>
//     <li>아메리카노 (4500)</li>
//     <li>카푸치노 (5000)</li>
//     <li>라떼 &amp; 쿠키 세트 (8000)</li>
//   </ul>
// </div>
```

이제 <li> 태그와 내용이 원하는 형태로 제대로 렌더링됩니다. 문자열이 아닌 Html 인스턴스끼리 결합함으로써 '이미 안전한 HTML'이라는 상태를 유지한 채 중첩된 데이터 처리와 이스케이프 로직을 깔끔하게 해결했습니다.

html`${a}${b}` 구문은 마치 a + b처럼 두 개의 Html 값을 결합하여 또 다른 Html을 만듭니다. 여기서 중요한 점은 이제 더 이상 문자열로 직접 합치지 않고 Html 인스턴스끼리 결합하는(마치 concat과 같은) 과정을 통해 '이미 안전한 HTML'이라는 상태 정보를 잃지 않는다는 점입니다.

이 사례는 어떤 타입의 값이라도 해당 값을 결합하는 메서드나 식을 제공하기만 하면 reduce를 활용해 누적할 수 있다는 아이디어를 일깨워줍니다.

6.1.9 배열 처리를 클래스 내부로 이동하여 편의성 높이기

[코드 6-10a]에서는 개발자 편의를 높이기 위해 Html 클래스 내부에 combine 메서드를 추가했습니다. 이 메서드는 배열이 입력될 경우 내부적으로 reduce((a, b) => html`${a}${b}`) 로직을 수행하여 별도의 처리 없이도 배열을 자동으로 하나의 안전한 HTML 문자열로 결합합니다. 덕분에 단순히 배열을 전달하는 것만으로도 안전하고 완전한 HTML 문자열을 손쉽게 얻을 수 있습니다.

코드 6-10a 수정한 Html

```
class Html {
  constructor(
    private strs: TemplateStringsArray,
    private vals: unknown[]
```

```
  ) {}

  private combine(vals: unknown) {
    return Array.isArray(vals)
      ? vals.reduce((a, b) => html`${a}${b}`, html``)
      : vals;
  }

  private escape(val: unknown) {
    return val instanceof Html
      ? val.toHtml()
      : escapeHtml(val);
  }

  toHtml() {
    return pipe(
      this.vals,
      map(val => this.escape(this.combine(val))),
      append(''),
      zip(this.strs),
      flat,
      reduce((a, b) => a + b)
    );
  }
}
```

이렇게 변경함으로써 [코드 6-12b]에서 단순히 배열을 넘겨주는 것만으로도 적절한 HTML 문자열을 얻을 수 있게 됩니다. 이제 개발자는 별도의 reduce 로직을 작성할 필요 없이 menus.map(menuHtml) 같은 형태로 배열을 전달하면 자동으로 모든 요소가 하나의 Html 인스턴스로 결합되어 렌더링됩니다.

코드 6-12b 배열로 전달하는 menuBoardHtml

```
const menuBoardHtml = (menus: Menu[]) => html`
  <div>
    <h1>메뉴 목록</h1>
    <ul>
      ${menus.map(menuHtml)}
    </ul>
  </div>
`;
```

```
console.log(menuBoardHtml(menus).toHtml());
// 결과:
// <div>
//   <h1>메뉴 목록</h1>
//   <ul>
//     <li>아메리카노 (4500)</li>
//     <li>카푸치노 (5000)</li>
//     <li>라떼 &amp; 쿠키 세트 (8000)</li>
//   </ul>
// </div>
```

이제 배열 형태의 데이터를 전달하는 것만으로도 <li>...</li> 태그가 올바르게 렌더링된 HTML 문자열을 안전하게 얻을 수 있습니다. 이러한 개선을 통해 코드의 간결성을 높이고 함수형 스타일을 유지하면서도 다양한 데이터 형태를 자연스럽게 처리할 수 있습니다.

6.1.10 고차 함수로 추상화하기

toHtml 메서드 내부 로직을 고차 함수로 분리하면 재사용성과 유연성을 크게 향상시킬 수 있습니다. 이처럼 함수 하나로 동작을 변경할 수 있는 상황이라면 고차 함수를 통한 추상화가 간결하고 효율적인 해법이 됩니다.

[코드 6-13]에서는 이러한 전략을 적용하여 toHtml 메서드의 파이프라인 로직을 fillTemplate라는 고차 함수로 추상화하고 변환(transform) 함수를 외부에서 전달받도록 구성했습니다.

이제 toHtml과 이 절 초반에 소개했던 upper 함수 모두 fillTemplate 함수를 활용해 구현할 수 있습니다.

코드 6-13 fillTemplate 함수

```
function fillTemplate<T>(
  strs: TemplateStringsArray,
  vals: T[],
  transform: (val: T) => string
) {
  return pipe(
```

```
    vals,
    map(transform),
    append(''),
    zip(strs),
    flat,
    reduce((a, b) => a + b)
  );
}

class Html {
  constructor(
    private strs: TemplateStringsArray,
    private vals: unknown[]
  ) {}

  private combine(vals: unknown) {
    return Array.isArray(vals)
      ? vals.reduce((a, b) => html`${a}${b}`, html``)
      : vals;
  }

  private escape(val: unknown) {
    return val instanceof Html
      ? val.toHtml()
      : escapeHtml(val);
  }

  toHtml() {
    return fillTemplate(
      this.strs,
      this.vals,
      val => this.escape(this.combine(val)),
    );
  }
}

const html = (strs: TemplateStringsArray, ...vals: unknown[]) =>
    new Html(strs, vals);

function upper(strs: TemplateStringsArray, ...vals: string[]) {
  return fillTemplate(
    strs,
    vals,
    val => val.toUpperCase()
```

```
  );
}
```

이전에는 toHtml 메서드 안에서 pipe, map, zip, reduce 등의 함수형 로직을 직접 구성해야 했습니다. 이제 이들 로직을 fillTemplate로 추상화했기 때문에 Html 클래스에서는 단지 transform 함수만 정의하면 됩니다. 예를 들어 combine 메서드로 중첩된 Html 인스턴스를 결합하고 escape 메서드로 안전하게 문자열을 이스케이프하는 과정을 transform 함수를 통해 간단히 적용할 수 있습니다.

이처럼 함수형 프로그래밍의 고차 함수 패턴을 활용하면 로직을 쉽게 조립하고 재사용할 수 있습니다. fillTemplate 함수에 다양한 transform 함수를 전달하면 HTML 렌더링부터 대문자 변환까지 여러 목적의 템플릿 함수를 손쉽게 만들어낼 수 있습니다.

또한 Html 클래스 사례는 재귀적 구조화와 함수형 파이프라인을 결합하여 객체지향과 함수형 패러다임이 상호 보완적으로 작용한다는 점을 잘 보여줍니다. 이러한 멀티패러다임적 접근을 통해 중첩된 데이터 구조나 복잡한 문자열 처리 문제를 우아하게 해결할 수 있으며 다양한 상황에 유연하게 적용하고 확장할 수 있습니다.

[코드 6-14]는 fillTemplate로 구현한 html과 upper를 사용한 예입니다.

코드 6-14 fillTemplate로 구현한 html과 upper 함수 사용

```
const menuBoardHtml = (menus: Menu[]) => html`
  <div>
    <h1>메뉴 목록</h1>
    <ul>
      ${menus.map(menuHtml)}
    </ul>
  </div>
`;

console.log(menuBoardHtml(menus).toHtml());
// 결과:
// <div>
//   <h1>메뉴 목록</h1>
//   <ul>
//     <li>아메리카노 (4500)</li>
//     <li>카푸치노 (5000)</li>
//     <li>라떼 &amp; 쿠키 세트 (8000)</li>
```

```
//   </ul>
// </div>

const a = 'a';
const b = 'b';

console.log(
  upper`a: ${a}, b: ${b}.`
);
// a: A, b: B.
```

menuBoardHtml과 upper의 출력 결과를 보면 고차 함수 기반의 추상화가 잘 동작함을 확인할 수 있습니다.

6.1.11 작은 프런트엔드 개발 라이브러리 만들기

HTML 템플릿 엔진을 구현한 것을 계기로 이번에는 이를 활용한 간단한 프런트엔드 개발 라이브러리를 작성하며 Web API(바닐라 JS) 기반 개발 방식을 간략히 살펴보겠습니다. [코드 6-15]는 함께 만든 Html 템플릿 엔진을 사용하는 View 클래스의 예입니다. 제네릭을 통한 데이터 타입 제어와 추상 메서드를 통한 템플릿 정의, 명시적인 render() 호출을 통한 DOM 요소 생성 등 객체지향적 패턴을 담고 있습니다.

코드 6-15 View 클래스

```
abstract class View<T> {
  private _element: HTMLElement | null = null;

  constructor(public data: T) {}

  element() {
    if (this._element === null) {
      throw new Error("You must call render() before accessing the element.");
    } else {
      return this._element;
    }
  }

  abstract template(): Html;
```

```
  render(): HTMLElement {
    const wrapEl = document.createElement('div');
    wrapEl.innerHTML = this.template().toHtml();
    this._element = wrapEl.children[0] as HTMLElement;
    this._element.classList.add(this.constructor.name);
    this.onRender();
    return this._element;
  }

  protected onRender() {}
}
```

View 클래스는 다음과 같이 구성됩니다.

❶ 제네릭을 통한 데이터 타입 지정

클래스 선언부에서 abstract class View<T>와 같이 제네릭 타입 매개변수 T를 사용합니다. 이를 통해 View 인스턴스를 생성할 때 해당 뷰가 다룰 데이터 타입을 명시할 수 있으며 this.data를 활용할 때 타입 안전성을 확보할 수 있습니다.

❷ 템플릿 메서드 패턴 활용

abstract template(): Html; 메서드는 추상 메서드로 선언되어 있으므로 구체적인 View 클래스는 이 메서드를 구현하여 DOM에 렌더링할 HTML 구조를 정의해야 합니다. 이러한 구조는 Html 템플릿 엔진을 통해 문자열로 변환되며 결과적으로 웹 브라우저상에서 실제 DOM 요소로 변환됩니다.

❸ 렌더 처리 로직

render() 메서드는 this.template()로 Html 인스턴스를 반환한 뒤 toHtml() 메서드를 통해 받은 HTML 문자열을 임시 div 요소(wrapEl)에 삽입합니다. 그리고 생성된 첫 번째 자식 요소를 _element에 저장하여 이후 element() 메서드를 통해 참조할 수 있게 합니다. 생성자 이름을 classList.add(this.constructor.name)으로 class="" 속성에 추가합니다. onRender() 메서드는 렌더 완료 후 추가로 처리가 필요할 경우 하위 클래스에서 오버라이드하여 구현할 수 있습니다.

❹ 예외 처리

element() 메서드는 _element가 아직 렌더되지 않은 상태에서 접근하려 하면 Error를 발생시킵니다. 이를 통해 render() 호출 순서에 대한 명확한 계약을 제시하며 예상치 못한 상태에 대한 에러 처리를 간단히 해결합니다.

종합적으로 살펴보면 View 클래스는 제네릭을 통한 데이터 타입 관리, 추상 메서드를 통한 템플릿 정의, 명시적 렌더링 프로세스 및 후처리 로직 지원 그리고 기본적인 예외 처리를 하나의 구조로 묶은 간단한 기반 클래스입니다.

NOTE

여기서 onRender() 메서드를 protected로 설정한 이유나 public, private, protected와 같은 접근 제어자에 대한 자세한 내용은 이어지는 7.1절에서 다룹니다. 해당 내용을 참고하면 접근 제어자 사용에 대한 설계 의도와 구체적인 적용 방식을 더 명확히 이해할 수 있습니다.

다음은 앞서 구현한 Html 템플릿 엔진과 View 클래스를 활용해 간단한 앱을 구성한 예입니다.

코드 6-16 UserView 예제

```
type User = {
  name: string;
  age: number;
};

class UserView extends View<User> {
  template(): Html {
    return html`
      <div>
        ${this.data.name} (${this.data.age})
        <button>x</button>
      </div>
    `;
  }

  protected override onRender() {
    this.element()
      .querySelector('button')!
      .addEventListener('click', () => this.remove());
  }

  private remove() {
    this.element().remove();
    alert(`${this.data.name}님을 삭제하였습니다.`);
  }
}

const users: User[] = [
  { name: 'Marty', age: 40 },
  { name: 'Jenna', age: 34 },
  { name: 'Ethan', age: 31 },
```

```
];

console.log(
  new UserView(users[0]).render().outerHTML
);
// <div class="UserView">
//   Marty (40)
//   <button>x</button>
// </div>

users
  .map(user => new UserView(user))
  .map(view => view.render())
  .forEach(element => document.body.append(element));

console.log(document.body.innerHTML);
// <div class="UserView">
//   Marty (40)
//   <button>x</button>
// </div>
// <div class="UserView">
//   Jenna (34)
//   <button>x</button>
// </div>
// <div class="UserView">
//   Ethan (31)
//   <button>x</button>
// </div>
```

[코드 6-16]에서는 Marty, Jenna, Ethan 세 명의 사용자 정보를 바탕으로 UserView 인스턴스를 생성하고 콘솔에 HTML 문자열을 출력하며 map, forEach, render()를 통해 화면에 요소를 표시합니다. 각각의 요소에는 x 버튼이 있으며 버튼을 누르면 해당 DOM 요소가 제거됩니다.

이 코드는 객체지향적 설계 사례입니다. View는 Html 클래스를 활용하여 HTML 문자열을 생성하고 간단한 라이프사이클(render(), onRender())에 따라 개발자가 구현한 렌더링 이후의 후처리 로직을 실행합니다. 또한 element()를 통해 자신이 관리하는 Web API DOM 기반의 HTMLElement에 접근하여 remove() 메서드를 실행할 수 있고 자신이 관리하는 data를 활용해 alert 메시지를 띄울 수 있도록 돕습니다.

6.1절의 예제에서는 작은 함수와 클래스를 유기적으로 조합하며 점진적으로 문제를 해결하는 과정을 살펴봤습니다. 이처럼 단순한 구성 요소를 단계적으로 결합하는 접근은 문제 해결 방식을 더욱 효율적이고 확장 가능한 방향으로 이끌어줍니다.

6.1.12 멀티패러다임 언어가 제시하는 기회

이 절에서 다룬 접근 방식은 멀티패러다임 언어가 제공하는 기회를 잘 활용한 사례입니다. 현대적인 주류 언어들은 함수형과 객체지향 그리고 명령형 패러다임까지 함께 지원합니다. 이러한 언어적 기반에서 우리는 문제 상황에 따라 유연하게 패러다임을 선택하거나 섞어 쓸 수 있습니다. 이는 단순히 문법적 편의를 넘어 문제 해결 전략 전반을 풍성하게 만듭니다.

만약 이 절에서 다룬 문제들을 오직 하나의 패러다임으로만 구현하려 했다면 중첩된 구조나 변환 로직 처리 같은 복잡한 요구사항을 해결하기가 훨씬 어려웠을 것입니다. 반면 멀티패러다임 언어의 장점을 적극 활용하면 구조적 복잡성(객체지향)과 변환 로직(함수형)이라는 서로 다른 문제를 조화롭게 해결할 수 있으며 이로써 한층 더 체계적이고 예측 가능한 코드를 작성할 수 있습니다. 이러한 접근은 다양한 영역에서 더 많은 문제를 효율적이고 안전하게 다룰 수 있는 능력으로 이어지며 특정 패러다임에 매이지 않고 유연한 전략을 구사할 수 있는 토대가 됩니다.

현대 언어들이 제공하는 클래스, 일급 함수, 이터러블, 리스트 프로세싱 함수 세드 등은 단순한 편의 이상의 의미를 갖습니다. 객체지향, 함수형, 명령형 패러다임은 각각 긴 시간에 걸쳐 발전하고 정통성을 쌓아온 패턴과 개념, 기능, 사고방식을 품고 있습니다. 이 유산들을 적절히 조합하고 활용함으로써 일시적인 라이브러리나 특정 프레임워크에 치중된 접근을 넘어 보다 근본적이고 검증된 해결책을 적용할 수 있습니다. 이는 우리가 작성하는 코드가 단순히 동작하는 수준을 넘어 오랫동안 축적된 프로그래밍 지혜에 기반한 '좋은 코드'로 평가받는 합리적인 근거가 됩니다.

이처럼 언어적 토양과 패러다임적 유산을 풍부하게 활용하는 멀티패러다임적 접근은 다양한 문제에 대응할 수 있는 안정적이고 확장 가능한 해법을 제시하며 앞으로의 프로그래밍 업무에 든든한 기반이 될 것입니다.

6.2 멀티패러다임을 활용한 동시성 핸들링

이번에는 멀티패러다임 접근을 활용하여 동시성을 효과적으로 다루는 사례를 살펴보겠습니다. 4.2절에서는 Promise를 반환하는 함수들의 배열과 limit 값을 받아 해당 limit 단위로 순차적으로 작업을 그룹화하여 실행하는 executeWithLimit 함수를 구현한 뒤 이를 함수형 패러다임으로 재구성하는 과정을 다룬 바 있습니다.

이번 절에서는 조금 다른 요구사항을 가진 runTasksWithPool 함수를 만들어보겠습니다. 이번에는 단순히 limit 단위로 순차 실행하는 것이 아니라 동시에 실행되는 작업을 특정 개수로 유지하면서 진행하도록 합니다. 우선 챗GPT에게 runTasksWithPool 함수를 구현해보도록 맡긴 뒤 다시 멀티패러다임적인 관점에서 이를 재구성하는 과정을 통해 동시성 핸들링을 안전하게 해결하는 방법을 살펴보겠습니다.

6.2.1 executeWithLimit 다시 보기

runTasksWithPool 함수를 구현하기 전에 4.2절에서 다뤘던 executeWithLimit 함수를 간단히 되짚어보겠습니다. executeWithLimit는 함수를 일정 개수(limit) 단위로 모아 순차적으로 Promise.all을 실행하는 방식으로 동시성 부하를 제어하는 함수였습니다.

코드 6-17 명령형 executeWithLimit 함수

```
async function executeWithLimit<T>(
  fs: (() => Promise<T>)[],
  limit: number
): Promise<T[]> {
  const results: T[] = [];

  for (let i = 0; i < fs.length; i += limit) {
    const batchPromises = [];
    for (let j = 0; j < limit && (i + j) < fs.length; j++) {
```

```
      batchPromises.push(fs[i + j]());
    }

    const batchResults = await Promise.all(batchPromises);
    results.push(...batchResults);
  }

  return results;
}
```

[코드 6-17]은 전통적인 명령형 방식으로 executeWithLimit를 구현한 예시입니다. 함수들을 limit 크기의 청크로 나누어 순차 실행하므로 한 번에 처리하는 Promise의 수를 제어할 수 있습니다.

4.2절에서는 이 로직을 함수형 패러다임을 활용해 다음과 같이 재구현하는 과정을 소개했습니다.

코드 6-18 함수형 executeWithLimit 함수

```
const executeWithLimit = <T>(fs: (() => Promise<T>)[], limit: number): Promise<T[]> =>
  fx(fs)
    .map(f => f())
    .chunk(limit)
    .map(ps => Promise.all(ps))
    .to(fromAsync)
    .then(arr => arr.flat());
```

[코드 6-18]에서 사용한 fx는 이 책에서 함께 만든 FxIterable을 반환합니다.

그리고 다음 [코드 6-19]에서 사용한 fx는 FxTS 라이브러리의 함수이며 이를 이용하면 동일한 로직을 더욱 간결하고 선언적으로 표현할 수 있습니다.

코드 6-19 FxTS를 활용한 함수형 executeWithLimit 함수

```
import { fx } from "@fxts/core";

const executeWithLimit = <T>(fs: (() => Promise<T>)[], limit: number): Promise<T[]> =>
  fx(fs)
    .toAsync()
```

```
    .map(f => f())
    .concurrent(limit)
    .toArray();
```

앞선 예시들은 모두 의도한 대로 동작하며 동시성 부하를 제어하는 다양한 접근 방식을 잘 보여줍니다. 이제 이러한 경험을 바탕으로 동시에 실행되는 작업 수를 특정 개수로 유지하는 runTasksWithPool 함수를 살펴보겠습니다. 이번에도 마찬가지로 챗GPT를 활용해 명령형 스타일로 먼저 구현한 뒤 멀티패러다임 접근을 통해 더욱 선언적이고 확장성 있는 형태로 재구성하는 과정을 거칠 예정입니다.

6.2.2 챗GPT가 명령형으로 구현한 동시성 핸들링 함수

executeWithLimit 함수는 비동기 작업을 일정한 크기(limit) 단위로 나누어 순차적으로 실행하는 단순한 부하 조절 로직을 갖추고 있습니다. 이번에는 이보다 한 단계 더 복잡한 상태 관리가 필요한 동시성 핸들링 함수 runTasksWithPool을 구현해보려고 합니다.

runTasksWithPool은 특정 poolSize 값만큼 동시에 작업을 실행하고 하나의 작업이 완료될 때마다 대기 중인 새로운 작업을 실행하는 형태로 동작하도록 설계합니다. 이전과 마찬가지로 먼저 챗GPT에게 이 함수를 구현하도록 요청합니다.

챗GPT에게 질문

fs를 받아서 동시에 poolSize개씩 실행하는 것을 유지하는 함수를 만들어줘. 만약 하나가 완료되면 하나를 추가하는 식으로 말이야.

```
async function runTasksWithPool(fs: (() => Promise)[], poolSize: number): Promise<T[]> {}
```

챗GPT의 답변

제시된 함수 서명을 따르는 runTasksWithPool 함수를 작성해드리겠습니다. 이 함수는 비동기 함수 배열 fs를 받아 동시에 poolSize개의 함수만 실행되도록 제어합니다. 하나의 함수가 완료되면 대기 중인 함수가 실행됩니다.

코드 6-20 챗GPT가 구현한 runTasksWithPool 함수

```
async function runTasksWithPool<T>(
  fs: (() => Promise<T>)[],
  poolSize: number
): Promise<T[]> {
  const results: T[] = [];  // ❶
  const activePromises: Promise<void>[] = [];  // ❷

  for (let i = 0; i < fs.length; i++) {  // ❸
    const taskFactory = fs[i];
    // 각 작업을 실행하고 결과를 해당 인덱스에 저장한 뒤, 완료 시 activePromises에서 제거
    const p = taskFactory()
      .then((fetchedValue) => {
        // 작업 완료 시 결과 배열에 할당
        results[i] = fetchedValue;
      })
      .then(() => {
        // 해당 작업이 완료되었으므로 activePromises에서 제거
        const removeIndex = activePromises.indexOf(p);
        if (removeIndex > -1) {
          activePromises.splice(removeIndex, 1);
        }
      });

    // 실행 중인 작업 리스트에 현재 작업 추가
    activePromises.push(p);

    // 현재 실행 중인 작업 수가 제한에 도달하면 하나가 끝날 때까지 대기
    if (activePromises.length >= poolSize) {  // ❹
      // 가장 먼저 완료되는 작업을 기다려 실행 중인 작업 수를 조정
      await Promise.race(activePromises);
    }
  }

  // 남은 모든 작업이 완료될 때까지 대기 후 결과 반환
  await Promise.all(activePromises);  // ❺

  return results;
}
```

이 코드는 다음과 같이 작동합니다.

❶ results 배열

각 fs 요소(작업 함수)가 반환하는 Promise의 결과를 인덱스에 맞춰 저장합니다. 실행 순서와 상관없이 원래의 함수 순서대로 결과를 관리할 수 있습니다.

❷ activePromises 배열

현재 실행 중인 Promise들을 추적하는 배열입니다. 작업 하나가 완료되면 이 배열에서 해당 Promise를 제거합니다.

❸ 루프 내 작업 실행

for 루프를 사용해 각 작업을 순회합니다. 각 작업(taskFactory)을 호출하고 결과를 then 체인에서 results[i]에 할당합니다. 이어서 then을 추가로 호출하여 작업 완료 시 activePromises에서 해당 Promise를 제거합니다.

❹ 동시 실행 개수 제어

새로운 작업을 activePromises 배열에 추가한 뒤 배열 길이가 poolSize에 도달하면 Promise.race(activePromises)를 통해 가장 먼저 완료되는 작업을 대기합니다. 이로써 한 번에 최대 poolSize 개수 만큼만 동시 실행합니다.

❺ 모든 작업 완료 대기

루프가 끝난 뒤에도 아직 완료되지 않은 작업들이 activePromises에 남아 있을 수 있습니다. Promise.all(activePromises)를 호출하여 모든 남은 작업이 완료될 때까지 기다린 뒤 최종적으로 results 배열을 반환합니다.

[코드 6-21]은 runTasksWithPool 함수의 동작을 테스트하는 예제 코드입니다. 이를 통해 콘솔 로그가 의도한 타이밍에 맞춰 출력되는지 확인할 수 있습니다.

코드 6-21 동작 테스트

```
function createAsyncTask(name: string, ms: number): () => Promise<string> {
  return () =>
    new Promise(resolve => {
      console.log(`Started: ${name}`);
      setTimeout(() => {
        console.log(`Finished: ${name}`);
        resolve(name);
      }, ms);
    });
}

const tasks = [
 createAsyncTask("A", 1000),
 createAsyncTask("B", 500),
 createAsyncTask("C", 800),
```

```
  createAsyncTask("D", 300),
  createAsyncTask("E", 1200),
];

const poolSize = 2;
const results = await runTasksWithPool(tasks, poolSize);
console.log("Results:", results);
```

챗GPT의 답변에 대한 소감

챗GPT가 작성한 runTasksWithPool 함수는 의도에 맞게 동작하긴 하지만 코드를 읽고 추적하기가 상당히 어렵게 느껴집니다. 최대 poolSize개의 작업이 동시에 실행되는 과정에서 완료된 작업과 대기 중인 작업 간의 상태 변화가 복잡하게 얽히면서 여러 상태 변수가 기록되고 참조됩니다. 이러한 코드를 이해하고 유지보수하는 일은 쉽지 않습니다.

6.2.3 멀티패러다임으로 구현한 동시성 핸들링 함수

이번에는 이 문제를 멀티패러다임으로 접근하여 다시 해결하는 과정을 살펴보며 복잡한 동시성 로직을 보다 명확하고 직관적으로 표현하는 방법을 모색해보겠습니다.

[코드 6-22]의 runTasksWithPool 함수는 추가적인 라이브러리나 복잡한 헬퍼 함수 없이 언어에서 기본적으로 제공하는 기능들만 이용해 구현되있습니다. Array의 내장 메서드(map, findIndex, splice 등)와 간단한 사용자 정의 클래스(TaskRunner)를 활용하여 별도 패러다임 전환 없이도 직관적인 명령형 스타일로 동시성 제어 로직을 완성할 수 있습니다. 이를 통해 코드가 간결하면서도 가독성을 갖추도록 구성하였습니다.

코드 6-22 멀티패러다임으로 구현한 runTasksWithPool 함수

```
class TaskRunner<T> {
  private _promise: Promise<T> | null = null;
  private _isDone = false;
  get promise() { return this._promise ?? this.run(); }
  get isDone() { return this._isDone; }

  constructor(private f: () => Promise<T>) {}
```

```
    async run() {
      if (this._promise) {
        return this._promise;
      } else {
        return this._promise = this.f().then(res => {
          this._isDone = true;
          return res;
        });
      }
    }
}

async function runTasksWithPool<T>(
  fs: (() => Promise<T>)[],
  poolSize: number
): Promise<T[]> {
  const tasks = fs.map(f => new TaskRunner(f));

  let pool: TaskRunner<T>[] = [];
  for (const nextTask of tasks) {
    // pool에 작업을 poolSize만큼 추가
    pool.push(nextTask);
    if (pool.length < poolSize) continue;
    // 현재 풀에 있는 작업을 시작하고 하나가 끝날 때까지 대기
    await Promise.race(pool.map(task => task.run()));
    // 완료된 작업 제거
    pool.splice(pool.findIndex(task => task.isDone), 1);
  }

  return Promise.all(tasks.map(task => task.promise)); // 이미 완료되었을 결과를 수집
}
```

이 코드 예제는 멀티패러다임적 접근을 통해 동시성 제한 로직을 깔끔하고 직관적으로 구현한 사례입니다. 여기에는 객체지향적인 구조화(TaskRunner 클래스), 배열 메서드(map, findIndex, splice) 그리고 명령형 요소(for...of 루프, await) 등이 자연스럽게 결합되어 있습니다.

❶ TaskRunner 클래스 도입

각 비동기 작업을 TaskRunner라는 클래스로 감싸서 Promise의 상태와 완료 여부(isDone)를 명확하게 관리합니다. TaskRunner는 promise와 isDone 상태를 갖고 있어 외부에서 작업 진행 상황을 쉽게 파악할 수 있습니다. run() 메서드를 통해 작업 시작 로직을 명확히 분리하였으며 이를 통해 Promise 생성과 완

료 상태 갱신을 일관되게 처리할 수 있습니다. 이러한 캡슐화를 통해 상태 관리가 직관적으로 이루어지고 코드 이해도가 높아집니다.

❷ **배열 메서드(map, findIndex, splice) 활용**

map(task => task.run())을 통해 객체지향적으로 정의된 TaskRunner를 함수형 스타일로 제어할 수 있습니다. findIndex와 splice를 통해 완료된 작업을 배열에서 손쉽게 제거하는 명령형 로직을 구현합니다. 이처럼 배열 메서드를 적절히 활용하여 최소한의 코드로 풀 관리 로직(작업 추가 및 완료된 작업 제거)을 단순하고 명료하게 표현할 수 있습니다.

❸ **명령형 흐름 제어(for...of 루프와 await)**

for...of 루프를 사용하여 작업을 순차적으로 pool에 추가하고 await Promise.race(...)로 비동기 이벤트를 명확히 기다리는 명령형 제어 흐름을 갖췄습니다. 이러한 명령형 흐름은 '언제 다음 작업을 시작하고', '언제 완료된 작업을 제거하는지'를 직관적으로 보여줍니다.

로직을 구현할 때 take나 reduce 같은 함수형 함수를 먼저 떠올릴 수도 있지만 여기서는 그런 접근을 택하지 않았습니다. 함수형 스타일과 객체지향 패턴을 적절히 섞되 흐름 제어는 명령형으로 단순화함으로써 가독성과 유지보수성을 높였습니다.

때로는 명령형 문법을 적절히 섞는 것이 적합하고 간결한 선택이 될 수 있습니다. 특정 부분은 함수형 패러다임이 적합하고 어떤 부분은 명령형 코드가 더 단순할 때, 두 패러다임을 과감히 섞거나 빼는 태도가 유지보수성과 확장성에 도움을 줄 수 있습니다.

이 예제는 객체지향(클래스), 함수형(고차 함수와 이터레이션 프로토콜), 명령형(반복문과 제어문) 패러다임이 자연스럽게 어우러진 하나의 사례입니다. TaskRunner 클래스를 통해 Promise 상태를 명확히 관리하고 함수형 메서드로 리스트 변환을 선언적이고 직관적으로 표현하며 명령형 for...of문을 사용해 흐름을 단순하고 명확하게 제어함으로써 복잡한 비동기 동시성 로직을 우아하게 해결할 수 있습니다. 이러한 멀티패러다임적 접근을 통해 특정 문제에 가장 적합한 사고방식과 문법을 선택함으로써 코드 품질과 개발 효율성을 극대화할 수 있습니다.

다음은 극도로 압축한 코드 형태입니다. 이런 코드도 있다는 정도만 살펴보고 넘어갑시다.

코드 6-23 과한 표현식

```
// await Promise.race(pool.map(task => task.run()));
// pool.splice(pool.findIndex(task => task.isDone), 1);

pool.splice(await Promise.race(pool.map((task, i) => task.run().then(() => i))), 1);
```

6.2.4 동시성(부하) 크기를 동적으로 변경할 수 있도록 확장하기

동시성 부하 크기를 동적으로 조절할 필요가 있다면 어떻게 해야 할까요? 이러한 요구사항은 단순히 함수 형태로 구현하기보다는 클래스 기반 구조를 채택하는 편이 훨씬 유리합니다. 클래스는 상태와 로직을 한 곳에 모아 관리할 수 있어 동적 동시성 조절이나 자원 재할당을 훨씬 명확하고 직관적으로 구현할 수 있습니다.

다음은 runTasksWithPool의 로직을 가져와 구현한 TaskPool 클래스입니다.

코드 6-24 멀티패러다임으로 구현한 TaskPool 클래스

```
class TaskPool<T> {
  private readonly tasks: TaskRunner<T>[];
  private readonly pool: TaskRunner<T>[] = [];
  public poolSize: number;

  constructor(fs: (() => Promise<T>)[], poolSize: number) {
    this.tasks = fs.map(f => new TaskRunner(f));
    this.poolSize = poolSize;
  }

  setPoolSize(poolSize: number) {
    this.poolSize = poolSize;
  }

  private canExpandPool() {
    return this.pool.length < this.poolSize;
  }

  async runAll() {
    const { pool, tasks } = this;

    let i = 0;
    const { length } = tasks;
    while (i < length) {
      const nextTask = tasks[i];
      pool.push(nextTask);
      const isNotLast = ++i < length;
      if (isNotLast && this.canExpandPool()) continue;
      await Promise.race(pool.map(task => task.run()));
      pool.splice(pool.findIndex(task => task.isDone), 1);
    }
```

```
    return Promise.all(tasks.map(task => task.promise));
  }
}
```

[코드 6-24]는 멀티패러다임적으로 동시성 제어를 구현하는 과정을 잘 보여줍니다. TaskPool 클래스는 다음과 같은 특징을 갖습니다.

- **클래스 기반 상태 관리**
  TaskPool은 tasks, pool, poolSize 같은 상태를 명확하게 캡슐화합니다. 이를 통해 동시성(부하) 크기를 변경하거나 다양한 부가 로직을 추가하는 등 복잡한 요구사항을 보다 자연스럽게 처리할 수 있습니다.
- **상태 변화에 따른 유연한 로직 적용**
  isNotLast를 사용해 마지막이 아닐 때만 continue를 하도록 제어합니다. 마지막 항목이라면 continue를 수행하지 않아 중간에 poolSize가 늘어나더라도 더 이상 pool을 확장하지 않도록 합니다. canExpandPool() 메서드는 현재 풀 상태를 점검하여 추가 작업을 투입할 수 있는지 판별하며 메서드명으로 그 의도를 직관적으로 드러냅니다. 클래스 내부에서 상태를 일관성 있게 관리하므로 동적 동시성 조절이나 자원 재할당과 같은 로직을 한 곳에서 명확하게 구현할 수 있습니다. setPoolSize() 메서드를 통해 외부에서 동시성 한도를 동적으로 변경할 수 있습니다.
- **명령형, 객체지향, 함수형 패러다임을 통한 직관적 해결**
  예제에는 명령형 흐름(for 루프, await, Promise.race)과 객체지향적 상태 관리(TaskPool 클래스, TaskRunner 인스턴스) 그리고 배열 메서드(map, findIndex, splice)를 활용한 부분적 함수형 스타일을 조화롭게 결합했습니다. 이를 통해 복잡한 문제를 간결하면서도 이해하기 쉽게 해결할 수 있습니다.

이제 외부의 자원 상황이나 판단에 따라 setPoolSize() 메서드를 통해 TaskPool의 poolSize를 자유롭게 동적으로 변경할 수 있습니다.

한편 [코드 6-24]의 TaskPool 클래스는 처음부터 클래스로 출발한 것이 아니라 초기에는 단순히 runTasksWithPool 함수로 시작했습니다. 이후 setPoolSize()와 같은 새로운 요구사항이 생기면서 이를 수용하기 위해 클래스를 도입하고 구조를 확장한 것입니다. 이처럼 처음에는 간단한 함수 형태로 문제를 해결한 뒤 기능적 요구사항이나 복잡성이 늘어날 때 점진적으로 클래스를 도입하고 추상화를 높이는 방식이 더 실용적입니다. 이런 방식으로 접근하면 불필요한 선행 설계로 인한 코드 부담을 줄이고 필요한 시점에 필요한 만큼만 추상화를 적용함으로써 팀 생산성과 코드 품질 모두를 향상시킬 수 있습니다.

6.2.5 무한 반복되는 작업의 부하 조절하기

만약 무한 반복되는 작업의 부하를 TaskPool로 조절하고자 한다면 어떻게 해야 할까요? 이때는 작업을 이터레이터로 받아들일 수 있도록 구조를 변경하고 이터레이터의 지연성을 활용해 무한 반복이 가능하도록 대응하면 됩니다.

코드 6-25 이터러블 이터레이터를 지원하는 TaskPool 클래스

```
function* map<A, B>(
  f: (value: A) => B, iterable: Iterable<A>
): IterableIterator<B> {
  for (const value of iterable) {
    yield f(value);
  }
}

class TaskPool<T> {
  private readonly taskIterator: IterableIterator<TaskRunner<T>>;
  private readonly pool: TaskRunner<T>[] = [];
  public poolSize: number;

  // ❶ (() => Promise<T>)[]에서 Iterable<() => Promise<T>>로 변경
  constructor(fs: Iterable<() => Promise<T>>, poolSize: number) {
    this.taskIterator = map(f => new TaskRunner(f), fs);  // ❷ 이터러블 map으로 변경
    this.poolSize = poolSize;
  }

  setPoolSize(poolSize: number) {
    this.poolSize = poolSize;
  }

  private canExpandPool() {
    return this.pool.length < this.poolSize;
  }

  async runAll() {
    const { pool, taskIterator } = this;
    const tasks: TaskRunner<T>[] = [];

    while (true) {  // ❸ 반복 방식 변경
      const { done, value: nextTask } = taskIterator.next();
      if (!done) {
```

```
      pool.push(nextTask);
      tasks.push(nextTask);
      if (this.canExpandPool()) continue;
    }
    if (done && pool.length === 0) break;
    await Promise.race(pool.map(task => task.run()));
    pool.splice(pool.findIndex(task => task.isDone), 1);
  }

  return Promise.all(tasks.map(task => task.promise));
 }
}
```

다음은 [코드 6-24]에서 [코드 6-25]로 변경된 주요 사항과 이유를 정리한 내용입니다.

❶ fs 타입 변경

- 변경 전: constructor(fs: (() => Promise⟨T⟩)[], poolSize: number)
- 변경 후: constructor(fs: Iterable⟨() => Promise⟨T⟩⟩, poolSize: number)
- 무한 반복 작업을 지원하려면 fs가 배열이 아니라 이터러블 혹은 이터러블 이터레이터여야 합니다.

❷ this.tasks 초기화 로직 변경

- 변경 전: this.tasks = fs.map(f => new TaskRunner(f))
- 변경 후: this.taskIterator = map(f => new TaskRunner(f), fs)
- map 제너레이터 함수는 fs 이터러블을 입력받아 TaskRunner들을 반환할 이터러블 이터레이터를 생성합니다.

❸ runAll 메서드에서 작업 반복 방식 변경

- taskIterator.next()로 이터레이터에서 항목을 하나씩 꺼내고 nextTask를 pool과 tasks에 담습니다. 더 이상 꺼낼 항목이 없고(done === true) pool이 모두 소진되었을 때(pool.length === 0) 반복을 종료합니다. taskIterator가 무한 이터레이터라면 무한 반복을 지원합니다.

[코드 6-24]에서는 고정된 크기의 배열((() => Promise⟨T⟩)[ ])로 전달된 작업을 순차적으로 처리하고 모두 완료한 뒤 종료합니다. 반면 [코드 6-25]에서는 이터러블(Iterable⟨() => Promise⟨T⟩⟩)을 사용하여 while(true) 루프 안에서 필요할 때마다 taskIterator.next()로 새 작업을 꺼내 pool에 추가합니다. 더 이상 가져올 작업이 없으면(done === true) pool의 모든 작업이 끝날 때까지 기다린 후 종료합니다. 이로써 TaskPool은 무한히 동적으로 생성되는 작업에도 부하를 조절하며 유연하게 대응할 수 있게 됩니다.

다음은 무한 이터레이터를 활용해 페이지를 계속해서 크롤링crawling하는 작업을 TaskPool로 부하를 조절하며 처리하는 개념적인 예시입니다.

코드 6-26 무한 반복 이터레이터로 TaskPool을 생성하는 콘셉트의 코드

```
import { map, range, delay } from "@fxts/core";

async function crawling(page: number) {
  console.log(`${page}페이지 분석 시작`)
  await delay(5_000);
  console.log(`${page}페이지 저장 완료`);
  return page;
}

void new TaskPool(
  map(page => () => crawling(page), range(Infinity)),
  5
).runAll();
```

결과적으로 이 코드는 무한히 많은 페이지를 순회하면서도 동시에 실행되는 크롤링 작업 수를 5개로 제한해 무리 없이 데이터를 수집하는 구조를 보여줍니다. 이처럼 클래스, 명령형, 함수형, 이터레이터 등 각각의 강점을 살려 멀티패러다임적으로 문제를 해결하면 유연성과 가독성, 확장성 등 여러 이점을 함께 살릴 수 있습니다.

6.2.6 runAllSettled 추가하기

마지막으로 Promise.allSettled() 역할을 구현하는 runAllSettled() 메서드를 추가하여 마무리하겠습니다(코드 6-27). runAllSettled()는 Promise.allSettled()와 동일하게 모든 작업이 완료될 때까지 기다린 뒤 각 작업의 성공/실패 상태를 배열 형태로 반환합니다. 그러면서도 TaskPool은 poolSize를 활용하여 동시에 실행하는 작업 수를 제어하므로 부하를 적절히 분산하면서 모든 작업의 결과를 한 번에 확인할 수 있습니다.

코드 6-27 runAllSettled 추가

```
class TaskPool<T> {
  private readonly taskIterator: IterableIterator<TaskRunner<T>>;
```

```
  private readonly pool: TaskRunner<T>[] = [];
  public poolSize: number;

  constructor(fs: Iterable<() => Promise<T>>, poolSize: number) {
    this.taskIterator = map(f => new TaskRunner(f), fs);
    this.poolSize = poolSize;
  }

  setPoolSize(poolSize: number) {
    this.poolSize = poolSize;
  }

  private canExpandPool() {
    return this.pool.length < this.poolSize;
  }

  private async run(errorHandle: (err: unknown) => unknown) {
    const { pool, taskIterator } = this;
    const tasks: TaskRunner<T>[] = [];

    while (true) {
      const { done, value: nextTask } = taskIterator.next();
      if (!done) {
        pool.push(nextTask);
        tasks.push(nextTask);
        if (this.canExpandPool()) continue;
      }
      if (done && pool.length === 0) break;
      await Promise.race(pool.map(task => task.run())).catch(errorHandle);
      pool.splice(pool.findIndex(task => task.isDone), 1);
    }

    return tasks.map(task => task.promise);
  }

  async runAll() {
    return Promise.all(await this.run(err => Promise.reject(err)));
  }

  async runAllSettled() {
    return Promise.allSettled(await this.run(() => undefined));
  }
}
```

앞서 [코드 6-25]에서는 runAll() 메서드 내에서 모든 로직을 처리했지만 이제는 공통된 로직을 run() 메서드로 추출하고 runAll()과 runAllSettled()에서 이 로직을 활용하도록 구조를 변경했습니다(코드 6-27).

❶ 공통 로직 추출

run() 메서드가 작업들을 순차적으로 풀에 추가하고 poolSize만큼 병렬로 수행되도록 관리하는 공통 로직을 담당합니다.

❷ runAll() 동작

runAll()은 run()에서 반환한 Promise 배열을 Promise.all()로 처리합니다. 모든 작업이 성공적으로 완료될 때까지 대기하는 패턴을 구현합니다.

❸ runAllSettled() 동작

runAllSettled()는 run()에서 반환한 Promise 배열을 Promise.allSettled()로 처리합니다. 모든 작업을 실패 여부와 상관없이 끝날 때까지 기다리고 결과를 한 번에 받아볼 수 있는 패턴을 적용합니다.

에러 처리 방식도 이를 반영하도록 바뀌었습니다.

❹ run() 메서드의 보조 함수와 catch 추가

run() 메서드는 errorHandle: (err: unknown) => unknown과 같은 보조 함수를 인자로 받습니다. 이를 통해 외부에서 에러 처리 전략을 유연하게 바꿀 수 있습니다. Promise.race(...)에는 .catch(errorHandle)을 추가했습니다.

❺ runAll()의 에러 처리

runAll()은 errorHandle로 err => Promise.reject(err)를 전달합니다. 이는 await Promise.race(...)가 실행될 때 만약 어떤 작업(task.run())이 에러를 발생시키면 Promise.reject를 던져 그 즉시 실패하도록 만듭니다. 결과적으로 runAll()은 '하나라도 실패하면 전체가 실패'하는 Promise.all()의 원래 동작 방식에 충실합니다.

❻ runAllSettled()의 에러 처리

runAllSettled()는 errorHandle로 () => undefined를 전달합니다. 이는 task.run()에서 발생하는 에러를 사실상 무시(숨김)하는 방식으로 처리하여 await Promise.race(...) 호출 시 에러가 전파되지 않게 합니다. 그 결과 모든 작업이 끝날 때까지 계속 진행할 수 있고 마지막에 Promise.allSettled()를 통해 성공/실패 결과를 모두 담은 배열을 얻을 수 있습니다.

이렇게 설계한 TaskPool 클래스는 원하는 시나리오에 맞춰 동작 모드를 쉽게 전환할 수 있습니다. 메서드를 선택하는 것만으로 '하나라도 실패 시 즉시 중단'하거나 '실패한 작업이 있어도 끝까지 진행한 뒤 전체 결과를 수집'하는 식으로 로직과 결과물을 결정할 수 있습니다. 이를 구현하면 [코드 6-28]과 같습니다.

코드 6-28 runAllTest, runAllSettledTest

```
const tasks = [
  createAsyncTask("A", 1000),
  () => createAsyncTask("B", 500)().then(() => Promise.reject('no!')),
  createAsyncTask("C", 800),
  createAsyncTask("D", 300),
  createAsyncTask("E", 1200),
];

async function runAllTest() {
  try {
    const result = await new TaskPool(tasks, 2).runAll();
    console.log(result);  // 여기 오지 않음
  } catch (e) {
    // 하나라도 실패하면 여기로
    console.log(e);  // "no!"
  }
}

await runAllTest();

async function runAllSettledTest() {
  const result = await new TaskPool(tasks, 2).runAllSettled();
  console.log(result);
  // [
  //   {status:"fulfilled",value:"A"},
  //   {status:"rejected",reason:"no!"},
  //   {status:"fulfilled",value:"C"},
  //   {status:"fulfilled",value:"D"},
  //   {status:"fulfilled",value:"E"}
  // ]
}

await runAllSettledTest();

async function runAllTest2() {
  try {
    const task = (page: number) => () =>
      page === 7
        ? Promise.reject(page)
        : crawling(page);

    await new TaskPool(map(task, range(Infinity)), 5).runAll();
```

```
  } catch (e) {
    // 하나라도 실패하면 무한 작업을 중단하고 여기로
    console.log(`crawling 중간에 실패! (${e}페이지)`);
    // crawling 중간에 실패! (7페이지)
  }
}

await runAllTest2();

await delay(10_000);
console.log('------------');

async function runAllSettledTest2() {
  const task = (page: number) => () =>
    page === 7
      ? Promise.reject(page)
      : crawling(page);

  const taskPool = new TaskPool(map(task, range(Infinity)), 5);

  // 중간에 실패해도 무한 작업 계속 진행
  void taskPool.runAllSettled();

  // 10초 후 poolSize를 5에서 10으로 변경
  setTimeout(() => {
    taskPool.setPoolSize(10);
  }, 10_000);
}

void runAllSettledTest2();
```

TaskPool 클래스는 객체지향, 함수형, 명령형 패러다임을 조화롭게 활용한 예입니다. poolSize와 같은 상태를 관리하고 외부에서 메시지를 전달받으려면 객체지향적 설계가 유리합니다. for...of, while, if, await, continue 등을 사용하는 명령형 스타일은 상황에 따라 오히려 코드를 단순하고 명확하게 만들 수 있습니다. 거기에 함수형적이고 선언적인 메서드와 값(map, findIndex, Promise, all, race 등)을 적절히 조합함으로써 간결하고 이해하기 쉬운 코드를 완성할 수 있습니다. 또한 이터레이터를 활용하여 무한 반복 작업과 같은 확장성을 구조적으로 제공하고 안전하게 제어할 수 있습니다.

추가로 runAllSettled()를 구현하는 과정에서 함수 전달을 통해 로직을 확장하는 아이디어를

사용한 점에 주목해볼 가치가 있습니다. 이를 통해 Promise.all과 Promise.allSettled의 동작 방식을 세밀하고 정확하게 구현하면서 에러 처리 또한 유연하게 제어할 수 있습니다. 결국 언어의 기능을 충분히 활용하면 더 강력하고 유연한 문제 해결 능력을 얻을 수 있습니다.

정리하자면 이 절의 사례들은 함수형 패러다임만을 고집하거나 상태 없는 설계를 강조할 때 오히려 복잡해질 수 있는 문제를 명령형 및 객체지향 패러다임과 적절히 조합함으로써 간단하고 이해하기 쉬운 코드로 해결했습니다. 함수형 패러다임만으로 해결하려 했다면 상태 추적을 위해 부담스러운 추상화가 필요할 수도 있고 순수 명령형 접근만으로는 상태 변경과 외부와의 통신을 깔끔하게 처리하기 어려웠을 것입니다. 결국 이러한 복잡한 요구사항에서는 멀티패러다임적 접근이 실용적이며 상황에 따라 하나의 함수 내에서도 적합한 패러다임을 유연하게 선택하는 것이 생산성, 유지보수성, 가독성, 확장성 모두를 확보하는 길임을 확인할 수 있습니다.

6.3 요약 정리

구조 문제는 객체지향으로, 로직 문제는 함수형으로 해결하기

복잡하고 중첩된 데이터나 계층적인 구조를 다룰 때는 객체지향 패러다임을 활용해 명확한 구조를 잡을 수 있습니다. 반면 데이터 변환이나 리스트 프로세싱과 같은 순수한 로직 문제는 함수형 패러다임을 통해 예측 가능하고 안정적으로 구현할 수 있습니다. 이러한 역할 분담은 코드 이해도를 높이고 유지보수성을 향상시키는 데 큰 도움이 됩니다.

문제에 적합한 패러다임을 과감히 선택하기

단일 패러다임에 매여 복잡한 문제를 억지로 풀기보다는 상황에 따라 객체지향, 함수형, 명령형 패러다임을 조화롭게 섞어 쓰는 전략이 훨씬 효율적입니다. 문제의 본질에 맞는 패러다임을 과감히 선택하고 해당 패러다임이 제공하는 강점을 적극 활용하면 복잡한 요구사항도 깔끔하게 해결할 수 있습니다.

객체에 상태를 기록하고 값으로 다루기

객체지향 패러다임을 활용하면 관심사를 명확히 분리하고 문제 영역의 개념을 직관적으로 모델링할 수 있습니다. 이로써 코드 구조는 더욱 논리적이고 예측 가능한 형태로 정돈됩니다. 클래스와 객체는 데이터(상태)와 그 상태를 변화시키는 행위(메서드)를 하나의 추상화 단위로 묶어줍니다. 이를 통해 변화하는 상황을 체계적으로 관리하고 다른 부분에서 반복적으로 고려해야 할 세부사항을 숨길 수 있습니다.

이러한 객체지향적 설계는 복잡한 상태 변화를 간결하게 표현하고 유지보수성을 높이며 코드 이해도와 재사용성을 강화하는 데 크게 기여합니다. 예를 들어 동시성 제어를 담당하는 TaskRunner와 TaskPool 클래스처럼 객체에 상태를 기록하고 이 상태를 명확히 제어하는 것은 직관적인 코드 흐름을 확보하는 데 유용합니다. 또한 이런 객체를 함수형 변환 로직과 결합하면 순수하고 예측 가능한 데이터를 처리하는 과정과 구조적이고 명확한 상태 관리를 자연스럽게 통합하여 궁극적으로 안정적이고 읽기 쉬운 코드를 만들어낼 수 있습니다.

변화를 알리고 통신하기

분리된 객체들은 자신의 상태 변화를 이벤트 형태로 외부에 알리도록 설계할 수 있습니다. 이를 통해 다른 객체나 로직이 상황 변화를 감지하고 적절히 대응하는 구조를 손쉽게 구축할 수 있습니다. 이러한 객체 간 통신은 일급 함수, 이터레이터, 제너레이터 등 멀티패러다임 언어에서 제공하는 다양한 기능을 적극 활용함으로써 더욱 직관적이고 우아하게 구현 가능합니다. 결과적으로 각 컴포넌트의 복잡한 상호작용을 명확하고 이해하기 쉬운 방식으로 표현할 수 있게 됩니다.

7장

객체지향 프런트엔드 개발 그리고 멀티패러다임적 접근과 응용

현대의 클라이언트 측 개발에서는 UI 렌더링 갱신을 대신 관리해주는 리액티브한 패러다임의 라이브러리가 널리 활용되고 있습니다. 이러한 라이브러리에서는 선언적인 방식으로 UI 코드를 작성할 수 있고 DOM이나 브라우저 기술을 직접 다루는 과정을 최소화하며 자바스크립트의 내장 객체만으로도 상당 부분의 UI 프로그래밍이 가능합니다. 이러한 특징은 분명히 개발 편의성과 생산성을 높여줍니다.

하지만 여전히 구글 캘린더, 스프레드시트, 피그마처럼 풍부한 기능과 고품질 사용자 경험(UX)을 제공해야 하는 실시간 편집 툴을 만들려면 객체지향 프로그래밍 능력이 필요합니다. 이러한 애플리케이션을 개발할 때는 객체지향 기반의 SDK를 통해 UI 요소를 직접 핸들링하고 시스템 자원이나 플랫폼 기능을 유기적으로 연동하는 구조를 이해하며 코딩하는 능력이 요구됩니다.

또한 방대한 기능을 모듈화하고 관리하는 데도 객체지향적인 접근이 매우 유용합니다. 객체지향 프로그래밍 기술은 캡슐화, 추상화, 상속, 다형성 등 명확한 개념 체계를 갖추고 있고 디자인 패턴이나 수많은 SDK 사례들을 포함해 현업에서 오랜 기간 검증된 유산을 가지고 있습니다.

이러한 객체지향 프로그래밍 패턴과 설계는 웹 브라우저 환경에 국한되지 않습니다. iOS, 안드로이드, macOS, 윈도우 등 다양한 운영체제나 플랫폼의 클라이언트 측 프로그래밍에서도 동일하게 적용됩니다. 네이티브로 제공되는 기능들은 대부분 객체지향적 패러다임을 바탕으로 설계되어 있으며 높은 사용성을 갖춘 소프트웨어 개발을 목표로 합니다. 이 같은 기반 기술을 익히면 특정 라이브러리나 프레임워크에 의존하지 않고도 더 근본적인 방식으로 코드를 작성할 수 있으며 프로그래밍 업무 영역을 넓히는 데도 용이합니다.

최근의 프런트엔드 개발은 단순히 웹 페이지 동작을 구현하는 수준을 넘어 Node.js 기반 서버 프로그래밍, 파일 시스템, AWS와 같은 클라우드 환경, DevOps 영역까지 확장되고 있습니다. 이들 SDK나 개발 플랫폼 역시 객체지향에 기반한 경우가 많습니다. 따라서 웹 브라우저에서 제공하는 객체지향적인 Web API를 이해하고 활용하는 경험은 다양한 플랫폼과 기술 스택으로 쉽게 확장할 수 있게 도우며 더 높은 수준의 소프트웨어를 개발할 수 있는 토대를 마련합니다.

이 장에서는 이러한 배경을 바탕으로 타입스크립트와 Web API를 사용해 간단한 애플리케이션을 구현하면서 플랫폼 SDK 기반 프로그래밍과 객체지향 프로그래밍을 직접 경험하고 이해를 다지겠습니다. 또한 객체지향 설계와 구현에 멀티패러다임적 접근과 응용을 결합해보고자 합니다.

여기서 말하는 플랫폼 SDK 기반 프로그래밍은 개발자가 시스템 레벨 API를 직접 호출하고 네이티브로 제공되는 라이브러리들을 사용하는, 기본 기술에 더욱 충실한 개발 방법론을 의미합니다. 예를 들어 iOS/안드로이드의 네이티브 개발 환경과 같이 OS가 제공하는 공식 SDK 위에서 구현되고 동작하는 방식을 말합니다. 이런 SDK들과 기술 패턴들은 UI 렌더링 자동화보다는 UI가 어떤 시점에 어떻게 변화해야 하는지를 구체적으로 통제하는 설계 철학을 기반으로 합니다. 이러한 접근은 퍼포먼스를 중시하는 애플리케이션을 만드는 데 유리하며 성능적 이점을 살려 보다 뛰어난 사용자 경험을 제공할 수 있습니다.

탄탄한 기본기는 결국 뛰어난 응용력을 이끌어냅니다. 이러한 접근 방식을 통해 더 넓은 기술 스펙트럼을 소화하고 업무 영역을 확장하는 데 유리한 기반을 마련할 수 있습니다.

7.1 Setting 앱 만들기

Web API는 웹 브라우저 환경에서 동작하는 소프트웨어를 프로그래밍하기 위한 기초 도구입니다. 예를 들어 DOM 조작, Fetch API 등을 포함하는 Web API는 WHATWG의 Standards 문서(https://spec.whatwg.org/)나 MDN 웹 문서(https://developer.mozilla.org/docs/Web/API)를 통해 자세히 살펴볼 수 있습니다.

이번 절에서는 Web API를 토대로 간단한 애플리케이션(Wi-Fi, Bluetooth 등의 ON/OFF 토글 기능을 가지는 Setting 앱)을 만들어보겠습니다. 우리가 활용할 Web API 중 다수는 이미 객체지향적으로 설계되어 있습니다. 현대의 웹 애플리케이션은 데이터와 뷰를 매핑하고 상태를 관리하며 리액티브한 기능을 제공하는 다양한 라이브러리를 적극적으로 활용합니다. 이러한 라이브러리들은 코드 모듈화를 돕고 컴포넌트 기반 프로그램 설계를 촉진하는 역할을 담당해왔습니다.

그러나 최근에는 ES6 모듈과 발전된 번들링 도구 그리고 타입스크립트를 통한 정적 타이핑의 보편화 덕분에 별도의 라이브러리 없이도 잘 설계된 Web API 인터페이스 위에 사용자 정의 클래스를 정의하는 것만으로도 충분히 객체지향적이고 확장 가능한 설계를 구현할 수 있게 되었습니다. 이처럼 소프트웨어 개발 분야에서 오랫동안 검증된 객체지향 패턴과 아이디어를 활용하면 더욱 견고하고 유지보수가 용이한 코드를 작성할 수 있습니다.

지금부터는 이러한 접근 방식을 바탕으로 Web API를 활용한 간단한 설정 앱을 단계별로 구현해보며 객체지향적 설계와 구성 방법을 알아보겠습니다.

NOTE

예제 정보와 영상 강의

환경 설정 방법과 예제 코드에 관한 내용은 책 앞부분의 '이 책을 200% 활용하는 방법' 절을 참고하기 바랍니다. 깃허브 페이지(https://github.com/marpple/multi-paradigm-programming)에서 이 책과 동일한 내용의 영상 강의 정보와 예제 정보를 비롯한 다양한 자료를 지속적으로 업데이트하고 있습니다.

7장 예제에서 사용하는 rune-ts의 html 및 View는 6장에서 구현한 html 함수와 View 클래스의 역할을 그대로 수행하면서 Web API 기반의 간단한 프런트엔드 애플리케이션 개발을 지원하도록 확장한 객체지향적 설계용 키트입니다. 이를 이용하면 객체지향 프로그래밍 설계와 구현을 학습하고 적용하기 용이합니다.

7.1.1 SwitchView

6장에서 구현한 HTML 템플릿 엔진과 View 클래스를 확장한 rune-ts의 html 함수와 View 클래스를 활용해보겠습니다. 여기서는 간단한 스위치 UI 컴포넌트를 구현한 SwitchView를 살펴봅시다. SwitchView는 View의 관례를 따르므로 render() 메서드를 호출하면 실제 DOM 엘리먼트를 반환합니다. 따라서 document.querySelector('#body')!.append()를 사용하여 렌더링된 <button> 엘리먼트를 화면에 쉽게 표시할 수 있습니다.

[코드 7-1]은 SwitchView를 정의하고 이를 화면에 렌더링하는 예제입니다. data 객체의 on 프로퍼티에 따라 <button> 엘리먼트에 class="on"을 조건부로 적용하여 스위치가 활성화된 상태를 시각적으로 표현합니다.

코드 7-1 SwitchView 렌더링

```
import { html, View } from "rune-ts";

class SwitchView extends View<{ on: boolean }> {
  override template() {
    return html`
      <button class="${this.data.on ? 'on' : ''}">
        <span class="toggle"></span>
      </button>
    `;
  }
}

export function main() {
   console.log(
     new SwitchView({ on: true }).toHtml()
   );
   // <button class="SwitchView on">
   //   <span class="toggle"></span>
```

```
  // </button>

  document.querySelector('#body')!.append(
    new SwitchView({ on: false }).render()
  );
}
```

코드를 실행하면 콘솔에는 class에 on이 포함된 HTML 문자열이 출력되고 화면에는 스위치가 꺼진 상태(on이 없는)를 나타내는 버튼이 표시됩니다.

이제 버튼을 클릭하면 스위치를 토글하도록 구현해보겠습니다.

코드 7-2 SwitchView 클릭

```
class SwitchView extends View<{ on: boolean }> {
  override template() {
    return html`
      <button class="${this.data.on ? 'on' : ''}">
        <span class="toggle"></span>
      </button>
    `;
  }

  protected override onRender() {
    this.element().addEventListener('click', () =>
      this.setOn(!this.data.on)  // 현재 상태의 반댓값
    );
  }

  setOn(bool: boolean) {
    this.data.on = bool;  // 데이터 상태 갱신
    this.element().classList.toggle('on', bool);  // 클래스를 토글해 UI 반영
  }
}
```

이 예제에서는 onRender() 메서드 내에서 this.element()로 <button> 요소에 접근하여 클릭 이벤트를 등록합니다. 그리고 클릭 시 this.setOn(!this.data.on)을 호출하여 현재 스위치 상태를 반전합니다. setOn(bool: boolean) 메서드는 데이터(this.data.on) 상태를 갱신하고 DOM 엘리먼트에 'on' 클래스를 토글하여 UI를 즉각적으로 반영합니다. 이로써 사용자는 버튼을 클릭할 때마다 스위치가 켜졌다 꺼지는 시각적 변화를 확인할 수 있습니다.

public과 protected

여기서 setOn(bool: boolean) 메서드는 public으로 선언되어 있습니다. public 접근 제어자는 클래스 외부에서도 해당 메서드를 자유롭게 호출할 수 있음을 의미합니다. 이를 통해 프로그램 로직이 필요할 때 언제든지 SwitchView의 상태를 직접 변경할 수 있습니다. public으로 메서드를 열어둠으로써 이 메서드가 다른 모듈, 상위 컨테이너 또는 외부에서 관리하는 상태 관리 로직과 쉽게 상호작용할 수 있습니다.

반면 onRender() 메서드는 protected로 선언되어 있습니다. protected 접근 제어자를 사용하면 클래스 내부나 이를 상속받는 하위 클래스에서는 접근할 수 있지만 클래스 인스턴스 외부에서는 접근할 수 없습니다. 이를 통해 다음과 같은 장점을 얻을 수 있습니다.

- **클래스 내부 확장용 메서드**
  onRender()는 View 클래스 내부나 이를 상속받는 하위 클래스에서만 UI 초기화나 이벤트 바인딩 등의 작업을 수행하도록 의도된 메서드입니다. 상속 관계를 통해 오버라이드하거나 확장할 수 있게 하면서도 외부 코드에서 직접 접근하지 못하게 함으로써 해당 메서드가 뷰 렌더링 과정에 속하는 내부용 로직임을 명확히 합니다.
- **외부 호출 방지**
  onRender()는 뷰 렌더링 과정에서 자동으로 호출되는 라이프사이클 훅 메서드로 View 클래스 내부 로직에 의해 제어됩니다. 만약 이 메서드를 public으로 두면 외부 코드에서 임의로 호출할 수 있어 예상치 못한 UI 변화나 상태 문제를 일으킬 수 있습니다. protected로 선언하면 외부에서 직접 호출할 수 없어 렌더링 프로세스의 일관성과 안정성을 보장할 수 있습니다.

정리하자면 public과 protected의 차이는 다음과 같습니다. public 메서드는 외부에서도 마음대로 호출할 수 있으므로 외부 로직과 상호작용하는 용도로 적합합니다. 반면 protected 메서드는 클래스 내부나 상속받는 하위 클래스에서만 접근할 수 있으므로 라이프사이클 훅과 같이 내부적으로만 호출해야 하는 메서드에 적합합니다. 이로써 onRender()가 뷰 렌더링 과정에 속하는 메서드라는 의도가 명확해지고 외부 코드가 불필요하게 렌더링 과정에 개입하는 상황을 예방할 수 있습니다.

7.1.2 SettingItemView

SettingItemView는 title과 on 상태를 가진 Setting 인터페이스에 기반하여 하나의 설정 항목(예: Wi-Fi)을 표현하는 뷰입니다. 이 컴포넌트는 항목 이름을 표시하는 텍스트와 해당 항목의 상태를 시각적으로 나타내는 SwitchView를 함께 표시합니다.

코드 7-3 SettingItemView 렌더링

```
class SwitchView extends View<{ on: boolean }> {
  // ... 생략 ...
}

interface Setting {
  title: string;
  on: boolean;
}

class SettingItemView extends View<Setting> {  // this.data를 Setting 타입으로
  override template() {
    return html`
      <div>
        <span class="title">${this.data.title}</span>
        ${new SwitchView(this.data)}
      </div>
    `;
  }
}

export function main() {
  const setting = { title: 'Wi-Fi', on: false };

  document.querySelector('#body')!.append(
    new SettingItemView(setting).render()
  );
}
```

SettingItemView의 template()에서는 this.data.title을 통해 설정 항목의 이름을 표시하고 this.data를 SwitchView에 그대로 전달하여 on 값에 따른 스위치 상태를 렌더링합니다. 이로써 설정 항목의 제목과 스위치 상태가 하나의 뷰 컴포넌트로 일관성 있게 표현됩니다.

main() 함수에서 setting 객체를 생성해 SettingItemView 인스턴스에 전달함으로써 해당 설정 항목을 실제 DOM에 렌더링할 수 있습니다. 이렇게 하면 Wi-Fi 항목과 해당 항목의 스위치 상태를 직관적으로 확인하고 조작할 수 있는 UI를 사용자에게 제공할 수 있습니다.

7.1.3 SettingListView

SettingListView는 Setting 객체 배열(Setting[ ])을 기반으로 여러 개의 SettingItemView를 생성하고 이를 하나의 목록 형태로 렌더링하는 뷰입니다.

코드 7-4 SettingListView 렌더링

```
class SwitchView extends View<{ on: boolean }> {
  // ... 생략 ...
}

interface Setting {
  title: string;
  on: boolean;
}

class SettingItemView extends View<Setting> {
  override template() {
    return html`
      <div>
        <span class="title">${this.data.title}</span>
        ${new SwitchView(this.data)}
      </div>
    `;
  }
}

class SettingListView extends View<Setting[]> {
  override template() {
    return html`
      <div>
        ${this.data.map(setting => new SettingItemView(setting))}
      </div>
    `;
  }
}

export function main() {
  const settings: Setting[] = [
    { title: 'Wi-Fi', on: false },
    { title: 'Bluetooth', on: true },
    { title: 'Sound', on: false },
  ];
```

```
  document.querySelector('#body')!.append(
    new SettingListView(settings).render()
  );
}
```

SettingListView의 template() 메서드에서는 this.data를 map()으로 순회하며 각 Setting 객체에 대해 새로운 SettingItemView 인스턴스를 생성하고 이를 템플릿에 바로 삽입합니다.

이 방식으로 SettingListView는 Wi-Fi, Bluetooth, Sound와 같은 다양한 설정 항목을 한 번에 화면에 표시할 수 있습니다. 각 항목은 SettingItemView와 SwitchView를 통해 독립적으로 구성된 UI를 사용자에게 제공합니다. main() 함수에서는 SettingListView 인스턴스를 생성해 DOM에 렌더링함으로써 필요한 설정 항목을 직관적이고 모듈화된 형태로 손쉽게 구현할 수 있습니다.

각 SettingItemView 내에 있는 SwitchView를 클릭하면 해당 항목의 스위치 상태가 토글되어 사용자가 설정을 쉽게 켜거나 끌 수 있습니다.

7.1.4 SettingPage

[코드 7-5]에서는 SettingPage라는 뷰 컴포넌트를 정의합니다. SettingPage는 상단에 헤더(제목과 전역 스위치 뷰)와 본문 영역(여러 설정 항목을 담은 리스트)를 포함한 구조로 전체적인 설정 페이지 레이아웃을 담당합니다.

코드 7-5 SettingPage 렌더링

```
class SettingPage extends View<Setting[]> {
  override template() {
    return html`
      <div>
        <div class="header">
          <h2>Setting</h2>
          ${new SwitchView({ on: false })}
        </div>
        <div class="body">
          ${new SettingListView(this.data)}
        </div>
      </div>
    `;
  }
}

export function main() {
  const settings: Setting[] = [
    { title: 'Wi-Fi', on: false },
    { title: 'Bluetooth', on: true },
    { title: 'Sound', on: false },
  ];

  document.querySelector('#body')!.append(
    new SettingPage(settings).render()
  );
}
```

SettingPage의 template() 메서드에서는 this.data를 기반으로 SettingListView를 생성해 본문 영역에 표시하고 헤더 영역에도 별도의 SwitchView를 배치했습니다.

main() 함수에서 SettingPage를 인스턴스화하면서 settings 데이터를 전달하면 Wi-Fi, Bluetooth, Sound 설정 항목이 모두 화면에 표시되며 각 항목의 스위치를 클릭할 때마다 해당 설정 상태가 토글됩니다.

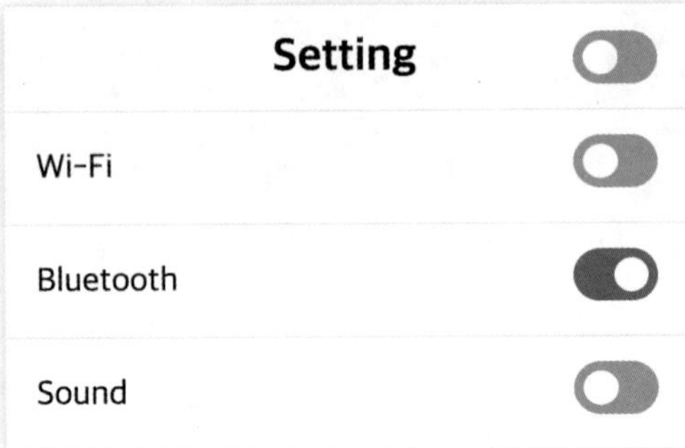

7.1.5 전체 토글 기능 추가하기

SettingPage의 헤더 영역에 있는 SwitchView를 클릭하면 본문 영역의 모든 SwitchView 상태를 한 번에 켜거나 끌 수 있도록 구현하고자 합니다.

toggleAll 메서드 구현하기

먼저 toggleAll 메서드를 정의하고 해당 메서드에서 본문에 표시된 모든 SwitchView를 한꺼번에 업데이트하도록 하겠습니다.

코드 7-6 toggleAll 구현

```
class SettingItemView extends View<Setting> {
  switchView = new SwitchView(this.data);  // ❸

  override template() {
    return html`
      <div>
        <span class="title">${this.data.title}</span>
        ${this.switchView}
      </div>
    `;
  }
}

class SettingListView extends View<Setting[]> {
  itemViews = this.data.map(setting => new SettingItemView(setting));  // ❷
```

```
  override template() {
    return html`
      <div>
        ${this.itemViews}
      </div>
    `;
  }
}

class SettingPage extends View<Setting[]> {
  listView = new SettingListView(this.data);  // ❶

  override template() {
    return html`
      <div>
        <div class="header">
          <h2>Setting</h2>
          ${new SwitchView({ on: false })}
        </div>
        <div class="body">
          ${this.listView}
        </div>
      </div>
    `;
  }

  toggleAll(bool: boolean) {
    this.listView.itemViews.forEach(itemView => itemView.switchView.setOn(bool));
  }
}
```

[코드 7-6]에서는 SettingPage에서 toggleAll(bool: boolean) 메서드를 호출하면 본문(SettingListView) 영역에 있는 모든 SettingItemView의 스위치 상태를 일괄적으로 변경할 수 있도록 구조를 조정했습니다.

❶ SettingPage에서 listView 인스턴스 보관

SettingPage가 생성될 때 this.data를 바탕으로 SettingListView 인스턴스를 만들고(new SettingListView(this.data)) 이를 this.listView에 저장해둡니다. 그리고 template 코드의 해당 부분을 ${this.listView}로 변경하여 화면에 표시되도록 합니다. 이렇게 하면 toggleAll 메서드에서 listView에 쉽게 접근할 수 있게 됩니다.

❷ SettingListView에서 itemViews 배열 유지

SettingListView는 this.data에 담긴 Setting 객체들로부터 SettingItemView 인스턴스를 생성한 뒤 itemViews 배열에 보관합니다. 그리고 template 코드의 해당 부분을 ${this.itemViews}로 변경하여 화면에 표시되도록 합니다. 이렇게 하면 SettingPage에서 listView.itemViews를 통해 각 SettingItemView에 직접 접근할 수 있습니다.

❸ SettingItemView에서 switchView 프로퍼티 유지

SettingItemView는 자신의 this.data를 바탕으로 new SwitchView(this.data)를 생성하고 이를 this.switchView 프로퍼티에 할당해둡니다. 그리고 template 코드의 해당 부분을 ${this.switchView}로 변경하여 화면에 표시되도록 합니다. 이렇게 하면 itemView.switchView를 통해 각 항목의 스위치 뷰를 직접 제어할 수 있습니다.

이러한 구조 변경을 통해 SettingPage의 toggleAll(bool: boolean) 메서드에서 this.listView.itemViews 배열을 순회하며 각 itemView.switchView의 setOn(bool) 메서드를 호출하면 본문 영역에 표시된 모든 스위치가 동시에 켜지거나 꺼지도록 할 수 있습니다.

여기에 toggleAll 메서드에서 filter를 활용하면 로직을 보다 효율적으로 만들 수 있습니다.

코드 7-6a filter 추가

```
toggleAll(bool: boolean) {
  this.listView.itemViews
    .filter(itemView => itemView.data.on !== bool)
    .forEach(itemView => itemView.switchView.setOn(bool));
}
```

[코드 7-6a]에서는 toggleAll(bool: boolean) 메서드 내에서 filter를 사용하여 이미 원하는 상태(bool)를 가진 항목을 제외한 뒤 변경이 필요한 항목에만 setOn(bool)을 호출하고 있습니다. 이로써 불필요한 상태 변경을 줄이고 전체 처리 과정을 좀 더 효율적으로 만들 수 있습니다.

코드 7-7 전체 토글 기능 테스트

```
export function main() {
  const settings: Setting[] = [
    { title: 'Wi-Fi', on: false },
    { title: 'Bluetooth', on: true },
    { title: 'Sound', on: false },
  ];
```

```
  const settingPage = new SettingPage(settings);
  window.settingPage = settingPage; // 임시로 window에 할당하여 콘솔에서 접근 가능하도록

  document.querySelector('#body')!.append(
    settingPage.render()
  );
}
```

[코드 7-7]에서는 main() 함수 내에서 SettingPage 인스턴스를 생성하고 이를 임시로 window.settingPage에 할당함으로써 브라우저 콘솔에서 settingPage.toggleAll(true)와 같은 명령을 직접 실행할 수 있습니다. 이를 통해 설정 페이지에서 모든 스위치를 한 번에 켜거나 끄는 동작을 테스트할 수 있습니다. settingPage.toggleAll(true)를 입력하면 리스트 내의 모든 SwitchView가 켜지고 settingPage.toggleAll(false)를 입력하면 모두 꺼지는 결과를 확인할 수 있습니다.

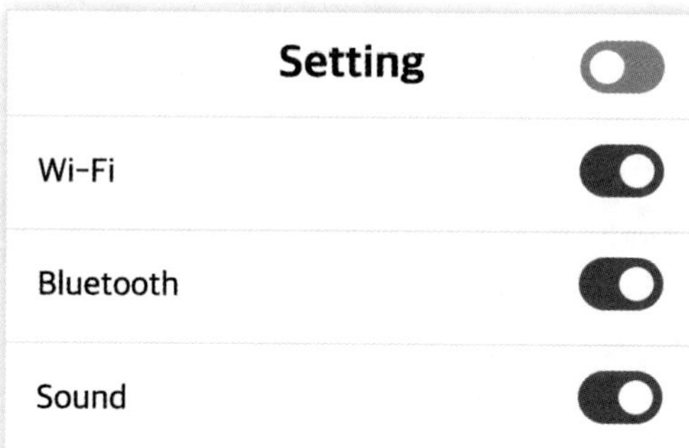

7.1.6 객체 간 통신과 커스텀 이벤트 디스패치

헤더의 SwitchView 상태가 변경될 때마다 toggleAll을 호출하기 위해 SwitchView에 클릭 이벤트를 등록하는 대신, SwitchView 자체가 상태 변화 시점을 알려주는 커스텀 이벤트(toggled)를 발행하도록 설계할 수 있습니다.

이렇게 하면 SwitchView가 스스로 상태 변경을 외부에 알리는 구조를 갖추며 SwitchView의 역할과 구조에 더욱 어울리는 명확한 이벤트 통신 구조를 설계할 수 있습니다.

SwitchView와 이벤트로 통신하기

다음 예제에서는 Web API의 커스텀 이벤트를 활용하여 SwitchView가 자신의 상태가 변할 때마다 toggled 이벤트를 디스패치하도록 구현했습니다.

코드 7-8 SwitchView에서 커스텀 이벤트 toggled 발생시키기

```
class SwitchView extends View<{ on: boolean }> {
  override template() {
    return html`
      <button class="${this.data.on ? 'on' : ''}">
        <span class="toggle"></span>
      </button>
    `;
  }

  protected override onRender() {
    this.element().addEventListener('click', () => this.setOn(!this.data.on));
  }

  setOn(bool: boolean) {  // ❶
    this.data.on = bool;
    this.element().classList.toggle('on', bool);  // ❷
    // 커스텀 이벤트 생성 후 디스패치
    const event = new CustomEvent('toggled', {bubbles: true, detail: this.data});  // ❹
    this.element().dispatchEvent(event);  // ❸
  }
}
```

[코드 7-8]에서는 SwitchView가 클릭으로 상태(on)를 변경할 때 내부 상태를 갱신한 후 toggled라는 커스텀 이벤트를 외부로 알리는 방식을 도입했습니다. 이렇게 하면 SwitchView를 사용하는 외부 컴포넌트나 상위 뷰가 해당 이벤트를 감지하고 필요한 로직(예: toggleAll 메서드 실행)을 트리거할 수 있습니다.

먼저 ❶ setOn(bool: boolean) 메서드에서 this.data.on 값을 변경하고 ❷ DOM 엘리먼트의 클래스(on)를 토글하여 스위치 상태를 시각적으로 반영합니다. 상태 변경 직후 ❸ event를 생성한 뒤 this.element().dispatchEvent(event)로 이벤트를 트리거합니다. ❹ bubbles: true 옵션으로 이벤트를 상위 DOM 요소로 전파시킬 수 있으므로 상위 뷰나 페이지 레벨에서 toggled 이벤트를 쉽게 감지할 수 있습니다. detail 필드에는 현재 this.data 상태를 담아 이벤트 핸들러가 스위치의 최신 상태를 편리하게 참조할 수 있도록 합니다.

이로써 SwitchView는 단순한 UI 컴포넌트를 넘어 상태 변경을 명확한 이벤트 형태로 외부에 알리는 확장성 있는 구조를 갖춥니다.

[코드 7-9]에서는 SettingPage에서 toggled 이벤트를 감지하고 이벤트의 detail 필드에 담긴 상태 정보를 활용해 헤더 영역의 현재 스위치 상태를 콘솔에 출력하는 과정을 보여줍니다. 그리고 this.toggleAll(bool);을 실행합니다.

코드 7-9 SettingPage에서 toggled 이벤트 듣기

```
class SettingPage extends View<Setting[]> {
  listView = new SettingListView(this.data);
  toggleAllView = new SwitchView({ on: false });

  override template() {
    return html`
      <div>
        <div class="header">
          <h2>Setting</h2>
          ${this.toggleAllView}
        </div>
        <div class="body">
          ${this.listView}
        </div>
      </div>
    `;
  }

  protected override onRender() {
    this.toggleAllView.element().addEventListener('toggled', (e) => {
      const bool = e.detail.on;
      console.log('header:', bool); // 헤더의 SwitchView를 켜면 header: true, 끄면 false
      this.toggleAll(bool); // 목록의 모든 SwitchView의 상태가 변경됨
    });
  }

  toggleAll(bool: boolean) {
    this.listView.itemViews
      .filter(itemView => itemView.data.on !== bool)
      .forEach(itemView => itemView.switchView.setOn(bool));
  }
}
```

[코드 7-9]에서는 헤더 영역의 toggleAllView의 상태가 변경될 때(toggled 이벤트 발생) toggleAll(bool) 메서드를 호출하여 본문 영역의 모든 SwitchView 상태를 일괄 변경합니다. 이렇게 함으로써 toggleAllView를 켜거나 끄는 것만으로도 본문 내 모든 항목의 스위치 상태를 한 번에 제어할 수 있으며 의도한 대로 직관적인 전체 설정 제어 기능을 구현할 수 있습니다.

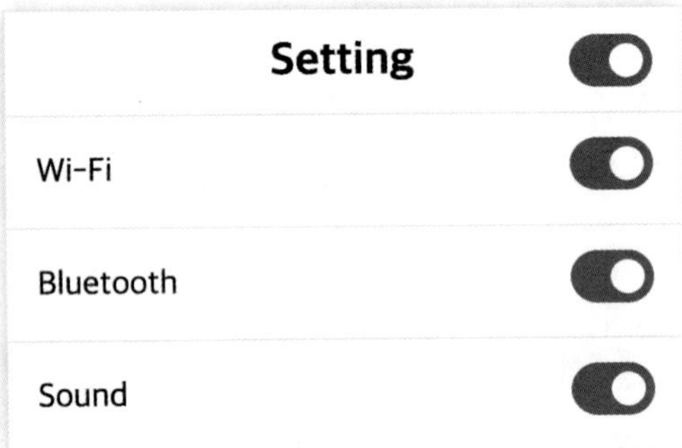

현재 타입스크립트는 커스텀 이벤트에 대한 타입 추론을 편리하게 지원하지 않으므로 다음과 같이 명시적인 타입 단언[assertion]이 필요합니다.

코드 7-9a CustomEvent 단언

```
protected override onRender() {
  this.toggleAllView.element().addEventListener('toggled', (e) => {
    const customEvent = e as CustomEvent<{ on: boolean }>;
    const bool = customEvent.detail.on;
    console.log('header:', bool);
    this.toggleAll(bool);
  });
}
```

[코드 7-9a]에서 const customEvent = e as CustomEvent<{ on: boolean }>; 코드는 전달된 이벤트 e를 CustomEvent로 단언하여 detail 필드에 { on: boolean } 형태의 데이터를 포함하고 있음을 타입스크립트에게 알립니다. 이를 통해 IDE와 컴파일러가 detail.on을 boolean 타입으로 인식하게 되어 이후 코드에서 안정적으로 해당 값을 다룰 수 있습니다. 다

음에는 커스텀 이벤트를 더욱 편리하고 타입 안전하게 다룰 수 있도록 도와주는 헬퍼 메서드도 소개하겠습니다.

전체 토글 상태를 본문으로부터 동기화하기

현재 구현에서는 헤더의 toggleAllView를 통해 모든 설정 항목을 한 번에 켜거나 끌 수 있습니다. 하지만 전체가 켜진 상태에서 본문 중 하나를 off로 바꿀 때 헤더의 toggleAllView도 자동으로 off 상태를 반영해야 합니다. 다음 이미지는 이 문제를 해결하기 전의 상황을 보여줍니다.

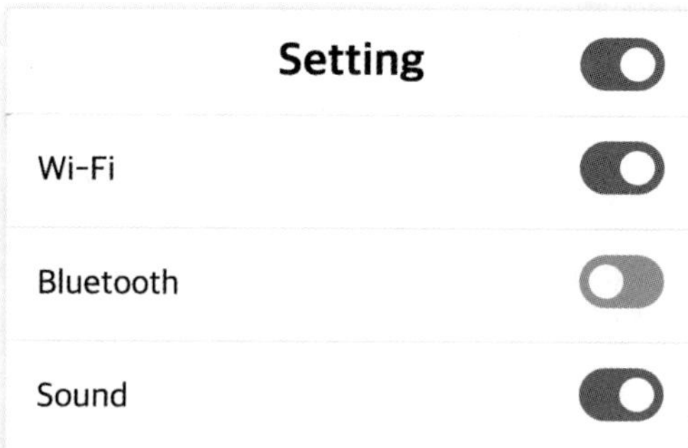

[코드 7-10]은 이러한 요구사항을 반영하기 위한 시도를 나타낸 예입니다.

코드 7-10 syncToggleAllView

```
class SettingPage extends View<Setting[]> {
  listView = new SettingListView(this.data);
  toggleAllView = new SwitchView({ on: false });

  override template() {
    return html`
      <div>
        <div class="header">
          <h2>Setting</h2>
          ${this.toggleAllView}
        </div>
        <div class="body">
          ${this.listView}
        </div>
```

```
    </div>
  `;
}

protected override onRender() {
  this.toggleAllView.element().addEventListener('toggled', (e) => {
    const customEvent = e as CustomEvent<{ on: boolean }>;
    const bool = customEvent.detail.on;
    console.log('header:', bool);  // ❶
    this.toggleAll(bool);
  });

  this.listView.element().addEventListener('toggled', () => {
    this.syncToggleAllView();
  });
}

toggleAll(bool: boolean) {
  this.listView.itemViews
    .filter(itemView => itemView.data.on !== bool)
    .forEach(itemView => itemView.switchView.setOn(bool));
}

syncToggleAllView() {
  const bool = this.listView.itemViews.every(itemView => itemView.data.on);
  console.log('body:', bool);  // listView의 모든 Setting 상태가 on이면 true
  this.toggleAllView.setOn(bool);
}
}
```

이 코드는 헤더의 SwitchView 상태 변화에 따라 본문의 SwitchView들 상태를 일괄 변경하고 반대로 본문의 SwitchView 상태 변화에 따라 헤더 SwitchView를 동기화하려는 의도를 갖고 있습니다. 그러나 실제로 실행해보면 의도한 대로 동작하지 않고 매우 복잡하고 예측하기 어려운 패턴이 나타납니다.

예를 들어 ❶ console.log('header:', bool);이 여러 차례 호출되며 어떤 SwitchView를 클릭하느냐에 따라 동작 패턴이 달라지고 전반적으로 코드가 어디서 어떻게 반복되어 돌아가는지 가늠하기 어렵습니다.

문제의 핵심은 본문의 SwitchView와 헤더의 SwitchView 모두 상태 변화 시 toggled 이벤트를 발생시키고 이 이벤트가 상호 영향을 주고받으면서 사실상 루프에 가까운 연쇄적인 호출이 발생한다는 점입니다. 본문의 SwitchView를 클릭하면 syncToggleAllView가 실행되고 이 과정에서 헤더의 SwitchView인 toggleAllView를 변경하는 순간 헤더의 SwitchView도 toggled 이벤트를 발생시켜 다시 toggleAll을 호출합니다. 이는 다시 본문의 SwitchView를 변경해 또다시 toggled를 발생시키는 식의 흐름을 형성합니다.

엄밀히 말하면 무한 루프에 빠지는 구조지만 .filter(itemView => itemView.data.on !== bool) 코드 덕분에 일정 단계에서 반복이 멈추며 완벽한 무한 루프 대신 이상하고 불안정한 동작으로 마무리됩니다. 하지만 이로 인해 전체적인 로직이 의도와 다르게 작동하고 코드를 이해하거나 예측하기가 어렵습니다.

이 문제를 해결하려면 어떻게 해야 할까요? 단순히 if문을 추가하는 정도로 충분할까요? 아니면 SwitchView의 setOn 메서드에 '상태만 변경하고 이벤트는 발생시키지 않는' 옵션을 도입하는 식으로 조용히 처리하는 방법을 택해야 할까요?

코드 7-8a 조용한 이벤트 시도

```
class SwitchView extends View<{ on: boolean }> {
  override template() {
    return html`
      <button class="${this.data.on ? 'on' : ''}">
        <span class="toggle"></span>
      </button>
    `;
  }

  protected override onRender() {
    this.element().addEventListener('click', () => this.setOn(!this.data.on));
  }

  setOn(bool: boolean, isSilent?: boolean) {
    this.data.on = bool;
    this.element().classList.toggle('on', bool);
    if (isSilent) {
      return; // 조용히 해야 할 때는 이벤트를 울리지 않도록
    }
    const event = new CustomEvent('toggled', {bubbles: true, detail: this.data});
    this.element().dispatchEvent(event);
  }
}
```

[코드 7-8a]와 같이 setOn 메서드에 isSilent 옵션을 두면 외부에서 '이럴 때는 이벤트를 발생시키지 말고 조용히 상태만 바꿔라'라는 식으로 제어할 수 있게 됩니다. 그러나 이러한 방식은 구조적으로 완전한 해결책이 아닙니다. 일시적으로 문제를 회피할 수는 있지만 코드가 복잡해지고 다양한 상황에서 일관성을 유지하기 어렵습니다. 특히 해당 컴포넌트가 프로젝트 곳곳에서 사용되거나 더 많은 요구사항이 추가될 때 이러한 임시 방편은 오히려 유지보수성과 확장성을 해치게 됩니다.

7.1.7 이벤트가 자꾸 루프에 빠지고 부수 효과가 발생하는 이유

우리의 이벤트가 반복적으로 루프에 빠지고 예상치 못한 부수 효과를 일으키는 이유는 무엇일까요? 이 문제를 단순히 이벤트 흐름을 단방향으로 제한하거나 스토어나 중앙 이벤트 버스와 같은 상태 관리 계층 또는 특정 라이브러리를 도입하는 것으로 해결할 수 있을까요? 그렇지 않습니다. 더욱 근본적인 해결책이 존재합니다.

SwitchView 이벤트 설계 변경하기

다른 외부 코드를 전혀 수정하지 않고도 SwitchView의 이벤트 구조를 재설계하는 것만으로 문제를 해결할 수 있습니다. 사용자의 직접적인 상호작용(클릭)으로 상태가 바뀔 때만 이벤트를 발생시키고 프로그램 로직을 통해 상태를 변경하는 경우에는 이벤트를 발생시키지 않도록 하는 방식입니다. 이렇게 하면 의도치 않은 이벤트 루프나 복잡한 상호작용 문제를 방지할 수 있습니다.

코드 7-11 SwitchView 이벤트 로직 변경

```
class SwitchView extends View<{ on: boolean }> {
  override template() {
    return html`
      <button class="${this.data.on ? 'on' : ''}">
        <span class="toggle"></span>
      </button>
    `;
  }

  protected override onRender() {
    // 변경 전
```

```
    // this.element().addEventListener('click', () => {
    //   this.setOn(!this.data.on);
    // });
    this.element().addEventListener('click', () => this.toggle());
  }

  // 추가
  private toggle() {
    this.setOn(!this.data.on);
    const event = new CustomEvent('toggled', {bubbles: true, detail: this.data});
    this.element().dispatchEvent(event);
  }

  setOn(bool: boolean) {
    this.data.on = bool;
    this.element().classList.toggle('on', bool);
    // 아래에 있던 코드를 toggle()로 이동
    // const event = new CustomEvent('toggled', { bubbles: true, detail: this.data });
    // this.element().dispatchEvent(event);
  }
}
```

기존에는 SwitchView의 상태를 바꿀 때마다(setOn(bool)) 무조건 toggled 이벤트를 발생시켰습니다. 그 결과 프로그램 로직에서 SwitchView의 상태를 변경할 때도 이벤트가 울려 의도치 않은 이벤트 루프나 예측하기 어려운 상호작용이 발생할 수 있었습니다.

이제 변경된 코드에서는 다음과 같은 구조를 갖습니다.

- **사용자 상호작용에 의한 이벤트 발생**
  사용자가 버튼을 클릭할 때만 toggle() 메서드가 호출되며 이 메서드 안에서 toggled 이벤트를 발생시킵니다. 즉 이벤트는 오직 사용자와 직접적인 상호작용을 통해서만 발생합니다. 또한 toggle() 메서드를 private로 선언하여 이 메서드가 오직 내부 로직(사용자 클릭 이벤트 핸들러)을 통해서만 호출되도록 했습니다.
- **프로그램 로직으로 상태 변경 시 이벤트 없음**
  setOn(bool) 메서드는 여전히 SwitchView의 상태를 변경하지만 여기서는 이벤트를 발생시키지 않습니다. 프로그램 로직이 SwitchView의 상태를 바꿔도 상태만 변경하며 외부에 이벤트를 내보내지 않는 구조입니다.

이로써 '상태 변경'과 '이벤트 발생'을 명확히 분리할 수 있습니다. 사용자가 직접 SwitchView를 클릭해서 상태가 변할 때만 이벤트가 발생하므로 본문과 헤더의 상호작용 흐름이 명확해지고 불필요한 이벤트 루프나 복잡한 상호 참조 문제를 방지할 수 있습니다.

이제 SettingPage에서 어떤 SwitchView를 클릭하든 의도한 대로 정상 동작합니다. 헤더의 SwitchView를 클릭하면 전체 항목이 토글(on/off)됩니다. 본문의 SwitchView를 클릭해서 항목 중 하나를 끄면 헤더 역시 상황에 맞춰 on/off 상태를 반영합니다.

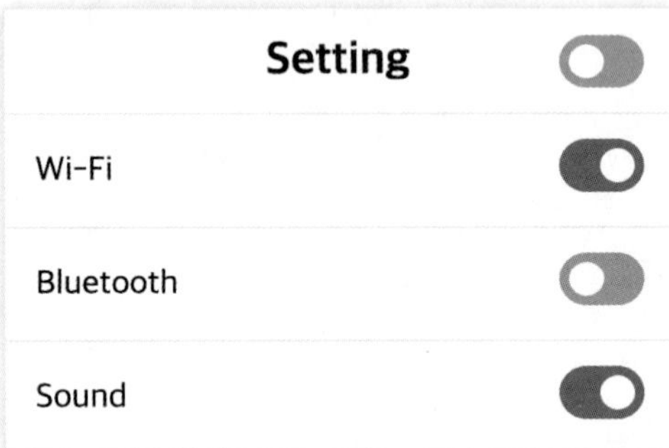

이는 SwitchView 단 하나의 컴포넌트에서 이벤트 발생 조건을 명확히 재정의함으로써 문제를 근본적으로 해결한 사례입니다. 결국 이벤트는 '외부에 알려지지 않은 상태 변화를 통지하는' 용도로 사용해야 한다는 본질적인 원칙을 잘 보여줍니다.

private 접근 제어자

잠시 private 접근 제어자에 대해 조금 더 자세히 알아보겠습니다. private 키워드는 클래스 외부에서 해당 멤버(메서드나 속성)에 직접 접근하지 못하도록 하는 접근 제어자입니다. private로 선언된 메서드나 속성은 클래스 내부에서만 사용 가능하며 상속받은 하위 클래스나 클래스 인스턴스 외부에서는 접근할 수 없습니다.

toggle() 메서드를 private로 선언한 이유는 SwitchView 내부 로직을 더 명확하게 하기 위함입니다. 이 메서드는 사용자 클릭 이벤트 발생 시에만 실행되는 것이 좋으며 외부 코드에서 직접 호출할 수 없게 하는 것이 중요합니다.

toggle() 메서드를 private로 선언한 이유는 다음과 같습니다.

- **내부 로직 보호**
  toggle() 메서드를 private로 두면 외부 코드에서 임의로 호출해 SwitchView 상태나 이벤트 흐름을 비정상적으로 변경하는 상황을 막을 수 있습니다. 이는 컴포넌트의 안정성과 예측 가능성을 높여줍니다.

- **명확한 의도 표현**
  private 키워드를 사용함으로써 해당 메서드가 클래스 내부 구현에 속하고 외부에서 접근하지 않는 것이 적합함을 명확하게 드러낼 수 있습니다. 결과적으로 코드 가독성과 유지보수성이 향상됩니다.
- **역할 분리**
  setOn(bool) 메서드는 public으로 두어 프로그램 로직에서 SwitchView 상태를 필요할 때 변경할 수 있습니다. private toggle() 메서드는 사용자가 직접 요소를 클릭할 때 상태를 변경하고 이벤트를 발생시키는 역할을 담당합니다. 이렇게 두 메서드의 접근성을 다르게 설정하면 '사용자 상호작용에 의한 이벤트 발생'과 '프로그램적 상태 변경'이라는 두 가지 역할을 명확하게 구분할 수 있습니다.

정리하자면 private 접근 제어자는 클래스 내부 구현을 보다 투명하게 하고 외부 코드에서 의도치 않은 방식으로 내부 메서드에 간섭하는 상황을 줄여줍니다. toggle() 메서드를 private로 지정함으로써 SwitchView의 상태 변화 흐름을 명확히 하고 컴포넌트 설계를 더욱 깔끔하게 유지할 수 있습니다.

지금까지 이벤트 설계에 사용된 private 접근 제어자에 대해 알아봤습니다. 이제 다시 이벤트 설계 구조에 대한 이야기를 이어가겠습니다.

올바른 설계 기준 찾기

앞서 이벤트 설계 구조를 변경함으로써 문제를 근본적으로 해결할 수 있었습니다. 그렇다면 이러한 설계 기준은 어디에서 참고하고 어떤 자료를 살펴봐야 할까요? 단순히 라이브러리나 관련 아티클만 탐색하는 것보다 표준 문서나 널리 알려진 디자인 패턴 그리고 기존 플랫폼이나 프레임워크에서 사용되는 검증된 이벤트 처리 방식을 폭넓게 참고하는 것이 좋습니다.

예를 들어 Web API 사양이나 iOS SDK 문서를 살펴보면 WHATWG나 W3C에서 정의한 이벤트 처리 방식과 DOM 이벤트 모델을 통해 이벤트 버블링, 캡처링, 전파 제어 같은 기본 개념을 깊이 이해할 수 있습니다. 또한 이번 사례에서 겪은 이벤트 무한 루프 문제를 근본적으로 피할 수 있는 구조적 해법을 참고할 수 있으며 더 나아가 안정적이고 유지보수하기 쉬운 이벤트 설계를 구현할 수 있게 됩니다.

[코드 7-12]는 〈input type="checkbox"〉 요소에서 change 이벤트가 어떻게 동작하는지를 보여줍니다. 이 예제에서는 사용자가 실제로 체크박스를 클릭하여 상태를 변경할 때만 change 이벤트가 발생하고 자바스크립트 코드를 통해 강제로 체크 상태를 바꾸는 경우에는 이벤트가 발생하지 않는다는 점을 확인할 수 있습니다.

코드 7-12 <input type="checkbox">의 이벤트 동작 예제

```
<input type="checkbox">

<script>
  const checkbox = document.querySelector('input[type="checkbox"]');

  // 사용자가 체크박스를 직접 클릭해 상태를 변경하면 change 이벤트 발생
  checkbox.addEventListener('change', () => {
    console.log('User changed:', checkbox.checked);
  });

  // 프로그램적으로 checked 상태를 변경해도 change 이벤트는 발생하지 않음
  setTimeout(() => {
    checkbox.checked = true;  // 상태를 바꿔도 change 이벤트 없음
    console.log('Programmatically changed:', checkbox.checked);
  }, 2000);
</script>
```

이 예제에서는 사용자가 체크박스를 클릭하면 change 이벤트가 발생하고 콘솔에 "User changed: true/false"가 출력됩니다. 반면 setTimeout 내에서 자바스크립트를 통해 checkbox.checked = true로 상태를 강제로 변경하면 화면상의 체크 상태는 실제로 변경되지만 change 이벤트는 발생하지 않습니다. 콘솔에는 "Programmatically changed: true"라는 메시지만 출력됩니다.

이는 브라우저의 기본 동작으로 이벤트는 사용자의 실제 액션으로 상태가 변할 때만 발생하도록 설계되어 있음을 보여줍니다. 이와 같은 구조는 SwitchView 예제에서 추구한 '사용자 상호작용에 의한 이벤트 발생' 원칙과 동일하며 이벤트가 단순한 상태 변경 이상의 의미(즉 외부에 알릴 가치가 있는 실제 상호작용)를 담도록 하는 올바른 설계 방식을 잘 보여주는 사례입니다.

이처럼 오랜 시간 축적되고 검증된 기술로부터 배우는 것은 언제나 바람직한 접근입니다. 가까이에 있는 Web API의 체크박스는 이미 무한 루프 문제없이 잘 설계되어 있으며 누구나 참고할 수 있게 잘 보여주고 있었습니다.

어쩌면 우리의 이벤트가 자꾸만 루프에 빠지고 부수 효과가 발생하는 이유는 처음 작은 문제를 마주했을 때 근본적인 원인을 파악하기보다 구조가 어긋난 상태에서 단순히 if문으로 상황을

막으려 하거나 이벤트와 상태/흐름을 관리하는 라이브러리를 무분별하게 도입하는 등의 단편적 대응을 했기 때문일지도 모릅니다.

아니면 이벤트로 처리하기에 적합하지 않은 상황까지 pub/sub 구조나 reactive programming, Observables 같은 패러다임으로 전체 로직을 통합하려고 하면서 오히려 프로그램이 산발적인 이벤트 핸들링 상황에 노출되고 관리가 더욱 어렵게 되었을 수도 있습니다. 무한 루프의 근본적인 원인을 이해하지 못한 채 계속해서 라이브러리를 도입하고 제거/변경하는 방식으로는 이러한 문제를 근본적으로 해결하기 어렵습니다.

반면 Web 기술 표준 문서나 iOS/AOS SDK 같은 사례 그리고 전통적인 설계 원칙을 참고하면 단발적인 문제 해결을 넘어 더욱 넓고 탄탄한 기술적 기반을 구축할 수 있습니다. 이러한 접근은 앞으로 마주하게 될 다양한 상황에서도 한층 더 안정적이고 유연한 설계와 구현 역량을 갖추는 데 큰 도움이 될 것입니다.

7.1.8 타입 안전한 커스텀 이벤트 통신 패턴

rune-ts는 타입스크립트 환경에서 커스텀 이벤트를 한층 더 타입 안전하게 처리할 수 있는 설계를 제공합니다. [코드 7-13]과 같이 코드를 변경하면 이벤트명을 문자열에 의존하지 않아도 되고 커스텀 이벤트로 전달되는 detail의 타입도 자동으로 추론되어 코드가 한결 간결하고 안정적으로 개선됩니다.

코드 7-13 타입 안전한 커스텀 이벤트 정의와 디스패치

```
import { CustomEventWithDetail, html, View } from "rune-ts";

type Toggle = { on: boolean; };

class Toggled extends CustomEventWithDetail<Toggle> {}

class SwitchView extends View<Toggle> {
  // ... 생략 ...

  private toggle() {
    this.setOn(!this.data.on);
    // 변경 전
    // const event = new CustomEvent('toggled', { bubbles: true, detail: this.data });
```

```
    // this.element().dispatchEvent(event);
    this.dispatchEvent(Toggled, {bubbles: true, detail: this.data});
  }

  // ... 생략 ...
}
```

CustomEventWithDetail⟨T⟩ 클래스는 커스텀 이벤트의 타입을 명확하게 정의할 수 있도록 돕습니다. 또한 View 클래스의 dispatchEvent 메서드를 활용하면 this.element() 호출과 new CustomEvent 생성 구문을 생략할 수 있어 코드가 더욱 간결해집니다. 또한 dispatchEvent() 메서드에 전달하는 detail 필드가 Toggle 타입으로만 제한되므로 안전하고 명확한 이벤트 처리가 가능합니다.

코드 7-14 타입 안전한 커스텀 이벤트 등록

```
class SettingPage extends View<Setting[]> {
  // ... 생략 ...

  protected override onRender() {
    // 변경 전
    // this.toggleAllView.element().addEventListener('toggled', (e) => {
    //   const customEvent = e as CustomEvent<{ on: boolean }>;
    //   this.toggleAll(customEvent.detail.on);
    // });
    this.toggleAllView.addEventListener(Toggled, e => this.toggleAll(e.detail.on));
    // [e: Toggled], [e.detail: Toggle]로 추론

    // ... 생략 ...
  }

  // ... 생략 ...
}
```

[코드 7-14]에서는 Toggled 커스텀 이벤트 클래스를 사용하여 toggleAllView에 타입 안전한 이벤트 리스너를 등록하고 있습니다. this.toggleAllView.addEventListener(Toggled, e => this.toggleAll(e.detail.on)) 구문을 통해 이벤트 객체 e가 Toggled 타입임을 컴파일러가 알 수 있습니다. 이에 따라 e.detail이 Toggle 타입이라는 점도 자동으로 추론됩니다. 이로써 별도의 타입 단언 없이도 detail.on을 안전하게 참조할 수 있으며 이벤트명도 문자열에

의존하지 않으므로 오타나 이벤트명 변경 시 발생할 수 있는 런타임 오류를 예방할 수 있습니다. 게다가 코드 또한 더욱 간결해졌습니다.

7.1.9 재사용 가능한 컴포넌트 SwitchView

[코드 7-15]는 완성된 SwitchView 코드입니다. SwitchView는 특정 도메인에 구애받지 않고 마치 input type="checkbox"처럼 어디에서나 재사용할 수 있는 범용 UI 컴포넌트입니다. 별도의 디렉터리에 보관해두고 다양한 상황에서 활용할 수 있습니다.

사용자는 스위치를 켜고 끌 수 있으며 상태 변화가 발생하면 커스텀 이벤트를 통해 외부에 알립니다. 또한 외부에서 setOn 메서드를 호출하여 프로그램적으로 상태를 변경할 수도 있으므로 동적 상호작용에도 유연하게 대응할 수 있습니다.

코드 7-15 SwitchView 클래스

```
class SwitchView extends View<Toggle> {
  override template() {
    return html`
      <button class="${this.data.on ? 'on' : ''}">
        <span class="toggle"></span>
      </button>
    `;
  }

  protected override onRender() {
    this.addEventListener('click', () => this.toggle());
  }

  private toggle() {
    this.setOn(!this.data.on);
    this.dispatchEvent(Toggled, {bubbles: true, detail: this.data});
  }

  setOn(bool: boolean) {
    this.data.on = bool;
    this.element().classList.toggle('on', bool);
  }
}
```

SettingPage를 만들기 전에는 SwitchView가 없었지만 이제 SwitchView라는 재사용 가능한 컴포넌트를 확보했습니다. 만약 SettingPage를 만들기 이전에 이미 SwitchView가 준비되어 있다면 훨씬 쉽고 빠르게 개발을 마칠 수 있을 것입니다.

7.1.10 패러다임이 만드는 리액티브한 코드

[코드 7-16]은 SettingItemView, SettingListView, SettingPage 클래스로 구현된 설정 앱의 완성본입니다. 여기에는 별도의 리액티브 라이브러리나 프레임워크를 도입하지 않았으며, 언어에서 기본적으로 제공하는 클래스, 템플릿 리터럴, Array 메서드 그리고 Web API만을 사용했습니다.

그런데 이 코드를 다시 한번 유심히 살펴보면 흥미로운 점을 발견할 수 있습니다. SettingItemView, SettingListView, SettingPage 안에서 직접 DOM을 조작하거나 화면 변경을 다루는 코드를 찾을 수 없다는 점입니다.

코드 7-16 SettingItemView, SettingListView, SettingPage

```
type Setting = {
  title: string;
  on: boolean;
};

class SettingItemView extends View<Setting> {
  switchView = new SwitchView(this.data);

  override template() {
    return html`
      <div>
        <span class="title">${this.data.title}</span>
        ${this.switchView}
      </div>
    `;
  }
}

class SettingListView extends View<Setting[]> {
  itemViews = this.data.map(setting => new SettingItemView(setting));

  override template() {
```

```
    return html`
      <div>
        ${this.itemViews}
      </div>
    `;
  }
}

class SettingPage extends View<Setting[]> {
  private listView = new SettingListView(this.data);
  private toggleAllView = new SwitchView({on: this.isAllOn()});

  override template() {
    return html`
      <div>
        <div class="header">
          <h2>Setting</h2>
          ${this.toggleAllView}
        </div>
        <div class="body">
          ${this.listView}
        </div>
      </div>
    `;
  }

  protected override onRender() {
    this.toggleAllView.addEventListener(Toggled, e => this.toggleAll(e.detail.on));
    this.listView.addEventListener(Toggled, () => this.syncToggleAllView());
  }

  toggleAll(on: boolean) {
    this.listView.itemViews
      .filter((itemView) => itemView.data.on !== on)
      .forEach(itemView => itemView.switchView.setOn(on));
  }

  syncToggleAllView() {
    this.toggleAllView.setOn(this.isAllOn());
  }

  isAllOn() {
    return this.listView.itemViews.every(itemView => itemView.data.on);
  }
}
```

SettingItemView, SettingListView, SettingPage 전반의 코드는 오직 데이터를 다루고 데이터 모델의 메서드를 실행하며 상태를 변경하는 로직만 담고 있습니다. 이에 따라 화면 갱신은 자연스럽게 뒤따르게 됩니다.

사실 SwitchView 내부에는 DOM 클래스를 변경하는 한 줄의 코드가 있지만 만약 SwitchView가 이미 준비되어 있었다면 설정 앱을 개발하는 팀은 별도의 라이브러리 없이도 리액티브한 프로그래밍 환경에서 개발을 진행하게 되었을 것입니다. 설정 앱 입장에서는 SwitchView 하나가 리액티브한 프로그래밍을 지원하는 대형 프레임워크와 동일한 효과를 제공하는 셈입니다.

물론 별도의 라이브러리를 통해 리액티브 프로그래밍을 지원받을 수도 있지만 이처럼 언어 패러다임과 구조적 설계를 통해 점진적으로 리액티브한 코드를 형성하는 방법도 가능합니다. 이 사례는 적절한 패러다임과 언어 기능만으로도 컴포넌트화와 모듈화를 달성하고 반응형 코드를 구성할 수 있음을 보여줍니다.

오늘날 타입스크립트와 자바스크립트는 객체지향과 함수형 패러다임을 조화롭게 반영한 멀티패러다임 언어로 발전했습니다. 타입스크립트의 정적 타입 시스템, Web API(VanillaJS)의 발전, 브라우저 표준화, ES 모듈 시스템 등은 프런트엔드 앱을 더욱 풍성하고 안정적으로 개발할 수 있는 토대를 제공합니다.

이러한 토대 위에서 멀티패러다임적 접근을 통해 컴포넌트를 조합하고 추상화를 거듭하다 보면 점차 선언적이고 리액티브한 특성이 자연스럽게 드러나게 됩니다. 그 결과 DOM 조작 코드는 점점 더 추상화되고 생산성이 높아지며 각 컴포넌트는 자신만의 최적화된 렌더링 로직을 갖춘 재사용 가능하고 반응적인 소프트웨어 요소로 발전합니다. 이는 성능과 렌더링 최적화를 그대로 유지하면서도 리액티브한 프로그래밍 환경을 구축할 수 있음을 잘 보여주는 사례입니다.

7.2 Todo 앱 만들기

이번 절에서는 Todo 앱을 제작하는 과정을 살펴봅니다. Todo 앱은 간단해 보이지만 막상 구현해보면 생각보다 많은 기능과 복잡성을 포함하고 있어 은근히 까다로운 예제 중 하나입니다. 우리가 구현할 Todo 앱은 다음과 같은 기능들을 지원합니다.

- ☐ 새로운 Todo 항목 등록
- ☐ 완료 처리
- ☐ 한 번에 모든 항목을 완료로 처리
- ☐ 미완료 항목만 또는 완료 항목만 필터링하여 보기

이러한 기능들을 하나하나 구현하면서 단순한 예제를 넘어 실제 애플리케이션 수준의 기능을 갖춘 Todo 앱을 완성해보겠습니다. 이를 통해 단순한 UI 컴포넌트를 조합하는 단계를 넘어 상태 관리와 이벤트 처리, 데이터 필터링 및 표시 등 보다 복잡한 로직을 체계적으로 다루는 경험을 쌓을 수 있습니다.

또한 이번 7.2절과 이어지는 7.3절에서는 고급 객체지향 프로그래밍 개념과 기법을 심층적으로 다루므로 다소 내용이 길고 복잡할 수 있습니다. 하지만 이와 같은 개념은 iOS SDK나 Android SDK 등 다양한 GUI 개발 키트에서도 폭넓게 활용되는 설계 패턴이므로 우리의 생각을 확장하고 보다 탄탄한 소프트웨어 설계를 구상하는 데 큰 도움이 됩니다. 이를 통해 다양한 노하우와 아이디어를 얻어 실제 개발 현장에 효과적으로 적용해보기 바랍니다.

7.2.1 CheckView

우선 Todo 앱에서 사용할 체크박스 역할을 하는 CheckView 컴포넌트를 구현해보겠습니다. 이 컴포넌트는 Toggle 데이터를 기반으로 작동하며 토글 상태에 따라 동그란 원 안에 체크 모양을 표시합니다. 사용자가 체크박스를 클릭하면 상태가 변경되고 상태 변경 시 Toggled 이벤트를 발생시켜 상위 컴포넌트나 컨테이너가 이를 감지하고 적절히 대응할 수 있습니다.

앞 절에서 구현했던 SwitchView의 로직과 대부분 유사하므로 우선 SwitchView 코드를 가져와 템플릿 부분만 조금 수정하는 방식으로 구현해보겠습니다.

코드 7-17 CheckView 구현

```
class CheckView extends View<Toggle> {
  override template() {
    return html`
      <span class="${this.data.on ? 'on' : ''}"></span>
    `;
  }

  protected override onRender() {
    this.element().addEventListener('click', () => this.toggle());
  }

  private toggle() {
    this.setOn(!this.data.on);
    this.dispatchEvent(Toggled, { bubbles: true, detail: this.data });
  }

  setOn(bool: boolean) {
    this.data.on = bool;
    this.element().classList.toggle('on', bool);
  }
}

export function main() {
  document.querySelector('#body')!.append(
    new CheckView({ on: true }).render()
  );
}
```

[코드 7-17]에서는 CheckView 클래스가 Toggle 타입의 데이터를 받아 상태를 표시하고 click 이벤트를 통해 상태를 변경하도록 구현했습니다. render()를 호출하면 상태가 켜져 있는(on) 체크박스 모양이 화면에 표시되며 클릭할 때마다 토글 상태가 반전됩니다.

7.2.2 추상 클래스와 상속

앞서 SwitchView와 CheckView를 구현하면서 두 컴포넌트 모두 토글 가능한 상태(on/off)와 이를 변화시키는 비슷한 로직을 가지고 있음을 확인했습니다. 이러한 중복은 유지보수성과 확장성에 불리하므로 공통된 로직을 한 곳에 모아 관리하는 것이 좋습니다.

[코드 7-18]에서는 ToggleView라는 추상 클래스abstract class를 정의하여 토글 로직을 한 번에 관리할 수 있도록 만들었습니다. ToggleView는 템플릿을 제공하지 않고 단지 토글 상태를 처리하고 Toggled 이벤트를 발생시키는 역할만 담당합니다. 이렇게 하면 SwitchView나 CheckView 같은 하위 클래스는 ToggleView를 상속받아 공통 기능을 활용하되 각자의 템플릿과 스타일에 집중할 수 있게 됩니다. 또한 constructor를 통해 기본 상태를 설정하는 등 편의성을 높이는 코드도 추가했습니다.

코드 7-18 ToggleView 클래스

```
abstract class ToggleView extends View<Toggle> {
  constructor(data?: Toggle) {
    super(data ?? { on: false });
  }

  protected override onRender() {
    this.addEventListener('click', () => this.toggle());
  }

  private toggle() {
    this.setOn(!this.data.on);
    this.dispatchEvent(Toggled, { bubbles: true, detail: this.data });
  }

  setOn(bool: boolean) {
    this.data.on = bool;
    this.element().classList.toggle('on', bool);
  }
}
```

[코드 7-18]의 구성은 다음과 같습니다.

- 추상 클래스: ToggleView는 abstract 키워드를 사용하여 인스턴스를 직접 생성할 수 없고 하위 클래스에서 상속하여 사용하도록 설계되었습니다.

- 공통 로직 추상화: toggle()과 setOn(bool) 메서드 그리고 click 이벤트 핸들러 등록 로직은 토글 가능한 뷰라면 누구나 공유할 수 있는 부분입니다.
- 기본값 설정: constructor에서 data 파라미터가 없을 경우 { on: false }를 기본값으로 사용하도록 처리합니다.

7.2.3 Headless UI

이제 SwitchView나 CheckView 같은 하위 클래스는 ToggleView를 상속받아 템플릿만 정의하면 되므로 코드 중복을 줄이고 유지보수성과 가독성을 향상시킬 수 있습니다.

코드 7-19 SwitchView, CheckView

```
class SwitchView extends ToggleView {
  override template() {
    return html`
      <button class="${this.data.on ? 'on' : ''}">
        <span class="toggle"></span>
      </button>
    `;
  }
}

class CheckView extends ToggleView {
  override template() {
    return html`
      <span class="${this.data.on ? 'on' : ''}"></span>
    `;
  }
}

console.log(new SwitchView().toHtml());
// <button class="SwitchView">
//   <span class="toggle"></span>
// </button>

console.log(new CheckView({ on: true }).toHtml());
// <span class="CheckView on"></span>
```

[코드 7-19]처럼 SwitchView와 CheckView를 아주 간단하게 구현할 수 있습니다. 하위 클래스인 SwitchView와 CheckView는 ToggleView가 제공하는 로직을 그대로 재사용하면서도 자신만의 UI 레이아웃과 스타일을 자유롭게 적용했습니다.

이와 같이 ToggleView를 공통 로직만 담고 템플릿을 제공하지 않는 추상 클래스로 정의함으로써 이를 일종의 Headless UI로 활용할 수 있습니다. Headless UI란 UI 표현(Template, Style)을 직접 제공하지 않고 상태 관리나 이벤트 처리 같은 핵심 로직만 담당하는 패턴을 의미합니다.

이러한 접근 방식을 통해 다양한 형태의 토글 가능한 컴포넌트를 쉽게 확장할 수 있으며 코드 중복을 줄이고 유지보수성을 높이는 동시에 UI 표현과 로직을 명확하게 분리하는 장점을 얻을 수 있습니다.

7.2.4 TodoItemView

이번에는 CheckView를 사용하여 단일 Todo 항목을 표시하는 TodoItemView를 구현해보겠습니다. 이 컴포넌트는 Todo 타입 데이터를 받아 제목(title)과 완료 여부(completed)를 화면에 표시합니다.

코드 7-20 TodoItemView

```
type Todo = {
  title: string;
  completed: boolean;
};

class TodoItemView extends View<Todo> {
  private checkView = new CheckView({ on: this.data.completed });

  override template() {
    return html`
      <div>
        ${this.checkView}
        <span class="title">${this.data.title}</span>
      </div>
    `;
```

```
  }

  protected override onRender() {
    this.addEventListener(Toggled, e => this.syncCompleted());
  }

  private syncCompleted() {
    this.data.completed = this.checkView.data.on;
  }

  setCompleted(bool: boolean) {
    this.checkView.setOn(bool);
    this.syncCompleted();
  }
}

export function main() {
  const todo: Todo = { title: 'Coding', completed: false };

  document.querySelector('#body')!.append(
    new TodoItemView(todo).render()
  );
}
```

이제 화면에 Todo 항목을 표시합니다. 초기 상태(completed: false)에서는 체크박스가 해제되어 있습니다. 사용자가 체크박스를 클릭하면 completed 상태가 true로 바뀌어 체크된 모습으로 변경됩니다.

7.2.5 계층적 캡슐화를 통한 도메인과 UI 명명 불일치 관리

[코드 7-20]의 경우 TodoItemView가 관리하는 data: Todo의 completed 상태가 CheckView의 on 상태와 연동되며 사용자가 체크박스를 클릭할 때 completed 값이 동기화됩니다.

SettingItemView 예제에서는 SwitchView와 데이터 구조를 일부러 맞추기 위해 on: boolean; 프로퍼티를 사용하는 Setting 타입을 사용했습니다. 그러나 실제 프로젝트에서는 UI 컴포넌트가 사용하는 속성명과 비즈니스 로직(도메인)에서 사용하는 속성명이 보통은 다르게 설계됩니다.

도메인 로직 맞춤 명명

completed는 Todo 모델에서 할 일 항목의 완료 상태를 표현하는 도메인 친화적 이름입니다. 이 속성명은 비즈니스 로직이나 데이터베이스 필드명과 밀접한 연관이 있을 수도 있습니다. 이를 통해 모델 계층에서는 completed라는 의미 있는 이름으로 할 일의 상태를 직관적으로 파악하고 관리할 수 있습니다.

UI 관점 명명

반면 CheckView와 같은 UI 컴포넌트는 화면에 표시되는 체크 상태를 단순히 켜짐(on) 또는 꺼짐(off)으로 표현합니다. 이 이름은 도메인 모델과 달리 UI 레벨에서만 의미를 가지며 굳이 도메인 로직에 맞춰 변경할 필요가 없습니다. 이는 브라우저의 기본 〈input type="checkbox"〉 요소에서 checked라는 프로퍼티명을 임의로 바꿀 수 없는 것과 유사합니다. 마찬가지로 CheckView도 자신의 상태명(on)을 도메인 용어(completed)에 맞춰 바꾸지 않습니다.이렇게 UI는 자체 용어를 유지하고 도메인 용어와의 매핑은 TodoItemView 같은 별도의 계층에서 처리함으로써 불필요한 결합을 피하고 각 영역의 책임을 명확히 할 수 있습니다.

이와 같이 도메인 모델과 UI 로직 간에 용어 차이가 존재하는 것은 자연스러운 일입니다. [코드 7-20]에서는 다음과 같은 방법으로 이를 처리합니다.

양방향 동기화

TodoItemView는 completed와 on을 동기화하는 메서드(syncCompleted, setCompleted)를 둠으로

써 내부적으로 도메인 속성과 UI 속성을 매핑하고 있습니다. 이를 통해 외부에서 TodoItemView를 사용할 때 굳이 UI 로직에 맞춘 on 속성을 인식할 필요가 없으며 단순히 setCompleted(true)와 같은 도메인 친화적인 메서드를 호출하면 됩니다.

캡슐화를 통한 단순화

TodoItemView는 내부에서 completed 상태와 CheckView의 on 상태를 서로 매핑하므로 외부에서는 completed 속성만 다루면 됩니다. 내부에서 어떤 로직으로 on을 업데이트하는지 심지어 CheckView를 사용하는지 여부조차 외부에 노출되지 않으므로 사용자는 세부 구현에 신경 쓸 필요가 없습니다. 따라서 TodoItemView가 체크 UI를 제공할 때 CheckView가 아닌 다른 컴포넌트로 바꿔도 전혀 문제가 없으며 외부와의 인터페이스만 유지한다면 내부 로직은 자유롭게 리팩터링할 수 있습니다.

도메인 모델과 UI 독립성 확보

도메인 모델(Todo)과 UI 컴포넌트(CheckView)는 서로 다른 관점에서 설계되었지만 TodoItemView가 이 둘을 연결하는 매개체 역할을 합니다. 이를 통해 도메인 로직 변경이나 UI 컴포넌트 교체가 필요할 때도 최소한의 수정만으로 시스템을 유지하고 확장할 수 있습니다.

7.2.6 TodoListView

TodoListView는 여러 개의 TodoItemView를 나열하는 역할을 합니다. data: Todo[ ]를 받아 각 Todo 항목에 대응하는 TodoItemView 인스턴스를 생성하고 이를 템플릿에서 렌더링합니다. 이로써 Todo 목록 전체를 쉽게 표시할 수 있습니다.

코드 7-21 TodoListView

```
class TodoListView extends View<Todo[]> {
  itemViews = this.data.map(todo => new TodoItemView(todo));

  override template() {
    return html`
      <div>
        ${this.itemViews}
      </div>
    `;
  }
}
```

```
export function main() {
  const todos: Todo[] = [
    { title: 'Coding', completed: false },
    { title: 'Dinner', completed: true },
    { title: 'Test', completed: false },
  ];

  document.querySelector('#body')!.append(
    new TodoListView(todos).render()
  );
}
```

[코드 7-21]에서는 todos 배열을 사용하여 각 TodoItemView를 생성한 뒤 이를 템플릿 내에서 나열합니다. 이로써 화면에는 여러 개의 Todo 항목이 표시되며 각 항목의 상태 변화는 해당 TodoItemView를 통해 관리됩니다.

7.2.7 제네릭 클래스로 추상화

TodoListView는 SettingListView와 상당히 유사한 코드를 공유하고 있습니다. 이전에 ToggleView를 활용해 반복되는 코드를 제거한 것처럼 이번에도 XxxListView를 일반화하여 이러한 중복을 최소화하고자 합니다.

이전에 SwitchView와 CheckView에서는 template()를 제외한 모든 코드와 구조 그리고 사용하는 데이터 모델(Toggle)도 동일하므로 이를 ToggleView로 손쉽게 추상화할 수 있었습니다. 하지만 TodoListView와 SettingListView는 상황이 다릅니다. 두 뷰 모두 리스트를 다루지만 각각 사용하는 데이터 모델(Todo vs Setting)과 이를 렌더링하는 아이템 뷰 클래스(TodoItemView vs SettingItemView)가 다릅니다. 이런 경우에는 단순히 코드를 추상화된 클래스로 옮기는 것만으로는 부족하며 제네릭 클래스를 활용해야 합니다.

앞서 만든 TodoListView나 SettingListView는 각각 특정 데이터 모델 및 이를 렌더링하는 XxxItemView 클래스를 가지고 있습니다. 예를 들어 TodoListView는 Todo 모델과 TodoItemView를 사용하며 SettingListView는 Setting 모델과 SettingItemView를 사용합니다.

만약 ListView를 상속받을 때 어떤 아이템 뷰를 사용할지만 지정해서 새로운 XxxListView 클래스를 손쉽게 만들 수 있다면 어떨까요? 이렇게 구현하면 코드 중복을 크게 줄일 수 있고 구조 역시 훨씬 간결해집니다.

[코드 7-22]는 그러한 ListView가 이미 구현되어 있다고 가정하고 이를 사용하는 모습입니다.

코드 7-22 TodoListView

```
class TodoListView extends ListView<TodoItemView> {
  ItemView = TodoItemView;
}
```

[코드 7-22]와 같이 매우 간결한 형태로 TodoListView를 생성할 수 있게 하는 ListView의 구현 코드는 다음과 같습니다.

코드 7-23 ListView<IV>

```
abstract class ListView<IV extends View<object>> extends View<IV['data'][]> {
  abstract ItemView: new (item: IV['data']) => IV;

  private _itemViews: IV[] | null = null;

  get itemViews() {
    if (this._itemViews === null) {
      this._itemViews = this.data.map(item => new this.ItemView(item));
    }
    return this._itemViews;
  }

  override template() {
    return html`
      <div>
        ${this.itemViews}
```

```
    </div>
  `;
  }
}
```

제네릭 클래스 – ListView<IV>

ListView는 View<IV['data'][ ]>를 상속받아 여러 개의 아이템 뷰를 다루는 추상 클래스입니다. 이때 IV는 '아이템 뷰(ItemView)'를 나타내는 제네릭 파라미터입니다. ListView 내부에서는 아이템 뷰가 다루는 실제 데이터 타입을 IV['data']로 추론하여 전체 데이터(this.data)를 해당 타입의 배열 형태로 관리합니다.

코드 7-23a 제네릭 타입 정의

```
abstract class ListView<IV extends View<object>> extends View<IV['data'][]> {}
```

클래스의 타입 정의 부분을 살펴보면 다음과 같습니다.

- **IV extends View<object>**
  IV는 반드시 View<object>를 상속(또는 구현)하는 클래스여야 합니다. 예를 들면 TodoItemView extends View<Todo>, SettingItemView extends View<Setting> 등이 이에 해당합니다.
- **extends View<IV['data'][]>**
  ListView가 View<IV['data'][]>를 상속함으로써 ListView의 내부 데이터(this.data)가 아이템 뷰(IV)가 다루는 모델(IV['data'])의 배열임을 자동으로 결정합니다.
  예를 들어 TodoItemView extends View<Todo>라면 ListView<TodoItemView>의 this.data는 Todo[]가 됩니다.
  - IV = TodoItemView
  - IV['data'] = TodoItemView['data'] = Todo
  - IV['data'][] = TodoItemView['data'][] = Todo[]
- **class ListView<IV extends View<object>> extends View<IV['data'][]>**
  이전에 [코드 7-21]에서 TodoListView를 class TodoListView extends View<Todo[]>와 같이 정의한 것을 이번 ListView의 정의와 대응해보면 이해하는 데 도움이 됩니다.

다음은 TodoListView를 ListView<TodoItemView> 형태로 구현할 때 내부 메서드에서 타입 추론이 잘 지원되는지 확인해볼 수 있는 예입니다.

코드 7-23b Todo[] 타입 추론

```
class TodoListView extends ListView<TodoItemView> {
  ItemView = TodoItemView;

  logAll() {
    this.data.forEach(  // [this.data: Todo[]]
      todo => console.log(todo.title, todo.completed)  // [todo: Todo]
    );
  }
}
```

추상 프로퍼티 – ItemView

코드 7-23c XxxItemView 생성자

```
abstract ItemView: new (data: IV['data']) => IV;
```

abstract로 지정함으로써 이 클래스를 상속받는 구현 클래스가 반드시 ItemView를 설정하도록 강제합니다. ItemView는 new (data: T) => IV 형태의 생성자를 가리키는 타입으로 T 타입 데이터를 받아 IV 인스턴스를 생성합니다. 예를 들어 ItemView = SettingItemView; 처럼 설정하면 내부에서 new this.ItemView(data) 형태로 인스턴스를 동적으로 생성할 수 있습니다.

아이템 뷰 캐싱을 위한 _itemViews

코드 7-23d private _itemViews

```
private _itemViews: IV[] | null = null;
```

초기에는 null로 설정하여 아직 아이템 뷰들을 생성하지 않은 상태임을 표시합니다. itemViews 게터getter를 통해 처음 접근할 때 실제 인스턴스를 생성하고 이후에는 캐싱된 결과를 반환하도록 합니다.

itemViews 게터

코드 7-23e get itemViews()

```
get itemViews() {
  if (this._itemViews === null) {
```

```
    this._itemViews = this.data.map(itemData => new this.ItemView(itemData));
  }
  return this._itemViews;
}
```

this.data는 View〈IV['data'][ ]〉에서 물려받은 프로퍼티로 IV['data']의 배열입니다. 처음 itemViews에 접근할 때 this._itemViews가 null이면 this.data.map(...)을 통해 모든 데이터 아이템에 대한 ItemView 인스턴스를 생성한 뒤 _itemViews에 저장합니다. 두 번째 접근부터는 이미 생성된 _itemViews를 바로 반환합니다.

itemViews를 게터로 구현한 이유

ListView에서 itemViews를 게터로 구현한 이유는 TodoListView와 같은 하위 클래스에서 ItemView = TodoItemView와 같이 간결하고 명시적인 방식으로 선언할 수 있게 하기 위함입니다. 이를 자세히 설명하면 다음과 같습니다.

클래스 상속과 필드 초기화 과정

자바스크립트(타입스크립트)에서 상속받은 클래스를 인스턴스화할 때 우선 부모 클래스의 constructor가 실행됩니다. 이후 자식 클래스의 constructor가 호출되고 그 안에서 자식 클래스가 정의한 필드들이 초기화됩니다. 즉 자식 클래스의 필드 초기화는 부모 constructor가 완료된 후에야 실제로 이루어집니다.

자식 클래스의 필드 초기화 시점

ListView를 상속한 TodoListView와 같은 구체 클래스에서는 ItemView를 필드로 지정합니다. 이 필드 초기화는 부모 클래스 constructor 로직이 끝난 다음에 이루어지므로 ListView 생성 과정(부모 constructor 실행 시점)에서는 ItemView가 아직 존재하지 않을 수 있습니다.

지연 초기화 전략

_itemViews를 게터에서 접근할 때 생성하도록 지연 초기화lazy initialization하면 해당 시점에는 자식 클래스의 필드(ItemView)가 이미 초기화되어 있습니다. 따라서 ItemView를 안전하게 참조하고 아이템 뷰 인스턴스를 생성할 수 있습니다.

표현력 및 유연성 개선

이러한 '한 타임 미루기' 기법은 클래스 초기화 순서를 고려한 구현입니다. 부모 클래스에서는 직접 ItemView를 참조하지 않고 필드 초기화가 끝난 시점에 필요한 리소스를 준비하게 함으로써 코드의 표현력과 구조적 유연성을 개선합니다.

불필요한 초기화 방지

미리 준비할 필요가 없는 인스턴스 생성을 뒤로 미룸으로써 불필요한 초기화를 방지하고 필요할 때만 객체를 만드는 효율적인 패턴을 구현할 수 있습니다. 이 같은 접근 방식은 상황에 따라 효율적일 수 있습니다.

template 메서드 오버라이드

코드 7-23f override template()

```
override template() {
  return html`
    <div>
      ${this.itemViews}
    </div>
  `;
}
```

View 클래스의 template() 메서드를 오버라이드하여 ListView의 렌더링 형태를 정의합니다. 결과적으로 <div> 안에 모든 아이템 뷰가 순서대로 렌더링되며 ListView는 이러한 아이템 뷰들을 깔끔하게 감싸는 컨테이너 역할을 하게 됩니다.

ListView 클래스 상속

ListView 추상 클래스는 단일 ItemView를 반복적으로 렌더링하는 공통 로직을 캡슐화함으로써 TodoListView나 SettingListView 같은 다양한 리스트형 뷰를 손쉽게 구현할 수 있도록 지원합니다. 그리고 앞으로 ListView에 다양한 아이템 뷰를 다룰 수 있도록 추가 메서드나 프로퍼티를 확장해나감으로써 유사한 목적을 가진 클래스들을 함께 발전시키고 생산성 증대에 기여할 수 있습니다.

코드 7-23g ListView로 SettingListView, TodoItemView 구현

```
class SettingListView extends ListView<SettingItemView> {
  ItemView = SettingItemView;
}

class TodoListView extends ListView<TodoItemView> {
  ItemView = TodoItemView;
}
```

상속받는 클래스는 단지 ItemView 생성자와 타입을 지정하기만 하면 공통적인 반복 렌더링 로직은 ListView가 알아서 처리합니다. 이로써 코드 중복을 최소화하고 새로운 리스트형 뷰를 손쉽게 추가할 수 있는 유연하고 확장성 높은 구조를 갖출 수 있습니다.

7.2.8 TodoPage

이제 TodoPage를 구현해보겠습니다. 이 페이지는 TodoListView를 활용해 모든 Todo 항목을 완료 상태로 만들거나 새로운 Todo를 추가하는 등의 기능을 제공합니다. 다음은 SettingPage의 '전체 토글 기능' 로직에 해당하는 코드 전부를 가져와 ❶, ❷, ❸, ❹ 부분만 Todo 앱에 맞게 변경한 코드입니다.

코드 7-24 TodoPage

```
class TodoPage extends View<Todo[]> {
  listView = new TodoListView(this.data);
  toggleAllView = new CheckView({on: this.isAllOn()}); // ❶ CheckView로 변경

  override template() {
    return html`
      <div>
        <div class="header">
          ${this.toggleAllView}
          <input type="text">
        </div>
        <div class="body">
          ${this.listView}
        </div>
      </div>
```

```
    `;
  }

  protected override onRender() {
    this.toggleAllView.addEventListener(Toggled, e => this.toggleAll(e.detail.on));
    this.listView.addEventListener(Toggled, () => this.syncToggleAllView());
  }

  toggleAll(on: boolean) {
    this.listView.itemViews
      .filter(itemView => itemView.data.completed !== on)  // ❷ completed로 변경
      .forEach(itemView => itemView.setCompleted(on));  // ❸ setCompleted(on)으로 변경
  }

  syncToggleAllView() {
    this.toggleAllView.setOn(this.isAllOn());
  }

  isAllOn() {
    return this.listView.itemViews.every(
      itemView => itemView.data.completed  // ❹ completed로 변경
    );
  }
}

export function main() {
  const todos: Todo[] = [
    { title: 'Coding', completed: false },
    { title: 'Dinner', completed: true },
    { title: 'Test', completed: false },
  ];

  document.querySelector('#body')!.append(
    new TodoPage(todos).render()
  );
}
```

헤더 영역에는 전체 Todo 항목을 한 번에 완료 상태로 만들 수 있는 CheckView와 새로운 Todo를 입력할 input 요소가 있습니다. 본문(body) 영역에서는 TodoListView를 통해 각 Todo 항목이 표시되며 아직 완료되지 않은 Todo 항목의 체크박스를 클릭하면 해당 항목이 완료(completed = true) 상태로 전환됩니다. 또한 헤더의 체크박스를 클릭하면 모든 Todo 항목이 한 번에 완료 상태로 변경됩니다.

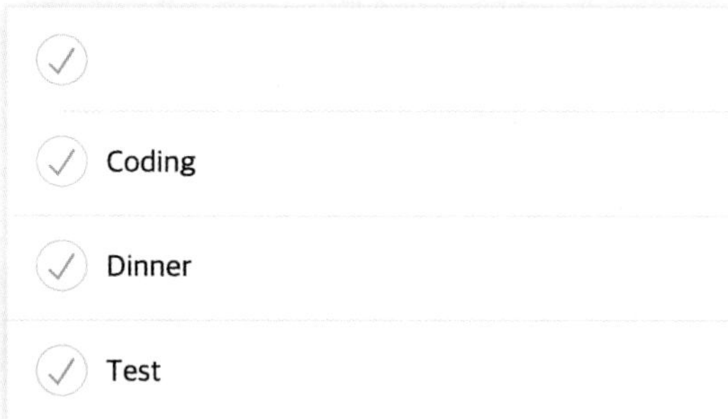

7.2.9 인터페이스에 기반한 객체 간 통신으로 중복 제거하기

TodoPage의 동작은 이전에 구현했던 SettingPage와 거의 유사하며 [코드 7-24]의 코드 전반에도 비슷한 패턴의 중복이 발견됩니다. 이번에는 이 중복을 상속 대신 인터페이스를 활용하여 구조적 유연성을 높이는 방향으로 해결하고자 합니다.

기존 코드 가져오기

다음 예시는 SettingPage의 '전체 토글 기능' 로직과 '본문으로부터 전체 토글 상태를 관리'하는 코드를 그대로 가져와 TogglePageController라는 클래스로 구성한 모습입니다.

코드 7-25 TogglePageController

```
class TogglePageController {
  // 추상화 필요: SettingListView, SwitchView
  listView = new SettingListView(this.data);
  toggleAllView = new SwitchView({on: this.isAllOn()});
```

```
  // error: 상속받는 클래스가 없으므로 이 메서드를 override할 수 없음
  override template() {
    return html`
      <div>
        <div class="header">
          <h2>Setting</h2>
          ${this.toggleAllView}
        </div>
        <div class="body">
          ${this.listView}
        </div>
      </div>
    `;
  }

  // error: 상속받는 클래스가 없으므로 이 메서드를 override할 수 없음
  protected override onRender() {
    this.toggleAllView.addEventListener(Toggled, e => this.toggleAll(e.detail.on));
    this.listView.addEventListener(Toggled, () => this.syncToggleAllView());
  }

  toggleAll(on: boolean) {
    this.listView.itemViews
      .filter(itemView => itemView.data.on !== on)  // 추상화 필요
      .forEach(itemView => itemView.switchView.setOn(on));  // 추상화 필요
  }

  syncToggleAllView() {
    this.toggleAllView.setOn(this.isAllOn());
  }

  isAllOn() {
    return this.listView.itemViews.every(itemView => itemView.data.on);
  }
}
```

[코드 7-25]는 TogglePageController라는 클래스를 정의하고 있습니다. 이 클래스는 기존 SettingPage에서 사용했던 '전체 토글 기능' 연관 로직을 별도 클래스로 추출한 것입니다. 하지만 코드상에서 다음과 같은 문제가 발생합니다.

override 키워드 사용 에러

override 키워드는 상속받는 부모 클래스의 메서드를 재정의할 때 사용됩니다. 하지만 TogglePageController는 어떤 클래스도 상속받지 않고 있습니다. 따라서 override template()나 override onRender() 메서드는 타입스크립트 컴파일러로부터 에러를 유발합니다.

SettingListView와 SwitchView에 대한 추상화 필요성

현재 TogglePageController는 SettingListView와 SwitchView를 직접 사용하고 있습니다. 이는 TogglePageController가 SettingPage에 특화된 구현체들(SettingListView, SwitchView)에 의존하고 있음을 의미합니다. 그러나 이 클래스를 TodoPage나 다른 토글 가능한 페이지에서 재사용하려면 특정 구현이 아니라 좀 더 추상화된 인터페이스나 상위 클래스를 활용해야 합니다. 예를 들면 ListView를 상속한 SettingListView 대신 ListView〈T, IV〉 형태로 추상화된 타입을 사용하고 SwitchView 역시 ToggleView처럼 추상화된 인터페이스나 상위 클래스에 의존하도록 해야 합니다.

togglePage 멤버 필드 생성

이제 첫 번째 문제(override 키워드 사용 에러)를 해결하면서 한 단계 더 나아가보겠습니다. 다음과 같이 개선할 것입니다.

- 템플릿 생성(template())은 원래 TogglePageController의 역할이 아니므로 이 메서드를 삭제합니다.
- onRender()에서 담당하던 기능을 constructor()로 옮겨 컨트롤러 초기화 시점에 필요한 이벤트 설정을 수행합니다.
- listView와 toggleAllView는 TogglePageController가 직접 소유하지 않고 TogglePageController가 제어해야 할 대상(togglePage)이 가지고 있도록 구조를 변경합니다. 이렇게 하면 TogglePageController는 togglePage를 전달받아 해당 컴포넌트들을 제어하는 식으로 보다 유연한 설계를 취할 수 있습니다.

수정된 코드는 [코드 7-25]와 같습니다.

코드 7-25a togglePage 멤버 필드 생성

```
class TogglePageController {
  constructor(private togglePage: View<object>) {
    const { toggleAllView, listView } = this.togglePage;  // TS2339: ...
```

```
    toggleAllView.data.on = this.isAllOn();
    toggleAllView.addEventListener(Toggled, e => this.toggleAll(e.detail.on));
    listView.addEventListener(Toggled, () => this.syncToggleAllView());
  }

  toggleAll(on: boolean) {
    // TS2339: Property 'listView' does not exist on type View<object>
    this.togglePage.listView.itemViews
      .filter(itemView => itemView.data.on !== on)
      .forEach(itemView => itemView.switchView.setOn(on));
  }

  syncToggleAllView() {
    // TS2339: Property 'toggleAllView' does not exist on type View<object>
    this.togglePage.toggleAllView.setOn(this.isAllOn());
  }

  isAllOn() {
    // TS2339: Property 'listView' does not exist on type View<object>
    return this.togglePage.listView.itemViews.every(itemView => itemView.data.on);
  }
}
```

우선 togglePage를 TogglePageController의 멤버 필드로 만들고 TogglePageController에서는 togglePage가 원래 담당하던 template() 메서드를 제거했습니다. 또한 toggleAllView, listView 등의 멤버 필드 역시 TogglePageController 내부에서 제거하고 onRender()나 멤버 필드를 초기화하던 로직을 constructor()로 옮겨 초기화 시점에 실행하도록 변경했습니다. 이로써 TogglePageController와 togglePage 간 역할을 명확하게 분리했습니다.

그러나 아직 TS2339: Property ... does not exist on type View<object>라는 에러가 발생합니다. 이는 타입스크립트가 View<object> 타입에 toggleAllView나 listView 같은 프로퍼티가 없다고 해석하기 때문입니다.

TogglePage 인터페이스 정의

앞으로 togglePage에는 SettingPage나 TodoPage처럼 toggleAllView와 listView를 가진 어떤 페이지라도 할당할 수 있어야 합니다. 이렇게 하려면 다음과 같은 접근이 필요합니다.

인터페이스로 정의

togglePage가 반드시 toggleAllView와 listView를 포함한다는 사실을 타입스크립트에게 알리려면 별도의 인터페이스를 만들어 View〈object〉를 확장해야 합니다. 이를 통해 '이 페이지는 View이면서 동시에 toggleAllView와 listView를 가진다'는 정보를 명시할 수 있습니다.

구현 클래스에서 해당 인터페이스 준수

SettingPage, TodoPage 등이 모두 이 인터페이스(또는 상위 클래스)를 구현(또는 상속)하도록 하면 TogglePageController는 에러 없이 재사용 가능합니다.

다음은 아직 완성되지는 않았지만 한 단계 발전된 코드입니다. [코드 7-25b]에서는 IDE를 활용하면 타입을 명시하지 않아도 타입 추론 과정을 손쉽게 확인할 수 있습니다. 그러나 책으로만 학습하는 독자에게도 이 과정을 분명히 전달하기 위해 여기 예제에서는 추론된 타입 정보를 명시적으로 선언하여 제시했습니다.

코드 7-25b TogglePage 인터페이스 정의

```
type ExtractItemView<T> = T extends ListView<infer IV> ? IV : never;

interface TogglePage<LV extends ListView<ExtractItemView<LV>>> {
  toggleAllView: ToggleView;  // SwitchView와 CheckView의 부모 클래스
  listView: LV;  // SettingListView와 TodoListView의 부모 클래스
}

class TogglePageController<LV extends ListView<ExtractItemView<LV>>> {
  constructor(private togglePage: TogglePage<LV>) {
    const toggleAllView: ToggleView = this.togglePage.toggleAllView;
    const listView: LV = this.togglePage.listView;
    toggleAllView.data.on = this.isAllOn();
    toggleAllView.addEventListener(Toggled, e => this.toggleAll(e.detail.on));
    listView.addEventListener(Toggled, () => this.syncToggleAllView());
  }

  toggleAll(on: boolean) {
    this.togglePage.listView.itemViews
      .filter((itemView: ExtractItemView<LV>) => itemView.data.on !== on)
      // TS2339: Property 'data' does not exist on type ExtractItemView<LV>
      .forEach((itemView: ExtractItemView<LV>) => itemView.switchView.setOn(on));
```

```
    // TS2339: Property 'switchView' does not exist on type ExtractItemView<LV>
  }

  syncToggleAllView() {
    this.togglePage.toggleAllView.setOn(this.isAllOn());
  }

  isAllOn() {
    return this.togglePage.listView.itemViews.every(
      (itemView: ExtractItemView<LV>) => itemView.data.on
    );
    // TS2339: Property 'data' does not exist on type ExtractItemView<LV>
  }
}
```

ExtractItemView〈T〉 살펴보기

TogglePage〈LV〉와 TogglePageController에 대해 설명하기에 앞서 ExtractItemView〈T〉 타입에 대해 살펴보겠습니다.

```
type ExtractItemView<T> = T extends ListView<infer IV> ? IV : never;
```

이 타입 별칭은 조건부 타입conditional type과 infer 키워드를 활용해 ListView〈IV〉 형태에서 IV를 추론infer해내는 역할을 합니다. 예를 들어 만약 LV가 SettingListView라면 이는 내부적으로 ListView〈SettingItemView〉 형태를 상속하거나 구현하고 있을 것입니다. 그때 ExtractItemView〈LV〉는 SettingItemView 타입으로 추론됩니다.

정리하자면 ExtractItemView〈T〉는 T가 ListView〈IV〉 형태인지 검사한 뒤 맞으면 IV 타입을 추론해 돌려주는 기능을 합니다. 따라서 TogglePageController〈LV〉와 같은 곳에서는 구체적인 아이템 뷰 타입에 접근할 때 ExtractItemView〈LV〉를 안전하게 사용할 수 있게 됩니다. 이후 TogglePage〈LV〉를 구현할 SettingPage나 TodoPage 등에서는 각각 SettingItemView, TodoItemView 등으로 추론합니다.

TogglePage〈LV〉와 TogglePageController

다시 돌아와 TogglePage〈LV〉와 TogglePageController의 구현에 대해 살펴보겠습니다.

먼저 TogglePage〈LV〉 인터페이스를 추가해 토글 가능한 페이지가 지켜야 할 규약을 명시했습니다. toggleAllView의 타입을 ToggleView로 지정함으로써 SwitchView나 CheckView 등 ToggleView를 상속받거나 이에 준하는 토글 뷰를 자유롭게 사용할 수 있습니다. 또한 listView는 LV 타입으로 설정하여 오직 해당 ListView 타입(LV)과 일치하는 뷰만 등록할 수 있도록 제약합니다.

그다음 TogglePageController의 생성자에서 togglePage 매개변수를 TogglePage〈LV〉로 지정해 [코드 7-25a]의 constructor() 내부에서 발생하던 에러를 해결했습니다. 이로써 toggleAllView와 listView를 참조하는 과정에서도 더 이상 문제가 생기지 않습니다.

하지만 itemView.data.on과 itemView.switchView.setOn(on)을 호출하는 부분에서 여전히 타입 에러가 발생합니다. 이는 ExtractItemView〈LV〉만으로는 itemView가 정확히 어떤 속성과 메서드를 제공하는지 해석할 수 없기 때문입니다. 더욱이 SettingItemView에서 사용되는 itemView.data.on과 itemView.switchView.setOn(on) 로직이 TodoItemView에서는 itemView.data.completed와 itemView.setCompleted(on)으로 달라지는 상황이라서 '체크 로직'에 쓰이는 데이터 모델과 메서드가 서로 다르다는 문제가 있습니다.

이를 해결하는 한 가지 방법으로 TogglePage에서 사용하는 ListView의 ItemView에 추가 인터페이스(규약)를 정의해 '어떤 메서드로 상태를 토글할지'를 강제하고 이를 TodoItemView와 SettingItemView에서 구현하게 할 수 있습니다. 이렇게 하면 TodoItemView와 SettingItemView가 거의 동일한 구조를 가지도록 제약합니다. 이는 일관성과 엄격함을 확보하는 대신 'TogglePageController와 연관된 규약을 TodoPage뿐 아니라 TodoItemView도 알아야 한다'는 추가적인 복잡도를 초래하는 단점이 있습니다.

TogglePage 인터페이스에 getItemViewOn, setItemViewOn 추가하기

이 책에서는 좀 더 유연한 접근 방식을 택하고자 합니다. 바로 '체크 상태를 어떤 필드로 접근하고 어떤 메서드로 토글할지'에 관한 로직을 TodoPage나 SettingPage가 제공하도록 위임하는 방식입니다. 이렇게 하면 TogglePageController는 구체적인 토글 로직을 몰라도 되므로 전체 구조가 좀 더 단순해질 수 있습니다.

코드 7-25c TogglePage에 getItemViewOn, setItemViewOn 추가

```
type ExtractItemView<T> = T extends ListView<infer IV> ? IV : never;

export interface TogglePage<LV extends ListView<ExtractItemView<LV>>> {
  toggleAllView: ToggleView;
  listView: LV;
  getItemViewOn(itemView: ExtractItemView<LV>): boolean;  // ❶
  setItemViewOn(itemView: ExtractItemView<LV>, bool: boolean): void;  // ❷
}
```

먼저 TogglePage 인터페이스에 두 가지 메서드를 정의합니다.

❶ getItemViewOn(itemView: ExtractItemView<LV>): boolean;으로 특정 itemView가 '체크' 상태인지 여부를 반환합니다. 인자인 itemView가 SettingItemView라면 itemView.data.on을 반환하도록 구현하면 됩니다.

❷ setItemViewOn(itemView: ExtractItemView<LV>, bool: boolean): void;는 특정 itemView의 '체크' 상태를 설정하는 메서드입니다. 인자인 itemView가 TodoItemView라면 itemView.setCompleted(bool)과 같이 구현하면 됩니다.

TogglePage를 통해 TogglePageController 구현 완료하기

인터페이스에는 구체적인 구현이 아닌 '이 메서드를 제공해야 한다'는 규약만 담겨 있습니다. 그럼에도 [코드 7-25d]의 TogglePageController처럼 마치 이미 이런 메서드들이 구현된 것처럼 바로 코드를 이어갈 수 있습니다.

이는 togglePage의 타입을 TogglePage 인터페이스로 지정해둔 덕분에 실제 구현 클래스가 아직 없어도 TogglePageController와 같은 클래스를 미리 작성할 수 있기 때문입니다. 이처럼 인터페이스가 제공하는 구조적 유연성을 활용하면 구현 세부사항 없이도 개발을 진행할 수 있어 생산성을 높이는 데 유리합니다.

코드 7-25d TogglePageController에서 getItemViewOn, setItemViewOn 사용

```
export class TogglePageController<LV extends ListView<ExtractItemView<LV>>> {
  constructor(private togglePage: TogglePage<LV>) {
    const toggleAllView: ToggleView = this.togglePage.toggleAllView;
    const listView: LV = this.togglePage.listView;
    toggleAllView.data.on = this.isAllOn();
    toggleAllView.addEventListener(Toggled, e => this.toggleAll(e.detail.on));
```

```
    listView.addEventListener(Toggled, () => this.syncToggleAllView());
  }

  toggleAll(on: boolean) {  // ❶
    const { listView, getItemViewOn, setItemViewOn } = this.togglePage;
    listView.itemViews
      .filter(itemView => getItemViewOn(itemView) !== on)  // ❸
      .forEach(itemView => setItemViewOn(itemView, on));  // ❹
  }

  syncToggleAllView() {
    this.togglePage.toggleAllView.setOn(this.isAllOn());
  }

  isAllOn() {  // ❷
    return this.togglePage.listView.itemViews.every(
      this.togglePage.getItemViewOn
    );
  }
}
```

TogglePageController에서 TogglePage의 메서드인 getItemViewOn과 setItemViewOn를 사용하도록 코드를 추가했습니다.

❶ toggleAll 메서드와 ❷ isAllOn 메서드에서는 ❸ togglePage.getItemViewOn(itemView)와 같이 로직에 필요한 itemView를 인자로 전달하여 아이템 뷰가 현재 체크되어 있는지 togglePage에 물어보고 있습니다. 또한 toggleAll 메서드 내에서 ❹ togglePage.setItemViewOn(itemView, on)을 통해 아이템 뷰의 체크 상태를 변경하고 있습니다.

이로써 TogglePageController는 구체적인 아이템 뷰나 데이터 모델이 어떻게 동작하는지 전혀 알 필요가 없습니다. 오직 TogglePage 인터페이스가 정의한 메서드를 통해서만 체크 로직을 수행합니다. 이 같은 설계에는 다음과 같은 효과와 장점이 있습니다.

- **유연한 확장성**
  각 페이지(TodoPage, SettingPage 등)가 '어느 필드를 체크로 쓸지'만 정하면 되므로 로직 변경이나 페이지 추가가 쉬워집니다.
- **코드 중복 감소**
  TogglePageController는 아이템 뷰나 데이터 모델에 구체적으로 의존하지 않으므로 여러 페이지에서 동일한 컨트롤러를 재사용할 수 있습니다.

- **구현 세부사항 은닉**
  체크 로직의 상세 구현(itemView.data.on, itemView.setCompleted(bool))은 인터페이스 뒤에 감춰집니다. TogglePageController는 어디서 어떻게 체크 상태를 읽고 쓸지 몰라도 되므로 구조가 단순해집니다.

결과적으로 TogglePage 인터페이스에 getItemViewOn, setItemViewOn 메서드를 정의해두기만 하면 각 페이지(TodoPage, SettingPage 등)는 자신만의 체크 로직을 해당 메서드로 구현할 수 있습니다. 이렇게 하면 TogglePageController는 '어떤 필드를 체크 상태로 삼을지' 또는 '어떤 메서드로 토글할지'와 같은 구체적인 로직을 TogglePage를 구현하는 실제 페이지(예: TodoPage, SettingPage)에 위임하게 됩니다. 이는 코드 재사용성과 확장성을 동시에 높여주는 우수한 설계 패턴입니다.

TodoPage 클래스에서 TogglePage 인터페이스 구현하기

이제 TodoPage와 SettingPage가 각각 TogglePage를 구현하도록 하여 토글 가능한 페이지로 만들겠습니다.

코드 7-26 TodoPage가 TogglePage<TodoListView>가 되도록 구현

```
class TodoPage extends View<Todo[]> implements TogglePage<TodoListView> {  // ❶
  toggleAllView = new CheckView();  // ❷
  listView = new TodoListView(this.data);  // ❸

  getItemViewOn(itemView: TodoItemView): boolean {  // ❹
    return itemView.data.completed;
  }

  setItemViewOn(itemView: TodoItemView, bool: boolean): void {  // ❺
    return itemView.setCompleted(bool);
  }

  private togglePageController = new TogglePageController(this);  // ❻

  override template() {
    return html`
      <div>
        <div class="header">
          ${this.toggleAllView}
          <input type="text">
        </div>
```

```
      <div class="body">
        ${this.listView}
      </div>
    </div>
  `;
  }
}
```

❶ 먼저 TodoPage가 토글 가능한 페이지로서 지켜야 할 규약을 만족하도록 TogglePage<TodoListView>를 명시합니다. 필수 프로퍼티 및 메서드는 다음과 같습니다.

- ❷ toggleAllView: CheckView를 사용해 전체 체크/해제를 담당합니다.
- ❸ listView: TodoListView를 통해 Todo 항목 목록을 표시합니다.
- ❹ getItemViewOn(…): itemView.data.completed를 반환하여 체크 상태를 확인합니다.
- ❺ setItemViewOn(…): itemView.setCompleted(bool)로 체크 상태를 변경합니다.

그런 다음 ❻ 자신(this)을 TogglePageController에 주입합니다. 이를 통해 Toggled 이벤트 등록과 그에 따른 toggleAll(), syncToggleAllView() 등의 메서드를 실행하는 체크 로직을 컨트롤러에서 처리하게 합니다. 이로써 TodoPage는 UI 구성에만 집중하고 체크 로직은 중복 없이 하나의 컨트롤러로 공유할 수 있습니다.

코드 7-27 SettingPage가 TogglePage<SettingListView>가 되도록 구현

```
class SettingPage extends View<Setting[]> implements TogglePage<SettingListView> {
  toggleAllView = new SwitchView();  // ❶
  listView = new SettingListView(this.data);  // ❷

  getItemViewOn(itemView: SettingItemView): boolean {  // ❸
    return itemView.data.on;
  }

  setItemViewOn(itemView: SettingItemView, bool: boolean): void {  // ❹
    return itemView.switchView.setOn(bool);
  }

  private togglePageController = new TogglePageController(this);  // ❺

  override template() {
    return html`
      <div>
```

```
        <div class="header">
          <h2>Setting</h2>
          ${this.toggleAllView}
        </div>
        <div class="body">
          ${this.listView}
        </div>
      </div>
    `;
  }
}
```

SettingPage가 TogglePageController를 사용할 수 있도록 다음과 같이 구현했습니다.

❶ toggleAllView: SwitchView를 사용해 전체 체크/해제를 담당합니다.

❷ listView: SettingListView를 통해 설정 목록을 표시합니다.

❸ getItemViewOn(…): itemView.data.on을 반환하여 체크 상태를 확인합니다.

❹ setItemViewOn(…): itemView.switchView.setOn(bool)로 체크 상태를 변경합니다.

❺ togglePageController: this를 주입(new TogglePageController(this))하여 체크 로직을 컨트롤러에 위임합니다.

지금까지 TodoPage와 SettingPage에 있던 중복 로직을 TogglePageController로 이관하여 제거하는 과정을 살펴보았습니다. 변경된 코드를 실행해보면 두 페이지 모두 기존과 동일하게 정상 동작한다는 사실을 확인할 수 있습니다.

7.2.10 GoF의 디자인 패턴 관점으로 보기 – 전략 패턴

TodoPage와 TogglePageController의 구조는 **GoF의 전략**strategy **패턴**과 유사합니다. TogglePageController가 '문맥context' 역할을 하여 체크 로직을 실행하기 위한 일부 메서드(toggleAll, syncToggleAllView, isAllOn)를 제공합니다. 그리고 실제 '체크 상태 확인/설정' 로직은 TogglePage를 구현한 다양한 페이지(전략)들이 담당합니다.

- 문맥(TogglePageController): '체크 로직을 수행할 메서드'를 가지고 있으나 구체적인 '체크 상태를 어떻게 읽고 쓸지'는 외부에 위임합니다.
- 전략(TogglePage): '체크 상태를 읽고 쓰는' 구체적인 로직을 페이지별로 다르게 구현합니다.

이러한 패턴이 있음을 인지하고 있다면 코드의 역할 분리를 더욱 명확히 패턴화하여 팀원들과 원활하게 소통하고 코드 일관성도 높일 수 있습니다.

7.2.11 일급 함수를 활용한 객체 간 통신 - 콜백 인젝션 패턴

GoF가 제시했던 전통적 객체지향 패턴들은 대부분 '클래스 상속' 혹은 '인터페이스 구현'을 통해 확장하고 교체할 수 있도록 설계되었습니다. 그러나 함수형 프로그래밍 요소가 보편화된 현대 언어에서는 '한두 개의 람다(콜백 함수)'를 인자로 주고받는 것만으로도 원하는 로직의 교체나 확장을 훨씬 간단하게 구현할 수 있습니다.

이렇게 함수를 인자로 전달하는 기법은 TodoPage와 ToggleListController같은 클래스가 단 하나의 함수를 통해 서로 통신하도록 함으로써 양쪽 클래스의 의존성을 크게 낮추고 구현 또한 간결하게 유지할 수 있습니다. 이러한 구조를 커뮤니티에서는 종종 '함수(콜백) 인젝션'이라고 부르기도 합니다.

일급 함수를 활용한 ToggleListController의 구조

[코드 7-28]은 ToggleListController가 일급 함수(콜백)를 이용해 '아이템 뷰가 체크(on) 상태인지' 여부와 '그 상태를 어떻게 설정할지'를 외부에서 주입받는 모습을 보여줍니다.

코드 7-28 ToggleListController

```
export class ToggleListController<
  TV extends ToggleView,
  LV extends ListView<ExtractItemView<LV>>
> {
  constructor(
    public toggleAllView: TV,
    public listView: LV,
    private getItemViewOn: (itemView: ExtractItemView<LV>) => boolean,
    private setItemViewOn: (itemView: ExtractItemView<LV>, bool: boolean) => void
  ) {
    this.toggleAllView.data.on = this.isAllOn();
    this.toggleAllView.addEventListener(Toggled, (e) => this.toggleAll(e.detail.on));
    this.listView.addEventListener(Toggled, () => this.syncToggleAllView());
  }
```

```
  toggleAll(bool: boolean) {
    this.listView.itemViews
      .filter((itemView) => this.getItemViewOn(itemView) !== bool)
      .forEach(itemView => this.setItemViewOn(itemView, bool));
  }

  syncToggleAllView() {
    this.toggleAllView.setOn(this.isAllOn());
  }

  isAllOn() {
    return this.listView.itemViews.every(this.getItemViewOn);
  }
}
```

[코드 7-28]에서는 고전적인 OOP 방식(인터페이스 구현, 메서드 오버라이드 등) 없이 함수 하나로 이 문제를 해결합니다. 클래스 내부 로직에서 어떤 필드를 체크 상태로 삼을지, 체크 상태를 어떻게 변경할지 전혀 모르고 오직 콜백으로 받아온 함수를 통해서만 이를 수행하도록 합니다.

ToggleListController는 UI나 데이터 모델에 종속되지 않으며 콜백만 바꾸면 여러 종류의 체크 가능한 아이템(TodoItemView, SettingItemView 등)에 재활용할 수 있습니다.

TodoPage와 ToggleListController를 람다로 연결

[코드 7-29]처럼 TodoPage 쪽에서는 '어떤 필드(completed)로 체크 상태를 읽고 쓸지'에 대한 함수를 간단히 람다로 정의해 넘겨주면 됩니다.

코드 7-29 TodoPage & ToggleListController

```
class TodoPage extends View<Todo[]> {
  private toggleListController = new ToggleListController(
    new CheckView(),
    new TodoListView(this.data),
    (itemView) => itemView.data.completed,  // getItemViewOn
    (itemView, bool) => itemView.setCompleted(bool)  // setItemViewOn
  );

  override template() {
    return html`
```

```
    <div>
      <div class="header">
        ${this.toggleListController.toggleAllView}
        <input type="text">
      </div>
      <div class="body">
        ${this.toggleListController.listView}
      </div>
    </div>
  `;
 }
}
```

TodoPage에서는 더 이상 토글 로직에 관한 메서드를 구현할 필요가 없어졌습니다. 필요한 부분(아이템의 체크 여부 읽기/쓰기)은 ToggleListController가 주입받은 두 개의 람다 함수를 통해 처리되므로 TodoPage 쪽 코드는 더욱 간결해지고 의존성도 명확해집니다. 물론 람다가 너무 많아지면 오히려 가독성을 해칠 수 있지만 간단한 연결 구조에서는 람다 방식이 구현을 간결하게 유지하면서 의존성도 효과적으로 분리할 수 있습니다.

또한 [코드 7-29]의 람다에서 itemView는 TodoItemView로 정확히 추론되어 data.completed 필드와 setCompleted() 메서드를 안전하게 사용할 수 있습니다.

SettingPage와 ToggleListController를 람다로 연결

[코드 7-29a] 역시 마찬가지로 '어떤 필드를 체크 상태로 삼고 어떻게 변경할지'를 람다 두 개로 정의하여 건네줄 뿐 SettingPage 자체는 별도의 로직 메서드를 구현할 필요가 없습니다.

코드 7-29a SettingPage & ToggleListController

```
class SettingPage extends View<Todo[]> {
  private toggleAllView = new SwitchView();
  private listView = new SettingListView(this.data);

  private toggleListController = new ToggleListController(
    this.toggleAllView,
    this.listView,
    (itemView) => itemView.data.on,  // getItemViewOn
    (itemView, bool) => itemView.switchView.setOn(bool)  // setItemViewOn
  );
```

```
  override template() {
    return html`
      <div>
        <div class="header">
          ${this.toggleAllView}
          <input type="text">
        </div>
        <div class="body">
          ${this.listView}
        </div>
      </div>
    `;
  }
}
```

TodoPage나 SettingPage 같은 클래스에서 ToggleListController를 위해 별도의 메서드를 구현하거나 오버라이딩하거나 복잡한 상속 트리를 구성할 필요가 없습니다. 필요한 로직은 단지 두 개의 람다 함수로 주입되므로 서로 간의 의존성이 매우 낮아지고 코드가 훨씬 깔끔해집니다. 또한 ToggleListController와 협력하는 필드나 메서드가 여기저기 분산되지 않으니 시선도 분산되지 않아 가독성도 높아집니다.

추가로 [코드 7-29a]를 보면 TogglePageController에서는 SettingPage의 toggleAllView와 listView를 반드시 public으로 설정해야 했던 것과 달리 ToggleListController에서는 SettingPage의 이 두 속성을 private으로 선언할 수도 있음을 알 수 있습니다.

7.2.12 멀티패러다임적인 코드 설계

GoF가 1994년에 발표한 『GoF의 디자인 패턴』은 그 시기 주로 사용하던 C++와 Smalltalk 환경을 전제로 작성되었습니다. 자바가 공식 출시된 것은 1996년이며 일급 함수를 도입한 시점(2014년 자바 8)은 그보다 훨씬 뒤였기 때문에 당시에는 현대적인 함수형 기법(람다 등)을 결합하기가 어려웠습니다.

이제 **현대 프로그래밍 언어**는 객체지향만 지원하지 않고 동시에 함수형 프로그래밍 언어 역할도 수행합니다. 객체지향 기반으로 문제를 푼다고 해서 함수형 기법을 배제할 이유가 없고 함수형을 우선하는 문제에서 클래스를 사용하지 않을 이유도 없습니다.

그렇기에 현대 언어로는 GoF의 디자인 패턴 일부도 함수를 인자로 넘기는 방식으로 훨씬 단순화할 수 있습니다. 예컨대 Command나 Strategy는 굳이 객체로 명령/전략을 캡슐화하지 않아도 간단히 람다 하나로 대체할 수 있습니다. Observer나 Template Method 또한 함수형 스타일로 재정의하면 더 짧고 직관적인 코드로 표현할 수 있습니다.

객체지향 프로그래밍은 상태와 메시지라는 관점을 통해 객체 간 상호작용을 정교하게 모델링하며 함수형 프로그래밍은 부수 효과를 억제하면서 불변적(영속적) 데이터 구조나 모나드를 활용해 좀 더 선언적인 로직을 작성할 수 있게 해줍니다. 이 둘을 적절히 섞으면 클래스 안에서 리스트 프로세싱을 적용하거나 객체 상태를 함수형 방식으로 제어하는 등 다양한 설계를 시도할 수 있습니다.

한편 부수 효과 처리를 어떻게 하느냐에 따라 함수형과 객체지향이 서로 충돌하는 것으로 보일 수도 있습니다. 그러나 실제로는 상호 보완을 통해 더 나은 설계를 이끌어내는 사례가 될 수 있습니다. 객체지향에서도 무분별한 상태나 복잡한 메시지 구조를 지양하듯이 함수형도 과도한 재귀나 부분 적용을 무조건 권장하지 않습니다. 핵심은 '책임 분리와 부수 효과 최소화'라는 공통 원칙을 어떻게 녹여내느냐이며 양쪽 모두 불필요한 복잡도와 부수 효과를 줄이기 위해 같은 방향을 지향합니다.

이 절에서 소개한 예처럼 함수형 기법과 객체지향 기법을 함께 활용하면 의존성을 낮추면서도 로직을 간결하게 표현하고 객체 상태를 유연하게 관리할 수 있습니다. 이러한 멀티패러다임적인 접근은 실용적인 설계 방법론으로 볼 수 있습니다.

7.3 Todo 앱 만들기 2

이제 Todo 앱을 완성하기 위해 처리해야 할 Todo가 두 개 남았습니다. 이 절에서는 남은 두 가지 Todo를 모두 완료해보겠습니다.

- [ ] 새로운 Todo 항목 등록
- [x] 완료 처리
- [x] 한 번에 모든 항목을 완료로 처리
- [ ] 미완료 항목만 또는 완료 항목만 필터링하여 보기

7.3.1 데코레이터로 코드를 간결하게

앞서 구현했던 ToggleView에서는 클릭 이벤트 등록을 onRender() 메서드에서 직접 처리했습니다. 이번에는 데코레이터[decorator]를 이용해 이벤트 등록 로직을 훨씬 간단하게 만들고 코드 가독성을 높여보겠습니다.

> NOTE
>
> 타입스크립트의 데코레이터는 클래스, 메서드, 접근자, 속성, 파라미터 등에 부가 기능이나 메타데이터를 주입하기 위한 문법 요소입니다. 컴파일 시점 혹은 런타임 시점에 데코레이터를 통해 관련 대상(클래스/메서드 등)에 추가 동작을 적용하거나 특성을 변경할 수 있습니다. 데코레이터 문법을 사용하려면 보통 tsconfig.json의 "compilerOptions"에 "experimentalDecorators"와 "emitDecoratorMetadata"를 true로 설정해야 합니다.

코드 7-30 데코레이터 적용 전 ToggleView

```
abstract class ToggleView extends View<Toggle> {
  constructor(data?: Toggle) {
    super(data ?? { on: false });
  }
```

```
  // 아래 부분을 @on('click') 데코레이터로 대체할 수 있습니다.
  protected override onRender() {
    this.addEventListener('click', () => this.toggle());
  }

  private toggle() {
    this.setOn(!this.data.on);
    this.dispatchEvent(Toggled, { bubbles: true, detail: this.data });
  }

  setOn(bool: boolean) {
    this.data.on = bool;
    this.element().classList.toggle('on', bool);
  }
}
```

만일 @on('click')과 같은 데코레이터가 사용할 수 있게 준비되어 있다면 [코드 7-30] onRender() 내의 addEventListener 호출 부분을 데코레이터로 옮겨 이벤트 등록 로직을 한층 간결하게 표현할 수 있습니다.

코드 7-31 데코레이터 적용 후 간결해진 ToggleView

```
abstract class ToggleView extends View<Toggle> {
  constructor(data?: Toggle) {
    super(data ?? { on: false });
  }

  @on('click')
  private toggle() {
    this.setOn(!this.data.on);
    this.dispatchEvent(Toggled, { bubbles: true, detail: this.data });
  }

  setOn(bool: boolean) {
    this.data.on = bool;
    this.element().classList.toggle('on', bool);
  }
}
```

[코드 7-31]에서는 onRender()에 직접 이벤트를 등록하는 로직이 사라지고 데코레이터 @

on('click')을 통해 toggle() 메서드가 클릭 이벤트와 연결됨을 명시하고 있습니다. 덕분에 '어떤 메서드가 어떤 이벤트를 처리하는지'를 메서드 정의 부분에서 바로 확인할 수 있어 코드 구조가 훨씬 깔끔해집니다.

@on('click')과 같은 데코레이터는 [코드 7-32]와 같이 구현합니다. 예제에서는 데코레이터의 런타임 동작과 구현에 집중할 수 있도록 타입 표기를 제외했습니다.

코드 7-32 @on() 데코레이터 구현

```
function on(eventType) {  // ❶
  return function (viewPrototype, propertyKey, descriptor) {  // ❷
    const method = descriptor.value;  // ❸ 데코레이터가 붙은 실제 메서드(예: toggle())

    // ❹ 기존 onRender를 임시로 저장
    const originalOnRender = viewPrototype.onRender;

    // ❺ onRender를 새로 재정의
    viewPrototype.onRender = function() {
      // 데코레이터 대상 메서드를 이벤트 핸들러로 등록
      this.addEventListener(eventType, method);

      // 원래 onRender 로직을 이어서 수행
      originalOnRender.call(this);
    };
  };
}
```

❶ on(eventType) 함수

데코레이터의 바깥 함수로서 'click'과 같은 이벤트 유형을 인자로 받아 안쪽 함수를 반환합니다.

- 사용 예시: @on('click') toggle() { ... }

❷ 내부 반환 함수

이 부분은 실제로 메서드(예: toggle)에 데코레이터가 붙을 때 호출됩니다. 매개변수의 의미는 다음과 같습니다.

- viewPrototype: 데코레이터가 적용된 클래스(프로토타입)
- propertyKey: 메서드명(예: "toggle")
- descriptor: 해당 메서드의 프로퍼티 디스크립터로 descriptor.value가 실제 메서드 함수

❸ const method = descriptor.value;

descriptor.value가 데코레이터가 붙은 메서드(여기서는 toggle)를 가리킵니다. 나중에 this.addEventListener(eventType, method) 호출 시 method가 핸들러로 등록됩니다.

❹ **원본 onRender 저장하기**

데코레이터가 클래스 프로토타입의 onRender 메서드를 찾아 임시 변수에 보관합니다. 이렇게 해야 새로 정의된 onRender 안에서 원래의 onRender 로직을 잃지 않고 그대로 호출할 수 있습니다.

❺ **viewPrototype.onRender = function() { ... } 재정의**

이제 onRender를 오버라이드하여 '이벤트 핸들러 등록 → 원본 onRender 호출' 순서로 실행되도록 합니다. 내부에서 this.addEventListener(eventType, method)를 호출하면 해당 뷰의 인스턴스가 onRender 시점에 이벤트 핸들러를 등록하게 됩니다. 이후 originalOnRender.call(this)를 실행해 기존 onRender 로직(부모 또는 원래 작성된 onRender)도 정상적으로 동작하게 합니다.

데코레이터를 사용하면 이벤트 등록 로직을 메서드 선언부 가까이에 둠으로써 어떤 메서드가 어떤 이벤트를 처리하는지 한눈에 파악하기 쉽습니다. 또한 onRender() 등에서 이벤트를 일일이 등록하던 과정이 사라지므로 코드가 한층 간결해지고 유지보수도 편리해집니다.

View 클래스의 addEventListener 메서드는 Toggled 이벤트 사례처럼 클래스 기반 커스텀 이벤트 패턴을 지원하여 타입 추론을 용이하게 합니다. 이를 바탕으로 데코레이터를 활용하면 TodoItemView 코드 역시 다음과 같이 훨씬 간결하게 표현할 수 있습니다.

코드 7-33 TodoItemView에 @on(Toggled) 적용

```
class TodoItemView extends View<Todo> {
  private checkView = new CheckView({ on: this.data.completed });

  override template() {
    return html`
      <div>
        ${this.checkView}
        <span class="title">${this.data.title}</span>
      </div>
    `;
  }

  @on(Toggled)
  private syncCompleted() {
    this.data.completed = this.checkView.data.on;
  }

  setCompleted(bool: boolean) {
    this.checkView.setOn(bool);
    this.syncCompleted();
  }
}
```

7.2절의 [코드 7-20]과 비교해보면 @on(Toggled)를 사용함으로써 기존 onRender 메서드 내 이벤트 등록 로직을 대체했다는 점을 확인할 수 있습니다.

다음은 데코레이터에 타입 정보를 명시하여 코드의 안전성과 유지보수성을 높이는 예제입니다. 타입스크립트 환경에서 데코레이터를 활용할 때 이벤트 객체나 메서드 시그니처 등의 타입을 명확히 선언해두면 IDE 자동 완성과 컴파일 타임 타입 검사를 적극적으로 활용할 수 있어 개발 경험이 더욱 향상됩니다.

코드 7-34 @on 데코레이터에 타입 추가

```
// @on('click')용 시그니처
function on<K extends keyof HTMLElementEventMap>(
   eventType: K
): <T extends (event: HTMLElementEventMap[K]) => void>(
  target: View,
  propertyKey: string,
  descriptor: TypedPropertyDescriptor<T>
) => void;

// @on(Toggled)용 시그니처
function on<E extends new (...args: any[]) => Event>(
   EventClass: E
): <T extends (event: InstanceType<E>) => void>(  // InstanceType<E>로 E의 인스턴스 타입 추출
  view: View,
  propertyKey: string,
  descriptor: TypedPropertyDescriptor<T>
) => void;

function on(eventType: any) {
  return function <T extends (e: any) => void>(
    viewPrototype: any,
    propertyKey: string,
    descriptor: TypedPropertyDescriptor<T>  // T는 데코레이터를 붙인 메서드의 타입
  ) {
    const method: T = descriptor.value!;
    const onRender: () => void = viewPrototype.onRender;
    viewPrototype.onRender = function() {
      this.addEventListener(eventType, method);
      onRender.call(this);
    }
  };
}
```

[코드 7-34]는 @on 데코레이터에 이벤트명(HTMLElementEventMap)이나 사용자 정의 이벤트 클래스(CustomEventClass)를 제네릭으로 선언합니다. 이벤트 핸들러의 인자 타입을 타입스크립트가 추론하도록 한 것입니다. 이렇게 하면 'click' 이벤트에는 MouseEvent, Toggled 이벤트에는 Toggled 클래스를 자동 매핑하여 메서드 시그니처가 올바르지 않을 경우 컴파일 타임에 에러를 발생시킵니다. 이를 통해 런타임 오류 전에 이벤트와 핸들러 타입 불일치를 미리 잡아낼 수 있어 코드 안전성이 높아집니다.

[코드 7-34]의 on 데코레이터의 첫 번째 시그니처(on〈K extends keyof HTMLElementEventMap〉)는 '이벤트명 → 이벤트 인스턴스'를 제네릭으로 연결함으로써 이벤트명에 따라 적절한 이벤트 타입을 추론할 수 있게 합니다.

코드 7-35 이벤트명으로 인자 타입 추론

```
class DeleteView extends View<object> {
  @on('click')
  private remove(e: MouseEvent) {
    // ...
  }
}

class MovableView extends View<object> {
  @on('click')  // 타입 에러
  private move(e: KeyboardEvent) {
    // ...
  }
}

// 타입 에러 상세:
// Type (e: KeyboardEvent) => void is not assignable to type (event: MouseEvent) => void
```

DeleteView 예에서는 'click' 이벤트를 받고 MouseEvent를 인자로 처리하므로 문제가 없습니다. 하지만 MovableView는 'click'으로 선언하고도 메서드에서 KeyboardEvent를 사용하고 있으므로 컴파일 시점에 에러가 발생합니다. 이렇게 이벤트명별로 인자 타입이 연동되어 런타임 이전에 타입 불일치 오류를 잡아낼 수 있습니다.

두 번째 시그니처(on〈E extends new (...args: any[]) => Event〉)는 '커스텀 이벤트 클래스 → 커스텀 이벤트 클래스 인스턴스'를 제네릭으로 연결하여 사용자 정의 이벤트 클래스를 활용할 때도 타입 안정성을 보장합니다.

코드 7-36 이벤트명으로 인자 타입 추론 2

```
class MyItemView extends View<object> {
  @on(Toggled)
  private method(e: Toggled) {
    const toggle: Toggle = e.detail;
    const on: boolean = toggle.on;
  }
}

class MyItemView2 extends View<object> {
  @on(Toggled) // 타입 에러
  private method(e: FocusEvent) {
  }
}

// 타입 에러 상세:
// Type (e: FocusEvent) => void is not assignable to type (event: Toggled) => void
```

MyItemView에서는 Toggled 클래스를 이벤트로 받아서 detail 필드에 들어 있는 Toggle 객체에 안전하게 접근할 수 있습니다. 반면 MyItemView2는 Toggled 이벤트를 FocusEvent로 처리하려고 시도하기 때문에 컴파일 에러가 발생하게 됩니다.

2.3절에서 LISP의 메타프로그래밍에 대해 살펴보았는데 데코레이터 역시 '클래스나 메서드 등 원본 코드 구조'를 런타임에 조작 · 검사 · 확장하는 메타프로그래밍 기법에 속합니다. 언뜻 보면 '코드에 @ 문법을 붙이는' 단순한 형태처럼 보이지만 사실상 코드 바깥에서 원본 구조를 동적으로 변경합니다.

현재 타입스크립트에서는 트랜스파일(컴파일) 과정에서 데코레이터용 코드가 삽입되고 실제 동작 확장은 런타임에 이루어집니다. 이를 통해 공통 로직 주입, DI(의존성 주입) 컨테이너, 검증, 자동 라우팅, 이벤트 연결 등의 부가 기능을 선언적이고 간결한 방식으로 작성할 수 있습니다.

타입스크립트에서는 주로 클래스 같은 객체지향 요소의 표현력을 높이는 용도로 데코레이터를 활용합니다. 반면 구현 자체는 일급 함수와 고차 함수를 사용하는 함수형 기법에 기반을 두어 멀티패러다임적이라고 할 수 있습니다. 또한 타입 정보를 명시한 데코레이터를 잘 작성해두면 런타임 이전에 오류를 미리 감지할 수 있어 훨씬 견고하고 유지보수하기 쉬운 코드를 만들 수 있습니다.

7.3.2 TextSubmitView

텍스트를 입력받은 뒤 [Enter] 키를 누르면 TextSubmitted 이벤트를 발생시킵니다. 이때 이 이벤트의 detail 필드에 입력값을 담아 전달하는 컴포넌트가 있다면 TodoPage에서 새 Todo 항목 기능을 손쉽게 추가할 수 있습니다.

코드 7-37 TextSubmitView

```
class TextSubmitted extends CustomEventWithDetail<string> {}  // ❶

class TextSubmitView extends View<{ value?: string }> {  // ❷
  override template() {
    return html`<input type="text" value="${this.data.value ?? ''}" />`;
  }

  @on('keypress')
  private keypress(e: KeyboardEvent) {  // ❸
    if (e.code === 'Enter') {
      const input = e.target as HTMLInputElement;
      const detail = input.value.trim();
      if (detail) {
        this.dispatchEvent(TextSubmitted, { detail, bubbles: true });
        input.value = '';
      }
    }
  }
}
```

TextSubmitView는 사용자가 텍스트를 입력한 뒤 [Enter] 키를 누르면 입력 내용을 담은 커스텀 이벤트(TextSubmitted)를 발생시키는 컴포넌트입니다.

❶ TextSubmitted 이벤트 클래스

문자열(string)을 세부 정보(detail)로 갖는 커스텀 이벤트입니다. detail 필드에는 실제 제출된 입력값이 담깁니다.

❷ TextSubmitView 클래스

View<{ value?: string }>을 상속받아 초깃값(value)을 가진 텍스트 입력 필드를 렌더링합니다. 사용자가 입력 필드에 텍스트를 타이핑하고 [Enter] 키를 누르면 keypress 핸들러가 실행됩니다.

❸ keypress 메서드

keypress 이벤트가 발생할 때마다 호출되는 메서드입니다. 이벤트 객체(KeyboardEvent)에서 e.code === 'Enter'를 확인해 사용자가 [Enter] 키를 누르면 입력 필드의 값(input.value)을 가져옵니다.

trim()으로 공백을 제거한 후 값이 존재하면 dispatchEvent(TextSubmitted, { detail, bubbles: true })를 통해 커스텀 이벤트를 발생시킵니다. 이벤트에 전달되는 detail에는 사용자가 입력한 텍스트가 들어가며 이후 입력 필드값을 비워(input.value = '') 사용자가 다음 텍스트를 입력할 수 있도록 합니다.

이렇게 작성하면 TodoPage 같은 상위 코드나 다른 컴포넌트에서 TextSubmitView가 발생시키는 TextSubmitted 이벤트를 감지해 새로운 Todo 아이템을 생성하는 로직 등을 간편하게 구현할 수 있습니다.

7.3.3 ListView에 헬퍼 메서드 추가하기

ListView에 ItemView를 생성하고 DOM에도 추가하는 append(item)과 같은 메서드가 있다면 TodoPage를 손쉽게 구현할 수 있습니다.

코드 7-38 ListView에 append 추가

```
abstract class ListView<IV extends View<object>> extends View<IV['data'][]> {
  // ... 생략 ...

  append(item: IV['data']): this {
    const itemView = new this.ItemView(item);  // ❶
    this.data.push(item);  // ❷
    this.itemViews.push(itemView);
    this.element().append(itemView.render());  //❸
    return this;  // ❹
  }
}
```

append(...) 메서드는 새로운 아이템 데이터(item)를 받아 해당 데이터를 담는 itemView 인스턴스를 생성한 뒤 리스트에 추가하는 역할을 합니다. ❶ new this.ItemView(item)으로 새로운 아이템 뷰를 만들고 여기에 item을 전달합니다.

그런 다음 ❷ this.data.push(item);과 this.itemViews.push(itemView);를 통해 내부 상태를 갱신하여 새 아이템이 리스트에 정상적으로 등록되도록 합니다. ❸ this.element().append(itemView.render());로 실제 DOM 구조에도 추가하여 화면에 바로 렌더링됩니다.

마지막으로 ❹ return this;로 메서드를 호출한 후 곧바로 다른 메서드를 체이닝으로 이어서 호출할 수 있게 합니다.

7.3.4 새로운 Todo 생성하기

TextSubmitView와 ListView의 append 메서드를 활용하면 사용자가 텍스트를 입력하고 [Enter] 키를 누를 때마다 새로운 Todo 아이템을 쉽게 추가할 수 있습니다. 다음 코드는 이러한 기능을 TodoPage에 구현한 예입니다.

코드 7-39 TodoPage

```
class TodoPage extends View<Todo[]> {
  private listView = new TodoListView(this.data);

  private toggleListController = new ToggleListController(
    new CheckView(),
    this.listView,
    (itemView) => itemView.data.completed,
    (itemView, bool) => itemView.setCompleted(bool)
  );

  override template() {
    return html`
      <div>
        <div class="header">
          ${this.toggleListController.toggleAllView}
          ${new TextSubmitView({})}  // ❷
        </div>
        <div class="body">
          ${this.listView}
        </div>
      </div>
    `;
  }

  @on(TextSubmitted)  // ❶
  private append({ detail: title }: TextSubmitted) {  // ❸
    const todo: Todo = { title, completed: false };  // ❹
    this.listView.append(todo);  // ❺
    this.toggleListController.syncToggleAllView();  // ❻
  }
}
```

❶ @on(TextSubmitted) 데코레이터로 append를 이벤트 핸들러로 등록합니다. ❷ TextSubmitView에서 [Enter] 키를 누를 때 TextSubmitted 이벤트가 발생하며 ❸ append({ detail: title }: TextSubmitted) 메서드가 이를 핸들링합니다.

그런 다음 ❹ 새 Todo 객체를 생성한({ title, completed: false }) 뒤 ❺ this.listView.append(todo)를 호출하면 새 Todo 항목이 listView에 추가되고 화면에 반영됩니다.

❻ 만약 모든 Todo가 이미 완료 상태였다면 새로 생성된 Todo는 아직 완료되지 않은 상태이므로 this.toggleListController.syncToggleAllView();를 호출하여 헤더의 체크 상태를 off로 전환합니다.

이로써 화면 상단의 텍스트 필드에 새 할 일을 입력하고 [Enter] 키를 누를 때마다 Todo 목록에 항목이 추가되는 직관적인 UI를 얻을 수 있습니다. 체크박스나 전체 체크박스를 활용해 Todo를 완료하거나 해제할 수도 있어 간단하지만 기능적으로 꽤 완결된 Todo 앱 구조를 갖췄습니다.

- [x] 새로운 Todo 항목 등록
- [x] 완료 처리
- [x] 한 번에 모든 항목을 완료로 처리
- [ ] 미완료 항목만 또는 완료 항목만 필터링하여 보기

7.3.5 SegmentControlView

이제 Todo 앱에 '미완료 항목만 또는 완료 항목만 필터링하여 보기' 기능을 추가하려고 합니다. 그전에 만약 필터 목록을 렌더링하고 선택된 필터에 따라 이벤트를 발생시키는 재활용 가능한 UI 컴포넌트가 있다면 필터 기능을 손쉽게 확장할 수 있을 것입니다.

SegmentControlView[1]는 이러한 목적에 적합한 컴포넌트입니다. 여러 SegmentItemView (각각의 필터 옵션)를 한꺼번에 관리하는 리스트 뷰 형태이며 All/Active/Completed 같은 필터 옵션을 배열로 전달받아 각 세그먼트를 렌더링하고 현재 선택된 세그먼트를 추적합니다.

코드 7-40 SegmentControlView

```
type Segment = {
  title: string;
  value?: string;
  selected?: boolean;
};

class SegmentSelected<T extends Segment = Segment> extends CustomEventWithDetail<T> {}

class SegmentItemView<T extends Segment> extends View<T> {
  override template({ selected, title }: T) {
    return html`
      <button class="${selected ? 'selected' : ''}">${title}</button>
    `;
  }
}

class SegmentControlView<T extends Segment> extends ListView<SegmentItemView<T>> {
  ItemView = SegmentItemView;

  selectedIndex: number;

  selectedSegment() {
    return this.data[this.selectedIndex];
  }
  // ... 생략 ...
}
```

1 SegmentControlView의 상세 구현은 이 책의 공식 Github 저장소에서 확인할 수 있습니다.

```
const filterView = new SegmentControlView(
  [
    { title: 'All', value: 'all' },
    { title: 'Active', value: 'active' },
    { title: 'Completed', value: 'completed' }
  ],
  // ❶ 두 번째 옵션(Active)을 기본 선택 상태로
);

const segment: Segment = filterView.selectedSegment();
console.log(segment);
// ❷ { title: 'Active', value: 'active', selected: true }

console.log(filterView.toHtml());
// <div class="SegmentControlView">
//   <button>All</button>
//   <button class="selected">Active</button>
//   <button>Completed</button>
// </div>
```

SegmentControlView 생성자의 첫 번째 인자는 Segment[ ]이며 두 번째 인자는 기본으로 선택되어 있어야 할 옵션의 인덱스(selectedIndex)입니다. 예제에서는 ❶ 세 가지 옵션(All, Active, Completed)을 전달하고 두 번째 옵션(Active)이 선택된 상태로 뷰를 생성한 뒤 ❷ selectedSegment() 메서드를 통해 현재 활성화된 세그먼트를 조회하고 콘솔에 출력하고 있습니다.

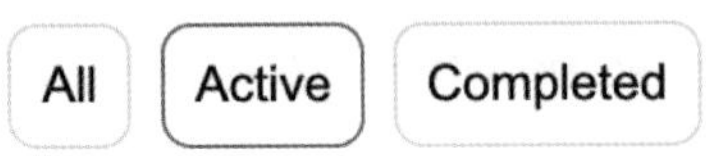

다음은 SegmentControlView를 TodoPage에 적용한 예제입니다.

코드 7-41 TodoPage

```
class TodoPage extends View<Todo[]> {
  private listView = new TodoListView([...this.data]);  // ❶ 배열 복사로 원본 데이터와 분리

  private toggleListController = new ToggleListController(
    new CheckView(),
```

```
    this.listView,
    (itemView) => itemView.data.completed,
    (itemView, bool) => itemView.setCompleted(bool)
  );

  private filterView = new SegmentControlView([  // ❷ SegmentControlView로 filterView 생성
    { title: 'All', value: 'all' },
    { title: 'Active', value: 'active' },
    { title: 'Completed', value: 'completed' }
  ]);

  private get filterState() {  // ❸ 현재 선택된 필터에 좀 더 간결히 접근하는 getter 구현
    return this.filterView.selectedSegment();
  }

  override template() {
    return html`
      <div>
        <div class="header">
          ${this.toggleListController.toggleAllView}
          ${new TextSubmitView({})}
        </div>
        <div class="body">
          ${this.listView}
          <div class="filter">${this.filterView}</div>
        </div>
      </div>
    `;
  }

  @on(TextSubmitted)
  private append({ detail: title }: TextSubmitted) {
    const todo: Todo = { title, completed: false };
    this.data.push(todo);  // ❹ 전체 Todo[]용 data에 새 Todo 추가
    // ❺ 현재 필터가 'completed'로 선택된 경우 화면에 추가하지 않음
    if (this.filterState.value !== 'completed') {
      this.listView.append(todo);
      this.toggleListController.syncToggleAllView();
    }
  }

  // ❻ filterView의 선택 항목을 변경할 때마다 실행
  @on(SegmentSelected)
  private refresh() {
```

```
    const todos = this.data.filter(todo =>
      this.filterState.value === 'all'
        ? true
        : this.filterState.value === 'completed'
          ? todo.completed
          : !todo.completed,
    );
    this.listView.set(todos); // set 메서드는 ListView에 구현하여 사용
    this.toggleListController.syncToggleAllView();
  }
}
```

[코드 7-39]의 TodoPage에서 변경된 점은 다음과 같습니다.

❶ **TodoListView를 생성할 때 전체 Todo[] 배열을 복사하여 원본 데이터와 분리한 데이터를 전달**

this.data는 TodoPage의 전체 Todo 목록을 담당하는 배열입니다. [...this.data] 구문으로 배열을 복사해 TodoListView에 새로운 배열을 전달하는 이유는 필터 로직을 일관되게 관리하기 위함입니다. 이후 ❻에서 원본으로부터 다시 필터링한 Todo[]를 생성해 TodoListView에 전달합니다.

❷ **SegmentControlView로 filterView를 생성**

title은 화면에 표시하기 위한 텍스트이고 value는 프로그램에서 구분하기 위한 고유의 값입니다.

❸ **현재 선택된 필터를 좀 더 간결한 코드로 접근하기 위해 간단한 게터 구현**

만일 현재 선택된 필터가 'Active'라면 this.filterState 게터는 Segment로 { title: 'Active', value: 'active' }를 반환합니다.

❹ **전체 Todo[]용 data에 새 Todo 항목 추가**

새로운 Todo 객체(todo)를 this.data 배열에 삽입해 전체 목록 관리 차원에서 Todo를 등록합니다. 이렇게 하면 이후 다른 필터를 적용하거나 새로고침할 때 이 Todo도 포함되어 올바른 목록이 계산됩니다.

❺ **현재 필터가 'completed'일 경우 화면에 추가하지 않음**

필터가 this.filterState.value !== 'completed'라면 this.filterState.value가 'all' 또는 'active'이며 this.listView.append(todo)로 화면에 새 항목이 즉시 추가됩니다. 반면 this.filterState.value가 'completed'인 상황이라면 새 항목(완료되지 않은 Todo)을 화면에 표시하지 않습니다.

❻ **refresh() 메서드는 @on(SegmentSelected)에 의해 filterView의 SegmentSelected 이벤트가 발생될 때 실행**

필터 뷰(SegmentControlView)에서 선택된 옵션에 따라 Todo 목록을 재정렬한 뒤 this.listView.set(todos)를 호출해 화면에 반영합니다. 예를 들어 'all'이 선택되면 모든 Todo 항목을, 'completed'는 완료된 항목만, 그렇지 않으면('active') 완료되지 않은 항목만 골라내 listView에 전달합니다. 이렇게 새로 전달된 데이터로 listView가 전체 화면을 다시 렌더링합니다. 마지막으로 this.toggleListController.syncToggleAllView()를 호출해 전체 체크박스 상태를 맞춰줍니다.

이 동작이 제대로 이루어지려면 ListView 측에서 set 메서드를 구현해 '주어진 Todo 데이터 전체로 뷰를 갱신'하는 로직을 갖고 있어야 합니다. set(todos: Todo[ ])를 실행하면 기존의 모든 아이템을 제거하고 새 Todo 아이템 뷰를 생성하고 렌더링하여 Todo 목록 화면을 갱신하는 역할을 담당하게 됩니다.

코드 7-42 ListView에 set 추가

```
abstract class ListView<IV extends View<object>> extends View<IV['data'][]> {
  // ... 생략 ...

  set(items: IV['data'][]): this {
    this.data.length = 0;  // ❶
    this.itemViews.length = 0;  // ❷
    this.element().innerHTML = '';  // ❸
    this.data.push(...items);  // ❹
    this.itemViews.push(...this.data.map(item => new this.ItemView(item)));  // ❺
    this.element().append(...this.itemViews.map(itemView => itemView.render()));  // ❻
    return this;  // ❼
  }
}
```

이 메서드는 새로운 데이터 배열(items)을 받으면 내부 data를 갱신한 뒤 기존 엘리먼트를 모두 제거하고 ItemView 인스턴스를 다시 만들어 화면에 렌더링합니다.

먼저 ❶ 현재 리스트 데이터를 모두 제거합니다. ❷ itemViews 데이터도 모두 제거하고 ❸ 기존에 렌더링되어 있던 모든 뷰 엘리먼트를 DOM에서 제거합니다. 그런 다음 ❹ 데이터에 items를 모두 push하여 갱신하고 ❺ 새로운 데이터 항목마다 ItemView를 생성해 itemViews에 담습니다. ❻ 새로 생성한 ItemView 엘리먼트들을 DOM에 추가하여 리스트 전체를 다시 렌더링합니다. ❼ 마지막으로 return this로 메서드 체이닝을 지원합니다.

필터를 변경하거나 새로운 Todo 항목을 생성하면 상황에 맞게 정상 동작하는 것을 확인할 수 있습니다.

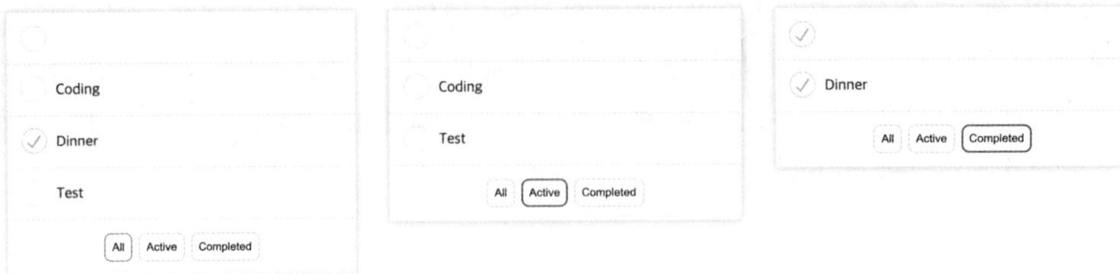

추가로 구현해야 할 기능이 하나 더 있습니다. 예를 들어 'Active' 탭에서 Todo 항목을 완료 처리하면 해당 항목이 현재 탭 목록에서 사라지도록 해야 합니다. 반대로 'Completed' 탭에서는 완료 처리를 해제하면 해당 항목이 목록에서 사라지도록 해야 합니다. 다만 이때 'All' 탭에서는 항목이 사라지지 않아야 합니다.

현재 ListView의 set 메서드가 Todo 목록 뷰를 자동으로 갱신하므로 이 로직은 간단하게 추가할 수 있습니다. 다음과 같이 refresh() 메서드에 @on(Toggled) 데코레이터를 붙여주기만 하면 됩니다.

코드 7-43 TodoPage

```
class TodoPage extends View<Todo[]> {
  // ... 생략 ...

  @on(Toggled)  // 전체 선택 혹은 Todo 항목 선택 시 이벤트 발생
  @on(SegmentSelected)
  private refresh() {
    const todos = this.data.filter(todo =>
      this.filterState.value === 'all'
        ? true
        : this.filterState.value === 'completed'
          ? todo.completed
          : !todo.completed,
    );
    this.listView.set(todos);
    this.toggleListController.syncToggleAllView();
  }
}
```

7.3.6 휴리스틱 기반 Diff로 DOM 업데이트 최적화

기존에 ListView의 set은 '항상 전체를 삭제 후 다시 그리는' 로직이었습니다. 이 방식은 구현이 단순하지만 많은 항목을 재사용할 수 있음에도 매번 DOM 전체를 갈아치우기 때문에 비효율적일 수 있습니다.

여기서는 간단한 휴리스틱 로직을 도입해 새 목록(items)과 이전 목록(this.data)을 앞에서부터 비교합니다. 동일 레퍼런스인 항목은 그대로 두어 재사용하고 필요 없는 항목만 제거하거나 새 항목만 삽입하는 방식을 시도합니다. 완벽한 최소 편집은 아니지만 변경이 일부만 발생하는 경우 전체 재렌더링보다 DOM 조작이 줄어들어 더 효율적인 업데이트를 기대할 수 있습니다.

휴리스틱이란 정확한 최적 해를 보장하기보다는 단계적이고 직관적인 규칙(경험적 방법)을 통해 '충분히 괜찮은' 해답을 빠르게 찾아내려는 접근 방식을 뜻합니다. 실제로 최적화 문제나 복잡한 계산에서 모든 경우를 완벽히 탐색하려면(예: 최소 편집 거리, LCS 등) 구현이 어렵거나 계산 시간이 오래 걸릴 수 있습니다. 또 어떤 상황에서는 이러한 엄격한 연산이 오히려 비효율을 낳기도 합니다. 여기서 사용한 해법은 이전 항목들과 새 항목들 간의 순서가 크게 달라지지 않을수록 특히 높은 효율을 보입니다.

코드 7-44 일부 항목만 업데이트하는 set

```
abstract class ListView<IV extends View<object>> extends View<IV['data'][]> {
  // ... 생략 ...

  /**
   * 기존 항목과 새 항목을 비교하여 일치하지 않는 항목만 삽입/삭제해 부분 업데이트를 시도
   */
  set(items: IV['data'][]): this {
    let i = 0, j = 0;

    // ❶ 기존 항목들을 빠르게 조회하기 위한 맵
    const oldItemsMap = new Map(
      this.data.map(item => [item, true])
    );

    // ❷ 앞에서부터 비교
    while (i < this.data.length && j < items.length) {
      const oldItem = this.data[i];
      const newItem = items[j];
```

```
    if (oldItem === newItem) {
      // 같은 레퍼런스면 그대로 두고 진행
      i++;
      j++;
      continue;
    }

    // ❸ 새 항목(newItem)이 기존에도 있으면(재사용 가능) → 현재 oldItem 제거
    if (oldItemsMap.has(newItem)) {
      this.itemViews[i].element().remove();
      // DOM 상태에 맞춰 이전 itemView, 이전 item 삭제
      this.itemViews.splice(i, 1);
      this.data.splice(i, 1);
    } else {
      // ❹ 기존 항목에 없는 경우 → 새 항목을 삽입
      const oldItemView = this.itemViews[i];
      const newItemView = new this.ItemView(newItem);

      // DOM상에 이미 존재하던 이전 항목 element 앞에 newItemView의 element 삽입
      oldItemView.element().before(newItemView.render());

      // 변경된 DOM 상태에 맞춰 데이터도 이전 항목 앞에 새 항목 삽입
      this.itemViews.splice(i, 0, newItemView);
      this.data.splice(i, 0, newItem);

      i++;
      j++;
    }
  }

  // ❺ 남은 기존 항목이 있으면 전부 제거
  while (i < this.data.length) {
    const oldItemView = this.itemViews[i];
    oldItemView.element().remove();
    this.itemViews.splice(i, 1);
    this.data.splice(i, 1);
    // i는 그대로
  }

  // ❻ 남은 새 항목이 있으면 전부 삽입
  while (j < items.length) {
    const newItem = items[j];
    const newItemView = new this.ItemView(newItem);
```

```
      this.itemViews.push(newItemView);
      this.element().append(newItemView.render());
      this.data.push(newItem);
      j++;
    }

    return this;
  }
}
```

[코드 7-44]는 기존 배열(this.data)과 새 배열(items)을 앞에서부터 비교하면서 효율적으로 필요한 항목만 삽입하거나 삭제합니다.

❶ oldItemsMap 생성

기존 배열(this.data)을 순회하며 [item, true] 형태로 매핑해 빠른 조회를 지원합니다. 이렇게 만들면 oldItemsMap.has(newItem)을 통해 newItem이 기존 목록 어딘가에 존재하는지 O(1)에 알 수 있습니다.

❷ 두 포인터(i, j)로 앞에서부터 비교

this.data[i](기존 항목)와 items[j](새 항목)를 대응시켜 순차적으로 비교합니다. 같으면(===) 아무 작업 없이 넘어가고 서로 다르면 다음 단계에서 삽입 또는 제거를 결정합니다.

❸ 재활용 가능하면(oldItemsMap.has(newItem)) → 기존 항목 제거

새 항목이 이미 기존 배열에 존재할 경우 새 항목은 재활용을 기대할 수 있기에 새 항목에 대해서는 아무런 처리를 하지 않습니다. 반면 현재 인덱스 i의 oldItem은 중복 또는 충돌로 간주해 바로 제거합니다. 이때 DOM에서는 this.itemViews[i].element().remove()를 사용해 실제 엘리먼트를 삭제하고 내부 배열(this.itemViews, this.data)에서도 splice(i, 1)을 통해 해당 항목을 제거합니다.

❹ 새 항목 삽입

만약 기존 목록에 없는 newItem이면 oldItem 앞에 새로운 엘리먼트를 삽입합니다. oldItemView.element().before(newItemView.render())를 통해 DOM상에서 기존 엘리먼트 앞에 새 엘리먼트를 배치합니다.

this.itemViews.splice(i, 0, newItemView)와 this.data.splice(i, 0, newItem)을 통해 배열 상태도 동기화합니다. 여기서 남겨둔 oldItem은 한 칸 뒤로 밀려 다음 반복에서 다시 비교합니다. i++, j++로 함께 증가시켜서 다음 항목 비교로 넘어갑니다.

❺ 남은 기존 항목 삭제

메인 비교 루프가 끝난 뒤 i 〈 this.data.length라면 이미 새 목록 비교를 모두 마쳤음에도 기존 항목이 남은 것이므로 전부 제거합니다.

❻ 남은 새 항목 삽입

만약 새 목록이 남았다면(j 〈 items.length) 이전 목록과 비교할 여지가 없으므로 전부 삽입합니다

(append(newItemView.render())). 이로써 최종적으로 DOM과 this.data가 새 목록 상태와 일치하게 됩니다.

코드를 수정한 뒤 Todo 앱에서 필터 기능을 테스트해보면 정상 동작함을 확인할 수 있습니다. 또한 콘솔에 로그를 추가하면 기존 항목이 실제로 몇 번이나 재활용되는지 확인할 수도 있습니다. 이를 통해 재사용 로직이 올바르게 작동하는지, 삽입과 삭제 횟수가 기대한 대로 줄어드는지 등을 눈으로 직접 확인해볼 수 있습니다.

코드 7-44a 재활용 횟수 체크

```
if (oldItem === newItem) {
  // 같은 레퍼런스면 그대로 두고 진행
  console.log('재활용');
  i++;
  j++;
  continue;
}

// const todos: Todo[] = [
//   { title: 'Coding', completed: false },
//   { title: 'Dinner', completed: true },
//   { title: 'Test', completed: false },
// ];

// 위와 같은 데이터 기준으로
// 1. All -> Active: 재활용 2회
// 2. Completed -> All: 재활용 1회
// 3. Active -> All: 재활용 2회
```

이 예제는 객체지향 스타일의 상태 관리(data, itemViews)와 멀티패러다임적 접근법(함수형 코드, 객체지향 클래스, 명령형 코드)을 혼합한 방식입니다. 효율적인 부분 업데이트를 위해 배열과 포인터를 유지하며 사용합니다. i++, j++ 포인터 증가로 배열을 순차 비교하고 필요한 시점에 배열과 DOM을 직접 수정합니다.

순수 함수형 접근 방식은 이 같은 상황에서 더 번거로울 수 있습니다. 함수형 접근은 포인터 증가로 인한 오류를 방지하는 데 도움이 될 수 있지만 배열 인덱싱에는 명령형 스타일이 더 단순할 수 있습니다. 이런 상황에서 포인터 증감을 피하고 완전히 순수 함수형 접근으로 구성하려고 하면 오히려 복잡성이 상승하여 자연스럽게 설계 변경까지 고려하게 될 수 있습니다. 물론

이러한 의식의 흐름이 좋은 설계를 낳을 수도 있지만 불필요하게 생산성을 저해할 위험도 있습니다. 두 패러다임은 각기 다른 상황에서 강점을 가지며 종종 이를 혼합하는 것이 유용합니다.

물론 i++와 j++, if문, 상태 변화와 같은 기법은 실수하기 쉬워 많은 연습이 필요합니다. 1 ~ 5장에서 다양한 문제를 함수형 또는 리스트 프로세싱 기법으로 해결할 때 이런 실수를 거의 없앨 수 있었던 점은 큰 장점입니다. 리스트 프로세싱으로 아주 자연스럽게 해결할 수 있는 문제도 많아 그런 경우에는 명령형보다 리스트 프로세싱이 더 적합합니다.

그렇지만 어떤 패러다임이 아주 매력적이라고해서 맞지 않는 옷을 억지로 입힐 필요는 없습니다. 어떤 문제는 객체지향이 우세하고 어떤 문제는 함수형이 우세하며 어떤 문제는 명령형이 우세하고 또 어떤 문제는 여러 패러다임이 협력하는 것이 우세할 수 있습니다. 이러한 멀티패러다임적 연습은 개발자에게 뛰어난 문제 해결 능력을 선사할 것입니다.

7.4 Todo 앱 만들기 3

지금까지 Todo 앱의 기능 구현을 위한 할 일 목록을 모두 완료했습니다.

- ☑ 새로운 Todo 항목 등록
- ☑ 완료 처리
- ☑ 한 번에 모든 항목을 완료로 처리
- ☑ 미완료 항목만 또는 완료 항목만 필터링하여 보기

이번에는 Todo 앱에 상태 패턴을 적용하면서 프로그램을 더욱 확장성 있고 유연하게 만드는 방법을 소개합니다.

7.4.1 상태 패턴으로 유연하게 만들기

상태 패턴state pattern이란 객체가 내부 상태에 따라 다른 행동을 보이도록 설계하는 기법을 말합니다. 객체가 현재 어떤 상태인지(예: 'Active', 'Completed' 등)에 따라 해당 상태에 특화된 로직(메서드 구현)을 실행하여 조건문을 줄이고 코드 가독성을 높이는 효과가 있습니다.

이전에는 'all', 'active', 'completed' 같은 고정된 문자열을 이용해 필터를 분기 처리했다면 이제는 FilterState라는 별도의 상태 객체를 도입해 더욱 유연하게 다양한 필터 로직을 추가하고 관리할 수 있도록 구조를 바꿉니다. 필요한 새로운 상태(필터)를 만들 때 해당 로직(predicate)을 객체에 담기만 하면 TodoPage에서 손쉽게 활용할 수 있게 됩니다.

코드 7-45 상태 패턴 적용

```
interface FilterState {
  title: string;
  predicate: (todo: Todo) => boolean;
}
```

```
class TodoPage extends View<Todo[]> {
  private listView = new TodoListView([...this.data]);

  private toggleListController = new ToggleListController(
    new CheckView(),
    this.listView,
    (itemView) => itemView.data.completed,
    (itemView, bool) => itemView.setCompleted(bool)
  );

  // ❶ SegmentControlView 생성자에 filterState[] 전달
  private filterView = new SegmentControlView(
    [
      {title: 'All', predicate: () => true},
      {title: 'Active', predicate: todo => !todo.completed},
      {title: 'Completed', predicate: todo => todo.completed}
    ] as FilterState[]
  );

  // ❷ addFilterState 메서드 추가
  addFilterState(filterState: FilterState) {
    this.filterView.append(filterState);
  }

  // ❸ this.filterView.selectedSegment()의 결과 타입을 자동으로 FilterState로 추론
  private get filterState(): FilterState {
    return this.filterView.selectedSegment();
  }

  override template() {
    return html`
      <div>
        <div class="header">
          ${this.toggleListController.toggleAllView}
          ${new TextSubmitView({})}
        </div>
        <div class="body">
          ${this.listView}
          <div class="filter">${this.filterView}</div>
        </div>
      </div>
    `;
  }
```

```
  @on(TextSubmitted)
  private append({detail: title}: TextSubmitted) {
    const todo: Todo = {title, completed: false};
    this.data.push(todo);
    // ❹ if (this.filterState.value !== 'completed')를 아래처럼 변경
    if (this.filterState.predicate(todo)) {
      this.listView.append(todo);
      this.toggleListController.syncToggleAllView();
    }
  }

  @on(Toggled)
  @on(SegmentSelected)
  private refresh() {
    // const todos = this.data.filter(todo =>
    //   this.filterState.value === 'all'
    //     ? true
    //     : this.filterState.value === 'completed'
    //       ? todo.completed
    //       : !todo.completed,
    // );
    // ❺ 위와 같은 복잡한 분기 로직을 아래 코드로 변경
    const todos = this.data.filter(this.filterState.predicate);
    this.listView.set(todos);
    this.toggleListController.syncToggleAllView();
  }
}

export function main() {
  const todos: Todo[] = [
    {title: 'Coding', completed: false},
    {title: 'Dinner', completed: true},
    {title: 'Test', completed: false},
  ];

  const todoPage = new TodoPage(todos);
  window.todoPage = todoPage;

  document.querySelector('#body')!.append(
    todoPage.render()
  );
}
```

❶ **SegmentControlView 생성자에 filterState[] 전달**

filterState[] 배열로 { title, predicate } 형태의 객체들을 모아둡니다. predicate는 '이 필터가 어떤 조건으로 Todo 항목을 통과시키는지'를 담은 함수입니다. All, Active, Completed 등 여러 상태를 객체 배열로 관리함으로써 필터 로직을 함수 하나로 캡슐화합니다. 기존에는 필터에 사용할 value에 'all', 'active', 'completed' 같은 문자열을 직접 넣어 관리했다면 이제는 predicate를 통해 관리합니다. 이렇게 만든 filterState[] 배열을 SegmentControlView에 주입합니다.

❷ **addFilterState 메서드 추가**

addFilterState는 필터 상태를 동적으로 추가하는 메서드입니다.

❸ **get filterState(): FilterState**

SegmentControlView는 제네릭을 적절히 활용하기 때문에 ❶에서 생성자에 전달된 filterState[]를 기반으로 this.filterView.selectedSegment()의 반환 타입을 FilterState로 안전하게 추론합니다. 따라서 this.filterState.predicate()와 같이 predicate() 메서드에 무리 없이 접근할 수 있습니다.

❹ **append 메서드에서 predicate를 사용**

기존에는 if (this.filterState.value !== 'completed') { ... } 같은 분기가 있었습니다. 이제는 if (this.filterState.predicate(todo)) { ... } 형태로 교체하여 필터 로직이 바뀔 때 predicate만 바꾸면 됩니다. 'completed' 필터라면 predicate(todo)가 false를 반환해 화면에 추가되지 않고 'all'이나 'active' 필터라면 true가 되어 즉시 화면에 반영됩니다.

❺ **필터 로직의 간소화(refresh 메서드)**

이전에는 filterState.value === 'all' ? true : filterState.value === 'completed' ? ...처럼 다중 삼항 연산으로 분기했습니다. 이제는 const todos = this.data.filter(this.filterState.predicate); 한 줄로 '현재 필터의 조건'을 바로 적용해 필터링할 수 있습니다. toggleListController.syncToggleAllView();로 전체 체크박스 상태와도 동기화하므로 새로운 필터 구조와 기존 토글 로직이 자연스럽게 어우러집니다.

7.4.2 상태 패턴 적용의 이점

이러한 코드 구조에서는 '필터 상태'를 하나의 객체로 표현하고 해당 객체(filterState)에 특정 로직(predicate)을 담도록 했습니다. 이렇게 하면 다음과 같은 이점이 있습니다.

조건 분기 최소화

이전에는 this.filterState.value !== 'completed'와 같이 필터 이름을 직접 비교했는데 이제는 if (this.filterState.predicate(todo)) {...}처럼 필터 로직을 함수(predicate)로 추상화했습니다. 이로써 필터 상태가 어떤 텍스트('completed', 'active' 등)를 가지고 있든 상관없이 실제 동작은 predicate가 결정하므로 조건문이 단순해집니다.

유연한 기획 변경

완전히 다른 필터 구성을 적용하거나 completed 필터가 없는 상황으로 수정할 때도 필터 상태 객체(filterStates)를 다르게 구성하기만 하면 되므로 !== 'completed'와 같은 코드를 찾아 고칠 필요가 없습니다. 한두 줄을 변경함으로 새 필터를 추가하거나 기존 필터를 제거 및 수정할 수 있어 기획 변경에 대한 대응력이 높아집니다.

코드 확장성

예전처럼 filterState.value === 'all' ? true : filterState.value === 'completed' ? ... 같은 분기를 늘리지 않고 this.data.filter(this.filterState.predicate) 한 줄로 현재 필터를 반영하므로 필터 개수가 늘어나도 코드의 여러 곳이 추가로 복잡해지지 않습니다. 필터 로직(predicate)이 상태 객체 안에 캡슐화되어 있으므로 여러 조건을 추가하거나 다른 필터를 도입해도 코드 충돌이 적고 유지보수가 쉽습니다.

결과적으로 상태 패턴을 적용해 필터 로직을 상태 객체에 담는 구조를 도입하면 기획 변경 시 코드 수정이 최소화되고 필터 로직의 확장이나 유지보수가 한층 간단해집니다.

7.4.3 런타임에서도 변경 가능한 코드와 소프트웨어 동작

이번에는 상태 패턴을 적용했을 때 얻을 수 있는 유연성에 대해 좀 더 살펴보겠습니다. [코드 7-45]의 main 함수에서는 window.todoPage = todoPage;를 통해 전역 변수에 todoPage 인스턴스를 등록했습니다. 이 방식으로 브라우저 콘솔에서 todoPage 객체에 직접 접근할 수 있습니다. 이제 브라우저 콘솔을 열고 [코드 7-46]의 코드를 입력한 뒤 화면의 변화를 확인해보기 바랍니다.

코드 7-46 브라우저 콘솔을 열고 코드 입력

```
todoPage.addFilterState({
  title: 'ASAP',
  predicate: todo => todo.title.includes('ASAP') && !todo.completed
});
```

브라우저 콘솔에 [코드 7-46]의 코드를 입력하면 곧바로 'ASAP' 필터가 SegmentControl

View에 추가된 모습을 확인할 수 있습니다. 이는 todoPage.addFilterState() 메서드가 실행되면서 this.filterView.append(...)를 호출해 SegmentControlView에 새로운 필터를 추가하기 때문입니다.

그리고 Todo 입력창에 "[ASAP] 긴급 회의"처럼 입력하면 'ASAP' 탭에서 해당 항목만 필터링해 볼 수 있습니다. 이후 해당 Todo를 완료 처리(completed = true)하면 'ASAP' 필터 탭에서 사라지는 것도 정상적으로 작동함을 확인할 수 있습니다.

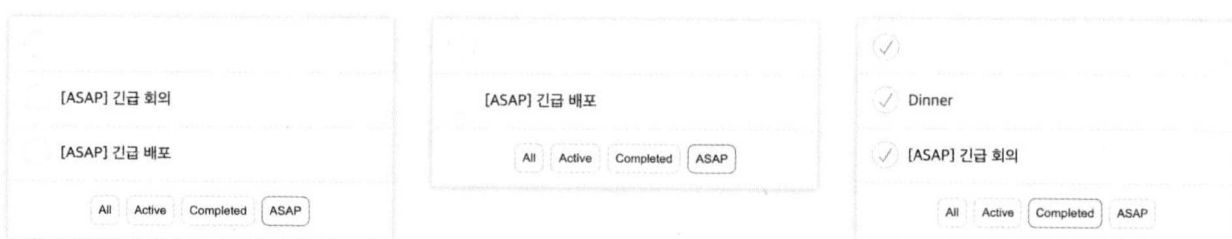

이처럼 상태 패턴을 활용하면 런타임에서도 프로그램의 기능과 동작을 확장할 수 있습니다. 새로운 필터를 상태 객체(FilterState)로 추가하는 것만으로 프로그램 코드를 전혀 수정하지 않고도 기획을 바꾸거나 기능을 늘릴 수 있기 때문입니다. 이러한 런타임 확장성은 소프트웨어 기능 구현에 큰 유연성을 제공합니다. 예를 들어 '사용자가 편집기 모드를 실시간으로 변경해 각 모드별 동작을 정의'하거나 '음악 플레이어에서 여러 개의 프리셋을 선택하여 추가하고 해당 이펙트를 즉시 적용'하는 등의 상황에서 사용자 주도적인 커스터마이징을 가능하게 합니다.

7.4.4 상태 객체로 더 확장하기

FilterState가 기존에는 어떤 조건으로 필터링할지를 결정하는 역할만 맡았다면 이제는 필터를 포함한 전처리 전체를 담당하도록 확장해보겠습니다. 예를 들어 간단한 필터 로직(Active, Completed 등) 외에도 특정 정렬 로직 등 전처리에 해당하는 기능까지 FilterState에 위임한다면 더욱 확장성 있는 프로그램이 됩니다.

코드 7-47 FilterState 역할 확장

```
interface FilterState {
  title: string;
  predicate: (todo: Todo) => boolean;
  filter(todos: Todo[]): Todo[];
}

class FilterState {
  constructor(
    public title: string,
    public predicate: (todo: Todo) => boolean
  ) {}

  filter(todos: Todo[]) {
    return todos.filter(this.predicate);
  }
}

const shuffleFilterState: FilterState = {
  title: 'Shuffle',
  predicate: (todo) => !todo.completed,
  filter(todos: Todo[]) {
    return shuffle(todos.filter(this.predicate));
  }
}

function shuffle<T>(array: T[]): T[] {
  for (let i = array.length - 1; i > 0; i--) {
    const j = Math.floor(Math.random() * (i + 1));
    [array[i], array[j]] = [array[j], array[i]];
  }
  return array;
}
```

❶ interface FilterState와 class FilterState

interface FilterState는 타입 선언 목적으로 특정 객체가 title, predicate, filter를 가져야 한다는 명세를 나타냅니다.

class FilterState는 실제 구현체입니다. title, predicate 프로퍼티를 갖고 filter(todos: Todo[]) 메서드를 통해 필터링 로직을 수행합니다. 이로써 'FilterState를 만족하는 다양한 형태의 객체'를 정의할 수 있게 됩니다. 예를 들어 class FilterState를 직접 사용해 객체를 생성하거나 인터페이스만 만족시키는 리터럴 객체로 확장 기능을 구현할 수도 있습니다.

❷ TodoPage에서 predicate 대신 filter를 직접 실행

기존에는 todos.filter(filterState.predicate);로 실행했다면 이제는 filterState.filter(todos)처럼 filter 메서드를 직접 호출할 수 있습니다.

❸ shuffle 기능을 가진 shuffleFilterState

filter 메서드 안에서 shuffle을 호출하여 '필터링 후 결과를 무작위로 섞는' 로직을 구현합니다. 먼저 todos.filter(this.predicate)로 완료되지 않은(todo.completed === false) 항목만 가져온 뒤 shuffle(...)로 무작위 섞기(피셔-예이츠 셔플 알고리즘)를 적용합니다. 결과적으로 미완료 Todo를 무작위로 정렬해볼 수 있으며 이 앱의 사용자는 앱에게 '어떤 일을 먼저 해야 할지 정해달라'고 요청할 수 있게 됩니다.

다음은 변경된 FilterState를 적용한 코드입니다.

코드 7-48 변경된 FilterState 적용

```
class TodoPage extends View<Todo[]> {
  private listView = new TodoListView([...this.data]);

  private toggleListController = new ToggleListController(
    new CheckView(),
    this.listView,
    (itemView) => itemView.data.completed,
    (itemView, bool) => itemView.setCompleted(bool)
  );

  // ❶ FilterState 생성 방식 변경
  private filterView = new SegmentControlView(
    [
      new FilterState('All', () => true),
      new FilterState('Active', todo => !todo.completed),
      shuffleFilterState,  // ❷ suffle 기능을 가진 shuffleFilterState
      new FilterState('Completed', todo => todo.completed),
    ] as FilterState[]
  );

  addFilterState(filterState: FilterState) {
```

```
    this.filterView.append(filterState);
  }

  private get filterState(): FilterState {
    return this.filterView.selectedSegment();
  }

  override template() {
    return html`
      <div>
        <div class="header">
          ${this.toggleListController.toggleAllView}
          ${new TextSubmitView({})}
        </div>
        <div class="body">
          ${this.listView}
          <div class="filter">${this.filterView}</div>
        </div>
      </div>
    `;
  }

  @on(TextSubmitted)
  private append({detail: title}: TextSubmitted) {
    const todo: Todo = {title, completed: false};
    this.data.push(todo);
    // ❸ if문 대신 아래와 같은 접근도 가능
    this.filterState.filter([todo]).forEach(todo => {
      this.listView.append(todo);
      this.toggleListController.syncToggleAllView();
    });
  }

  @on(Toggled)
  @on(SegmentSelected)
  private refresh() {
    // ❹ this.filterState의 filter()를 실행하므로 간결성과 확장성 높임
    const todos = this.filterState.filter(this.data);
    this.listView.set(todos);
    this.toggleListController.syncToggleAllView();
  }
}
```

코드 변경 사항과 그 의미를 간단히 정리하면 다음과 같습니다.

❶ 기존에는 predicate(함수) 하나만 두고 필터를 정의했다면 이제는 FilterState 객체로 확장 가능한 filter 로직까지 캡슐화했습니다.

❷ shuffleFilterState는 완료되지 않은 Todo를 무작위로 섞어서 보여주는 특별한 필터이며 UI에서는 'Shuffle' 세그먼트로 표시됩니다.

❸ 길이가 1인 배열을 만들면 if문 대신 filter()를 사용하도록 코드를 구성할 수 있습니다.

❹ 이제 this.filterState.filter(this.data)로 필터링을 수행하며 상태 패턴을 활용해 확장성 높은 프로그램으로 만듭니다.

이로써 사용자는 Todo 앱의 'Shuffle' 탭을 통해 먼저 할 일을 추천받을 수 있습니다.

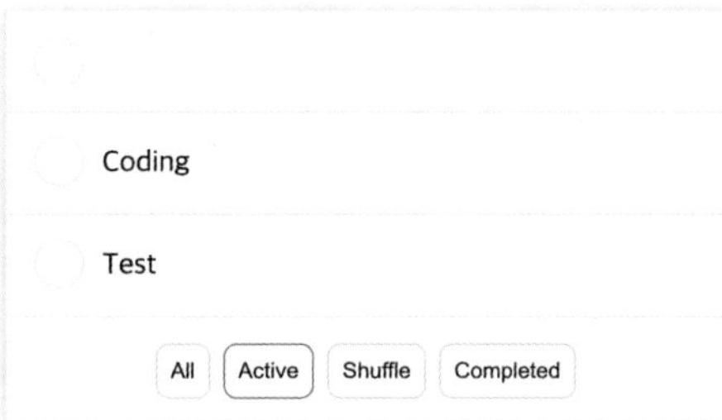

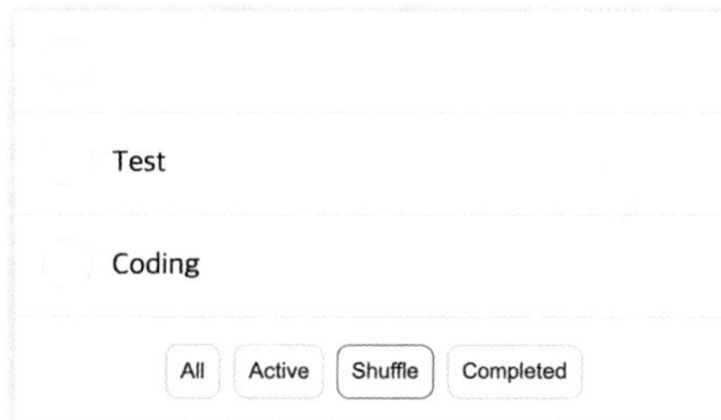

7.4.5 멀티패러다임 객체지향 설계

다음은 지금까지 완성한 TodoPage에서 주석을 제거한 깔끔한 코드입니다.

코드 7-49 TodoPage

```
class TodoPage extends View<Todo[]> {
  private listView = new TodoListView([...this.data]);

  private toggleListController = new ToggleListController(
    new CheckView(),
    this.listView,
    (itemView) => itemView.data.completed,
    (itemView, bool) => itemView.setCompleted(bool)
  );

  private filterView = new SegmentControlView(
```

```
  [
    new FilterState('All', () => true),
    new FilterState('Active', todo => !todo.completed),
    new FilterState('Completed', todo => todo.completed),
  ] as FilterState[]
);

addFilterState(filterState: FilterState) {
  this.filterView.append(filterState);
}

private get filterState(): FilterState {
  return this.filterView.selectedSegment();
}

override template() {
  return html`
    <div>
      <div class="header">
        ${this.toggleListController.toggleAllView}
        ${new TextSubmitView({})}
      </div>
      <div class="body">
        ${this.listView}
        <div class="filter">${this.filterView}</div>
      </div>
    </div>
  `;
}

@on(TextSubmitted)
private append({detail: title}: TextSubmitted) {
  const todo: Todo = {title, completed: false};
  this.data.push(todo);
  this.filterState.filter([todo]).forEach(todo => {
    this.listView.append(todo);
    this.toggleListController.syncToggleAllView();
  });
}

@on(Toggled)
@on(SegmentSelected)
private refresh() {
  const todos = this.filterState.filter(this.data);
```

```
    this.listView.set(todos);
    this.toggleListController.syncToggleAllView();
  }
}
```

[코드 7-49]를 읽어보면 매우 간결하면서도 직관적인 방법으로 Todo 앱을 완성하고 동작시키는 모습을 확인할 수 있습니다. 각 컴포넌트가 자기 역할에 충실하며 유기적으로 동작합니다. 또한 각 컴포넌트는 상호 간 결합도를 낮춘 구조를 띠며 이후 다양한 곳에서 높은 재활용성을 지닙니다.

❶ TextSubmitView: 입력창에 할 일을 입력하고 [Enter] 키를 누르면 이벤트를 발생시킵니다.

❷ SegmentControlView: 현재 어떤 필터가 선택되었는지를 관리하며 필터를 전환하면 이벤트를 발생시킵니다.

❸ FilterState: 어떤 항목을 필터링할지 그리고 어떻게 전처리할지(정렬, 셔플 등) 책임집니다.

❹ ToggleListController, CheckView: TodoItemView의 토글, 전체 선택 등 Todo의 완료 여부에 관한 UI/로직을 처리합니다.

❺ ListView: TodoListView와 SegmentControlView에서 append, set 등의 리스트 렌더링에 관한 공통 로직을 처리합니다.

❻ TodoPage: 이러한 컴포넌트들을 조립하고 템플릿에 뷰를 배치하며 이벤트 시점에 적절한 메서드를 호출하여 컴포넌트 간 통신을 연결해줍니다.

이러한 코드 구조는 객체지향 설계의 이점을 잘 살린 예입니다. 각 클래스는 자기 역할과 책임이 명확하여 수정이나 확장이 필요한 경우(새로운 필터 추가, 다른 UI 컴포넌트 교체 등) 해당 부분만 교체하거나 확장하면 됩니다. 로직이 단일 클래스로 몰려 있지 않고 적절히 분산되어 있어 가독성, 유지보수성, 확장성이 모두 뛰어납니다. 역할 분리가 분명한 객체지향 설계는 규모가 커져도 코드를 이해하고 유지보수하기 쉽다는 강점을 제공합니다.

TodoPage의 구현 방식은 여러 컴포넌트를 조합하는 식으로 완성도 높은 앱을 만들어낼 수 있음을 보여줍니다. 코드가 매우 짧고 간결하며 표현력이 좋고 성능면으로도 최적화되어 있습니다. 각 컴포넌트가 자신에게 최적화된 렌더링 전략을 가지고 있으며 리액티브하게 동작하면서도 서로에게 불필요한 재렌더링이나 부수 효과를 발생시키지 않습니다. 또한 전략 패턴을 활용해 복잡한 로직을 재사용 가능한 단위로 분리하여 다른 앱과 함께 사용하고 상태 패턴을 통해 런타임에서 수정 가능한 프로그램을 구현하는 등 유연하고 확장성 높은 설계를 보여줍니다.

이미 7.1절에서 언급했듯이 별도의 대형 프레임워크 없이도 '언어 패러다임과 구조적 설계'를 충분히 활용하면 점진적으로 리액티브한 코드를 형성할 수 있습니다. 실제로 ToggleView, ListView, SegmentControlView 같은 단순한 컴포넌트만으로도 반응형 렌더링을 구현했으며 이를 통해 코드와 DOM 조작을 자연스럽게 추상화하면서 불필요한 성능 저하 없이 최적화된 사용자 경험을 유지합니다. 이러한 전략으로 개발한다면 컴포넌트가 하나씩 늘어날수록 팀의 개발 생산성은 더욱 높아지고 많은 기능이 추가되더라도 계속해서 소프트웨어의 성능 수준을 안정적으로 유지할 수 있습니다.

오늘날 타입스크립트와 자바스크립트는 객체지향과 함수형을 조화롭게 지원하는 **멀티패러다임 언어**로 발전했습니다. 이러한 언어 생태계를 깊이 활용하는 접근은 특정 라이브러리나 트렌드에 대한 의존성을 줄이고 장기적인 관점에서 견고한 소프트웨어 유산을 남기는 방법이기도 합니다. 또한 발전하는 최신 Web API를 적극적으로 즉시 활용할 수 있어 최신성을 유지할 수 있습니다.

언어의 기능을 적극적으로 사용하고 라이브러리 의존성을 낮추는 이러한 방식의 개발은 언어의 기능들로부터 더 많은 도움을 받을 수 있게 합니다. 예를 들어 타입 시스템에서 더 많은 도움을 받아 안정성과 재사용성을 높이고 객체지향과 함수형 패러다임의 이점을 극대화할 수 있습니다. 이는 지난 수십 년간 축적되어 온 다양한 문제 해결 패턴과 기반 기술들을 그대로 적용하는 길이기도 합니다. 결과적으로 객체지향, 함수형, 클래스, 이터러블 이터레이터, 리스트 프로세싱, 디자인 패턴 등을 충분히 활용해 컴포넌트들을 쌓고 조합하면 각 요소가 자신만의 렌더링 로직을 갖춘 재사용 가능하고 반응적인 소프트웨어로 발전합니다. 이를 통해 성능과 생산성을 동시에 확보하며 애플리케이션 규모가 커져도 유지보수와 확장이 한결 쉬워집니다.

바퀴를 다시 만들지 않으려면 그 바퀴가 단순한 재사용 가능성을 넘어 뛰어난 성능과 이식성을 갖춰야 합니다. 다시 말해 부드러운 렌더링 성능을 보장하고 어느 곳에서나 쉽게 불러올 수 있어야 할 것입니다. 이를 위해서는 기본 기술을 깊이 이해하고 언어 그 자체로 문제를 해결하는 방법이 유리합니다. 별도의 컴파일과 패키징 과정 없이 자바스크립트 런타임에서 자유롭게 재사용 가능하다면 프런트엔드인지 백엔드인지 어떤 기술 스택 환경인지를 가리지 않는 이식성 높은 바퀴가 될 수 있습니다.

멀티패러다임 객체지향 접근을 통해 우리는 성능과 생산성을 만족하는 소프트웨어 개발 아키텍처를 구축할 수 있습니다. 이러한 구조는 규모가 큰 애플리케이션에서도 유연성과 확장성을 보장하며 프로젝트가 장기화될수록 안정성, 유지보수성 그리고 추가 기능 개발에 큰 이점을 제공합니다.

또한 프로그래밍에서 언어와 기반 기술을 충분히 활용하다 보면 시간이 지날수록 팀과 개인 모두에게 노하우가 축적됩니다. 자연스럽게 특정 라이브러리나 프레임워크에 대한 의존성이 최소화되면서 다른 플랫폼으로 기술을 확장하기에도 유리하며 개발자는 한층 단단하고 자신 있는 기술 역량을 쌓을 수 있습니다. 이 글을 통해 기본 기술에 더욱 충실한 프로그래밍 세계의 가능성이 전달되길 바랍니다.

7.5 비동기와 UI, Promise와 Class

4.1절의 '[코드 4-6] Promise.race로 타임아웃 제어하기'와 '[코드 4-7] 응답 속도에 따라 UI 제어하기'에서 Promise를 값으로 다루면서 UI 렌더링 로직을 제어하는 간단한 사례를 살펴봤습니다. 이번 절에서는 Promise를 UI 컴포넌트 간의 통신에 활용하는 사례를 다룹니다.

7.5.1 Promise를 활용한 alert, confirm

다음 코드는 경고 대화상자(alert)를 직접 구현한 예입니다. 기존의 내장 alert()는 UI/UX 제약과 확장성 측면에서 한계가 있습니다. 이를 보완하기 위해 커스텀 AlertView를 만들어 내장 alert()와 함께 사용하며 동작을 비교해봅니다.

코드 7-50 alert와 AlertView

```
import { html, View, on } from "rune-ts";

class AlertView extends View<{ message: string }> {
  override template() {
    return html`
      <div>
        <div class="message">${this.data.message}</div>
        <button>확인</button>
      </div>
    `;
  }

  @on('click', 'button')
  private close() {
    this.element().remove();
  }

  static open(message: string) {
```

```
    const alertView = new AlertView({ message });
    document.body.append(alertView.render());
  }
}

function test() {
  alert('완료되었습니다.'); // 확인 버튼을 누를 때까지 아래로 내려가지 않음
  console.log('alert');

  AlertView.open('완료되었습니다.'); // 확인 버튼을 누르지 않아도 아래로 바로 내려감
  console.log('AlertView'); // 즉시 실행됨
}

test();
```

내장 alert()는 '사용자가 대화상자를 닫을 때까지' 스레드를 멈추는 블로킹 동작을 합니다. 따라서 확인 버튼을 누르기 전에는 콘솔에 alert가 출력되지 않습니다. 반면 AlertView.open은 사용자가 확인 버튼을 누르기도 전에 이미 이후 코드가 실행되어 콘솔에 AlertView가 출력되어 버립니다. 즉 AlertView.open이 내장 alert()와 같은 블로킹 동작을 제공하지 못하고 있습니다.

다음 예제에서는 AlertView가 내장 alert()의 요구 사항(사용자 확인까지 대기)을 달성하기 위해 Promise를 활용하는 방법을 살펴보겠습니다.

코드 7-51 AlertView에 Promise 적용

```
class AlertView extends View<{ message: string }> {
  private resolve!: () => void; // ❶
  readonly promise = new Promise<void>(res => this.resolve = res); // ❷

  override template() {
    return html`
      <div>
        <div class="message">${this.data.message}</div>
        <button>확인</button>
      </div>
    `;
  }

  @on('click', 'button') // ❸
  private close() {
```

```
    this.element().remove();
    this.resolve();
  }

  static open(message: string) {  // ❹
    const view = new AlertView({ message });
    document.body.append(view.render());
    return view.promise;
  }
}

async function test() {
  alert('완료되었습니다.'); // 확인 버튼을 누를 때까지 아래로 내려가지 않음
  console.log('alert');

  await AlertView.open('완료되었습니다.'); // 확인 버튼을 누를 때까지 아래로 내려가지 않음
  console.log('AlertView');
}

void test();
```

❶ resolve 변수

AlertView 내부에서 나중에 '확인 버튼을 누른 시점'에 실행할 함수를 저장해두는 용도로 사용됩니다. private resolve!: () => void;에서는 '타입스크립트에서 이 변수가 나중에 초기화된다'는 사실을 알리는 !를 사용했습니다.

❷ promise 멤버

new Promise<void>(res => (this.resolve = res))를 통해 즉시 Promise를 생성하고 생성자 콜백(executor)에서 resolve 함수를 this.resolve에 할당합니다.

❸ @on('click', 'button') private close()

사용자가 '확인' 버튼을 클릭하면 실행되는 이벤트 핸들러입니다. this.element().remove();를 통해 알림창을 화면에서 제거합니다. this.resolve();를 호출하여 Promise를 성공적으로 해결합니다(resolve). 이때 이 resolve()가 호출됨으로써 await AlertView.open(...) 뒤의 코드가 이어서 실행됩니다.

❹ static open(message: string)

정적 메서드로 AlertView를 손쉽게 생성하여 DOM에 추가해주고 promise를 반환합니다. 호출부에서는 await AlertView.open("...") 형태로 사용해 '사용자가 확인 버튼을 누를 때까지 대기'하는 로직을 간단히 표현할 수 있습니다.

6.2절에서 Promise의 실행 시점을 제어하기 위해 TaskRunner 클래스를 만들었던 것처럼 AlertView 클래스는 Promise와 resolve 함수를 값으로 다루며 UI 렌더링 로직을 제어합

니다. AlertView는 비동기 흐름을 이용해 내장 alert()의 블로킹 동작을 거의 동일한 표현력으로 재현합니다. 이를 통해 사용자가 확인 버튼을 누를 때까지 기다리는 구조를 await이나 .then() 형태로 자연스럽게 표현할 수 있게 됩니다.

결과적으로 내장 alert()와 비슷한 사용성을 제공하면서도 UI 스타일이나 확장 기능을 자유롭게 구현할 수 있는 비동기 기반 커스텀 경고창을 완성할 수 있습니다.

7.5.2 값으로서의 Promise, 컴포넌트 간 통신 매개

다음 코드는 확인/취소 버튼이 있는 confirm() 함수를 모사한 예입니다. 사용자가 '확인' 또는 '취소'를 선택하면 해당 선택 결과를 true 또는 false로 Promise 형태로 반환합니다.

코드 7-52 ConfirmView

```
class ConfirmView extends View<{ message: string }> {
  private resolve!: (bool: boolean) => void;  // ❶
  readonly promise = new Promise<boolean>(res => this.resolve = res);  // ❷

  override template() {
    return html`
      <div>
        <div class="message">${this.data.message}</div>
        <button class="cancel">취소</button>
        <button class="confirm">확인</button>
      </div>
    `;
  }

  @on('click', 'button')
  private close(e: MouseEvent) {  // ❸
    const button = e.currentTarget as HTMLButtonElement;
    this.element().remove();
    this.resolve(button.matches('.confirm'));
  }

  static open(message: string) {
    const view = new ConfirmView({ message });
    document.body.append(view.render());
    return view.promise;
```

```
  }
}

async function test2() {
  if (confirm('삭제하시겠습니까?')) {
    console.log('삭제');
  } else {
    console.log('취소');
  }

  if (await ConfirmView.open('삭제하시겠습니까?')) {
    console.log('삭제');
  } else {
    console.log('취소');
  }
}

void test2();
```

❶ **resolve 변수**

resolve!: (bool: boolean) => void;를 통해 나중에 사용자 선택에 따라 true/false 값을 넘겨줄 함수를 저장해둡니다.

❷ **promise 멤버**

readonly promise = new Promise<boolean>(res => (this.resolve = res));를 통해 외부에서 await나 .then()으로 결과를 받을 수 있는 Promise를 미리 생성해둡니다.

❸ **@on('click', 'button') private close(e: MouseEvent)**

모든 버튼(button)의 클릭 이벤트를 감지합니다. 이벤트가 발생하면 this.element().remove()로 UI를 닫습니다. 만일 클릭된 버튼이 .confirm 클래스를 가졌다면 this.resolve(true), 그렇지 않으면 this.resolve(false)를 실행하여 Promise의 결과로 넘깁니다.

[코드 7-52]에서 await ConfirmView.open('삭제하시겠습니까?')는 confirm('삭제하시겠습니까?')와 동일하게 동작합니다. AlertView의 경우 Promise를 이용해 '블로킹 동작'을 재현하는 것이 핵심이었다면 ConfirmView는 test2 함수와 데이터를 주고받는 예를 보여줍니다. 예제에서는 사용자가 선택한 버튼(확인/취소)에 따라 비동기적으로 결과를 반환할 수 있고 이를 통해 두 컴포넌트가 Promise를 매개로 정보(선택 결과)를 교환하는 패턴을 활용합니다.

7.5.3 그룹 채팅에 참여할 친구 선택하기

뷰 컴포넌트가 Promise를 통해 상호 간 데이터를 주고받는 패턴은 여러 상황에서 유용하게 활용할 수 있습니다. [코드 7-53]에서는 이번 7장에서 만든 ListView, CheckView, ToggleListController, AlertView, ConfirmView 등을 활용해 '그룹 채팅 생성' 화면과 동작을 구현합니다.

코드 7-53 그룹 채팅 생성

```
type User = {
  id: number;
  name: string;
}

type Chat = {
  users: User[]
};

class UserItemView extends View<User> {
  override template() {
    return html`
      <div>${this.data.name}</div>
    `;
  }
}

class UserListView extends ListView<UserItemView> {
  ItemView = UserItemView;
}

class CheckUserItemView extends View<User> {
  checkView = new CheckView();

  override template() {
    return html`
      <div>
        ${this.checkView}
        ${new UserItemView(this.data)}
      </div>
    `;
  }
}
```

```
class CheckUserListView extends ListView<CheckUserItemView> {
  ItemView = CheckUserItemView;
}

class UserPickerView extends View<User[]> {
  private resolve!: (users: User[]) => void;
  readonly promise = new Promise<User[]>(res => this.resolve = res);

  private toggleListController = new ToggleListController(
    new CheckView(),
    new CheckUserListView(this.data),
    (itemView) => itemView.checkView.data.on,
    (itemView, bool) => itemView.checkView.setOn(bool)
  );

  override template() {
    return html`
      <div>
        <div class="header">
          ${this.toggleListController.toggleAllView}
          <h2>친구 선택하기</h2>
          <button class="done">확인</button>
        </div>
        <div class="body">
          ${this.toggleListController.listView}
        </div>
      </div>
    `;
  }

  @on('click', 'button.done')
  private done() {
    this.element().remove();
    this.resolve(
      this.toggleListController
        .listView
        .itemViews
        .filter(({checkView}) => checkView.data.on)
        .map(({data}) => data)
    );
  }

  static open() {
```

```
    const users: User[] = [
      {id: 1, name: 'Luka'},
      {id: 2, name: 'Stephen'},
      {id: 3, name: 'Nikola'},
      {id: 4, name: 'Kevin'},
    ];
    const view = new UserPickerView(users);
    document.body.append(view.render());
    return view.promise;
  }
}

class ChatCreationView extends View<Chat> {
  private userListView = new UserListView(this.data.users);

  override template() {
    return html`
      <div>
        <button class="pick">대화 상대 선택</button>
        ${this.userListView}
        <button class="create">채팅 시작하기</button>
      </div>
    `;
  }

  @on('click', 'button.pick')
  private async pickUsers() {
    const users = await UserPickerView.open();
    this.userListView.set(users);
  }

  @on('click', 'button.create')
  private async create() {
    if (this.isEmpty()) {
      await AlertView.open('친구들을 선택해주세요.');
    } else {
      if (await ConfirmView.open(this.startMessage)) {
        alert('즐거운 채팅 시작!');
        // new ChatView(this.data)...
      } else {
        this.userListView.set([]);
      }
    }
  }
```

```
  isEmpty() {
    return this.data.users.length === 0;
  }

  get startMessage() {
    const names = this.data.users.map(({name}) => name);
    return `${names.join(', ')} 친구들과 채팅을 시작하겠습니까?`;
  }
}

export function main() {
  document.body.append(
    new ChatCreationView({users: []}).render()
  );
}
```

이 간단한 앱은 여러 컴포넌트가 유기적으로 협력하며 다음과 같이 동작합니다.

- UserPickerView를 통해 사용자(친구)들을 체크박스로 다중 선택할 수 있으며 결과를 Promise로 비동기 반환합니다.
- ChatCreationView는 선택된 사용자 목록을 실시간으로 업데이트합니다.
- 채팅을 시작하기 전에 AlertView나 ConfirmView를 통해 사용자의 의사를 최종 확인합니다.

이러한 로직 전반은 컴포넌트들이 서로 주고받는 비동기 데이터 흐름을 잘 보여줍니다. UI를 구성하는 여러 개로 분리된 뷰 컴포넌트들과 컨트롤러가 협력하고 Promise를 매개로 통신하는 구조입니다. 클래스들의 조합, Promise를 통한 비동기 제어, 리스트 뷰와 체크박스 컨트롤러가 매끄럽게 어우러져 직관적인 그룹 채팅 생성 화면과 로직을 완성합니다.

이 예제가 이 책의 마지막 코드입니다. 여기까지 함께 해주셔서 정말 감사드리고 수고 많으셨습니다. 이 책이 소프트웨어 개발을 사랑하는 많은 분께 즐거움과 영감을 주고 나아가 개발자 생태계에 작게나마 도움이 되기를 바랍니다.

찾아보기

기호

[Symbol.iterator]() 57

ㄱ

개발 생산성 298
고차 함수 45, 46
구조 분해 할당 63

ㄷ

데코레이터 464
동기와 비동기 244, 248, 258
동시성 핸들링 224, 226, 381, 384

ㄹ

리더 매크로 121
리스트 프로세싱 143, 150, 329
리스트 프로세싱 함수 유형 348
리액티브 428

ㅁ

매크로 124
멀티패러다임 언어 498
메서드 오버로드 116
메타프로그래밍 109, 123

ㅂ

반복자 패턴 39, 46, 47
병렬 크기 제한 327
부수 효과 159, 338, 420
비동기 에러 핸들링 262

ㅅ

상속 433
상태 패턴 486
스위프트 152
스칼라 152

ㅇ

안전한 합성 178, 184
올바른 설계 기준 423
옵셔널 체이닝 연산자 185
이벤트 설계 420
이터러블 55
이터레이션 프로토콜 55, 58
이터레이터 43, 49, 55
일급 함수 45, 46, 47

ㅈ

자바 154
전개 연산자 62
전략 패턴 458
제너레이터 49, 66
제네릭 클래스 111, 439
제네릭 함수 92
지연성 229, 230
지연 평가 43, 46, 168

ㅊ

최대 요청 크기 제한 319
추상 클래스 433

찾아보기

ㅋ

커링 157, 286

커스텀 이벤트 413

코틀린 151

콜백 인젝션 459

클로저 118, 150

ㅌ

타입 추론 89

ㅍ

파이프라인 164

패턴 매칭 165

ㅎ

하스켈 156

함수 오버로드 94, 95, 103

함수 타입 94

함수 합성 162

해시 316

현대 프로그래밍 언어 462

휴리스틱 기반 Diff 481

A

AsyncGenerator 234

AsyncIterable 232

AsyncIterator 232

B

break 299

C

C# 153

chunk 320

concat 192

E

Either 164

every 186

F

filter 101, 143

find 177

flat 273

flatMap 275

forEach 99

G

groupBy 347

H

Headless UI 434

I

indexBy 346

Iterable 58, 98

IterableIterator 58, 98

Iterator 41, 58, 98

L

LISP 118

M

map 100, 144

N

new Promise() 207

Non-null 단언 연산자 185

P

pipe 285

Pipe Operator 109

private 422

Promise 203

Promise.all 213, 319

Promise.allSettled 214

Promise.any 216

Promise.race 209

protected 405

public 405

R

range 294

reduce 102, 147

reduce의 에러 관리 106

repeatApply 296

S

Scheme 145

some 188

S-표현식 118

T

Tagged Templates 355

take 146

takeUntillInclusive 299, 312

takeWhile 299, 310

toAsync 235

V

void 160

Y

yield 49, 52

Z

zip 290